일년 일독을 위한 성경 요약과 묵상

성경통독 길라잡이

성경통독
길라잡이

지은이 | 박운섭
펴낸이 | 원성삼
표지 및 본문 디자인 | 안은숙
펴낸곳 | 예영커뮤니케이션
초판 1쇄 발행 | 2023년 4월 28일
등록일 | 1992년 3월 1일 제 2-1349호
주소 | 03128 서울시 종로구 대학로3길 29, 313호(연지동, 한국교회100주년기념관)
전화 | (02)766-8931
팩스 | (02)766-8934
이메일 | jeyoung@chol.com
ISBN 979-11-89887-64-3 (03230)

값 35,000원

 모든 인간은 하나님의 형상을 닮은 존귀한 존재입니다. 사람은 인종, 민족, 피부색,
문화, 언어에 관계없이 모두 다 존귀합니다. 예영커뮤니케이션은 이러한 정신에 근
거해 모든 인간이 존귀한 삶을 사는 데 필요한 지식과 문화를 예수 그리스도의 사랑으로 보급
함으로써 우리가 속한 사회에 기여하고자 합니다.

≋ 처음 도전하는 누구나 통독의 바다에서 항해의 길을 잃지 않도록 ≋

성경통독 길라잡이

일년
일독을 위한
성경
요약과 묵상

박운섭 지음

예영

추
천
의
글

송병주 목사 | 선한청지기교회 담임

한 여름 메밀국수 같고 가마솥 진국 같은 묵상

저자 박운섭 장로님은 훌륭한 성경 교사이고 복음을 전하는 전도자입니다. 신약을 읽으면서 많은 제사장들을 가르친 브리스길라와 아굴라 부부의 모습을 보면 장로님을 떠올리게 됩니다. 내용을 읽으면, 진지함과 유쾌함을 담아 데스크에서 연구하며 가다듬은 담금질이 느껴지고, 또한 현장에서 느끼고 가르치고 나누었던 땀내 나는 삶의 이야기들이 녹아 있습니다.

실제, 저자는 웨스트민스터 대교리문답을 신학적 의도와 영어적 의미에 맞게 직접 번역을 하였고, 개혁주의적 신학의 깊이가 특별합니다. 그렇기에 허투

루 적은 것 없이, 학문적으로도 매우 깊이 있는 성찰을 배경으로 본서가 작성되어 있습니다. 그래서, 독자들은 읽으면서 상당한 신학적 식견과 해석학적 고민이 반영된 내용인 것을 알아채리라 생각합니다. 특히 구속사적 관점으로 그리스도 중심의(Christocentric) 관점을 지속적으로 견지한 것은 평신도 독자뿐아니라 목회자들에게도 유익하리라 생각합니다.

동시에 본서는 저자가 복음을 전하는 전도자로서 성도들의 삶의 현장과 땀내를 알기에 전문성을 갖지만 동시에 대중성을 갖고 있습니다. 전문성을 가진 대중적 글쓰기로 좋은 균형을 이루어 두 마리 토끼를 잡은 책입니다. 가끔 잔잔한 미소가 일어날 만큼 친숙하기도 하지만, 곱씹고 되새길수록 깊이를 느낄 수 있는 책입니다. 그래서 많은 분들에게 성경과 가까이 두고 살피면서 같이 읽으시는 영적인 안경 같은 책으로 성경과 함께 오래 손때 묻은 책이 되리라 기대됩니다.

저자의 본서를 찬찬히 읽으면서 오롯이 걸어온 하나님 백성의 아름다운 삶과 말씀 앞에서 남모르게 울었던 치열한 눈물이 배여 있음을 봅니다. 깨달음으로 감격하고, 잔잔한 미소로 웃음 짓고, 뉘우침으로 울었던 흔적이 묵상 속에 담겨 있습니다. 그래서 오직 말씀만 붙들고 이 땅을 치열하게 살아 내야 하는 많은 독자들에게 이 책이 큰 도움이 될 것을 믿고 추천합니다. 때로는 한 여름 낮의 시원한 메밀국수 같고, 때로는 을씨년스러운 새벽에 밤새도록 고은 가마솥 진국 같은 저자의 묵상이 성경을 통독하는 많은 독자들에게 오래 두고 함께할 책이 되게 하리라 믿습니다.

창세기를 통해 "태초에 하나님이 천지를 창조하시니라." 하신 말씀이 말라기와 함께, 400년이 넘는 기간 동안 침묵으로 종결됩니다. 그리고 외치는 자의 소리와 함께 시작된 예수 그리스도의 오심으로 "그 이름은 임마누엘이라 하리라."가 성취됩니다. 그리고 마지막으로 요한계시록은 "아멘 주 예수여 어서 오시옵소서." 완성됩니다. 이 아름다운 구속사의 여정이 넘치게 담긴 묵상의 풍성함이 독자들의 삶에 더욱 부요하시길 소망하며 성경통독의 동반자가 되길 믿으며 일독을 권합니다.

신호섭 목사 | 올곧은교회 담임, 고려신학대학원 교의학 교수

종종 성경이 너무 어렵다고 불평하는 사람들을 만나게 됩니다. 신앙생활을 오래 했음에도 성경이 무엇을 말하는지 잘 모르겠다는 사람들이 있습니다. 그들의 특징 가운데 하나는 생각보다 성경을 꾸준히 오래 많이 읽지 않는다는 것입니다. 성경을 꾸준히 성실히 읽는다면 성경이 말하는 구원의 복음을 이해하지 못할 수 없습니다. "학식 있는 사람이나 학식이 없는 사람들도 모두 다 보통의 방법들, 즉 성경을 읽는 방법을 알맞게 사용하면 구원을 얻기 위해 반드시 알고 믿고 따라야 할 내용을 충분히 이해할 수 있기 때문입니다"(『웨스트민스터 신앙고백서』 제1장 성경 제7항).

여기 이 방법을 잘 따른 훌륭한 성경통독 교재가 출간되었습니다. 바로 박운섭 장로님이 집필한 『성경통독 길라잡이』가 그것입니다. 저는 저자인 박운섭 장로님을 2021년에 자비를 들여 출판한 『웨스트민스터 대교리문답』 번역서를 통해 알게 되었습니다. 그러다가 지난해 3월 미국 플로리다 올랜도에서 열린 리고니어 국제 컨퍼런스에서 처음 만나 잠시 교제를 나누게 되었습니다. 며칠 동안의 교제를 통해 저는 저자인 박 장로님이 얼마나 하나님의 말씀을 사모하며, 개혁주의 신학에 투철한 분인지를 경험하게 되었습니다. 그런 저자가 쓴 이 책은 몇 가지 의미에서 매우 특별하고 유익하다 할 수 있습니다.

첫째로, 이 책은 하나님의 말씀인 성경을 사랑하는 저자의 열정이 고스란히 묻어난 책입니다. 저자는 하나님의 말씀인 성경을 통해 회심을 체험했고 금속재료 분야로 박사학위를 받은 과학자로서 성경이 과학적이지 않다는 생각을 가진 적도 있었으나 성경은 과학을 초월하는 하나님의 말씀임을 은혜로 깨닫게 되었습니다. 이후 성도들을 가르치는 성경 공부 인도자로서 성경을 묵상하기도 하지만, 스스로 그리스도의 은혜와 그를 아는 지식 안에서 자라가기 위해 늘 성경을 읽고 묵상하고 공부했던 성경의 사람입니다. 성경이 무엇인지 체험하고 말하는 것과 그렇지 않고 말하는 것은 천지차이입니다. 저자는 성경이 무엇인지 아는 분입니다.

둘째로, 이 책은 철저하게 성경적이며 그리스도 중심적입니다. 논리와 설득으로 이해되는 문제가 아닌 하나님의 은혜로 믿음을 통해 영안이 열려 깨닫게 되는 창세기 1장부터 예수 그리스도의 재림으로 끝나는 요한계시록 22장 전체를 다루고 있습니다. 종교개혁 설교 원리 가운데 하나가 바로 전체 성경(tota scriptura)입니다. 성경의 특정한 한 부분이 아니라 전체 성경을 모두 다루고 있기에 이 묵상 교재는 하나님의 온전하신 뜻 전체를 파악할 수 있습니다. 뿐만 아니라 그 내용이 그리스도 중심적인 구속 역사입니다. 세상 역사의 중심은 구속사입니다. 구속사의 중심은 예수 그리스도와 그분의 십자가입니다. 성경은 바로 이것을 선포하고 있습니다. 본서는 철저하게 구속사적이며 그리스도 중심적입니다.

셋째로, 저자는 개혁신학을 사랑하며 개혁신학에 정통합니다. 미국에서 저자는 존 맥아더 목사와 R .C. 스프로울 목사와 같은 분들에게서 개혁신앙을 전수받았습니다. 그 이후 장로교 표준문서인 웨스트민스터 신앙고백서와 대교리문답 소교리문답을 공부하고 연구하여 전 교인들에게 가르치기도 했습니다. 개혁파 신조들은 성경의 교훈들을 요약해주고 성경을 올바로 해석하게 해주며, 이단을 배격하고 참된 신앙을 변호하고 수호하는 믿음의 창과 방패 역할을 해줍니다. 이런 개혁파 신조에 정통한 저자의 신학을 통해 탄생한 『성경통독 길라잡이』는 신학적으로 개혁주의적이며 건전하고 유익합니다.

마지막으로 본 교재는 전문 신학자가 아닌 성도의 입장에서 저술되었다는 점에서 난해하지 않고 대중적입니다. 누구든지 쉽게 읽을 수 있습니다. 그렇다고 깊이가 얕지 않습니다. 저자는 이 책을 집필하기 위해 개역개정을 포함해 수많은 역본들을 번갈아 읽으며 묵상했습니다. 또한 여러 스터디 바이블과 주해서와 주석서들을 참조했습니다. 그러나 무엇보다도 이 책은 교회 현장 속에서 성도들과 함께 1년 365일 동안 매일 3-4장씩 함께 읽으며 묵상한 결과입니다. 따라서 본서는 현장감이 살아 있습니다. 성도들의 눈높이에서 저술된 매우 적실한 책이 아닐 수 없습니다.

저자의 권면처럼 이 책을 통해 여러 성도들이 함께 성경통독에 도전한다면, 성경의 큰 그림이 들어올 것이고, 성경 전체를 완독하는 기쁨을 누릴 것이며, 하나님의 말씀이 선포하고자 하는 능력의 복음을 경험하게 될 것입니다. 이 책을 통해 한국 교회 성도들이 하나님의 말씀인 성경을 더욱 사랑하게 되기를 소망하며 기쁘게 추천하는 바입니다.

머
리
말

이 책은 2021년 제가 섬기는 교회의 소그룹(목장) 식구들과 성경 1독을 함께
하며 나눴던 성경 요약과 묵상을 묶은 것입니다. 개인적으로는 1년 성경 1독을
10회 이상 계속하며 어느 정도 몸에 익었지만 성경통독에 처음 도전하는 목장
식구들도 있었기에 목회자나 신학자가 아닌 평신도의 입장에서 그들을 독려하
며 약간의 도움을 주기 위해 시도해 보았는데 많은 분들이 유익했다고 말씀해
주셔서 용기를 내어 책으로 엮게 되었습니다. 1월 1일부터 12월 31일까지 매일
3-4장의 성경을 읽어가며 기록한 것이지만 독자들이 어느 시점에 통독을 시작
해도, 또 어떤 통독 프로그램을 따라 하여도 이 책을 사용할 수 있도록 성경 66
권 별로 재구성했습니다.

성경을 읽고 공부하는 데는 여러 가지 방법이 있으며 한 가지 왕도는 없다고 생각합니다. 성경 한 구절, 한 구절을 깊이 있게 연구하고 공부하는 것도 유익하고 매일 일정 분량의 성경 본문을 반복적으로 읽고 묵상하는 성경 묵상(Quiet Time)도 성도의 신앙 생활에 반드시 필요한 부분입니다. 성경 묵상과 성경 공부가 나무와 가지를 자세히 살펴보는 것이라면, 성경통독은 성경의 산을 전체적으로 살피고 큰 맥락과 흐름을 알게 되는 유익이 있기에 성경의 통독과 묵상과 공부를 함께 병행할 때 성경 전체에 흐르는 하나님의 구원 계획이 어떻게 점진적으로 계시되고, 완성되고, 전파되며 설명되는 지를 이해할 수 있습니다.

많은 성도들이 성경통독의 필요성을 깨닫고 새해가 되면 1년 성경 1독에 도전하지만 여러 가지 이유로 끝까지 완주하지 못하고 중도에 포기하곤 합니다. 저도 개인적으로 십 수년간 성경통독에 도전했지만 겨우 두세 번만 끝까지 성공했던 경험이 있었습니다. 그 주요 원인은 여러 사람이 함께 하지 않고 혼자서 하려 했기 때문이었습니다. 그러던 중 교회의 같은 사역을 하는 부서의 모든 교인들과 함께 통독하며 매주 성경을 읽으며 받은 깨달음과 은혜를 나누는 시간을 짧더라도 가지다 보니 서로에 대한 책임감(accountability)때문이라도 매일 정해진 성경을 읽게 되었습니다. 이렇게 몇 년을 계속하니 성경의 큰 그림이 조금은 눈에 들어오기 시작했고 또한 이전에 읽을 때에는 발견하지 못했거나 무관심하게 지나쳤던 부분에 대한 새로운 깨달음을 얻는 기쁨을 경험하게 되었습니다. 이제는 성경통독이 주는 유익을 너무 잘 알기에 교회에서 진행하는 여러 성경 공부나 성경 묵상 훈련에 더해 성경을 매년 일독하는 것을 이어가고 있습니다. 개인적으로는 해마다 다른 번역본을 택하여 읽을 때 많은 유익이 있음을 경험합니다. 그래서 저는 개역개정, 새번역, 우리말성경과 NIV, ESV, NASB 등의 영어 성경으로 해마다 번갈아 읽고 있습니다.

오랜 세월 연구한 성경학자가 아니면 히브리어 구약성경과 헬라어 신약성경의 원본을 읽을 수 있는 사람들은 거의 없을 것이기에 우리들의 일상 언어로 번역된 성경이 절대적으로 필요하고 우리들의 신앙의 선배들은 이 작업을 위해 기꺼이 순교까지 하면서 우리들에게 귀한 성경번역들을 신앙유산으로 남겨주었습니다. 그러나 시대가 변함에 따라 언어가 변하며 또한 정확 무오한 원어 성경에 대한 연구도 발전하면서 새로운 성경번역의 필요는 늘 있어왔기에 한국교회에서 널리 통용되는 개역개정 성경뿐 아니라 다양한 새로운 번역본을 함께 읽는 것은 매우 가치 있는 일이라고 확신합니다.

이 성경통독 길라잡이는 신학자나 목회자의 깊이 있는 통찰력으로 성경을 조명하는 것이 아니라 평신도 수준에서 성경을 통독해 나가는 사람들에게 어느 정도 성경본문을 이해하는데 도움이 될 내용 요약과 단편적인 묵상을 나눔으로 통독의 바다에서 항해의 길을 잃지 않도록 하는 것을 목적으로 합니다. 하루에 30분 정도 시간을 내어 성경을 읽어가면서 다른 주석이나 해설서가 없이도 본 길라잡이의 해당 부분을 2-3분 훑어볼 수 있다면 성경통독에 처음 도전하시는 분들도 조금의 유익을 얻지 않을까 하는 바람입니다.

성경 지식이 미천한 제가 이 길라잡이를 집필함에 있어 모든 부분이 제 스스로의 깨달음은 아니고 참고하고 인용한 많은 책들과 인터넷 상의 자료들이 있었음을 밝힙니다. 『Halley's Bible Handbook』과 『ESV Study Bible』, 『MacArthur Study Bible』이 세 권은 제가 늘 옆에 두고 참고하는 책들이고 때로는 『The Expositor's Bible Commentary』와 『The Bible Knowledge Commentary』도 참고하기도 했고 인터넷 상에 있는 여러 한국어 주석들을 살펴보기도 했습니다. 이 책이 학술적인 독창성이 요구되는 저술은 아니기에 일일이 어느 부분을 어느 문헌에서 인용했는지 밝히지는 않았습니다. 그러나 혹시라도 이 책의 내용 중에 오류가 있다면 그것은 전적으로 제 무지와 불찰 때문일 것입니다.

보잘것없는 이 책이 읽는 분들에게 성경통독의 유익과 기쁨을 발견하는데 조금이나마 도움이 되면 좋겠다는 생각을 해봅니다.

끝으로 바쁘신 중에도 부족한 사람의 원고를 꼼꼼히 검토하시고 분에 넘치는 추천사를 써 주신 송병주 목사님과 신호섭 목사님께 깊은 감사의 말을 전합니다.

구약성경
The Old Testament

신약성경
The New Testament

구약
성경

THE OLD TESTAMENT

구약

성경은 구약 39권과 신약 27권, 총 66권으로 구성되어 있다. 구약은 아람어로 기록된 극히 일부분(다니엘서 일부)을 제외하면 모두가 히브리어로 기록되었고 유대인들의 히브리 성경과 책의 배열은 다르지만 그 내용은 동일하다.

구약이라는 용어는 AD 5세기에 신약성경 27권이 결정되면서 신약성경과 구별하기 위해 붙여진 이름이다.

구약은 전통적으로 모세오경(토라, 율법), 역사서(여호수아-에스더), 시가서(혹은 지혜서, 욥기-아가), 선지서(혹은 예언서, 이사야-말라기), 이렇게 네 부분으로 구분한다. 선지서들은 처음 다섯 권을 대선지서, 나머지 12권을 소선지서라고 세분하기도 한다.

예수님은 구약 전체를 가리켜 '율법과 선지자'라고 표현하기도 하셨다. BC 3세기 경에 이스라엘을 비롯한 근동지방이 모두 헬라(그리스) 문화권이 되어 헬라어가 공용어가 되었을 때 히브리성경이 헬라어로 번역되는데(70인역, Septuagint), 오늘날의 구약 각 권의 배열은 히브리성경의 배열을 따른 것이 아니고 70인역이 정한 순서를 따르고 있다.

율법서는 만물이 창조되고 인간이 타락하게 된 과정과 이를 해결하시기 위해 하나님이 아브라함의 자손을 택하셔서 큰 백성을 이루게 하시고 애굽으로부터 그들을 구원하시며 율법을 주신 과정과 이 율법을 받은 언약 백성이 어떻게 그 율법을 온전히 지키지 못했는지를 기록한다.

역사서는 이스라엘이 가나안 땅에 들어간 때부터 바벨론에 포로로 잡혀갔다가 다시 귀환할 때까지의 이야기를 기록하는데, 그 초점은 이스라엘이 하나님께서 주신 율법을 어떻게 준행하며 살았는지에 맞춰져 있다.

시가서는 율법을 따라 살려고 애쓴 사람들이 경험한 은혜와 삶을 통해 깨달은 지혜를 노래한 책들이기에 지혜서라고 하기도 한다.

포로 시대를 전후해서 몰려 있는 선지서는 하나님께서 선지자(예언자)들을 이스라엘 백성들에게 보내어 그들의 잘못을 책망하며 하나님의 징계와 그 후에 있을 긍휼하신 하나님이 주시는 회복에 대한 약속을 기록한다.

율법서와 역사서는 대체로 시대순으로 배열되었으나 시가서와 예언서는 분량이 많은 순서로 배열된 듯하다.

예수님은 구약이 메시아로 이 땅에 올 자신에 대한 기록임을 말씀하셨다. 즉 구약은 오실 메시아에 대한 약속이고, 신약은 오신 메시아에 대한 기록이라 할 수 있다.

창세기 모세오경

성경 66권 중에 처음 다섯 권을 모세오경(Pentateuch)이라 부르며 율법서라고 분류하기도 하는데 유대인들은 이 다섯 권을 토라라고 부르며 전통적으로 모세가 기록한 것으로 본다. 이 중에서 출애굽기부터 신명기까지는 이스라엘을 애굽에서 가나안까지 인도하신 하나님의 섭리와 모세를 통해 주신 언약과 율법에 대한 기록이다. 성경의 첫 번째 책인 창세기는 성경 중에서 가장 중요한 책이라 할 수 있다. 창세기 1장에서 11장의 내용은 특히 모든 우주만물의 기원이 여호와 하나님이심을 선포하고 이후의 모든 성경의 주제가 되는 하나님의 구속사의 출발점을 알려준다. 창세기의 기록들은 천지 창조와 하나님의 존재를 논리적, 또는 과학적으로 설명하기 위해 기록된 것이 아니고 전능하신 하나님의 창조와 섭리 사역에 대한 선포이다. 이는 논리와 설득으로 이해되는 문제가 아니라 믿음으로 영안이 열려 깨닫게 되는 영역임을 말해준다. 하나님은 온 우주 만물이 존재하기 전에 선재하신 분이고 모든 만물은 하나님에 의해 창조되었다.

창세기 1장

"태초에 하나님이 천지를 창조하시니라."라고 시작하는 창세기 1장은 신약성경 요한복음 1장이 "태초에 말씀이 계시니라."라고 시작하는 것과 연결된다. 성경은 하나님이 태초에 시간과 공간을 창조하셨다고 선포한다. 이것은 하나님은 자신이 창조한 시간과 공간을 초월하여 존재하며 우주만물이 존재하는 제일원인(the first cause)이라는 말이다.

하나님의 창조 사역에 대해 웨스트민스터 대교리 문답 14문에서 이렇게 정리한다. '창조의 일이란 하나님께서 태초에 권능의 말씀으로 아무것도 없는 가운데 세상과 그 안의 만물을, 자신을 위하여, 엿새 동안에 만드신 것인데, 그 지으신 모든 것이 매우 좋았다.'

엿새 동안에 하나님이 온 우주 만물을 창조하셨다는 것을 현대 과학은 부정하고 있으나 과학은 하나님이 창조하신 우주만물들에 일어나는 현상들을 연구하는 학문이기에 그것들이 태초에 어떻게 존재하게 되었는지를 과학으로 밝힐 수는 없다.

창세기 2장

하나님께서 엿새 동안 천지 만물을 창조하시고 일곱째 날에 안식하시며 그 날을 복되고 거룩하게 하셨다. 이는 하나님의 창조 규례로 하나님이 택한 백성 뿐 아니라 모든 피조물이 따라야 하는 안식일이다. 지금도 이 세상의 모든 사람들이(기독교인이든 아니든) 일주일을 주기로 생활하는데 다른 점이 있다면 우리는 이날을 하나님을 예배하는 거룩한 주일로 지키고, 세상에 속한 사람들은 단지 육신의 휴식과 쾌락을 위한 날로 사용한다는 것일 것이다. 주일에 하나님을 예배할 수 있음은 하나님이 택하신 자들에게 주신 특권이다.

하나님이 사람을 남자와 여자로 창조하시고 그들에게 복을 주시는데 그 복의 내용이 "생육하고 번성하여 땅에 충만하라, 땅을 정복하라, 바다와 하늘과 땅의 모든 생물을 다스리라."는 것이다. 생육하고 번성하고 충만하라는 복은 사람뿐 아니라 다른 모든 생물들에게도 동일하게 주신 복이지만 정복하고 다스리는 복은 사람에게만 주신 복으로, 즉 사람은 하나님의 대리인으로서 모든 피조물을 다스리는 직분을 복으로 받았다. 창세기 2장에서는 하나님이 남자와 여자를 지으신 과정을 보다 상세하게 언급한다. 흙으로 사람을 지으시고 생기를 그 코에 불어넣어 사람이 생령이 되었다. 이 아담을 에덴동산에 두시고 선악과에 대해 명하신 후에 아담의 갈빗대 하나를 취해 여자를 만드시고 둘이 한 몸을 이루는 혼인 규례를 제정하신다.

창세기 3장

뱀의 꼬임에 빠져 여자가 먼저 선악과 열매를 먹고 남편도 그를 따라 그것을 먹는다. 그들은 동산의 모든 나무 열매는 선악과를 제외하고는 마음껏 먹을 수 있었기에 그들이 선악과를 먹은 것은 굶주림 때문이 아니라 뱀의 유혹으로 '하나님과 같이 되고자' 하는 교만한 마음 때문이었다. 모든 것이 부족함이 없던 에덴동산에서 죄 없이 창조된 아담과 하와가 어떻게 범죄하게 되었는지, 또 뱀으로 상징되는 사탄은 어떻게 타락하여 죄의 원흉이 되었는지 성경은 침묵한다. 그러나 피조물인 사탄도 하나님과 같아지려는 교만 때문에 타락했고 사탄은 아담과 하와에게 역시 하나님과 같아질 수 있다고 유혹한다. 아담과 하와는 교만한 마음 때문에 하나님이 주신 행위언약(the Covenant of Works)을 어기는 죄를 짓지만 긍휼하신 하나님은 바로 여인의 후손이 뱀의 머리를 상하게 할 것이라는 '은혜언약'의 길을 열어 주신다. 3장 15절은 소위 '원시복음'이라고 불린다.

창세기 4장

아담과 하와가 범죄한 후에 하나님의 형상을 따라 창조된 인간은 빠르게 타락하여 사람의 죄악이 세상에 가득하고 마음으로 계획하는 모든 일들이 항상 악할 뿐임을 보게 된다. 창세기 4장은 가인이 아벨을 살해하는 것을 기록하며 아담의 죄가 바로 그의 아들 때에 살인하는 죄를 짓게 됨을 보여준다. 하나님은 가인이 아벨에 대한 시기심으로 안색이 변했을 때 가인에게 "죄가 너를 원하나 너는 죄를 다스릴지니라."라고 경고를 하지만 가인은 아벨을 죽이고 여호와 앞을 떠나 간다. 이후에 아담과 하와에게 하나님은 가인이 죽인 아벨을 대신하여 셋을 주시고 셋의 아들 에노스 때에 사람들이 비로소 여호와의 이름을 불렀다고 기록하며 하나님에 대한 예배가 시작되었음을 시사한다.

창세기 5장

4장 후반부에 가인의 후손을 짧게 언급한 후에 이어서 창세기 5장에서는 하나님이 아벨 대신 아담에게 주신 셋을 통해 이어지는 아담의 계보를 기록하는데, 가인의 후손들은 아담의 계보로 언급하지 않고 있음을 본다. 아담 이후 노아에 이르기까지 아담의 후손들은 900세 전후를 살며 자손들을 낳았다. 에녹은 365세를 살 동안 하나님과 동행하더니 하나님이 그를 데려가셨다. 성경에 나오는 인물들 중에 이 에녹과 엘리야 선지자 두 명만이 죽지 않고 하늘로 올라갔다고 기록되어 있다.

창세기 6장

여호와께서는 사람의 죄악이 세상에 가득함과 그들의 모든 생각과 계획이 항상 악한 것을 보시고 사람을 모든 짐승들과 함께 지면에서 쓸어버리실 것이라 하시는데 사람에 대한 하나님의 진단은 바로 '전적 타락'(total depravity)이다. 그럼에도 에녹과 노아 같이 하나님께 은혜를 입어 하나님과 동행했던 삶도 있었다. 우리도 참담한 죄인이지만 하나님과 동행할 수 있도록 은혜 주시는 우리 아버지 하나님께 찬양과 영광을 올려드린다.

하나님은 노아에게 홍수심판을 예고하시고 방주를 지어 혈육 있는 생물 각각 한 쌍씩 방주로 들여 노아의 가족과 함께 생명을 보존할 수 있게 하라는 명령을 하시고, 노아는 하나님이 자기에게 명하신 대로 다 준행한다. 노아 때에는 아마도 비도 없었을 수도 있는데 홍수로 땅을 쓸어버리겠다는 하나님의 경고를 믿는 사람은 노아 외에는 없었을 것이고 노아는 수십 년, 어쩌면 백 년이 넘는 시간에 방주를 완성한다. 이런 노아의 순종을 성경은 하나님이 자기에게 명하신 대로 다 준행하였다고 기록한다.

창세기 7, 8장

하나님은 하늘과 땅에 있는 모든 물을 사십 주야 동안 땅에 쏟으셨고 물이 백오십 일 동안 땅에 넘쳤다. 노아가 방주에 들어간 지 1년 후에 방주에서 나와 하나님께 번제를 드리는데. 하나님께서 이 번제의 응답으로 사람의 마음은 어려서부터 악하나 다시는 사람으로 말미암아 땅을 저주하지 않으시리라 하시며, 땅에는 추위와 더위, 여름과 겨울이 계속되리라 하신다. 하나님의 사람에 대한 진단은 홍수 이후에도 달라진 것이 없이 여전히 악하다는 것이다. 여기서 노아와 그의 아들들 내외 여덟 명은 그들의 의로움으로 홍수로부터 구원받은 것이 아님을 알 수 있다. 또한 노아의 홍수 이전에는 계절이나 기후의 변화가 없었을 수도 있음을 암시한다.

창세기 9, 10장

하나님은 노아와 그 아들들에게 아담에게 주셨던 생육하고 번성하여 충만하라는 복을 다시 선포하시고 다시는 모든 생물을 물로 심판하지 않으실 것이라는 언약을 세우시고 무지개를 언약의 증거로 주신다. 하나님이 아담에게 주신 복을 다시 노아에게 선포하는 것을 들어 홍수심판을 재창조라고 보기도 한다. 노아가 포도주를 마시고 취하여 벌거벗었던 일로 인해서 노아는 세 아들들의 후손에 대해 예언하여 가나안을 저주하며 셈과 야벳을 축복함으로 이들로부터 나오는 여러 민족들의 장래가 나뉘어지게 되는데 10장에 노아의 세 아들들의 족보가 기록된다.

창세기 11장

하나님이 언어를 혼잡하게 하여 노아의 자손들을 온 지면에 흩으신 바벨탑 사건이 기록된다. 사건은 노아의 후손들이 땅에 충만하라는 하나님의 명령을 따르지 않고 한 곳에 모여 자신들의 이름을 내고자 했던 하나님을 거역한 사건이다. 이에 하나님은 그들의 언어를 혼잡하게 하셨다. 이 일로 노아의 자손들이 그 언어를 따라 온 지면으로 흩어지고 서로 소통하지 못하게 되는데 예수님의 부활 승천 이후 오순절 성령 강림 사건은 각 나라의 방언을 말하고 듣는 기적으로 막혔던 소통의 문을 다시 회복하신 사건이다. 온 지면으로 흩어진 노아의 자손들 가운데 셈의 후예들에 대한 족보가 아브람에 이르기까지 기록된다.

창세기 12장

하나님은 아브람을 택해 고향과 친척과 아버지의 집을 떠나 아는 사람이 하나도 없는 가나안 땅으로 부르신다. 이때부터 아브람은 오직 하나님의 약속, 즉 너로 큰 민족을 이루고 복을 주어 창대하게 하시겠다는 약속을 붙들고, 75세의 나이에 자식이 없었지만 아내 사래와 조카 롯을 이끌고 가나안 땅으로 들어가 제단을 쌓고 여호와의 이름을 부른다.

창세기 13장

아브람과 롯의 소유가 늘어나게 되어 더 이상 함께 할 수 없는 상황이 되어 서로 헤어지게 되는데 롯은 눈으로 보기에 풍요로운 소돔을 택하여 떠나고 아브람은 가나안에 머물게 된다. 조카보다 먼저 자신이 더 풍요로운 땅을 선택할 수도 있었겠지만 조카에게 우선권을 넘기고 비옥한 땅 소돔을 선택하여 떠나가는 롯의 뒷모습을 바라보는 아브람에게 여호와께서 찾아오셔서 그에게 영원한 복을 주실 것을 약속하신다.

창세기 14장

소돔을 침공한 주위 나라들에 의해 롯과 그 가족이 잡혀갔을 때 아브람이 그들을 구하고 돌아오는 길에 살렘 왕 멜기세덱을 만나는데 멜기세덱은 아브람을 축복하고 아브람은 그에게 십일조를 바친다. 이 둘의 관계를 보면 아브람보다 멜기세덱이 훨씬 더 존귀한 존재임을 알 수 있다. 혹자들은 이 멜기세덱을 구약에 기록된 그리스도의 현현(Christophany)의 하나라고 보기도 한다. 히브리서에서는 예수 그리스도가 멜기세덱의 반차를 따른 대제사장이라고 설명한다.

창세기 15장

여호와 하나님이 아브람에게 복 주겠다는 약속을 세 번째로 하시는 것이 기록되어 있다. 그런데 이번에는 아브람이 그 약속을 무엇으로 알겠느냐는 반문을 한다. 이에 하나님께서는 소와 염소와 양들을 둘로 쪼개어 마주 놓으라 하시고 해가 저물어 어두울 때 하나님께서 그 쪼갠 고기 사이로 연기나는 화로와 횃불로 지나가신다. 이는 하나님께서 언약을 지키지 않으면 자신이 이렇게 쪼개질 것이라고 자신을 걸고 맹세하신 것이다.

아브람은 하나님이 주시고자 하는 복을 받을 아무 자격이나 권리가 없었는데 '간이 부었는지' 그런 언약을 주시는 하나님께 그 언약의 증표를 보여 달라고 투정한다. 그런 아브람을 책망하지 않으시고 하나님은 오히려 하나님 자신의 존재를 걸고 언약의 확실성을 보여주신다.

우리도 하나님이 예비하신 죄사함을 받을 아무 공로가 없지만 하나님 아버지께서는 우리의 죄를 사하시기 위해 자신의 독생자를 희생제물로 삼으셨다.

창세기 16, 17장

아브람과 사래가 하나님의 약속을 기다리다 못해 인간적 꼼수로 하갈을 통해 이스마엘을 낳은 후에 아브람이 99세 때에 하나님이 아브람을 찾아오셔서 그에게 여러 민족의 아버지라는 뜻으로 아브라함이라 이름을 바꿔 주시고 새롭게 할례의 언약을 주시면서 사라(사래)를 통해 아들을 주실 것을 약속하신다.

창세기 18, 19장

하나님이 소돔과 고모라를 멸하시는 정황과 아브라함의 소돔에 대한 간구, 그리고 소돔에 살던 롯의 소돔 탈출과 모압과 암몬 조상의 유래가 기록된다. 아브라함은 롯이 살고 있던 소돔 땅을 위해 여호와께 여섯 번에 걸쳐 간구하며 그 땅에 의인이 50명에서 시작하여 10명의 의인이 있으면 그 10명 때문에 소돔 성을 멸하지 않겠다는 약속을 받았다. 그러나 그 성에는 구원받을 자격이 있는 의인은 한 명도 없었다. 롯과 그의 딸들은 하나님의 은혜로 구원받은 것이지 자신들의 의로움 때문에 구원받은 것이 아님을 생각해 본다.

창세기 20장

아브라함이 남방으로 내려가 아비멜렉에게 아내 사라를 자기 누이라 한 사건이 기록되는데 이는 창세기 12장에서 그가 애굽의 바로 앞에서 저지른 똑같은 잘못을 반복하고 있다. 놀라운 것은 90세가 다 된 사라가 아직도 이방의 왕들이 탐낼 정도로 아름다웠다는 사실이다. 애굽에서와 마찬가지로 하나님이 개입하셔서 아브라함이 초래한 상황을 해결하신다. 우리들이 실족할 때도 하나님은 노하기를 더디 하시며 우리를 도우시는 신실하신 분이시다.

창세기 21장

드디어 하나님이 아브라함을 부르신 지 25년 만에 약속하신 아들 이삭이 출생하는데 이삭은 하나님의 명령대로 난 지 팔일 만에 할례를 받은 첫 남자였다. 이삭의 출생 후에 이스마엘과 하갈은 아브라함의 집에서 쫓겨나는데 이때 이스마엘은 15세 정도였을 것이다. 하나님은 이스마엘의 자손도 큰 민족을 이룰 것이라고 하갈을 위로하신다.

창세기 22장

이렇게 오랜 기다림 끝에 얻은 언약의 아들 이삭을 번제로 바치라는 청천벽력 같은 명령으로 하나님은 아브라함의 믿음을 시험하시는 기사가 창세기 22장에 나온다. 하나님은 아브라함에게 아브라함과 사라에게서 태어날 아들을 통해 사라가 여러 민족의 어머니가 될 것이라 약속하셨는데(창 17:16) 이삭이 결혼도 하기 전에 그를 번제로 바치라는 명령을 아브라함은 이해할 수 없었겠지만 그는 아침 일찍 길을 나선다. 아브라함은 그렇다고 해도 이삭의 순종도 인상적이다. 이때의 이삭의 나이는 정확히 모르지만 아브라함이 번제로 쓸 나무를 이삭의 등에 지우고 모리아 산으로 올라간 것으로 보아 아마도 이삭의 나이가 유소년기를 지난 10대 초반으로 보면 110세가 넘은 아브라함에게 충분히 힘으로 반항할 수 있는 나이였을 것인데 그는 순순히 아버지가 그를 묶어 제단 나무 위에 올려 놓도록 순종한다. 하나님이 준비하신 숫양으로 이삭을 대신해 번제로 드린 아브라함은 모리아 산의 이름을 '여호와 이레'라 하며 하나님은 아브라함에게 다시 복을 선포하신다. 훗날 솔로몬이 바로 이 모리아 산에 성전을 짓게 된다. 히브리서 기자는 이 사건을 언급하며 아브라함은 "하나님이 능히 이삭을 죽은 자 가운데서 다시 살리실 줄로 생각한지라 비유컨대 그를 죽은 자 가운데서 도로 받은 것이라."고 설명하고 있다.

창세기 23장

사라가 아브라함보다 먼저 127세에 헤브론 땅에서 죽는다. 아브라함은 그 땅의 주민인 헷족속에게 은 사백 세겔을 주고 막벨라 밭과 굴을 사서 사라를 장사 지낸다. 이곳은 후에 아브라함, 이삭, 리브가와 야곱과 레아까지 묻히게 되는 가족 묘지가 된다.

창세기 24장

아버지 아브라함에게 번제로 드려질 뻔한 이삭은 이후에도 성격이 매우 유순했던 것 같다. 그는 어머니 사라가 죽은 후 아버지 아브라함이 정해주는 대로 가나안 여자가 아닌 아브라함의 친족인 브두엘의 딸 리브가(이삭과는 5촌 사이)와 결혼했고 평생 리브가를 매우 사랑했으며 다른 아내를 취했다는 기록이 없다.

창세기 25장

아브라함은 사라가 죽은 후에 38년을 더 살며 그두라와 결혼하여 아들 6명을 더 낳았는데 그중에 미디안이 있었다. 그는 죽기 전에 이 아들들에게 재산을 나눠주며 이삭을 떠나 동방으로 가게 하고 175세에 죽는다. 이스마엘의 후손들이 간단하게 언급된 후 25장 후반부부터 이삭의 후손인 에서와 야곱이 등장한다.

창세기 26장

이삭이 흉년이 들어 그랄로 내려가 블레셋 왕 아비멜렉에게 아버지 아브라함이 했던 것 같이 아내 리브가를 누이라고 속이는 일이 나온다. 그 아버지에 그 아들이라 할 만하다. 그는 그랄 사람들과 우물들에 대한 여러 번의 분쟁이 있었지만 순순히 우물들을 내주고 다른 곳으로 옮겨 갔다. 이삭은 결혼 후 20년이 지난 육십 세에 에서와 야곱을 낳았는데 이들은 어미 태 중에서부터 서로 싸웠다. 하나님은 이들이 태중에 있을 때 리브가에게 형이 동생을 섬길 것이라 일러주신다.

창세기 27장

이삭은 자신을 닮아 유약해 보이는 야곱이 아닌 남성미가 넘치는 에서를 편애하였고 리브가는 야곱을 편애했다. 리브가는 하나님의 계시 때문에 야곱을 편애했을까? 아니면 집안일을 잘 도와주는 딸 같은 아들이라서 편애했을까? 이삭은 하나님의 뜻에 반해 에서에게 장자권의 축복을 해 주려 하지만 리브가와 야곱의 꼼수로 야곱에게 축복하게 된다. 이때는 벌써 야곱이 팥죽 한 그릇으로 에서의 장자권을 산 이후이다. 그럼에도 리브가와 야곱은 이삭을 속여 장자에게 주는 축복을 가로채려 한다. 리브가가 주도하여 기획하고 야곱은 어머니가 시키는 대로 따라 한다. 하나님은 이런 인간적 꼼수 없이도 그의 뜻을 이루실 분이지만, 사람들은 자신들의 꼼수로 원하는 것을 이루기를 추구하는 연약함이 리브가와 야곱뿐 아니라 모든 사람들에게 있을 수 있다.

하나님은 왜 남자다운 에서가 아니라 꼼수에 능한 마마보이 야곱을 리브가의 태중에서부터 택했을까?

예수님은 왜 요셉이나 모세의 혈통이 아닌 하나님 보시기에 악한 두 아들을 잃은 유다가 며느리에게서 얻은 아들의 혈통을 택해서 이 땅에 오셨을까?

하나님은 왜 나같은 죄인을 택해서 양자 삼으셨을까?

창세기 28장

하나님은 에서가 아닌 야곱을 일찍이 택하셨지만 인간의 꼼수로 이삭으로부터의 장자권의 축복을 에서에게서 가로챈 야곱은 이 일로 인해 부모의 곁을 떠나 외가가 있는 하란으로 가게 되는데 이삭도 더 이상 야곱을 선택하신 하나님의 뜻을 거역하지 않고 야곱을 축복하여 하란으로 보낸다. 반면에 에서는 자신이 이삭의 축복을 받지 못한 이유가 그의 가나안 아내들 때문이라 생각하고 이스마엘의 딸을 세 번째 아내로 택하는데 이는 단순히 부모의 환심을 사기 위해 하나님의 창조 질서를 어기는 행위였다. 하란으로 가는 길에 야곱에게 하나님이 나타나셔서 그가 어디로 가든지 하나님이 지키시고 다시 돌아오게 하실 것이라 약속하심에 야곱은 그곳에 돌기둥을 세우고 벧엘이라 부르는데 이는 하나님의 집이라는 뜻이다. 하란으로 떠날 때 야곱의 나이는 77세 쯤 되었을 것이라 보는데 마마보이의 이미지와는 잘 맞지 않아 보인다. 결점이 많은 야곱을 하나님은 주권적으로 택하시고 동행하실 것을 약속하셨다. 야곱이 의롭기 때문이 아니라 하나님이 의로우신 분이기 때문이다. 우리도 우리의 의가 아닌 의로우신 하나님의 사랑 때문에 하나님과 동행할 수 있다.

창세기 29 – 32장

야곱은 그에 필적하는 꼼수의 달인인 그의 외삼촌 라반의 집에서 20년을 지내는데 하나님이 그와 함께 하심으로 라반의 두 딸 레아와 라헬을 아내로 얻고 아내들과 그들의 여종들을 통해 열 한 아들을 얻은 후에 가나안 땅으로 많은 가축들을 이끌고 돌아온다(창세기 29-31장). 가나안 땅으로 돌아오는 길에 형 에서가 400명을 거느리고 그를 만나러 온다는 소식에 야곱은 심히 두려워 하나님께 간구하는데 그 밤에 야곱은 얍복 나루에서 하나님과 씨름하며 하나님의 복을 구하니 하나님으로부터 이스라엘이라는 새 이름을 받고 그곳 이름을 하나님의 얼굴이라는 뜻으로 브니엘이라 한다(창세기 32장). 집을 떠난 지 20년 만에 고향으로 돌아가는 야곱은 벧엘에서 만났던 하나님의 사자들을 다시 만난다. 하나님은 벧엘에서 야곱에게 했던 약속을 충실히 지키셔서 야곱을 보호하셨을 뿐 아니라 그의 성품까지 변화시키시고 겸손히 기도하는 사람으로 만드셨다.

창세기 33 - 35장

창세기 33장에서 20년 만에 만난 에서와 야곱은 화해를 하고 야곱은 벧엘로 가라는 하나님의 명령에 복종하지 않고 세겜에 정착하려 했기에 그의 딸 디나가 강간을 당하고 그로 인해 시므온과 레위의 주도로 세겜 남자들을 다 죽이는 일이 벌어진다. 이에 35장에서 하나님은 야곱에게 벧엘로 올라가서 하나님께 제단을 쌓을 것을 명하시매 야곱 가정의 불순종과 우상 숭배를 제거하는 신앙적인 개혁으로 이어진다. 하나님은 야곱에게 20년 전 벧엘에서 주셨던 약속을 재차 확인해 주신다. 라헬은 베냐민을 낳다가 죽고 야곱은 헤브론에 가서 이삭을 만나는 것으로 야곱의 방랑과 도피 생활이 종결되고 이삭이 180세에 죽어 자기 열조에게로 돌아가니 에서와 야곱이 함께 그를 장사한다.

창세기 36장

36장에는 에서와 그의 후손 에돔 족속의 계보가 언급된다. 34절에 언급된 요밥을 욥기의 주인공 욥으로 보기도 한다. 에돔 족속은 이후 이스라엘 역사에서 늘 이스라엘과 대적의 관계에 있다가 바벨론에 의해 완전히 멸망하는데 소선지서 중 한 권인 오바댜에 에돔 족속의 멸망이 예언되었다.

창세기 37장

37장부터는 창세기 후반부로 요셉에 관한 역사가 기록된다. 야곱이 자신의 아들들 중에서 요셉을 편애하고 요셉은 자신의 꿈 이야기를 형들에게 떠벌이다가 형들로부터 미움과 시기를 사게 되고 가족 사이에 평화가 깨어지고 요셉은 17세의 나이에 애굽으로 종으로 팔리게 되고 요셉의 형제들은 야곱에게 거짓말로 요셉의 죽음을 알린다.

창세기 38장

38장에는 요셉에 대한 이야기 중간에 유다와 며느리 다말의 이야기가 삽입된다. 유다는 가나안 여자와 결혼하여 아들들을 낳았고 그 아들인 엘과 오난은 여호와 보시기에 악함으로 죽고 이로 인해 유다는 그의 셋째 아들이 장성한 후에도 며느리 다말을 그의 아내로 주지 않음에 다말이 시아버지인 유다를 속여 그로 인하여 임신하여 쌍둥이를 낳게 되는데 이 중 한 명인 베레스가 예수님의 육신의 조상이다. 이는 하나님의 구원의 역사는 인간의 노력이나 공로가 아닌 전적인 하나님의 은혜임을 보여준다. 유다는 요셉을 노예로 파는 일을 주도했는데 38장에 기록된 일들을 겪으며 신앙적으로 성숙해져서 후에 애굽의 총리대신이 된 요셉 앞에서 베냐민 대신 인질이 될 것을 자처하게 된다(창세기 44장).

창세기 39 - 41장

요셉은 애굽 땅에서 종으로 팔린 후 13년 동안 보디발의 집과 그의 옥에서 지내는데, 성경은 여호와께서 요셉과 함께 하심으로 그를 범사에 형통하게 하셨다고 반복하여 기록한다. 무고하게 성희롱 죄로 옥에 갇혀 지내다가 꿈을 해몽해 준 바로의 술 맡은 관원장이 복권되었을 때의 희망이 2년이 더 지나 절망으로 바뀌었을 때 바로가 꿈을 꾸게 되어 그 관원장은 요셉을 다시 기억하게 되고 요셉은 30세에 애굽의 총리가 된다. 하나님은 철없는 17세의 소년 요셉을 13년 동안 보디발의 집과 옥에서 하나님과 동행하게 하시고 장차 애굽을 통치할 수 있도록 경영 수업을 시키시며 준비시키셨다.

바로가 요셉을 총리로 임명했을 때, 요셉을 2년 동안 까맣게 잊고 있었던 술 맡은 관원장의 마음은 어떠했을까? 요셉을 자기집 옥에 수년동안 가두었던 보디발은 어떻게 처신했을까? 무엇보다 요셉에게 누명을 씌웠던 보디발의 아내에게는 요셉의 총리 등극은 그야말로 마른 하늘에 날벼락이 아니었을까? 성경이 이들에 대해 더 이상 아무 언급이 없으나 그냥 살짝 궁금한 마음이 든다.

창세기 41장에서 요셉은 바로의 꿈을 해석하고 애굽의 총리가 되어 당대 최고의 나라 애굽의 실제적인 통치자가 된다. 요셉뿐 아니라 모세와 다니엘도 적국에서 권력자의 위치에 올랐던 인물들인데 세상의 권력과 지혜보다 월등한 하나님의 지혜와 권위를 드러낸 사람들이다. 하나님은 아브라함에게 약속하신 대로 그 자손들로 큰 민족을 이루게 하시기 위해 애굽을 택하시고 바로에게 꿈으로 계시하시고 그동안 준비시키신 요셉을 가장 적절한 시점에 바로 앞에 등장시키신다. 바로뿐 아니라 그의 모든 신하들도 요셉을 하나님의 영에 감동된 자로 인정하고 그가 자기들 위에 총리가 되는 것을 찬성한다. 하나님의 계획은 언제나 선하시고 시의적절하다. 우리에게 닥치는 환난과 고통 가운데 하나님의 존재나 선하심에 대해 의문이 생길 때 요셉의 이야기는 우리에게 큰 위로를 준다.

창세기 42, 43장

창세기 42장부터 요셉의 형제들이 다시 등장한다. 온 세계가 가뭄으로 고통 당할 때 가나안에 살던 야곱 가족도 애굽으로 곡식을 사러 온다. 요셉은 20여 년 후에 자신을 판 형들을 다시 만나지만 형들은 그를 알아보지 못하고 요셉은 형제들을 시험한다. 하나님의 야곱 가문 이주계획이 실현되어 간다. 43장에서는 요셉의 계획으로 야곱의 가정에 영적인 변화가 일어나고 있음을 볼 수 있다. 형제 간의 우의보다는 시기와 질투에 사로 잡혔던 야곱의 아들들이 아버지와 형제들을 위해 책임을 지려는 모습을 보인다. 특히 이전에 요셉을 노예로 팔아 넘길 때 주도적 역할을 했던 유다가 지금은 베냐민을 대신해 인질이 되기를 자처하는 모습으로 바뀌었다. 하나님은 깨어진 가족관계를 요셉을 통해 바로 세워 앞으로 한 민족이 될 이스라엘의 열두 아들을 결속하신다.

창세기 44장

요셉은 베냐민을 통해 형제들의 우애를 마지막으로 시험하려고 은잔을 베냐민의 자루에 숨긴다. 베냐민이 도둑 혐의를 받음으로 모든 형제가 다시 요셉 앞으로 나오는데, 요셉과 베냐민의 형제들은 어느 누구도 자신이 살기 위해 베냐민을 비난하거나 그만 애굽에 두고 돌아갈 생각을 하지 않는다. 특히 유다는 아버지 야곱에게 맹세했던 대로 자신이 베냐민을 대신해서 희생하겠다고 자청한다. 유다와 모든 형제들은 예전의 자신들의 잘못을 뉘우치고 새사람이 되어 있었다.

창세기 45장

요셉과 형제들 사이에 화해와 용서가 이루어지는 내용이다. 요셉의 일생 중 가장 극적이며 감동적인 장면이 기록된다. 형들의 완전히 변화된 모습을 확인한 요셉은 더 이상 감정을 주체하지 못하고 형들에게 자신이 요셉임을 밝힌다. 형들이 아직 보복을 두려워하는 것을 안 요셉은 자신에게 일어난 모든 일이 하나님의 섭리였음을 고백하며 그들을 안심시킨다. "하나님이 큰 구원으로 당신들의 생명을 보존하고 당신들 후손을 세상에 두시려고 나를 당신들보다 먼저 (애굽에) 보내셨다."라고 말하는 요셉의 놀라운 고백은 그에게 하나님의 구원 계획을 믿는 신앙을 주셨음을 보여준다.

창세기 46장

요셉이 살아 있고 애굽의 총리가 되었다는 소식을 들은 야곱은 애굽으로 향한다. 이때 야곱의 나이가 130세였으며 애굽으로 간 야곱의 가족 70명은 향후 430년간 고센 지방에 거하면서 장정만 60만이 되는 큰 민족을 이루게 된다. 창세기 46장에는 야곱의 이름을 비로소 이스라엘이라 반복적으로 언급하고 있다. 이 이름은 야곱이 라반에게서 가나안 땅으로 돌아올 때 얍복 나루에서 하나님께 받은 이름인데 이것이 후일 야곱 자손의 민족과 국가를 나타내는 명칭이 된다. 그렇게 편애하던 요셉을 20여 년 만에 다시 만난 야곱은 지금 죽어도 족하다 한다.

창세기 47장

야곱은 바로를 만나 그를 축복하고 바로의 특별한 배려로 고센 땅에 평화롭게 정착한다. 주변의 기근은 더욱 심해지나 요셉의 치세로 애굽은 더욱 번성하며 바로의 왕권이 강화되고 더불어 요셉의 입지도 더욱 확고해지는 것은 택한 백성을 인도하시고 복 주시는 하나님의 섭리를 보여준다. 고센 땅에 정착한지 17년 후 야곱은 자신의 죽음이 임박했음을 알고 자신을 가나안 땅의 조상의 묘에 장사하라는 유언을 하는데 이는 야곱의 하나님이 약속하신 땅에 대한 구속사적인 소망을 보여준다.

창세기 48장

이스라엘(야곱)은 죽기 전에 자손들을 축복하는데 창세기 48장에는 요셉의 두 아들에 대한 축복이, 49장에는 다른 아들들에 대한 예언적 축복이 기록된다. 아브라함, 이삭, 야곱으로 이어진 족장 시대가 막을 내리고 열두 지파를 중심으로 한 이스라엘 공동체 시대의 서막을 알린다.

이스라엘은 요셉의 두 아들을 자신의 양자로 삼아 요셉 대신 그의 아들 므낫세와 에브라임이 이스라엘 공동체의 열두 지파의 두 지파가 된다. 이는 요셉에게 장자의 두 분깃이 주어진 것으로 이해할 수 있다. 이때 요셉은 그의 장자 므낫세에게 오른 손을 얹어 주길 바랐으나 이스라엘은 차자인 에브라임에게 오른손을 올려 그가 므낫세보다 더 큰 족속이 될 것을 예언한다.

하나님은 종종 장자가 아닌 아우를 선택하시는데 이는 사회적 관습을 뛰어 넘는 하나님의 주권적 섭리를 보여준다.

창세기 49장

야곱(이스라엘)이 죽기 전에 자기 아들들을 모아 놓고 축복하는 이야기가 나온다. 이스라엘의 열두 지파에게 각 사람의 분량대로 축복하였다고 기록한다.

그런데 이 부분에서 야곱이 아버지 이삭을 속이고 에서가 받을 축복을 가로챈 것이 오버랩이 된다. 에서가 자신에게 빌어줄 복은 없느냐고 소리 높여 우니, 이삭은 에서에게 축복이 아니라 저주에 가까운 예언을 했다. 야곱의 축복은 단순한 바람이 아니라 하나님의 영감으로 주어진 미래에 대한 예언으로 이해된다.

장자 르우벤은 빌하와의 통간으로 장자권을 상실했으며 시므온과 레위는 세겜 사람들을 학살한 죄가 있었기에 구속사적인 축복은 그 다음 순서인 유다에게 넘어갔다. "홀이 유다를 떠나지 아니하며 치리자의 지팡이가 그 발 사이에서 떠나지 아니하기를 실로가 오시기까지 미치리니." 장차 오실 예수 그리스도의 탄생이 유다 가문에서 이루어진다.

흔히 야곱의 축복이라고 불리는 이 예언은 사실 축복과 저주를 포함하는데 이는 야곱 자신의 감정에 의한 것이 아니라 하나님의 주권적 섭리를 대언한 것이다.

창세기 50장

창세기는 야곱의 장례식과 요셉의 죽음을 기록하며 마친다. 구속사의 서곡인 족장 시대가 야곱과 요셉으로 끝나는데 이는 더욱 드라마틱한 하나님의 구속사의 시작점이기도 하다. 야곱이 죽은 후 요셉은 야곱의 유언대로 그를 막벨

라 굴에 장사한다. 아버지의 죽음 후 요셉의 보복을 두려워하는 형제들을 요셉
은 다시 사랑으로 용서하고 마지막 '족장'인 요셉도 후손들에게 후일 애굽을 떠
날 때 자신을 아버지와 같이 조상의 땅에 묻어 달라는 유언을 하고 족장 시대
사람들로는 조금 이른 110세에 죽음으로 창세기가 마감된다.

출애굽기 모세오경

창세기는 모세가 이전에 구전으로 또 기록으로 내려오던 것들을 참고해서 썼다면 출애굽기는 모세 자신의 생애와 하나님이 그와 함께 한 기록이다. 출애굽기의 시작이 "그리고 이것들이 …의 이름들이다."라고 야곱과 함께 애굽으로 간 그의 아들들을 나열하는 것으로 보아 출애굽기가 창세기와 한 묶음임을 알 수 있다. 창세기가 세상의 시작, 죄의 시작에 대한 기록과 하나님의 구원 계획의 시작과 이스라엘 민족의 형성에 대한 기록이라면, 출애굽기는 이스라엘을 애굽에서 건져낸 하나님의 구속 이야기이다. 하나님의 택함을 받은 이스라엘 백성을 애굽의 바로의 압제에서 건져 내시기 위해 모세를 지도자로 세워 피의 구속으로 하나님의 사랑을 알게 하시고 홍해를 건너 구원하시고 그들에게 율법과 장막을 주셔서 하나님의 요구를 지키며 살게 하셨다. 그렇기에 출애굽기에서는 애굽에서 탈출하는 이야기가 중심이 아니라 출애굽 후에 시내산에서 하나님과 이스라엘 백성들이 맺은 언약이 더 중요한 사건이다. 하나님의 백성이 된 이스라엘이 어떻게 살아야 하는지를 일깨우는 율법과 출애굽기 25-40장에 나오는 성막의 의미를 이스라엘 백성을 제사장 나라와 거룩한 백성으로 삼으시려는 하나님의 의도와 연관해서 이해해야 한다. 출애굽 사건을 통해 하나님이 유일한 참 신이시며 아브라함에게 하신 약속을 신실하게 행하시는 분이심과 시내산 율법을 통해 사람들에게 하나님의 거룩하심의 표준을 제시하시고 성막 제도를 통해 어떻게 하나님의 백성이 하나님과 교제할 수 있는지 알려주시며 또 하나님이 친히 그들 가운데 거하심을 증거하시며 장차 오실 그리스도의 인격과 사역을 예시하신다.

출애굽기 1장

출애굽기는 "요셉을 알지 못하는 새 왕이 일어나 애굽을 다스리더니"라 하며 시작된다. 이는 아마도 단순히 바로의 왕위가 아버지에서 아들로 또 손자로 이어진 것을 말하는 것 이상으로 왕조가 바뀐 것을 말한다고들 한다. 창세기 45장 8절에서 요셉은 그 형제들에게 "하나님이 나를 바로에게 아버지를 삼으시고"라고 말하고 있다. 아마도 여기에서의 바로는 9–10년 전에 요셉을 총리로 세운 바로의 아들일 것이다. 아들 바로도 선친의 뜻을 따라 요셉을 계속 총리로 삼았고 그 후에도 그 왕조의 후대 바로들도 요셉과 이스라엘 백성들에게 호의적이었을 것이다. 그러나 왕조가 바뀌고 이스라엘 자손이 크게 번성하기 시작하자 새로운 왕조는 이스라엘 자손을 종으로 삼게 되었던 것이 아닐까 생각된다. 하나님의 보호하심으로 왕성하게 번식 번영하는 이스라엘 자손들에게 위협을 느낀 바로는 이스라엘에 태어나는 모든 남자 아이는 나일강에 던지라는 명령을 내린다. 이러한 압제는 이스라엘의 멸망을 가져오는 것이 아니라 출애굽의 시기가 도래하고 있음을 알려준다.

출애굽기 2장

압제에 시달리는 이스라엘을 위한 지도자 모세를 준비하시는 하나님을 볼 수 있다. 하나님은 바로의 이스라엘 남아 살해 정책에 의해 나일강에 버려진 모세를 바로의 공주의 손으로 구원하시고 당대 최고의 나라 애굽의 왕실에서 지도자가 될 교육을 받게 하신다. 그러나 또한 모세의 친모가 유모가 되어 모세를 양육하게 하심으로 모세에게 히브리인의 민족적 정체성도 갖게 하셨다. 모세는 장성한 후에 히브리인을 핍박하던 애굽 사람을 죽인 일로 미디안 광야로 도망가게 된다. 아마도 모세를 자신의 왕권에 대한 위협으로 생각하던 바로는 호시탐탐 모세를 칠 구실을 찾고 있었는지 모른다. 미디안 광야에서 모세는 나그네로 40년을 양을 치며 모든 것을 잊고 지내지만 하나님은 이스라엘 자손의 고통 소리를 들으시고 아브라함과 이삭과 야곱에게 세운 그의 언약을 기억하고 계셨다.

출애굽기 3장

광야에서 40년간 장인의 양 떼를 치며 화려하고 혈기 왕성했던 젊은 시절을 완전히 잊고 초라하게 삭아 지내는 80세의 노인 모세를 하나님이 부르시고 사명을 주시는 이야기가 나온다. 모세가 하나님의 이름을 묻는다. 그때까진 하나님은 '여호와'가 아닌 '엘'이나 '엘로힘'으로 불렸을 것이다. 이때 하나님이 모세에게 자신의 이름을 처음으로 알려주는 것이 바로 '야훼, I AM WHO I AM, 스스로 있는 자'이다. 태초부터 계셨던, 만물의 창조주이신 하나님의 이름 여호와의 참뜻을 알 때 하나님의 하나님 되심을 제대로 알게 된다. 40년 동안 애굽 왕실에서 왕자 교육을 받으며 무엇이든 자기 손으로 할 수 있을 것 같이 잔뜩 힘이 들어있던 모세가 힘을 빼고 완전히 겸손하게 되는데 양치는 목자로서 40년 훈련이 필요했다. 여호와께서 호렙산 불꽃 가운데 모세를 부르시고 사명을 주시는데 하나님이 장차 하실 일들을 친히 일러주며 격려하신다.

출애굽기 4장

모세는 하나님으로부터 이스라엘을 구원하라는 사명을 받지만 40년 광야 생활로 자신의 무능함과 나약함을 확실히 깨달은 모세는 계속 변명하며 회피하려 한다. 이에 하나님은 세 가지 기적을 보여주시며 모세에게 확신을 주시며 또한 형 아론을 예비하셨고 그의 손에 하나님의 지팡이를 들려주신다. 드디어 모세가 아내와 아들들을 데리고 애굽으로 돌아 가려고 길을 나서는데 여호와께서 모세를 죽이려 하신다. 선뜻 이해가 되지 않는 부분이다. 계속 자신이 감당할 수 없다고 이 핑계 저 핑계를 대며 하나님이 주시는 사명을 피하려는 모세에게 여러 기적을 보이시며 어르고 달래서 모세가 간신히 마음을 다잡고 순종하려고 길을 떠나는데 난데없이 여호와께서는 그런 모세를 죽이려 하신다. 이어지는 구절을 보면 모세가 미디안 광야에서 얻은 아들들을 아브라함에게 주신 할례 언약을 따라 할례하지 않았기 때문이다. 하나님이 모세를 치시자 즉시 그의 아내 십보라가 아들에게 할례를 행한 것으로 보아(아마 모세는 기동도 못할 정도로 아팠을 것이다.) 모세의 아내의 반대로 모세는 광야에서 태어난 아들들에게 할례를 행하지 못했던 것 같다. 하나님의 언약 백성으로서의 정체성을 상실한 채 자기 아내의 말도 거스르지 못할 정도로 연약해진 모세에게 찾아오셔서 사명을 주시고 회복시키시는 여호와 하나님을 본다.

출애굽기 5장

모세와 아론이 드디어 바로 앞에 서서 여호와께서 내 백성을 내보내라 한다는 말은 하지만 바로는 여호와의 이름을 모독하며 오히려 이스라엘 백성들의 노동을 무겁게 한다. 이에 백성들은 오히려 모세와 아론을 원망하고 모세는 낙심하여 하나님께 불평조로 호소한다.

출애굽기 6장

하나님은 모세에게 아브라함과의 언약을 상기시키며 이스라엘 백성을 반드시 애굽에서 구원하시고 약속의 땅으로 인도하실 것을 말씀하시고 모세는 이 하나님의 언약을 백성들에게 전하나 그들은 모세의 말을 듣지 않는다. 하나님은 모세에게 바로에게 다시 가서 말하라 하나 모세는 이스라엘 자손들도 자신의 말을 듣지 않으므로 하나님의 명령에 주저한다. 모세와 아론의 족보가 언급되는데 그들은 레위 자손으로 고핫의 손자이고 아므람의 아들들이다.

출애굽기 7 – 10장

주저하며 자신의 입이 둔하다 하는 모세에게 하나님은 바로에게 모세가 신과 같이 되게 하겠고 아론을 대언자가 되게 하겠다 약속하신다. 바로의 마음을 완악하게 하겠지만 여호와께서 애굽을 심판하고 이스라엘 자손을 애굽에서 인도해 낼 때 비로소 애굽 사람들이 하나님이 여호와인 것을 알 것이라고 용기를 주자 팔십 세 모세와 팔십삼 세 아론 두 노인이 바로에게 다시 나간다. 그러나 하나님은 바로의 마음을 완악하게 하여서 모세가 애굽에게 열 가지의 재앙을 내리기 전에는 이스라엘 백성을 보내주지 않는다. 애굽에게 내려진 재앙들은 애굽이 섬기는 신들에게 내려졌다. 하나님은 이들 재앙을 내림으로 애굽 사람들이 여호와가 하나님이신 것을 알게 하려 하셨다. 나일강이 피가 되는 첫째 재앙과 개구리 재앙은 바로의 요술사들도 흉내를 내었지만 세 번째 재앙인 티끌이 이가 되는 재앙은 따라하지 못하고 요술사들은 하나님의 권능임을 인정하나 바로의 마음은 완악하여 듣지 않는다. 이어지는 파리, 가축의 역병, 종기, 우박, 메뚜기, 흑암의 재앙에도 바로는 완악함으로 오히려 모세에게 다시는 앞에 나타나지 말라고 경고한다.

출애굽기 11장

아홉 가지의 재앙을 당하고도 완악하여 하나님의 말씀을 듣지 않는 바로에게 하나님께서 마지막 재앙에 대한 경고를 내리신다. 애굽 땅에 있는 모든 처음 난 것은 바로의 장자로부터 가축의 처음 난 새끼까지 다 죽을 것이나 이스라엘 자손과 가축에는 아무 피해가 없을 것임을 모세는 바로에게 최후 통첩으로 선포하고 하나님은 바로의 불순종 때문에 마지막 열 번째 재앙이 불가피함을 말씀하신다.

출애굽기 12장

12장은 유월절에 대한 하나님의 명령과 애굽 전역의 장자에게 내린 열 번째 재앙인 장자의 죽음에 대해 기록한다. 이 사건은 이스라엘에서 가장 중요한 유월절과 무교절의 시작이 되는데 여호와 하나님은 이 절기를 영원한 규례로 대대로 지킬 것을 명하신다. 애굽 전역의 장자에게 내린 사망의 재앙은 애굽 사람들에게는 심판의 재앙이었지만 이스라엘 백성에게는 구원이었다. 문설주에 바른 어린 양의 피는 어린 양 예수 그리스도의 십자가 보혈을 예표한다. 무교병은 서둘러 떠나는 출애굽 여정을, 쓴 나물은 애굽의 압제 아래 이스라엘 백성이 겪은 괴로움을 상징한다. 애굽의 모든 장자와 가축의 첫 소생이 죽자 바로는 그제서야 모세와 아론에게 이스라엘 자손이 애굽을 떠나는 것을 허락하고 그들은 애굽 사람들에게서 금, 은 패물과 의복을 구하는 대로 취하여 떠난다. 성경은 이 부분에서 처음으로 이스라엘 족속(Israelites)이란 표현을 사용하여 한 나라이자 민족 공동체의 정체성을 부여한다.

출애굽기 13장

하나님은 출애굽과 관계된 절기인 무교절에 대한 규례를 세우신다. 출애굽을 기념하여 모든 첫 태생을 하나님께 드릴 것을 명하시며 무교절을 지켜 그들을 구원하신 하나님의 권능을 대대로 기념하도록 하셨다. 출애굽 하는 이스라엘 백성이 전쟁을 할 준비가 안되었기에 하나님은 블레셋 사람의 땅을 지나가는 가까운 길이 아닌 홍해를 따라 내려가는 길로 돌아서 가게 하시는데 낮에는 구름 기둥으로 밤에는 불기둥으로 길을 인도하신다.

출애굽기 14장

야곱의 가족 70명이 애굽으로 내려간 지 430년 만에 이스라엘 족속은 200

만이 넘는 큰 민족을 이뤄 출애굽을 한다. 가나안 땅에 그대로 있었으면 그렇게 큰 숫자로 불어나지 못했을 것이다. 하나님이 큰 민족을 이루기 위해 애굽으로 인도하셨던 것이다.

그런데 이렇게 사용하신 애굽 땅은 이스라엘 민족이 떠나올 때 완전히 초토화된다. 애굽의 가축들이 모두 죽고 농작물이 완전히 없어지는 경제적 파탄에 더해 애굽 사람들의 귀금속과 옷가지를 취해서 나왔고, 군사적으로도 모든 병거와 마병과 지휘관들이 수장되어, 그야말로 당대의 최강국 애굽은 완전히 나라가 폭망하여 순식간에 변방의 소국으로 전락한다. 바로가 모세의 요구를 선뜻 들어주지 않아서 자초한 일이지만 성경은 이 모든 일이 하나님이 바로의 마음을 강퍅하게 하셨기 때문이라고 기록하며 "이로 인해 애굽 사람들이 나를 여호와인 줄 알리라"고 하신다. 출애굽과 홍해 사건으로 "이스라엘 백성이 여호와를 경외하며 그의 종 모세를 믿었더라"라고 출애굽기 14장 마지막에 기록하지만 그 후의 이스라엘 백성의 행적은 여호와를 믿는 사람들이라 할 수 없는 것이 너무 많다. 애굽 사람들이나 이스라엘 백성이나 다 죄인일 뿐인데 주권적으로 이스라엘을 택하시고 오래 참으시는 하나님이 오늘도 나를 참으시고 '이처럼' 사랑하셔서 독생자를 내어 주시는 분인 것을 다시 한번 새기며 하나님 아버지께 모든 영광과 찬송을 올려드린다.

이스라엘 백성들이 출애굽하기 시작할 때부터 하나님은 그들 앞에 가시며 낮에는 구름 기둥으로 그들을 인도하시고 밤에는 불기둥을 그들에게 비추시고 구름 기둥과 불기둥이 백성 앞에서 떠나지 않는다.

바로의 군대가 이스라엘을 뒤쫓아와서 이스라엘 백성들이 홍해와 바로 군대 사이에 끼게 되었을 때, 앞서 가던 구름 기둥이 뒤로 돌아 애굽과 이스라엘 사이를 가로막아 애굽 쪽은 어둡게 하고 이스라엘 쪽은 환하게 밝혀 이스라엘 백성들이 홍해를 마른 땅 같이 다 건널 때까지 애굽 군대를 막아 주신다. 우리의 삶 가운데에도 하나님은 구름 기둥과 불기둥으로 우리를 앞서 인도하시는가 하면 우리에게 닥치는 위험을 막아 주시고 시험으로부터 지켜 주신다.

출애굽기 15장

여호와께서 홍해를 가르시고 이스라엘 자손이 바다 가운데 마른 땅을 건너고 뒤따르던 바로의 군대는 홍해에 수장된 뒤 이스라엘 백성은 여호와의 큰 능력을 보고 여호와와 그의 종 모세를 믿었다. 출애굽기 15장에는 모세와 미리암의 감사찬송이 기록된다. 그러나 이스라엘 백성은 수르 광야에서 사흘 동안 마실 물이 없게 되자 곧바로 모세를 원망한다. 그들의 믿음이 얼마나 연약한 것인지 보여준다. 그러나 하나님은 여전히 긍휼하셔서 이스라엘 백성이 여호와의 말을 순종하고 의를 행하면 그들에게 어떤 질병도 내리지 않겠다고 약속하시며 그들을 엘림 물가로 인도하신다.

출애굽기 16장

이스라엘 백성의 가나안 땅을 향한 여정 중에 신 광야에 도착한 이스라엘 백성은 먹을 것이 부족하자 다시 모세와 하나님을 원망하는데 신실하시며 오래 참으시는 하나님은 그들에게 하늘의 만나와 메추라기로 먹이시는 것이 출애굽기 16장에 기록된다.

출애굽기 17장

이스라엘 백성들은 애굽에서부터 하나님의 이적과 은혜를 수없이 경험하고서도 조그만 시련이 오면 금방 하나님을 원망하는 어리석고 간사한 모습을 보인다. 출애굽기 17장에서도 신 광야를 떠나 르비딤에 장막을 친 이스라엘 자손들이 마실 물이 없어 목이 마르자 모세를 원망하며 그와 다투었다고 성경은 기록한다. 하나님은 이때에도 이들을 참으시고 반석에서 물을 내신다. 그리고 하나님은 그곳을 맛사 또는 므리바라 부르는데 이는 이스라엘 백성이 여호와를 시험했기 때문이라고 하신다. 이 일이 있은 후에 이스라엘과 아말렉의 싸움이 있었는데 이는 출애굽 후에 치룬 첫 전쟁이었다. 이 전쟁에서 모세가 아론과 훌의 도움으로 해가 지도록 손을 들고 있어서 여호수아가 아말렉을 무찌른다. 이 일로 모세는 제단을 쌓고 여호와 닛시라 부르며 여호와께서 아멜렉과 대대로 싸우실 것이라 선언한다. 그런데 출애굽기 13장에서 하나님은 출애굽하는 이스라엘 백성들을 블레셋 사람들이 있는 지름길이 아니라 홍해의 광야길로 인도하시며 "이 백성이 전쟁을 하게 되면 마음을 돌이켜 애굽으로 돌아갈까." 하셨다고 기록한다. 평생을 애굽에서 종살이하면서 벽돌이나 굽던 이스라엘 오합지졸들이 출애굽 후 광야 생활 두 달 후에는 싸움을 할 수 있는 용사들로 훈련되어 아말렉과 전쟁을 할 수 있게 되었을까? 물론 하나님이 인도하신 싸움이지만 아말렉과 그 백성을 쳐서 무찌른 자들은 여호수아가 택한 사람들이었다. 무기도 제대로 없었을 이 사람들이 무슨 용기로 싸울 수 있었을까? 이스라엘 백성들은 출애굽 후에 구름 기둥과 불기둥으로 인도하시고 홍해를 가르신 하나님, 만나와 메추라기로 먹이시며 반석에서 물을 내시는 하나님을 경험하며 하나님을 의지하는 믿음이 (물론 이후에도 수시로 그 믿음이 약해지기는 하지만) 생겼기에 아말렉과의 싸움에 나설 수 있게 되었다고 생각해 본다.

출애굽기 18장

모세의 장인 이드로가 모세를 방문하여 모세로부터 하나님이 하신 일들을 듣고 하나님을 찬양하고 하나님께 제사를 드린다. 또한 모세는 이드로의 제안을 받아들여 그를 도와줄 동역자로 능력있는 사람들을 택하여 천부장, 백부장, 오십부장, 십부장을 세운다.

출애굽기 19장

이스라엘 백성은 출애굽 석달 만에 시내산에 다다른다. 이 시내산에서 하나님은 모세를 통해 이스라엘 백성에게 십계명을 비롯한 많은 율법을 주신다. 시내산은 하나님이 목동이었던 모세를 부르셨던 호렙산과 같은 산이었거나 호렙 봉우리를 포함한 산지였을 것이라 한다.

출애굽기 20장

하나님이 십계명을 주실 때 "나는 너를 애굽 땅, 종 되었던 집에서 인도하여 낸 네 하나님 여호와니라."라고 말씀하며 시작하신다. 즉 십계명과 다른 율법을 지키면 구원을 주시겠다는 말씀이 아니라 구원받은 백성들이 지켜야 할 규범으로 율법을 주신 것이다.

성경에는 하나님의 행위언약(covenant of works)과 은혜언약(covenant of grace)이 있다. 흔히들 구약에서는 행위언약을 주시고 신약에서는 은혜언약을 주셨다고 잘못 알고 있는 사람들이 많다. 행위언약은 아담이 범죄하기 전에 주신 언약으로 아담이 그 언약을 지킬 수 있을 때 주셨다. 그러나 아담이 범죄한 후에는 그 어느 누구도 행위언약을 지킬 수 없게 되었는데, 이 상황에서 하나님이 다시 주시는 언약이 은혜언약, 즉 복음이다. 창세기 3장 15절 말씀이 은혜언약의 시작이고 그래서 이를 원시복음(Protoevangelium)이라 한다. 모세를 통해 주신 모든 율법도 그것을 지키면 구원을 주시겠다는 행위언약이 아니라 은혜로 구원하신 이스라엘에게 하나님의 기준을 알려주시는 은혜이다.

하나님의 모든 율법 중에서 가장 핵심이 되는 십계명은 하나님의 인격과 그분이 요구하시는 내용을 담고 있는데 첫 네 계명은 하나님에 대해 지켜야 할 율법이고 나머지 여섯 계명은 공동체를 이루는 사람 사이에 관한 율법인데 예수님은 이 십계명이 하나님 사랑과 이웃 사랑으로 요약된다고 가르치셨다.

출애굽기 20장에서 31장은 십계명에서부터 시작하여 여러 가지 율법과 성막, 제단, 제사장 의복, 각종 제사에 대한 규례 등을 하나님이 모세에게 매우 상세히 말씀하신다. 창세기부터 성경통독을 해 오다가 처음으로 맞게 되는 위기다. 지금까지는 재미있는 이야기가 펼쳐지기에 흥미롭게 읽어왔는데 이 부분에 이르면 읽는 내용이 재미도 없고 현대를 사는 우리에겐 별 의미가 없는 내용인 것 같은 생각이 든다. 이후에도 레위기와 신명기를 읽을 때에도 같은 생각이 들곤 한다. 십계명은 알겠는데 그 외의 다른 율법은 우리에게 무슨 의미가 있을까? 왜 하나님은 성막과 성전기구, 제사장의 의복, 각종 제사의 순서와 방법 등을 그리 자세히 명하시는 것일까?

성경에 기록된 율법은 크게 세 가지로 나눌 수 있다. 십계명으로 요약되는 도덕법(Moral Laws)과 의식법 또는 제사법(Ceremonial Laws), 그리고 시민법 혹은 사회법(Judicial Laws) 이다. 제사법은 미숙한 교회인 이스라엘 백성에게 그리스도와 그를 통해 베풀어질 은혜와 그리스도의 사역과 그 유익을 예표하고 있으며 이 제사법은 그리스도가 단번에 십자가에서 우리를 위한 영원한 희생제사를 드린 후 신약시대에는 폐기되었다. 그리고 신정국가인 이스라엘 백성에게 주신 사회법들은 신정시대가 사라진 지금은 세상 정부들에게 그 권한이 위임되었다. 그러나 도덕법은 신약시대에도 신자들뿐만 아니라 불신자들에게도 영원히 지켜야 할 규범이고 그리스도의 복음이 도덕법의 의무를 폐하는 것이 아니라 더욱 강화시킨다. 지금은 구속력이 없는 제사법과 사회법들도 그 법들이 내포하는 하나님의 의도와 일반 원리는 여전히 우리에게 유용하다.

출애굽기 21 - 23장

시민법, 사회법이 소개된다. 현대 사회의 민사법과 형사법이라 할 수 있다. 고대 근동지방의 법전(함무라비 법전)과 유사한 부분이 있지만 하나님이 모세에게 주신 율법은 그 바탕에 인간에 대한 사랑과 생명의 존중과 평등의 정신이 드러난다.

출애굽기 24장

하나님이 이스라엘 백성과 공식적인 언약을 맺는 것이 기록된다. 모세와 이스라엘 백성들은 산 아래 단을 쌓고 화목제를 드린 후에 모든 백성이 하나님이 주신 율법을 준행할 것을 맹세하는데 모세는 언약서를 백성에게 낭독하고 언약의 피를 뿌려 그 언약을 확정한다. 이후에 하나님은 모세에게 율법과 계명을 친히 새긴 돌판을 주시려고 시내산으로 따로 불러 모세는 시내산에서 사십 주야를 지낸다.

출애굽기 25 – 31장

모세가 시내산에 40주야를 지내며 하나님께 받은 성막에 대한 자세한 지시사항들이 기록된다. 25장에는 성소와 그 안에 둘 성물과 기구들, 26장에는 성막 본체의 구조와 양식, 27장에는 번제단과 성막 뜰, 28장에는 제사장에 대한 규례와 의복, 29장에는 제사장 위임식과 그들이 드려야 하는 제사에 대한 규례, 30장에는 분향단과 관유와 향의 제조법, 31장에서는 이 모든 성막과 기구들의 제작을 위해 하나님이 준비하신 브살렐과 오홀리압을 지목하시고 안식일 준수에 대해 다시 한번 강조하시고 하나님이 친히 새긴 증거판 둘을 모세에게 주신다. 브살렐에게는 하나님의 영이 충만하게 하고 지혜와 총명과 여러 재주를 주셨다. 성막을 만드는 일에도 성령의 충만이 필요했음은 오늘 날 교회를 섬기는 모든 자들은 성령의 충만함으로 감당해야 함을 말해준다.

성막의 여러 가구들(법궤, 번제단, 떡상 등)은 나무로 만들고 금으로 덧입히라고 되어 있다. 그런데 이들 가구를 만드는 나무재료를 개역한글, 개역개정 성경은 '조각목'이라 하고 있다. 이 조각목은 아마도 식물도감에도 나오지 않는 나무 이름일 것이다. 영어 성경에서는 대부분 이 나무를 'acacia wood'라고 하며, KJV에서는 이를 'shittim wood'라고 표현하고 있다. 이를 반영한 듯 새번역에서는 아카시아나무라 하고 우리말성경에서는 '싯딤나무'라 번역하고 있다. 개역한글과 개역개정 성경에서 싯딤나무를 조각목이라 번역한 것은 중국 성경에서 이를 중국에 있던 조각자(皁角刺)나무와 비슷하다 하여 조각목이라 한 것을 그대로 사용했다 한다. 이 싯딤나무는 우리가 아는 아카시아나무와는 다른 중동의 사막 지방에서 쉽게 볼 수 있는 나무인데, 나무 재질이 단단하지만 곧게 자라지 않고 심하게 비틀려 있기에 큰 재목으로는 사용할 수 없는 볼품없는 나무라 한다. 그런데 하나님은 이 싯딤나무로 성막의 기구들을 만들라고 하셨다. 아마도 하나님은 다른 모든 성막 재료들(금, 은, 청색, 홍색 실 등)처럼 광야에서 구할 수 있는 나무 중에 제일 단단하고 벌레 먹지 않을 싯딤나무가 최선의 재목이라 그 나무를 택했다고 생각된다.

출애굽기 32장

시내산에서 모세가 하나님의 율법을 받느라 40일을 머무는 동안 산 밑에 있던 이스라엘 백성들이 아론이 만든 금송아지를 예배하는 죄를 저지른 기사가 나온다. 바로 40일 전에 모세 앞에서 여호와의 모든 말씀을 준행하겠다고 맹세하던(출 24장) 사람들이 금송아지를 예배하며 제물을 드리는데, 놀랍게도 그 일을 제사장으로 세움 받은 아론이 주동한다. 그들이 만든 금송아지를 여호와라 하면서 그 앞에 단을 쌓고 제사를 드리고 먹고 마시며 기쁨으로 뛰노는 백성들을 향해 하나님은 진노하시고 이스라엘 백성을 진멸하려 하나 모세의 간구로 뜻을 돌이키셨다고 기록되어 있다. 하나님께 이스라엘 백성들을 위해 중보기도하며 하나님의 진노를 돌이키게 한 모세는 정작 백성들이 금송아지 앞에서 춤

추는 것을 보고 크게 노하여 하나님께 받은 돌판들을 던져 깨뜨린다. 이 일로 삼 천명 가량이 레위인들에게 죽임을 당하고 하나님이 역병으로 백성들을 치셨지만 아론의 목숨은 보전하시고 제사장의 직분을 계속 감당하게 하셨다.

출애굽기 33장

시내산에서 율법을 받고 하나님의 백성인 언약 공동체가 된 이스라엘의 새 출발을 묘사한다. 하나님은 모세를 통해 아브라함에게 언약하신 가나안 땅을 주시겠다 하시면서도 목이 굳은 이스라엘 백성과 동행하지 않겠다 하시나 모세의 간절한 간구를 들으시고 이스라엘과 동행할 것을 약속하신다.

출애굽기 34장

모세는 다시 하나님께서 주시는 언약을 받으러 시내산에 올라가 사십일을 머물 때 하나님은 자신의 이름을 선포하시며, "여호와라 여호와라 자비롭고 은혜롭고 노하기를 더디하고 인자와 진실이 많은 하나님이라." 하시며 자비와 용서를 베푸신다. 그리고 아론에게 제사장의 옷을 지어 입히심으로 그를 회복시키시고 성막 짓는 일을 마무리하신다. 모세의 중보를 통해서, 그러나 무엇보다 하나님의 신실하심과 자비하심으로 인해 하나님과 이스라엘의 언약관계가 회복된다. 범죄한 백성에 대한 하나님의 심판과 모세의 중재를 통한 이스라엘의 갱신을 보여준다. 하나님은 오늘도 부족한 우리에게 자비를 베푸시고 우리가 받을 자격이 없는 두 번째 기회(second chance), 세 번째 기회(third chance)를 주신다.

출애굽기 35 – 39장

35-38장은 성막과 그 안의 모든 기구들을 만드는 기사이고 39장에서 제사

장의 의복을 완성함으로 성막의 모든 역사를 마치게 된다. 이스라엘 백성이 광야에서 성막을 만드는 일은 모세가 하나님께 자세한 청사진을 받고, 이에 필요한 모든 물품은 마음에 자원하는 남녀 누구나가 예물로 드려 필요 이상으로 넉넉했으며, 이 예물로 드린 물품들을 가지고 하나님의 영이 충만하고 지혜와 총명과 지식이 있는 브살렐과 오홀리압이 앞서서 인도하여 완성하게 된다. 모든 백성들이 참여한 것이다. 성경은 이 성막과 제사장 의복이 완성되는 것을 기록하며 반복적으로 "여호와께서 모세에게 명령하신 대로 하였더라."라고 말하고 있고 그 마친 모든 것을 본즉 여호와께서 명령하신 대로 되었으므로 모세가 그들을 축복하였다고 기록한다. 왜 하나님은 성막과 그 안의 모든 기구들의 제원과 제사장의 복식에 이르기까지 그토록 자세하게 정하여 주셨을까? 하나님께 나아와 예배하는 일은 우리들이 원하는 대로, 우리 생각에 좋은 대로, 우리의 필요를 채우고 우리를 만족시키기 위해서 하면 안된다는 것을 생각해 본다.

출애굽기 40장

성막 봉헌식을 하면서 출애굽기가 마무리된다. 출애굽한 지 2년째 되는 정월 초하루에 성막을 세우는데 성막과 그 안의 각종 기구를 위치대로 성별하고 모세와 아론과 그 아들들도 하나님의 명을 따라 정결 예식을 행하고 대대로 영영히 제사장으로 기름부음을 받는다. 이렇게 모든 역사를 마치니 회막(Tent of Meeting)이라 불리는 성막(tabernacle)에 하나님의 영광이 구름으로 충만하게 임하고 낮에는 여호와의 구름이 성막 위에 있고 밤에는 불이 그 구름 가운데 있음을 온 이스라엘 족속이 눈으로 보게 되었다.

레위기 모세오경

레위기는 출애굽기의 연속이라 볼 수 있다. 레위기의 히브리어 명칭은 첫 구절인 '와이크라'(그가 부르셨다)인데 '레위기'라는 이름은 70인역(Septuagint, BC 3세기경에 당시 근동지방의 공용어였던 헬라어로 번역된 구약성경)에서 처음으로 사용되었다 한다. 그러나 레위기는 레위 족속 제사장들에 관한 내용만이 아니라 죄인인 이스라엘 백성이 그들 가운데 계신 거룩하신 여호와 하나님 앞에 어떻게 행하여야 하는지, 하나님은 이들의 죄를 어떻게 사하여 주시는 지를 알게 한다. 레위기 1-10장까지는 제사 제도에 대한 내용이고, 11-27장은 거룩한 법들에 대한 내용이다. 출애굽기에서는 성막의 구조와 그 안에 있는 기구들에 대해 자세히 기록했다면 레위기에서는 제사장들이 그 성막에서 행하여야 할 다섯 가지 제사들에 대한 규례와 백성들이 지켜야 할 열 가지 절기에 대한 규례들, 정한 것과 부정한 것과 성도덕 규례 등을 자세히 기록한다.

레위기 1-5장

레위기 첫 다섯 장에는 다섯 가지 제사에 대한 규례가 나온다. 번제, 소제, 화목제, 속죄제, 속건제인데 비슷하나 조금씩 다르다. 1장의 번제에 대한 내용 중에 보면 번제를 드리는 사람들을 위해 제사장들이 소를 잡는 것이 아니라 예물을 드리는 사람이 직접 소를 잡고, 가죽을 벗기고 각을 떠야 한다. 피를 제단에 뿌리고 제단에 번제물을 불사르는 것은 제사장이 할 일이지만, 번제물을 드리는 각 사람이 할 일이 있다. 자신의 죄 때문에 대신 희생되는 동물을 직접 잡아 각을 뜨면서 그들은 무슨 생각을 했을까? 자신들의 행위가 대속제물로 오신 예수님을 십자가에 못 박는 것의 예표란 것을 그들은 미처 몰랐겠지만 신약시대를 사는 우리에게는 이것을 알게 하시는 은혜가 있다. 이 다섯 가지 제사가 예수 그리스도의 온전한 헌신과 속죄사역을 상징하기에 이를 통하여 우리도 하나님께 온전한 헌신을 드려야 함과 그리스도의 속죄와 화목으로 하나님과 교제할 수 있게 되었음을 감사해야 함을 생각해 본다.

레위기에 나오는 번제, 소제, 화목제, 속죄제, 속건제 이 다섯 가지 제사 중 곡식을 드리는 소제를 제외한 나머지 네 가지 제사들은 모두 다 비슷해 보인다. 그중에서도 속죄제(sin offering)와 속건제(guilt offering)의 차이점은 'sin'과 'guilt'의 차이점만큼이나 쉽게 알 수 없기도 하다. 한 가지 다른 점은 속죄제는 드리는 사람의 이스라엘 공동체에서의 위상에 따라 제사장이나 온 회중이 범죄했을 경우의 수송아지부터 족장의 경우에는 숫염소, 평민의 경우에는 경제 사정에 따라 암염소, 어린 양, 산비둘기나 집비둘기 두 마리, 그것도 바칠 형편이 못될 때에는 고운 가루 십 분의 일 에바로 속죄제를 드릴 수 있다. 경제적 사정 때문에 속죄를 받지 못하는 일이 없도록 하시는 하나님의 자비를 볼 수 있는 부분이다.

그런데 속건제에는 이런 배려(?) 없이 숫양(ram)을 바쳐야 한다 하시며 "그가 여호와 앞에 참으로 잘못을 저질렀음이라." 하신다. 숫양(ram)이 속죄제로 드리는 양(sheep)이나 염소(goat)보다 더 값나가는 짐승이라 생각할 때 속건제를 드려야 하는 상황이 속죄제를 드리는 경우보다 더 무거운 죄를 지었을 경우가 아닌가 생각해 본다.

레위기 6, 7장

레위기 6, 7장에서는 앞서 언급된 다섯 가지 제사에 대한 보충 설명이 나온다. 6장에서는 번제와 소제, 속죄제를 드리는 규례와 절차에 대해 부가적으로 설명하며 7장은 속건제와 화목제에 대한 부가 설명이다. 제사의 종류와 원인뿐 아니라 각 제사의 절차와 방법까지 상세한 규례를 언급하므로 이스라엘 백성들의 모든 삶이 전적으로 하나님의 뜻에 의해 이루어짐을 보여준다. 현대인들의 예배가 예배를 받으시는 하나님이 원하시는 방향이 아닌 예배를 드리는 회중들의 취향과 유행을 따르는 풍조가 만연한 실태를 돌아보게 한다.

레위기 7장 후반부은 다섯 가지 제사에 대한 최종 결론으로 희생 제물에 관한 처리 규정과 제사장의 분깃을 언급한다. 화목제는 속죄의 의미도 있지만 하나님과의 교제의 회복을 상징하기도 하기에 화목제는 제사 드리는 자가 그 제물을 먹을 수 있는데 이것은 하나님과의 교제의 회복을 의미한다. 그러나 깨끗한 자만 먹을 수 있다는 것은 우리가 하나님과 교제하려면 먼저 죄 씻음을 받고 성결한 생활에 힘써야 함을 알 수 있다. 하나님과의 교제는 죄사함 받은 자들이 누리는 특권이자 복이다. 하나님 앞에서 제사장으로 부름 받아 섬기는 자들에게는 하나님이 주시는 영원한 소득이 있다.

레위기 8장

아론과 그 아들들의 제사장 위임식이 기록되었다. 성막과 제사장 의복을 하나님이 모세에게 명하신 대로 만든 후(출애굽기 마지막 부분)에 레위기 1-7장에서 각종 제사법을 제정하시고 이제 이스라엘 백성들을 위해 그 제사들을 시행할 제사장들의 위임식이 모세의 주관으로 열린다. 이 임직식 역시 시종을 "여호와께서 모세에게 명령하심과 같았더라."라는 말이 일곱 번 반복되며 행해지는데 임직식을 위한 각종 제사를 칠일동안 반복한다.

일반 백성들이 아닌 제사장들이 하나님 앞에서 백성들을 위해 제사를 하나님께 올려 드리기 위해서는 자신들이 먼저 하나님 앞에 깨끗해져야 했기에 더 철저하고 완전하게 칠일에 걸쳐 제사를 드리라고 요구하신다. 죄인인 인간이 거룩하신 하나님 앞에 나가는 것은 함부로, 대충해서는 안된다는 것을 생각하게 한다.

우리 모두 전적인 하나님의 은혜로 예수 그리스도로 말미암아 담대히 하나님께 아바 아버지라 부르며 나갈 수 있게 되었지만 우리의 예배에는 하나님께 대한 경외하는 마음과 자세가 필요하다.

레위기 9, 10장

8장에서 제사장 위임식이 있고 9장에서는 아론과 그 아들들이 제사장으로서 자신들과 백성들을 위한 첫 제사를 드린 이야기가 나온다. 이 제사를 드리니 여호와의 영광이 모든 백성에게 나타났고 여호와의 불이 제단에 내려 모든 제물을 불태워 하나님이 그 제사를 기쁘게 받으셨음을 모든 백성에게 나타내셨다.

그런데 바로 이어지는 10장에서는 아론의 두 아들 나답과 아비후 제사장이 여호와께서 명령하지 않은 다른 불을 여호와 앞에서 피우자 여호와의 불이 그들을 불살라 버리는 무서운 일이 발생한다. 기쁘게 받으신 제사에 나타났던 여호와의 불이 바로 이어지는 잘못 드려진 제사에서는 제사장을 불살라 버린 것이다.

이전에 금송아지를 만들어 이스라엘 백성에게 우상을 숭배하도록 한 아론의 죄보다 나답과 아비후의 죄가 더 중한 것일까? 어째서 아론의 실수를 용서하셨던 하나님께서 나답과 아비후에게는 두 번째 기회(second chance)를 주지 않으셨을까?

아론의 실수는 그가 공식적으로 이스라엘 백성의 제사장으로 세움 받기 전이었고 나답과 아비후는 제사장으로 세움 받은 후에 하나님께 제사 드리는 일을 하나님이 지시하지 않은 방법으로 했기 때문인 것 같다. 그리고 이 일 후에 여호와께서 아론에게 "너와 네 아들이 회막에 들어갈 때 포도주나 다른 술을 입에 대서는 안 된다. 그렇지 않으면 너희는 죽을 것이다."라고 경고하신 것으로 미루어 보아 나답과 아비후가 다른 불을 드릴 때 술을 마시고 실수한 것 일수도 있겠다.

오늘날 우리가 하나님 앞에 우리의 영원한 대제사장이신 그리스도를 힘입어 하나님 앞에 담대히 나아와 예배 드리지만, 우리의 예배자로서의 자세를 점검하고 함부로 우리 생각에 좋은 대로 '다른 불'로 하나님을 예배하려는 것은 아닌지 돌아봐야 하지 않을까?

레위기 11 – 15장

레위기 11장부터 15장까지는 광야에서 공동체로 살아가는 이스라엘 백성들에게 필요한 실생활의 규범들이 주어진다. 여기에 기록된 대부분의 규례들은 현대인들의 생활에서는 더 이상 적용되지 않는다. 11장에는 정결한 짐승과 부정한 짐승에 대한 율법인데 노아의 홍수 이전에도 정결한 짐승과 부정한 짐승의 구별이 있었으나 모세는 이를 율법으로 제정하여 먹을 수 있는 것과 먹을 수 없는 것을 구별하였는데 이는 이후 종교적으로 이스라엘 민족과 다른 민족을 구분하는 표시가 되었으나 예수님은 이 구별을 없애고 모든 식물은 깨끗하다 말씀하셨다.

12장에서는 산모의 산후 처리와 정결 규례가 나오는데 산모는 출산 후 일정 기간 부정한 것으로 간주되어 정해진 기간 후에 속죄제를 드림으로 다시 정결하게 된다.

13, 14장은 나병(피부병)에 대한 진단과 격리 그리고 정결 규례와 전염병을 예방하기 위한 실제적인 위생 규범인 동시에 죄악의 전염에 대한 영적인 가르침도 있다. 죄의 전염성이 심각하기에 우리는 죄에 대해 깨어 있어 분별하고

조심해야 한다. 나병환자가 완치 후에 치러야하는 정결예식은 죄인들이 회개하여 죄사함을 받는 것을 상징한다. 죄인의 완전한 죄 씻음은 오직 예수 그리스도의 보혈로만 가능하다. 십자가에서 흘리신 예수님의 보배로운 피는 모든 더럽고 추한 죄를 깨끗하게 하신다.

15장은 유출병에 대한 규례인데 그 목적은 이스라엘 백성이 부정한 것에서 떠나 정결함을 유지하려는 것이다. 우리의 몸은 하나님의 성령이 거하시는 전이기에 우리는 우리의 몸을 음란이나 탐욕 등 죄악된 욕심으로 더럽히지 말아야 한다.

레위기 16장

유대인들이 욤 키푸르(Yom Kippur)라 부르는 속죄일(The Day of Atonement)에 대한 규례를 하나님이 제정하는 이야기가 나온다. 그런데 이 속죄일 규례는 "아론의 두 아들이 여호와 앞에 나아가다 죽은 후에" 하나님이 모세에게 일러주신다. 지성소에는 제사장이라도 아무 때나 들어가면 죽을 것이라 경고하며 (이 구절을 근거로 아론의 두 아들은 다른 불을 가지고 지성소에 들어가다 죽은 것이 아닐까 주장하는 사람들도 있다.), 1년에 한 번 지성소에서 드릴 속죄일의 규례를 정해 주시는데, 특이하게 염소 두 마리를 취해 한 마리는 여호와께 속죄제로 드리고 한 마리는 이스라엘 자손의 모든 불의와 죄를 그 염소의 머리에 두어 아사셀을 위해 광야로 보내라 한다. 아사셀이 무엇을 말하는지는 의견이 분분한데, 여기에서 영어 표현 'scapegoat(희생양)'가 나왔다. 우리의 죄를 속해 주시며 또한 죄를 동이 서에서 먼 것 같이 우리에게서 멀리 떨어지게 하시는 하나님이심을 생각해 본다.

레위기 17장

피에 관한 여러 규례들이 제시되는데, 전반부는 식용으로 삼기 위해서 짐승을 잡을 때 지킬 규례이며 후반부는 피를 먹는 것을 금하는 규정이다. 피의 중요성은 하나님께서 에덴 동산에서 아담과 하와에게 가죽 옷을 입혀 주실 때부터 암시되었고 하나님께 드리는 제사에도 피의 중요성이 증거되는데 이 속죄의 피는 예수 그리스도의 십자가 대속 사역을 예표한다. 현대에도 유대인들은 이러한 규정을 먹거리에 적용하여 코셔(Kosher)한 먹거리를 인증하기도 한다.

레위기 18장

18장에는 차마 입에 담기에도 가증한 이방인들의 풍속, 특히 근친상간, 수간, 동성애 등에 대한 경고가 나오면서, 이런 가증한 일을 행하는 자들은 속죄의 제사를 드림으로 회복될 수 있는 것이 아니라 하나님은 "이 가증한 모든 일을 행하는 자는 그 백성 중에서 끊어지리라."라고 선포하신다. 그러면서 "내가 너희 앞에 쫓아내는 족속들이 이 모든 일로 말미암아 더러워졌고 그 땅도 더러워졌으므로 내가 그 악으로 말미암아 벌하고 그 땅도 스스로 그 주민을 토하여 내느니라."라고 하신다.

우리는 혹 이스라엘 백성을 가나안 땅으로 인도하시면서 가나안에 사는 모든 사람들을 진멸하라고 명하시는 하나님이 너무한 것이 아닌가 생각이 들기도 한다. 그러나 소돔과 고모라를 진멸하셨던 하나님께서 똑같은 죄가 만연한 가나안 족속들을 후에 이스라엘 백성들의 손으로 진멸하시기를 명하셨다. 그러나 이스라엘 백성들이 하나님의 명령을 완전히 따르지 못함으로 거룩해야 할 하나님의 백성들 안에 이방인들의 죄가 누룩처럼 들어와 번지게 되었던 것을 보게 된다.

"너희는 거룩하라 이는 나 여호와 너희 하나님이 거룩함이라." 하시는 하나님의 명령을 마음에 새겨 본다.

레위기 19 - 22장

19장 이후에 계속해서 자세한 율법들이 모세를 통해 이스라엘 백성들에게 주어진다. 하나님이 가증하게 여기시는 가나안 사람들의 성적 타락과 우상 숭배를 따르지 말 것을 명하시며 이런 고의적인 불순종에는 속죄의 제사가 허락되지 않고 가혹하게 생각될 수도 있는 죽임을 명하신다. 그리고 정한 짐승과 부정한 짐승을 구별하여 자신들의 몸을 더럽히지 말 것을 명한다. 그러면서 하나님이 반복적으로 하시는 말씀이 "너희는 나에게 거룩할지어다. 이는 나 여호와가 거룩하고 내가 또 너희를 나의 소유로 삼으려고 너희를 만민 중에서 구별하였음이니라."라고 하신다.

출애굽기, 레위기, 민수기, 신명기에 기록된 수많은 하나님의 율법은 바로 하나님의 거룩하심과, 그런 하나님이 우리에게 요구하시는 거룩함의 표준이 무엇인지를 알려 주시는데, 이런 율법은 우리에게 몽학선생이 되어 우리를 복음의 실체이신 예수 그리스도께 인도하신다는 사도 바울의 말씀을 마음에 새겨 본다.

레위기 23장

여기서는 성회로 공포할 하나님의 절기에 대해 기록한다. 안식일, 유월절, 무교절, 첫 이삭을 바치는 초실절, 밀의 첫 수확을 바치는 오순절, 나팔절, 속죄일, 초막절의 규례가 제정된다.

레위기 24장

여호와의 이름을 모독하는 자를 진영 밖으로 끌어내어 회중이 돌로 쳐서 죽이라는 규례가 나온다. 여호와의 이름을 훼방하고 저주하는 자에게 임하는 하나님의 엄한 진노를 보여준다. 이런 자들은 공개적으로 온 회중에 의해 처형됨으로 신성모독죄가 얼마나 큰 죄인가를 보여주며 회중으로 하여금 이 중대한 죄에 대한 경각심을 갖게 하기 위함이었다. 그런데 신약성경에는 예수님을 신성 모독한다고 돌로 치려 한 일과 스데반이 예수님을 증거하다가 돌에 맞아 순교한 일이 기록된다. 하나님의 이름을 거룩하게 지키기 위해 하나님이 제정하신 규례를 죄인 된 인간들이 자기들 논리로 악용했다. 아무리 취지가 좋은 규범도 악의를 가지고 왜곡하면 악법이 된다.

레위기 25 – 27장

여호와께서 장차 가나안 땅에 정착해서 살아갈 때 지켜야 할 안식년과 희년에 대한 규례를 주신다. 토지를 경작할 때 칠 년째 되는 해에는 그 땅을 쉬게 해야 하며 50년째가 되는 희년에는 안식년에 이어 두 해를 연속해서 땅에 파종을 하지 말아야 하며 매매된 토지라도 모두 원 주인에게 올려주어야 한다. 이에 더해 동족 중에 종이 된 자는 희년이 오면 자유인으로 풀어주어야 한다. 이 제도는 다른 고대 근동 사회에서는 찾아볼 수 없는 하나님의 언약 공동체만이 가진 독특한 제도이다. 그러나 실제로 이스라엘 백성들이 가나안 땅에 정착했을 때 안식년과 희년을 제대로 지켰다는 기록은 별로 없는 것 같다. 이를 지키려면 하나님에 대한 전적인 신뢰가 있어야 한다. 예수님은 우리에게 참 안식을 주시고 희년의 기쁨과 회복을 주시기 위해 오셨다. 현대 교회에서는 안식년의 개념을 목회자들의 사역에 적용하는데 구약시대의 제사장들이나 신약시대의 사도들 중에 어느 누구도 6년 사역한 후에 1년을 쉬었다는 기록은 없다.

구약, 특히 출애굽기와 레위기에 나와있는 모든 제사는 예수 그리스도를 예 표하는 것으로 그리스도의 십자가 죽음과 부활 이후의 신약시대에는 더 이상 성전에서 피의 제사를 드릴 필요가 없어졌다. 그런데 예수 그리스도를 믿지 않고 아직도 오실 메시아를 기다리며 구약시대를 살아가는 현대의 유대인들은 동물을 잡아 드리는 희생제사를 드릴까?

AD 70년에 로마에 의해 성전이 완전히 파괴된 후 뿔뿔이 흩어지게 된 유대인들은 제사를 드리려 해도 더 이상 드릴 수 없는 상황이 되어서 유대교는 제사장들의 제사종교에서 '토라(말씀)종교'로 바뀌게 되었다 한다. 그래서 요즘은 제사장이 없고 회당에서 말씀을 가르치는 랍비들만 있다. 예수님이 모든 제사를 완성하셨는데도 계속 성전의 희생제사에 묶여 있던 유대인들을 위해 하나님께서 주권적으로 성전을 허물어 버린 것이 아닌가 생각해본다. 그런데 유대인들 일각에서는 제3의 성전을 건축하고 성전 제사의 부활을 준비하려는 계획도 있다고 한다. 이런 일들이 일어나기 전에 예수 그리스도를 메시아로 인정하고 회개하여 하나님께로 돌아오는 날이 속히 오기를 기대한다.

민수기 모세오경

민수기(民數記, Numbers)라는 책 이름 역시 70인역 헬라어 구약성경에 기인한다. 히브리어 성경은 관례대로 '광야에서'라는 이 책의 첫 단어를 이름으로 사용하며 애굽에서 나온 이스라엘 백성의 광야 생활 40년의 역사이다. 민수기라는 이름은 이 책의 처음과 끝부분에 기록된 두번의 인구조사 때문인데, 민수기에서는 이 인구조사가 중심 내용이 아니라, 근 40년간의 광야 생활 동안 불신앙, 원망, 불평, 불순종으로 반복하는 이스라엘 백성들을 오래 참으시며 함께 하신 하나님이 그 주제이다. '광야에서'라는 히브리어 이름이 더 적합하다 할 수 있다.

민수기 1, 2장

출애굽 2년째에, 시내산에서 모든 율법을 받고 성막을 완성한 후에 민수기 1장에서 하나님은 비로소 가나안 정복 전쟁을 위해 20세 이상의 군인의 수를 각 지파별로 계수하게 하신다(민수기 1장). 이때 성막을 담당하는 레위 지파는 이 계수에서 제외된다. 그리고 성막을 중심으로 동서남북으로 열두 지파가 전열을 이루어 나가도록 하신다(민수기 2장). 군대로서의 진을 치게 되지만 이들은 군사훈련을 받은 적이 없는 오합지졸이었을 것이다. 이때 계수된 이스라엘 민족 병력이 약 60만이다. 현재의 대한민국의 군인 수와 신기하게도 비슷하다. 20대 이상 싸움이 가능한 남자가 60만이라는 것으로 미루어 보아 전체 인구는 2백만을 넘어 3백만에 가까웠을 것이라는 추측이 가능하다. 38년 후 광야 생활을 마무리하며 다시 한번 인구조사를 하는데(26장 참조) 첫 계수 때에 포함된 60만의 남자들이 모두 죽게 되며(여호수아와 갈렙을 제외한) 하나님은 새롭게 20세 이상의 남자들 60만 명을 준비하신다. 2-3백만 명의 무리가 허허벌판 광야에서 어떻게 수십 년 동안 생활할 수 있었을까? 그들을 인도하시는 하나님의 손길이 분명함에도 반복해서 하나님을 거역하는 이스라엘 백성들을 보노라면 나의 완악함을 돌아보게 된다.

이스라엘 백성들이 왜 40년 가까이 광야생활을 했어야 하는지, 하나님은 오합지졸인 1세대 이스라엘인들을 어떻게 광야 2세대로 바꾸시며 가나안 정복을 위한 준비를 하시는지에 대한 이야기가 흥미롭게 펼쳐지기에 레위기를 힘겹게 읽고 나면 다시 민수기에서 성경통독의 탄력을 받게 된다.

민수기 3, 4장

1장의 인구조사에서 제외된 레위 지파에 대한 인구가 조사되고 성막에서 섬기게 되는 아론 자손(제사장)과 레위인들의 거룩한 임무가 소개된다. 하나님은 이스라엘 각 지파의 처음 난 자들을 대신해서 레위인들을 당신의 것으로 삼으셨음을 선포하신다. 성전에서 봉사할 수 있는 30-50세의 레위인 남자들을 계수하여 고핫 자손에게는 성막 안 지성물을 관리하게 하고 게르손 자손은 성막의 휘장과 덮개를 관리하게 했으며 므라리 자손은 장막의 기둥과 말뚝을 관리하게 하셨다. 하나님을 모시는 백성들에게는 각자에게 맡겨진 고유하고 거룩한 사명이 있다는 것을 생각해야 한다.

민수기 5장

레위기에서 이미 언급한 바 있는 정결 규례와 각종 범죄에 대한 처벌 규정이 나온다. 하나님의 거룩한 백성인 이스라엘에게 가장 중요하게 요구되는 거록에 대한 명령으로 약속의 땅을 향해 출발하기 전에 이를 언급한 것은 언약 백성이 지녀야 할 정결의 중요성을 보여준다.

민수기 6장

나실인 서원에 대한 규례가 언급되고 후반부에는 여호와께서 모세에게 일러주신 제사장들이 이스라엘 자손에게 해야 할 축복기도의 내용이 나온다. "여호와는 네게 복을 주시고 너를 지키시기를 원하며, 여호와는 그의 얼굴을 네게 비추사 은혜 베푸시기를 원하며 여호와는 그 얼굴을 네게로 향하여 드사 평강 주시기를 원하노라." 이 기도는 많은 교회의 목사님들이 고린도후서 13장 13절의 바울의 기도와 함께 예배를 마칠 때의 축도(benediction)로 사용하기도 한다. 그러나 예수 그리스도 안에서 '왕 같은 제사장'이 된 우리들은 우리 자녀나 주위의 사람들에게 이 같은 축복 기도를 할 수 있으며 해야 한다는 생각을 해본다.

민수기 7장

모세가 성막을 세우고 거룩하게 구별한 날에 이스라엘 지휘관들, 즉 감독자들이 여호와께 드린 헌물이 언급되는데 각 지파의 우두머리들이 매일 한 지파씩 12일에 걸쳐 헌물을 드리는데, 각 지파의 우두머리들이 모두 똑같은 양의 헌물을 드렸다고 기록하고 있다. 언급된 감독자들(족장들)의 순서는 2장에서 진을 친 순서와 동일하게 유다 지파 족장이 제일 먼저 헌물을 드리고 납달리 지파 족장이 제일 나중에 드렸다. 이는 야곱의 마지막 유언에서 볼 수 있듯이 유다 지파를 통해 왕권을 이어질 것이라는 것과 무관하지 않아 보인다.

민수기 8장

여호와께서 모세에게 성막의 등잔에 대해 명하시고 레위인들을 하나님께 요제로 드려 그들을 정결하게 하고 레위인들을 회막의 일을 감당하게 하시는데 그 기간을 25세부터 50세까지로 정해 주신다.

민수기 9장

애굽 땅에서 나온 다음해 첫째 달에 두 번째 유월절을 지킨다. 유월절 기간에 부정하게 되어 참여하지 못한 사람들을 위해 하나님은 둘째 달에 시체로 인해 부정하게 되었든지 여행 중에 있었던 자들도 유월절을 지키게 하신다. 성막을 세운 날부터는 낮에는 구름이 성막을 덮고 밤에는 성막 위에 불 모양으로 하나님이 임재하셨는데 이스라엘 자손은 성막에 구름이 머물러 있을 때에는 행진하지 않고 구름이 떠 오르면 행진하며 여호와의 명을 따랐다고 기록한다.

민수기 10장

여호와께서 모세에게 명령하여 나팔을 두개 만들어 제사장들이 불게 하여 회중들을 행진하게도 하고 대적들과 싸울 때에도 신호로 사용하게 하셨다. 둘째 해 둘째 달 스무날에 구름이 성막에서 떠올라 이스라엘 자손들이 행진하기 시작한다.

모세오경에서 하나님이 이스라엘 백성들에게 각종 율법을 주시며 반복적으로 하시는 말씀이 "나 여호와 하나님이 거룩한 것 같이 너희도 거룩하라."라는 명령이다. 이 명령을 대하면 솔직히 하나님이 요구하시는 거룩함에 턱없이 부족한 내 자신의 모습을 돌아보며 심히 낙심되기도 한다. 거룩함이란 따로 분리되고 구별되었다는 말이다. 세상에 살지만 세상에 속한 것이 아니라 하나님을 위해 구별된 삶이 거룩한 삶이라 할 수 있다. 그러나 거울에 비친 내 모습에서는 그런 거룩함이 없어 보인다. 그런데 신약성경의 여러 곳에서 바울은 믿는 자들을 거룩한 자(성도, saints)라고 부르고 있음을 본다. 빌립보서 1장 1절은 "그리스도 예수의 종 바울과 디모데는 그리스도 예수 안에서 빌립보에 사는 모든 성도와 또한 감독들과 집사들에게 편지하노니."라고 한다. 한글 성경에서는 좀 부정확한데 영어 성경을 보면, "Paul and Timothy, servants of Christ Jesus, to all the saints in Christ Jesus who are at Philippi,…"라 되어 있다. 즉 빌립보 교회 교인들이 '성도, saints, 거룩한 자들'이라 불리는 것은 그들이 그리스도 예수 안에 있기 때문이다. 그리스도 예수 안에 있는 모든 믿는 자들이 성도, 거룩한 사람들이란 것이다. 예수 그리스도의 완전한 의를 덧입어 죄사함을 받은 자들은 하나님 보시기에 거룩한 자들이다. 이것이 바로 복음이라 할 수 있다. 구약 시대에는 하나님 앞에서 거룩하기 위해 수없이 반복되는 제사를 드려야 했지만 이제는 그 모든 제사를 완성하신 그리스도 안에서 우리 모두 거룩한 자들이라 인정받을 수 있게 된 것이다. 흔히 한국 교회에서 집사, 장로, 권사의 직분이 없는 신자들을 성도라 부르는 경우가 종종 있지만 '성도'라는 말은 우리가 불릴 수 있는 가장 소중한 칭호라는 생각이다.

민수기 11, 12장

11장에 여호와께 불평하는 이스라엘 백성들에게 불과 재앙(역병)으로 그들을 치시는 하나님의 이야기가 나오고 바로 이어지는 12장에서는 모세의 누나와 형인 미리암과 아론이 모세의 권위에 도전하는 이야기가 나온다. 표면적인 이유는 모세가 구스(에디오피아) 여자를 아내로 취한 것을 문제 삼았지만, 사실은 자신들도 하나님의 말씀을 받는 선지자라 하며 모세의 권위에 도전한 것이다. 아마도 인간적으로 자신들의 동생이, 특히 미리암의 입장에서 보면, 자신의 공으로 바로의 딸에게 건짐을 받은 모세만이 하나님이 세우신 이스라엘 백성의 지도자라는 것에 대해 다른 사람들보다 받아들이기가 쉽지 않았을 수도 있다. 그러나 하나님께서는 미리암과 아론에게 진노하시면서 모세의 권위를 그들에게 각인시켜 주신다.

그런데 민수기 12장 3-4절은 모세의 온유함이 지면의 모든 사람보다 더하다고 하고 있다. 여기서 온유하다(meek)는 말은 겸손하다는 뜻이기도 하다. 모세가 이렇게 온유한 사람이 되기까지 하나님이 광야에서 40년간 훈련시킨 것을 생각해 본다. 그는 40세 혈기 왕성할 때 동족 이스라엘 사람을 괴롭히는 애굽 사람을 쳐서 죽인, 온유와는 거리가 먼 오히려 불 같은 성격의 소유자였다. 그런 모세를 하나님은 40년 광야 생활을 통해 세상에서 제일 온유한 자로 만드신 후에 사명을 주고 부르셨다. 그런 온유함이 없으면 시시때때로 열받게 하는 이스라엘 민족들을 인내하며 인도할 수 없었을 것이다. 영적인 리더에게 요구되는 매우 중요한 덕목 중의 하나가 온유함이 아닐까.

민수기 13, 14장

드디어 하나님이 가나안 정복을 위해서 각 지파 대표 12명으로 40일간 가나안 땅을 정탐하게 하신다. 그런데 12명 중 갈렙과 여호수아 말고는 10명이 모두 사람의 눈으로만 보았기에 자신들보다 강한 가나안을 정복할 수 없다는 보고를 한다. 홍해를 가르고 당대 최고로 강했던 애굽 군사를 수장시켰던 하나님을 벌써 까맣게 잊었던 것이다. 오히려 여호와께서 함께 하시니 그들을 두려워 말라 하는 여호수아와 갈렙을 온 회중이 돌로 치려 한다. 이에 이스라엘 백성을 진멸하려는 하나님께 모세가 간절히 구하기를 "애굽에서부터 지금까지 이 백성을 사하신 것 같이 사하시옵소서." 하니 하나님이 그들을 사하시지만 "내 영광과 애굽과 광야에서 행한 내 이적을 보고서도 이같이 열 번이나 나를 시험하고 내 목소리를 청종하지 아니한 그 사람들은 내가 그들의 조상에게 맹세한 땅을 결단코 보지 못하리라." 하신다.

지난 2년 동안 홍해를 가르시고 바위에서 물을 내시며 만나와 메추라기로 먹이시며 구름 기둥과 불기둥으로 그들을 인도하시며 그들 가운데 함께 하신 여호와 하나님께 이스라엘 백성들은 열번이나 시험하고 불순종했다니 정말로 그들은 목이 곧은 백성이다. 그렇게 하나님이 뚜렷하게 함께 하시고 이적을 베푸시는데 어떻게 그럴 수 있을까 생각되지만 그들의 모습이 바로 내 모습은 아닌가 돌아본다.

민수기 15장

가나안 땅에 들어간 후 백성들이 여호와께 제사드릴 때 바칠 제물에 대한 규례를 모세에게 자세히 일러주신다. 부지 중에 죄를 범한 자는 하나님께 속죄의 제사를 드림으로 사함을 받을 수 있지만 고의로 죄를 범하면 백성 중에서 끊어지리라는 율법이 기록되고 바로 이어서 안식일에 일을 하다가 모세와 아론에게 끌려온 사람에 대한 하나님의 심판이 기록된다. 하나님은 그를 진영 밖으로 끌어내어 회중이 돌로 쳐 죽이라 명하신다. 하나님께서 고의로 안식일을 거룩하게 지키지 않는 죄를 얼마나 엄중하게 벌하시는지 알 수 있다.

민수기 16장

레위 지파 고핫의 자손 고라가 르우벤 지파인 다단과 아비람 등과 당을 지어 회중의 지휘관 250명과 함께 조직적으로 모세와 아론에게 거역하는 이야기가 나온다. 이렇게 조직적으로 하나님이 세우신 모세와 아론에게 거역하는 것은 처음이다. 그런데 이들은 일반 백성이 아니고, 고핫 자손인 고라는 성막 안의 지성물을 맡은 책임 있는 자였고 그와 함께 한 250명은 이스라엘 총회에서 택함을 받은 자, 곧 회중 가운데서 이름있는 지휘관들이었다. 이렇게 중책을 맡은 자들이 자신들의 일에 충성하지 않고 자신들보다 하나님이 더 크게 쓰시는 것 같아 보이는 모세와 아론의 권위에 도전하며 하는 말이 "너희가 분수에 지나도다. 회중이 다 각각 거룩하고 여호와께서도 그들 중에 계시거늘 너희가 어찌하여 여호와의 총회 위에 스스로 높이느냐."라고 주장한다. 언뜻 들으면 상당히 타당성이 있어 보이는 주장이지만, 모세와 아론은 스스로를 높인 것이 아니라 하나님께서 그들을 그 위치에 세우신 것이다.

고라 일당은 자신들이 잘나서 이스라엘 백성들 가운데 중책을 맡게 된 것이라 생각하고 그 교만함이 지나쳐 하나님의 하시는 일이 자신들이 보기에 지나치다고 주장하는 잘못을 범했다. 이런 교만함으로 하나님을 조직적으로 거역하는 고라와 다단과 아비람의 가족들을 하나님은 산 채로 땅이 삼키게 하셔서 그들이 여호와를 멸시한 것을 모든 백성이 알게 하시며 그들을 따르던 250명은 여호와께서 불살라 버리셨다. 목사, 장로, 집사의 직분을 받아 하나님의 교회를 섬기는 자들은 더욱 겸손하게 하나님의 권위에 두렵고 떨리는 마음으로 순종해야 함을 생각해 본다.

민수기 17장

아론의 권위가 하나님으로부터 나온 것이란 것을 확실히 하는 한 사건이 기록된다. 이스라엘 각 지파의 지휘관들이 지팡이를 하나씩 준비하여 아론의 지팡이와 함께 증거궤 앞에 두게 하시고 이튿날 아론의 지팡이에만 꽃이 피어 살구가 열리게 하심으로 하나님이 아론에게 주신 권위를 나타내시고 아론의 싹 난 지팡이를 증거궤 앞에 간직하게 하심으로 반역자들에게 표징이 되게 하신다.

민수기 18장

고라 일당의 반역으로 기강이 조금은 흐트러졌을 제사장과 레위인의 직무를 다시 한번 일깨우시고 그들의 봉사로 얻게 될 분깃을 제시하심으로 그들이 오직 하나님만을 위해 힘써 봉사할 수 있도록 격려하신다. 하나님은 이스라엘 자손들이 하나님께 드리는 십일조를 레위인들의 몫으로 주셨는데 레위인들은 이 십일조의 십일조를 하나님께 드려야 했다. 단순한 십일조가 아니라 그들이 받은 모든 헌물 중에서 아름다운 것, 곧 거룩하게 한 부분을 드릴 것을 명하신다. 우리는 가진 것의 남은 찌꺼기가 아닌 최상의 것을 하나님께 드려야 한다.

민수기 19장

시체에 접하여 부정하게 된 사람들의 정결예식이 나온다. 붉은 암송아지를 태운 재를 거두어 부정을 씻는 물에 섞을 것을 명하신다. 이는 레위기에 나오는 번제와는 많이 다르다. 흠 없는 붉은 암송아지를 진영 밖에서 잡아 태워서 그 재를 취하여 시체에 접하여 부정하게 된 사람들을 정결하게 씻는 잿물로 사용한다.

이 정결예식은 아마도 레위기에서 하나님이 각종 제사를 제정하실 때는 필요 없었을 것이다. 가나안 정탐 후에 하나님을 불순종한 자들의 심판으로 하나님은 20세 이상 군인으로 계수된 60만 명 중 여호수아와 갈렙 말고는 누구도 가나안 땅에 들어가지 못하리라 선포하셨다. 광야 생활 38년 동안 60만 명 모두가 죽게 된다는 것이다. 이 숫자가 20세 이상 싸울 수 있는 성인 남자였으니 여자들과 노인들까지 고려하면 160만 명 가까운 사람들이 38년 사이에 죽었을 것이다. 산술적으로 하루에 평균 10명 이상의 장례를 치러야 하니 일가 친척 100명가량이 매일 시체 때문에 부정하게 되었다고 생각할 수 있다.

이렇게 매일 죽음을 접하며 이스라엘 사람들은 그들의 불순종이 어떤 결과를 가져왔는지 생각하지 않았을까? 그리고 이렇게 가족의 죽음으로 부정하게 된 사람들을 위해 하나님은 그들이 다시 회중에 돌아올 수 있는 길을 정결예식을 통해 마련해 주신다.

민수기 20장

20장에는 몇 가지 중요한 일이 기록되었다. 미리암이 죽고 므리바에서 백성들이 물 때문에 모세와 다투고 그로 인해 하나님이 모세와 아론을 가나안 땅에 들어가지 못하게 하시고 아론이 죽게 된다. 민수기 33장에서 아론은 출애굽한 지 40년째 되는 해에 죽었다고 하니 민수기 19장과 20장 사이에 흘러간 시간이 약 37년이다. 그 37년 동안 광야에서 떠돌다가 이제 이스라엘 백성은 가나안 정복을 위해 올라가는데 에돔 땅을 지나가지 못하게 하므로 동쪽으로 돌아 모압 쪽으로 이동하게 된다.

이 여정의 시발점에서 미리암이 죽고 회중들이 물이 없어 모세와 다투며 하는 말이 "우리 형제들이 여호와 앞에서 죽을 때에 우리도 죽었더라면 좋았겠다."며 말도 안되는 원망을 한다. 광야에서 40년 가까이 수백만 명이 지내면서 누구 하나 목말라 죽었다는 기록은 없다. 반석에서 물을 내셔서 사람뿐 아니라 모든 가축들을 지난 40년간 먹이신 하나님 앞에서 잠시 먹을 물이 없어 목이 마르니, 하나님과 모세, 아론에게 원망을 쏟아내고 있다.

광야생활 40년에 1세대들을 모두 죽이시고 광야 2세대로 물갈이를 했지만 별로 나아진 것이 없으니, 이스라엘 사람들은 정말로 대책이 안 서는 죄인들이다. 지난 40년 동안 그런 백성들을 참고 참았던, "온유함이 지면의 모든 사람보다 더 했던" 모세도 순간 참지 못하고 그의 지팡이로 반석을 내리친다. 하나님은 그냥 반석에게 명하여 물을 내라 하셨는데, 모세는 홧김에 반석을 내리친 것이다. 이 일로 모세는 하나님께 받은 사명을 끝까지 완수하지 못하게 되고, 모세는 아론의 아들 엘리아살을 제 2대 대제사장으로 세우고 아론은 호르산에서 죽는다.

광야 2세대가 광야 1세대보다 더 믿음이 좋아서 그들이 가나안으로 들어가게 되는 것이 아님을 생각해 본다. 그것은 전적인 하나님의 은혜였다. "나의 나된 것은 다 하나님 은혜라"는 찬양의 가사를 되새겨본다.

민수기 21장

이스라엘 백성이 호르산을 출발하여 길을 막는 에돔 사람들을 우회하여 가는데 그 길이 쉽지 않으니 백성들이 모세에게 원망하고 하나님은 불뱀으로 그들을 벌하신다. 백성들이 모세에게 잘못을 회개하며 여호와께 기도하여 뱀을 떠나가게 하기를 간청하니 모세가 하나님께 기도하고 하나님은 모세에게 놋뱀을 만들어 장대 위에 달라 하시고 뱀에 물린 사람들 중 놋뱀을 쳐다본 자들은 모두 살아난다. 이는 십자가에서 대속의 죽음을 당하신 그리스도의 구원사역을 예표한다(요한복음 3:14, 15).

이스라엘 사람들이 요단 동쪽 아모리 땅을 지나가려 했으나 아모리 왕 시혼이 이를 허락하지 않으므로 아모리 땅과 바산 왕 옥을 쳐서 그 땅을 차지한다. 이후 요단 동편의 이 땅에는 르우벤, 갓, 므낫세 반 지파가 정착하게 된다(32장).

민수기 22 – 24장

발락과 발람의 이야기가 나온다. 모세가 이스라엘 백성을 이끌고 가나안 땅을 향해 가는 중에 아모리인들을 치고 모압 평지에 이르렀을 때 모압의 왕인 발락은 심히 두려워하여 발람이라는 복술가에게 신하들을 보내 복채를 주며 이스라엘을 저주해 줄 것을 부탁한다.

24장까지의 내용을 대충 읽으면 발람은 이스라엘 백성을 저주하는 것이 아니라 여호와 하나님의 말씀에 순종하며 하나님이 말씀하시는 대로 이스라엘을 축복한 사람으로 그리 나쁜 사람은 아닌 것 같은 생각이 들기도 한다. 그러나 성경은 여러 곳에서 발람을 거짓 선지자라 하고 있으며 민수기 31장에서는 이스라엘이 미디안을 칠 때 브올의 아들 발람을 칼로 죽였다고 기록한다. 베드로후서 2장에서 육체를 따라 더러운 정욕 가운데 행하는 자들에 대해 경고하면서 "바른길을 떠나 미혹되어 브올의 아들 발람의 길을 따르는도다. 그는 불의의 삯을 사랑하다가 자기의 불법으로 말미암아 책망을 받되 말하지 못하는 나귀가 사람의 소리로 말하여 이 선지자의 미친 행동을 저지하였느니라."라고 발람에 대해 기록하고 있다. 그리고 요한계시록 2장에서 버가모 교회에 대해 책망하면서 "네게 발람의 교훈을 지키는 자들이 있도다. 발람이 발락을 가르쳐 이스라엘 자손들 앞에 걸림돌을 놓아 우상의 제물을 먹게 하였고 또 행음하게 하였느니라."라 하신다.

민수기 25장

25장에서는 이스라엘 백성이 싯딤에서 모압 여인들과 음행한 내용이 나온다. 이것은 단순한 육적인 음행을 넘어 바알 신을 섬기는 신전의 창녀들과 성관계를 했다는 것으로 성경은 이를 이스라엘이 바알브올(Baal of Peor)에 가담했다고 표현한다.

이 죄로 하나님의 진노가 임하여 염병으로 24,000명이 죽게 되는데 제사장 비느하스(아론의 손자)가 회중들 보는 앞에서 음행을 하는 이스라엘 남자와 미디안 여인을 죽임으로 여호와께서 염병을 그치게 하신다.

앞서 언급한 베드로후서 2장의 말씀은 발람이 발락의 돈 때문에 가지 말아야 할 길을 갔다는 것이고, 요한계시록 2장의 말씀에서는 민수기 25장에 기록된 이스라엘 백성들이 모압 여인들과 행한 음행이 발람이 발락에게 일러준 계략 때문이라는 것이다. 이는 민수기 31장 16절에도 짧게 언급된다.

겉모습으로는 하나님에게 순종하는 것 같아도 그 동기가 순수하지 못한 경우가 있음을 생각해 본다.

민수기 26장

광야에서의 두 번째 인구조사가 기록된다. 출애굽 2년째에 실시된 첫 번째 인구조사는 하나님이 모세에게 명하셨는데 38년 뒤에 실시된 두 번째 인구조사는 모세와 2대 대제사장인 엘르아살에게 명하신다. 첫 번째 인구조사와 같이 전쟁할 수 있는 20세 이상의 남자들을 계수하는데, 이번에는 단순히 전투병력의 계수를 넘어 가나안 땅을 분배할 기준으로의 인구조사이다. 각 지파별로 증감이 있지만 전체적으로 보면 광야 1세대와 2세대의 총 병력 수는 거의 같은 60만명이다. 광야 1세대를 모두 죽이신 하나님이 가나안 정복에 나설 광야 2세대를 같은 병력으로 준비하셨음을 보여준다.

민수기 27 - 29장

모세가 후계자로 여호수아를 안수하여 세움으로 모세와 아론의 광야 1세대 지도체제에서 여호수아와 엘르아살의 2세대 지도체제를 갖추고, 28, 29장에서 하나님은 모세를 통해 가나안 땅에 들어가서 지켜야 할 제사와 절기에 대해 광야 2세대에게 제차 일러주심으로 가나안 정복을 준비한다. 이스라엘 백성의 불순종으로 38년이 지체되었지만 하나님은 신실하게 자신이 약속하신 일들을 이루어 가시는 분이시다.

민수기 30장

30장에서는 하나님께 드리는 서원과 맹세에 대한 규례를 주신다. 현대를 사는 우리는 서원과 맹세에 대해 깊게 생각하지 않는다. 그러나 1600년대 작성된 웨스트민스터 신앙고백은 이 서원과 맹세에 한 장(chapter)를 할애하여 다룬다. 서원과 맹세는 오직 하나님께 행하여야 하고 하나님의 말씀에 금하는 것이나 말씀으로 명하신 의무를 방해하거나 자신의 능력 밖에 있는 것을 서원해서는 안된다.

민수기 31, 32장

하나님은 모세에게 그가 죽기 전에 마지막 할 일로 미디안을 쳐서 원수를 갚으라 명하신다. 각 지파에서 천 명씩 무장하여 만 이천명을 택하여 미디안을 진멸하고 전리품을 분배하는데 이스라엘 백성은 이 싸움에서 한 명도 죽지 않았다. 모세와 제사장 엘르아살이 천부장들과 백부장들에게서 받은 금을 회막에 드려 여호와 앞에서 이스라엘 자손의 기념을 삼았다.

요단강을 건너 가나안으로 진군하기 전에 요단 동쪽에서 점령한 아모리와 바산 땅이 목축하기에 좋은 땅이어서 많은 가축 떼를 가진 르우벤 지파와 갓 지파가 그곳에 정착하기를 구한다. 이에 모세는 르우벤, 갓, 그리고 므낫세 반 지파의 남자들이 앞으로 있을 가나안 정복 전쟁에서 선봉에 설 것을 다짐받고 그들 지파에게 요단 동편의 땅을 분배한다.

민수기 33장

이스라엘 자손들이 라암셋을 떠난 후 40년간 광야의 노정이 기록된다. 모세가 여호와의 명령대로 그 노정을 기록하였다는데, 진을 친 곳이 출발지인 라암셋과 마지막 도착한 모압 평야를 빼면 40군데이다. 이중에 많은 지명은 지금까지 민수기에 기록되지 않은 지명이다. 하나님은 왜 이렇게 자세한 여정을 모세에게 기록하여 남기라 하셨을까? 아마도 이스라엘 백성들에게 지난 40년 광야 여정에 함께 하신 하나님을 다시 한번 생각해보게 하시는 것 같다.

그리고 가나안 땅에 들어가 그 땅을 차지하고 제비 뽑아 나눌 때, 반드시 원주민을 다 몰아내고 그들의 우상들과 산당들을 철저히 파괴할 것을 명령하시며 그렇게 하지 않을 경우에는 남겨진 자들이 눈에 가시와 옆구리를 찌르는 것이 되고, 하나님께서 그들에게 하시려 했던 것을 이스라엘 백성들에게 행하실 것을 경고하신다. 그러나 이스라엘 백성은 이 명령을 지키지 못하여 우상 숭배가 그들 사이에 스며들게 되었음을 생각해 본다.

민수기 34 - 36장

34장은 이스라엘 백성이 차지하게 될 가나안 땅의 사방 경계와 땅을 제비 뽑아 기업으로 나눌 각 지파 족장에 대해 기록한다. 이어서 35장에서는 땅을 기업으로 받지 못하는 레위인들에게 할당될 성읍과 우발적인 살인자들을 위한 도피성에 관한 규례가 언급된다. 하나님은 각 지파에게서 48개의 성읍을 취해 레위인들에게 주고 그중에 여섯 개 성읍은 도피성으로 지정하신다. 민수기 마지막 장인 36장에서는 여자 상속자들의 영토 소유에 대한 보충적 규례가 기록된다. 기업을 물려 받은 딸들은 같은 지파 안에서만 결혼하도록 하여 특정 지파에 주어진 땅이 유지되도록 하셨다.

신명기 모세오경

모세오경의 마지막 책인 신명기(申命記, Deuteronomy)는 계명(誡命)을 거듭 되풀이하여 알려준다 혹은 '두 번째 계명'이란 뜻이다. 이는 헬라어 70인역 성경에서 Deuteronomion이란 제목을 달면서 유래했다. 그러나 신명기의 내용은 하나님이 두 번째로 주신 계명이 아니라 광야 생활 40년을 마무리하면서 모세가 죽기 전에 광야 2세대에게 행한 고별 설교이다. 마지막에 나오는 모세의 죽음에 대한 기록은 아마도 나중에 여호수아가 첨가했을 것으로 본다.

신명기의 내용은 단순한 율법의 반복이 아닌 율법을 주신 하나님의 신실하신 사랑과 그 하나님을 어떻게 순종해야 하는가에 대한 모세의 유언적인 당부이며, 모세오경의 결론이기도 하고 이후에 전개되는 구약성경의 신학적 근간이 되는 책으로 유대인들이 가장 소중히 여기는 성경이라 한다. 신약성경에서도 신명기는 매우 자주 인용되고, 특히 예수님이 광야에서 사탄에게 시험받으실 때 인용한 성경이 모두 신명기이다.

신명기 1장

이스라엘 광야 생활 40년을 회고하는 모세의 설교이다. 자신의 임박한 죽음을 앞두고 모세는 출애굽 2세대들에게 40년 광야 여정을 통해 하나님이 인도하심을 알게 하고 하나님께 순종할 것을 권면하고자 했다. 특히 가나안 입성을 앞두고 일어난 정탐꾼 사건으로 하나님의 심판을 받고 하나님의 명을 어기고 아모리 족속과 싸워 패한 사건을 회고함으로 하나님에 대한 반역을 경고한다.

신명기 2, 3장

2장과 3장에서 모세는 에돔과 모압과는 싸우지 말라는 하나님의 말씀과 헤스본 왕 시혼과 바산 왕 옥을 쳐부수고 그 땅을 르우벤과 갓, 므낫세 반 지파에게 기업으로 준 것을 회상하고 하나님이 모세에게는 요단을 건너지 못할 것과 여호수아를 후계자로 세우실 것을 명하셨음을 언급한다.

신명기 4장

모세는 이스라엘 백성들에게 하나님의 규례와 법도를 듣고 준행하라 하면서 내가 너희에게 명령하는 말을 너희는 가감하지 말라 명하신다. 흔히 우리는 하나님의 규례를 빼먹고 지키지 않는 것이 죄라는 것은 잘 알고 있지만 더 첨가하는 것도 똑같은 죄라는 것을 간과하기 쉽다. 하나님의 율법은 완전하고 충분한 것이기에 거기에 더하면 죄가 된다. 예수님이 바리새인들을 꾸짖은 부분의 하나가 바로 그들이 자신들이 고안한 유전을 하나님의 율법에 더한 것이었다.

또 이 구절은 성경의 제일 마지막인 요한계시록 22장 18, 19절에서 "만일 이것들 외에 더하면 하나님이 이 두루마리에 기록된 재앙을 그들에게 더하실 것이요, 만일 누구든지 이 예언의 말씀에서 제하여 버리면 하나님이 이 두루마리에 기록된 생명나무와 및 거룩한 성에 참여함을 제하여 버리시리라."라는 경고와 맥을 같이 한다.

성경을 해석함에 있어서도 성경에서 침묵하는 부분을 사사롭게 상상하며 해석해서는 안된다는 것을 생각해 본다.

신명기 5장

모세는 시내산에서 하나님께 언약을 받은 것을 회고하며 십계명을 다시 언급한다. 호렙산에서 하나님께서 직접 계명을 쓰신 돌판을 자기에게 주신 사건을 증언하며 다시 한번 십계명을 지킴으로 하나님이 주시는 복을 받을 것을 권고한다.

신명기 6장

6장은 26장까지 계속되는 모세의 2차 설교의 서론에 해당한다. 본 장의 핵심은 '여호와를 사랑하라.'는 것으로 자신만이 아니라 자녀들에 대한 율법 교육도 철저히 하여 대를 이어 율법이 영원히 지켜지게 하라는 것이 율법 언약의 핵심적 교훈이다.

신명기 7, 8, 9장

여호와 하나님이 이스라엘 백성을 택하사 가나안 일곱 족속을 쫓아내고 이스라엘을 아름다운 땅에 인도하시는 이유가 그들의 수효가 많거나 그들이 공의롭기 때문이 아니라 오직 하나님이 신실하신 사랑으로 그들의 조상들과의 약속을 지키시려는 것임을 말하고 있다.

"여호와께서 다만 너희를 사랑하심으로 말미암아 또는 너희 조상들에게 하신 맹세를 지키려 하심으로 말미암아 자기의 권능의 손으로 너희를 인도하여 내시되…"(신명기 7:8).

광야 생활을 회고하며 하나님의 신실하심을 일깨우는데 40년 동안 이스라엘 백성은 매일 만나를 먹으며 그들의 옷이 해지지 않았고 그들의 발은 부르트지 않았다. 이러한 하나님의 신실하심과 끊임없이 하나님을 배반하는 이스라엘 백성을 대조한다.

"그러므로 네가 알 것은 네 하나님 여호와께서 이 아름다운 땅을 기업으로 주신 것이 네 공로로 말미암음이 아니니라 너는 목이 곧은 백성이니라 너는 광야에서 네 하나님 여호와를 격노하게 하던 일을 잊지 말고 기억하라 네가 애굽 땅에서 나오던 날부터 이곳에 이르기까지 늘 여호와를 거역하였으되"(신명기 9:6, 7).

출애굽한 후 계속 여호와를 거역해 온 목이 곧은, 전혀 사랑스럽지 않은 이스라엘 백성을 변함없이 사랑하시고 인도하시는 이유가 믿음의 조상 아브라함, 이삭, 야곱과 하신 맹세 때문이라 하신다. 그런데 하나님이 아브라함, 이삭, 야곱에게 하신 맹세는 그들이 사랑스러워서가 아니라 하나님의 일방적인 선택과 사랑으로 맺은 맹세였다.

우리도 우리 자신에게 어떤 선함이나 공로가 있어서 하나님의 택함 받은 것이 아니라 예수 그리스도 안에서 하나님의 주권적인 선택과 사랑으로 하나님의 자녀가 되었음을 다시 마음에 새긴다.

신명기 10장: 하나님이 우리에게 원하시는 것 다섯 가지

"이스라엘아 네 하나님 여호와께서 네게 요구하시는 것이 무엇이냐 곧 네 하나님 여호와를 경외하여 그의 모든 도를 행하고 그를 사랑하며 마음을 다하고 뜻을 다하여 네 하나님 여호와를 섬기고 내가 오늘 네 행복을 위하여 네게 명하는 여호와의 명령과 규례를 지킬 것이 아니냐"(민수기 10:12, 13).

하나님을 경외하고, 그의 모든 도를 행하고, 그를 사랑하며, 그를 섬기고, 그의 명을 지킬 것을 하나님은 우리에게 요구하시는데, 그 이유는 하나님이 먼저 우리를 사랑하사 택하셨기 때문이다.

신명기 11장

6장과 28장에도 언급되지만 민족의 번영을 위해 하나님의 말씀에 헌신하고 그의 계명에 복종하기를 호소하며 약속하고 경고한다. 그의 계명에 복종하기를 호소하며 하나님이 가나안 땅으로 인도하여 들이시면 그리심산에서 축복을 선포하며 에발산에서 저주를 선포할 것을 명한다.

신명기 12 - 14장

모세는 계속해서 하나님의 율법에 대해 설명하는데, 하나님을 섬길 때 자기 소견에 따라 하지 말고 법도와 질서가 있게 할 것과 가나안 땅 신들을 섬기지 말 것을 경고한다. 13장에서는 거짓 선지자에 대해 경고하며 형제 자매라도 이 방신을 섬기도록 유혹하는 자는 돌로 쳐 죽일 것을 명한다. 14장에서는 이방인의 애도법을 따르지 말 것과 먹지 말하야 하는 부정한 음식에 대한 규례와 함께 십일조의 규례를 준다. 그리고 고아와 과부와 객을 위해 저축하고 도와줄 것을 명한다.

신명기 15장

안식년에 빚을 탕감할 것과 종들을 자유롭게 놓아줄 것을 말한다. 이웃에게 빚을 독촉하지 말고 줄 때 아끼는 마음을 품지 말 것은 말씀을 따르면 반드시 복을 받고 너희 중에 가난한 자가 없을 것이라 하신다.

출애굽기 23장과 레위기 25장에도 땅의 안식년에 대한 내용이 나오는데, 6년 농사를 한 후에는 7년째에는 땅을 갈지 말고 묵혀 두어야 한다. 1년 동안 땅이 회복되어 다음 6년 농사가 잘 되게 하기 위해서라기 보다는 백성들 중의 가난한 사람들에 대한 배려이다.

안식년에 빚을 탕감하고 종들을 놓아줄 것을 명하지만 실제로 이스라엘 백성들이 이 규례를 잘 지킨 것 같지 않고 하나님도 이들이 그럴 것을 아셨는지 민수기 15장 11절에서 땅에서는 언제든지 가난한 자가 그치지 아니하겠다고 하신다.

오늘날 교회에서는 안식년이 목회자들이 6-7년 사역한 후에 휴식하며 재충

전하는 기간으로 인식되지만 성경 어디에도 구약의 제사장이나 신약의 사도들이 안식년을 가졌다는 기록은 없다. 안식년은 이스라엘 공동체의 가난한 사람들을 위한 하나님의 배려였다.

신명기 16-18장

16장에는 유대인의 3대 절기인 유월절, 칠칠절(오순절), 초막절에 대해 설명하며 17장에는 장차 세워질 왕에 대한 예언이 나온다. 왕이 될 사람은 병마의 많음을 의지하지 말고 아내를 많이 두어 마음이 미혹되게 하지 말며 은 금을 많이 쌓지 말 것을 경고하며 하나님의 율법을 항상 읽으며 하나님을 경외하고 백성들 앞에 교만하지 말 것을 경고하는데, 후에 세워지는 이스라엘의 왕들은 모두, 심지어 다윗까지도 이 말씀에 온전히 순종하지 못한 것을 본다.

신명기 18장 15절에서 모세는 이스라엘 백성들에게 "네 하나님 여호와께서 너희 가운데 네 형제들 중에서 나와 같은 선지자 하나를 일으키시리니 너희는 그의 말을 들을지니라." 하신다. 사도행전 3장에서 베드로는 바로 이 말씀을 인용하며 예수 그리스도에 대해 증거하며 또한 히브리서 8장에서는 예수 그리스도를 모세보다 더 좋은 약속으로 세우신 더 좋은 중보자라고 하고 있다. 예수님이 탄생하시기 1,400여 년 전에 모세는 가나안에 정착할 이스라엘 백성에게 메시아에 대해 예언하고 있다.

신명기 19장

도피성에 대한 규례가 나온다. 민수기 35장에 이미 언급했던 규례를 모세는 여기에서 반복하는데, 여호수아 20장에서 이스라엘 민족이 가나안을 정복하고 제비 뽑아 지파대로 땅을 기업으로 분배 받을 때 여호와께서 다시 여호수아에게 도피성을 마련할 것을 명하신다. 하나님이 세 번에 걸쳐 도피성에 대해 명하시는 것을 보면 도피성이 매우 중요했다는 생각이다.

요단강을 중심으로 그 동쪽에 세 성읍, 서쪽에 세 성읍을 지정하여서 부지 중에, 또 실수로 사람을 죽인 사람들이 신속하고 안전하게 피신할 수 있게 하시는데, 고의적으로 살인한 자는 반드시 죽여야 하지만 과실치사나 사고사인 경우, 이런 일을 저지른 사람들이 피의 보복을 당하지 않게 하시는 하나님의 자비하심을 볼 수 있다. 죽을 죄는 아니지만 죄를 지은 사람들만이 자신의 죄를 자복하고 들어가 목숨을 보전할 수 있는 도피성이 현대를 사는 우리에게 어떤 의미인지 생각해본다.

신명기 20 – 26장

20장에서는 전쟁에 대한 규칙을 주시는데 전쟁에 불려 나가는 것이 면제되는 사례들을 언급하고 하나님이 진멸하라고 명한 가나안 족속들은 진멸해야 하지만 그 외의 싸움에서는 화평을 먼저 선포하고 이를 거부할 때에만 그 성읍을 쳐야 한다. 21-26장에는 여러 가지 율법들이 언급되는데 하나님이 다스리시는 신정 체제에 있는 이스라엘 공동체에 주신 사회법, 시민법에 해당하는 규범들이다.

신명기 27, 28장

모세는 가나안 땅에 들어가서 그리심산에서 축복하고 에발산에서 저주를 선포할 것을 명하면서 27장 후반부와 28장에서 순종하여 받을 복과 불순종 시에 받을 저주에 대해 말하는데 축복의 내용보다 저주의 내용이 훨씬 더 길고 자세하며 섬뜩하기까지 하다.

신명기 29, 30장

모세는 장차 있을 배도의 무서운 결과를 생각하면서, 하나님을 섬기면 생명을 얻을 것이요 우상을 숭배하면 반드시 죽으리라는 마지막 경고를 한다.

그럼에도 이스라엘 백성은 결국에는 하나님 앞에서 이런 끔찍한 저주가 예고된 범죄를 저지를 것을 하나님은 알고 계셨다. 정말 대책이 안서는 사람들이란 생각이 든다. 그들의 이런 한심한 모습이 바로 내 모습이란 생각을 하니 아무 희망이 없어 보이는데 바로 그때 하나님은 그들이 회개하고 돌아오면 회복시키실 것을 약속하신다.

"내가 오늘 네게 명령한 이 명령은 네게 어려운 것도 아니요 먼 것도 아니라…오직 그 말씀이 네게 매우 가까워서 네 입에 있으며 네 마음에 있은 즉 네가 이를 행할 수 있느니라."

신명기 31, 32장

사명을 모두 감당한 모세가 백성들에게 마지막으로 부탁하며 "강하고 담대하라 두려워하지 말라. 그들 앞에서 떨지 말라. 이는 네 하나님 여호와가 너와 함께 가시며 결코 너를 떠나지 아니하시며 버리지 아니하실 것임이라." 권면하며 여호수아를 후계자로 세운다. 하나님은 마지막으로 지시하시기를 이스라엘 백성들에게 가르칠 노래를 쓰게 하셨다. 이 노래가 32장에 나온다. 하나님이 하신 일들을 기억하게 하고 복과 저주의 약속과 장차 일어날 일들에 대한 예언이다.

신명기 33장

모세가 죽기 전에 마지막으로 이스라엘 백성들을 그 지파별로 축복한 내용이 기록된다. 신명기 33장과 34장은 모세의 사후에 누군가(아마도 여호수아)가추가한 것으로 본다. 여기에서 모세를 '하나님의 사람'이라 칭하고 있는데, 나는 과연 사후에 누군가에 의해 '하나님의 사람'이라 불릴 수 있을까?

지난 40년간 지긋지긋하게 하나님과 자신의 리더십에 반기를 들던 백성들을 향해 축복하는 모세는 진정 하나님의 사람이었다. 그리고 그 마지막 말은 우리가 잘 아는 말씀이다. "이스라엘이여 너는 행복한 사람이로다. 여호와의 구원을 너같이 얻은 백성이 누구냐? 그는 너를 돕는 방패시요, 네 영광의 칼이시로다. 네 대적이 네게 복종하리니 네가 그들의 높은 곳을 밟으리로다."

신명기 34장

신명기의 마지막인 34장에서는 모세의 죽음이 기록된다. 여리고를 마주보는 모압 땅에서 '여호와의 종' 모세가 죽어 모압에 있는 골짜기에 장사되었는데 그의 묻힌 곳을 아는 사람이 없었다.

33장에서는 모세를 '하나님의 사람'이라 했는데, 여기서는 '여호와의 종'이라고 한다. 두 호칭 다 모세에게 매우 적합한 것 같다. 그리고 장사되었는데 그의 묻힌 곳을 아는 사람이 없다는 것이 이해가 잘 안되는데 영어 성경을 보면 하나님이 직접 모세를 묻으셨다고 표현한다. 혹시라도 사람들이 장사를 지내고 모세의 묘지를 성지화하는 잘못을 저지르지 못하게 하시는 하나님의 배려가 있었지 않았을까 생각된다. 120세까지 눈도 흐려지지 않고 기력도 쇠하지 않게 정정하게 살다가 일순간에 하나님이 데려가시고 하나님이 장사하셨는데 요즘 많은 사람들이 바라는 9988234보다 훨씬 복된 삶이었다.

그리고 그 후로는 이스라엘에 모세와 같은 선지자가 일어나지 못하였다고 기록하는데 정작 모세는 신명기 18장에서 이스라엘 백성들에게 "여호와께서 너희 중에 나와 같은 선지자 하나를 일으키실 것"을 말하며 그리스도에 대해 예언했다.

여호수아 ^{역사서}

신명기로 모세오경(율법서)이 끝나고 여호수아부터 에스더까지 12권의 역사서가 이어진다. 이스라엘 민족의 가나안 정착과 번영 타락 멸망과 포로 생활 후에 다시 귀환하게 되는 이스라엘 민족의 천년 역사가 모세가 예언한 대로 이어지며 이 과정에서 오래 참으시며 신실하신 하나님을 볼 수 있다.

여호수아라는 이름은 '여호와는 구원이시다.'라는 뜻으로 '예수'와 같은 말이다. Jesus는 Joshua의 그리스어 표기이다. 출애굽 후 광야 생활 40년을 마친 후 하나님은 여호수아를 모세의 후계자로 세우시고 드디어 아브라함 때부터 약속하신 약속의 땅 가나안으로 인도하신다. 여호수아서의 주요 인물은 여호수아이지만 그가 이 책의 전체 내용을 다 쓰지는 않았을 것이다. 여호수아의 주요 내용은 가나안 땅의 정복과 분배이다. 1-12장은 가나안 정복 전쟁, 13-22장은 가나안 땅의 분배, 23-24장은 여호수아의 마지막 권면이다. 또한 가나안 정복과 정착 전 과정에 나타나는 하나님의 신실하심을 증거하고 있다.

여호수아 1장

하나님은 모세의 뒤를 이을 이스라엘의 지도자로 여호수아를 세우시고 그에게 가나안 정복의 사명을 주시며 그와 함께 하실 것을 약속하시고 백성들은 여호수아를 따를 것을 다짐한다. 하나님은 여호수아에게 "강하고 담대하라."라는 권면을 세번 반복하시며 모세와 함께 하셨던 하나님이 그와 함께 하시겠다고 약속하신다.

여호수아 2장

여리고성에 보낸 두 명의 정탐꾼과 그들을 숨겨준 기생 라합의 이야기가 기록된다. 비록 라합은 천한 이방인 기생이었지만 여호와 하나님에 대한 믿음으로 훗날 예수님의 육신적 족보에 나오는 네 명의 여인 중 하나로 마태복음에 언급된다. 정탐꾼들이 돌아와서 하는 보고는 민수기 13장에 언급된 정탐꾼들과는 달리 승리의 확신을 준다.

여호수아 3장

이스라엘 백성이 언약궤를 앞세우고 요단강을 건넌다. 모세의 인도로 홍해를 가르고 출애굽을 한 역사를 전해 들었던 출애굽 2세들도 가나안 입성의 첫 머리에 동일한 이적을 체험함으로 하나님의 권능을 경험한다.

여호수아 4장

이스라엘 백성이 요단강을 마른 땅으로 밟고 건너간다. 하나님께서는 이를 기념하기 위해 요단강의 돌 열두 개를 각 지파 대표가 하나씩 취하여 길갈에 세우게 하셨다. 사람들이 각각 돌 하나를 어깨에 메고 나왔으니 그 돌의 크기가 작지는 않았을 것이다.

8절과 9절만 읽으면 요단강 안에도 또 다른 돌 열두 개를 세운 것 같지만 아마도 9절은 요단강에 있던 돌들을 가지고 나왔음을 반복하여 언급한 것이라 생각된다. 왜냐하면 돌들을 세우라 하신 의도가 이스라엘이 마른 땅을 밟고 요단을 건넜음을 후손들에게 알리고 영원한 기념이 되게 하신 것이기에 물속에 또 돌을 세웠다고 보기는 어렵다.

이 사건으로 모세의 후계자로서의 여호수아의 입지가 확고해진다. 14절은 "그날에 여호와께서 모든 이스라엘의 목전에서 여호수아를 크게 하시매 그가 생존한 날 동안에 백성이 그를 두려워하기를 모세를 두려워하던 것같이 하였더라."라고 기록하고 있다.

여호수아 5장

요단강을 건넌 후 여리고 정복에 나서기 전에 일어난 중요한 일 몇 가지가 기록되었다. 요단강을 마른 땅으로 건너 약속의 땅으로 들어온 이스라엘 백성들은 하루 속히 여리고를 정복하고 싶었겠지만, 여호와께서는 그들에게 할례 언약의 회복을 명하신다. 세상적으로 보면 큰 전쟁을 앞두고 군사들이 여러 날 거동을 못하게 되는 할례를 행하는 것이 말이 되지 않지만 하나님은 광야 생활 동안 하지 못했던 할례와 유월절을 먼저 지키게 하심으로 하나님의 언약을 상기시키신다. 그리고 지난 40년 광야 생활할 때 내려 주셨던 만나가 그치고 가나안 땅의 소산을 먹게 된다.

13-15절에서 여호와의 군대장관이 여호수아 앞에 나타나는데 여호수아가 아군인지 적군인지를 묻는 질문에 그는 "둘 다 아니다(neither)"라 답을 한다. 우리는 하나님이 우리 편인지 아닌지를 물을 것이 아니라 우리가 하나님 편에 섰는지를 생각해야 함을 알려준다. 여호수아에게 "신을 벗으라 네가 선 곳은 거룩하니라."라고 하는 장면은 출애굽기 3장에서 하나님이 호렙산에서 모세를 부르시는 장면을 연상하게 한다. 호렙산에서나 길갈에서나 그곳이 거룩한 것은 하나님이 임재하시기 때문이다. 따라서 이 군대장관은 단지 여호와의 사자가 아닌 바로 여호와 하나님이시라 할 수 있다. 여기에 등장하는 군대장관이나 아브라함에게 나타났던 멜기세덱은 구약에서의 성자 하나님의 현현이라고 보는 신학자들도 있다. 어찌되었든 이는 여호수아에게 앞으로의 가나안 정복 여정에 하나님이 함께 하실 것이란 약속을 한 번 더 각인시켜 주었을 것이다.

여호수아 6장

가나안 땅의 가장 강력한 성읍인 여리고성을 정복하는 기사이다. 이스라엘은 창 칼이 아닌 단지 하나님의 말씀에 순종하여 여리고성을 7일 동안 도는 것으로 여리고성을 함락시켰다. 하나님은 이스라엘 백성에게 그 성의 모든 것들을 하나님께 온전히 바치고 남녀노소와 모든 가축은 진멸할 것을 명하신다. 그런데 7장에서 아간이 이를 어기고 노략한 물건의 일부를 자신을 위하여 감춘다. 성경은 이를 두고 "이스라엘 자손들이 온전히 바친 물건으로 말미암아 범죄하였다."고 기록한다.

여리고성은 가나안 땅에서의 첫 번째 전쟁이었다. 따라서 하나님은 여리고에서의 모든 전리품은 하나님께 바치는 첫 열매여야 한다는 명령을 하신다. 수확의 첫 열매와 짐승의 첫 새끼뿐 아니라 첫 아들도 하나님께 속한 것이라는 율법과 같은 맥락이다.

여호수아 7, 8장

이어지는 아이성 정복 1차 시도에서 이스라엘은 패하게 된다. 아간의 범죄 때문이지만 여호수아도 하나님의 지시를 기다리지 않고 정탐꾼들의 말을 듣고 가볍게 전쟁에 임한 잘못이 있다. 아간 가족을 처형한 후 이어지는 아이성 정복 2차 시도에서는 여호수아와 이스라엘 백성들이 하나님의 명령에 따라 1차 때보다 매우 신중하게 최선을 다해서 임한다. 그리고 하나님은 탈취한 물건과 가축을 이스라엘 백성이 취하는 것을 허락하신다. 이후 이스라엘은 모세의 지시대로 에발산에 제단을 쌓고 축복과 저주의 율법을 낭독한다.

여호수아 9, 10장

여호수아를 속이고 화친조약을 맺은 기브온 주민들 이야기와 아모리 족속 다섯 왕의 연합군의 침공을 받은 기브온을 여호수아가 구하는 일이 기록된다.

비록 기브온 사람들의 속임수에 여호수아가 하나님께 묻지 아니하고 그들과 섣불리 화친조약을 맺었지만 기브온이 침공을 당하자 하나님은 그 조약을 지키기 위해 여호수아를 기브온으로 출격시킨다. 그리고 하늘에서 큰 우박을 내리셔서 아모리 족속 연합군을 치시는데, 성경은 이스라엘 자손의 칼에 죽은 자보다 우박에 죽은 자가 더 많았다 기록한다. 신기하게 하늘에서 쏟아지는 우박에 이스라엘 사람이 맞아 죽었다는 말은 없다. 초정밀공습(Surgical strike)이 가능한 최첨단 스마트 폭탄(smart bomb)을 훨씬 능가하는 정확성으로 하나님의 우박은 정확히 아모리 사람들 머리에만 떨어졌다.

그리고 여호수아가 여호와께 아뢰자 태양과 달이 멈추어 서는 일이 일어난다. 세상 사람들은 여러 가지 추측으로 이 현상을 과학적으로 설명하려는 시도를 하지만 성경은 "여호와께서 사람의 목소리를 들으신 이 같은 날은 전에도 없었고 후에도 없었다."고 기록하고 있다. 하나님은 자연법칙에 제한을 받는 분이 아니라 모든 자연법칙을 창조하신 분으로 그분만이 그 자연법칙을 뛰어넘을 수 있으시다.

여호수아 11 – 13장

여호수아가 취한 땅과 정복한 왕들이 열거된다. 그리고 13장은 여호와가 여호수아에게 너는 나이가 많이 늙었고 얻을 땅이 매우 많이 남아 있다 하시며 아직 정복하지 못한 땅들도 포함해서 각 지파에게 분배하라 하신다.

여호수아 14장

14장부터 요단강 서편 지역을 아홉 지파와 반 지파에게 분배하는데, 갈렙이 나서서 아직 아낙 사람들이 있던 점령하기 어려운 땅인 헤브론을 달라고 한다.

이때가 갈렙이 85세 때인데 40세 때 12명의 정탐꾼의 하나로 가나안 땅을 정탐한 지 45년 만이다. 13장에서 여호수아는 나이가 많아 늙었다 하는데 갈렙은 85세에도 여전히 강건하였다. 여호수아의 나이는 정확한 언급이 없고 다만 그가 110세 때에 죽었다 하는데 아마도 여호수아가 갈렙보다는 적게는 4-5살, 많게는 10살 정도 연상이 아닐까 한다.

갈렙의 나이로 미루어 보아 땅 분배를 시작한 시점은 가나안 정복 전쟁이 시작되고 5-7년 뒤일 것이다. 갈렙은 여호수아에 가려져 있고 리더로서 전면에 나서지는 않았지만 여호수아를 제외한 다른 모든 사람들보다 최소한 20세 연장자로서 솔선수범하며 여호수아의 리더십에 순종하였다.

12인 정탐자의 일원으로 가나안 땅을 정탐하고 돌아와 모세에게 보고하는 장면에서는(민수기 13장) 갈렙이 다른 10명의 보고에 반하여 가나안을 능히 정복할 수 있다고 주장하는데 이때 여호수아의 언급은 없다. 민수기 14장에서 여호수아가 갈렙에 동의한 것이 짧게 언급될 뿐이다. 그 당시에는 갈렙이 여호수아보다 다 적극적이었음을 볼 수 있다. 그럼에도 갈렙은 하나님이 여호수아를 모세의 후계자로 세운 것에 대해 어떤 시기심도 없이 자신의 위치에서 최선을 다한다. 갈렙같이 멋지게 나이 들어가면 좋겠다는 생각을 해본다.

여호수아 15 - 22장

여호수아 14장에서 시작된 요단강 서편 땅의 각 지파 별 분배가 드디어 21장에서 완결되어 요단강 동쪽에서 이미 땅을 받은 두 지파 반을 포함하여 열두 지파 모두에게 땅이 분배되고 레위 지파는 각 지파 속에서 거주할 성읍과 목초지를 받는다.

이 과정은 제사장 엘르아살과 여호수아 그리고 각 지파의 족장들이 모여 제비를 뽑아 사람 수에 따라 분배하는데 이 과정을 하나님께서 인도하신 것으로 이스라엘 민족이 받아들였기에 어느 지파도 이에 불만을 가졌다는 기록은 없다.

분배를 시작하며 14장 2절에서 "여호와가 모세에게 명령하신 대로 그들의 기업을 제비 뽑아" 나누어 주었음을 기록하고 있고, 모든 땅의 분배를 마치고 21장 끝에는 "여호와께서 이스라엘 족속에게 말씀하신 선한 말씀이 하나도 남음 없이 다 응하였더라."라고 기록한다.

하나님이 처음 아브라함에게 그의 후손에게 가나안 땅을 주겠다고 약속하신 말씀을 약 600년 후에 다 이루셨다. 신실하신 하나님은 자신의 약속을 반드시 가장 선한 때에 이루심을 생각하며 나의 조급한 마음을 내려놓아야 함을 생각해 본다.

여호수아 23, 24장

여호수아는 이스라엘 백성들에게 마지막으로 예언적인 당부를 한다. 신명기 마지막에 나오는 모세의 유언의 모습이 교차된다. 여호와를 떠나 이방신을 섬기는 죄를 경고하며 여호수아가 "오직 나와 내 집은 여호와를 섬기겠노라." 선언할 때 백성들이 "우리가 결단코 여호와를 버리고 다른 신들을 섬기지 않겠노라."고 대답하지만 이어지는 사사기에서는 여호수아 뒤에 생존한 장로들이 사는 날 동안에는 여호와를 섬겼으나 곧 여호와 목전에 악을 행하여 바알을 섬기고 있음을 기록한다. 믿음의 유산이 한 세대를 넘어서지 못했다. 우리의 자녀들에게 어떻게 하면 신앙의 유산을 물려줄 수 있을까 생각해 본다.

여호수아가 110세에 죽고 요셉의 뼈를 세겜에 장사하고 아론의 아들 엘르아살의 죽음으로 여호수아 24장이 끝난다.

사사기 역사서

여호수아 이후 사울이 이스라엘의 왕이 되기까지 약 350년의 사사 시대가 사사기에 기록된다. 마지막 사사이자 선지자였던 사무엘이 기록하였을 것으로 많은 성경학자들이 생각하는데, 사사기는 가나안의 정복과 정착이 기록된 역동적인 여호수아서에 대비하여 바로 이어지는 이스라엘의 비극적인 역사를 기록한다.

사사이자 제사장이었던 엘리와 마지막 사사이자 선지자였던 사무엘을 포함하면 총 14명의 사사가 등장하는데, 비슷한 패턴의 일이 반복된다. 이스라엘 백성이 하나님을 떠나 범죄하고, 그 일로 하나님이 그들을 심판하여 이웃 이방 나라들에게 침략당해 고통받게 하시고, 그러면 이스라엘이 하나님께 회개하고 구해주실 것을 기도하고, 하나님은 사사를 세워 그들을 이방 나라의 압제에서 구하시는 일이 계속 반복되는 것을 읽으면서, 정말 이스라엘 백성들은 대책이 안 서는 사람들이란 생각이 들고 그럼에도 그들을 계속 품으시고 용서하시는 하나님의 한량없는 자비하심 때문에 내가 오늘도 하나님 앞에 나아가 예배드릴 수 있음을 생각한다.

사사기를 한마디로 요약하는 구절은 "그때에 이스라엘에 왕이 없었으므로 사람이 각기 자기의 소견에 옳은 대로 행하였더라."이다.

사사기 1장

1장은 사사기 전체의 서론 부분으로 여호수아가 죽은 후에 가나안 땅을 정복해 나가는 유다 지파의 활약이 기록되었다.

반면 다른 지파들은 아직 쫓아내지 못한 가나안 족속들과 함께 살게 됨을 기록하며 이로 인해 초래될 문제들을 암시한다.

사사기 2장

여호와의 사자가 나타나서 말하기를 "너희가 하나님의 목소리를 듣지 않았으므로 가나안 땅의 주민들을 이스라엘 백성들 앞에서 쫓아내지 않고 그들이 너희의 옆구리에 가시가 될 것이며 그들의 신들이 너희에게 올무가 되리라." 하신다. 여호와께서는 또 이스라엘에게 진노하여 이르시기를 "이 백성이 내가 그들의 조상들에게 명령한 언약을 어겼기에 이방 민족들을 다시는 그들 앞에서 쫓아내지 않을 것인데 이는 이스라엘이 그들의 조상들이 지킨 것 같이 나 여호와의 도를 지켜 행하나 아니하나 그들을 시험하려 함이라." 하신다.

사사기 전체를 통해 이스라엘 백성은 이 하나님의 시험에 반복적으로 철저히 실패하여 남겨진 가나안 주민들과 통혼하며 그들의 신들을 섬기어 하나님의 진노와 심판을 자초한다. 사사기뿐 아니라 예수님이 오실 때 까지의 유대인의 역사는 하나님에 대한 배교의 연속이다. 하나님은 이런 사람들, 전혀 사랑스럽지 못한 우리를 사랑하시되 우리를 위해 독생자를 십자가에 대속물로 못박으시기까지 사랑하신다.

사사기 3장

이방 민족들과 공존한 이스라엘 백성들의 어리석은 처신을 고발한 후에, 옷니엘, 에훗, 삼갈 이 세 사사의 활약상을 소개한다. 하나님은 이스라엘 가운데 남겨두신 이방 민족들로 이스라엘이 하나님께 순종하는지 시험하시는데 이스라엘은 이 시험에 반복적으로 실패하게 되고 하나님은 그들에게 진노하여 이스라엘을 이방인의 손에 넘기시고 이스라엘이 회개하고 여호와께 부르짖으면 사사를 세워 구원하시는 일이 반복된다. 옷니엘은 메소보다미아 왕 구산 리사다

임에게서, 에훗은 모압 왕 에글론에게서, 삼갈은 블레셋으로부터 이스라엘을 구하였다.

사사기 4, 5장

여사사 드보라가 바락과 함께 시스라가 이끄는 가나안 왕 야빈의 군대를 물리친 후에 승전의 노래가 5장에 기록된다.

사사기 6-8장

기드온과 그와 함께 한 300 '용사'에 대한 이야기가 기록된다. 흔히들 이들은 특별히 하나님이 선택하신 용맹스러운 전사들이라 생각하지만 성경은 이들을 그렇게 묘사하지 않는다. 기드온은 매우 소심한 사람으로 미디안 사람들의 눈을 피해 숨어서 밀을 타작하고 있을 때 여호와의 부름을 받았다. 그리고 여호와의 부름에 즉시 응답하는 것이 아니라 세 번이나 하나님의 표징을 구한다.

미디안이 쳐들어올 때 기드온과 함께 한 300명은 무예가 출중하여 선택된 사람들이 아니고 미디안에 대적하기 위해 모인 3만 2천 명을 보고 하나님께서 너무 숫자가 많아서 이스라엘이 스스로 자기 손으로 구원했다고 자랑하지 못하게 하기 위해 돌려보내신다. 인간적으로 보면 13만이나 되는 적군을 상대하기에는 3만 2천 명도 적은 숫자이지만 하나님은 만 명도 너무 많다 하시며 하나님이 더 추려서 선택할 것이라 하신다.

그리고는 그들을 물가로 데려가 물을 먹게 하시고 개처럼 혀로 물을 핥아 먹는 사람 300명을 택하신다. 혹자들은 무릎을 꿇고 물을 마시지 않고 핥아 먹는 사람들은 늘 사방을 경계하는 용사의 자질이 있어 하나님이 선택했다고 하기도 하는데, 성경 본문을 그렇게 풀어야 할 이유는 없다. 정상적인 사람들은 누구나 무릎을 꿇고 입으로 물을 마실 것이다. 그리고 적군이 없는 자기들의 진영에서 물을 마실 때에는 좌우 경계를 살피기 보다 빨리 물을 마시고 전열을 가다듬는 것이 군사로서 더 합당할 수도 있다. 하나님은 단지 만 명 중에서 300명을 걸러 내기 위해 이 방법을 쓰신 것이지 물을 개처럼 핥아먹는 것이 훌륭한 용사의 선택 기준은 아니었다. 그리고 성경에서는 이들 300명을 '용사'라고 부르지도 않는다.

평범한 사람들을 사용하셔서 큰일을 이루시는 하나님을 생각해 본다.

사사기 9장

기드온의 첩의 소생인 아비멜렉에 대한 기사가 나온다. 그런데 창세기에서 아브라함과 또 이삭이 자신의 아내를 누이라 속인 그랄 지방의 왕들의 이름이 다 아비멜렉이다. 아마도 이 아비멜렉이란 이름은 '바로'같이 왕을 칭하는 이름이었을 수도 있다.

기드온이 죽은 후에 아비멜렉은 자신의 어머니 친족인 이방인 세겜 사람들을 등에 없고 스스로 왕이 되고자 하여 기드온의 아들 70명을 다 죽이는데 막내 아들 요담만이 살아남는다.

그의 아버지 기드온은 사람들이 그를 왕으로 삼고자 했어도 "여호와께서 너희를 다스리시리라." 하면서 거절했는데, 아비멜렉은 스스로 왕이 되기 위해 이복형제들을 몰살한다. 기드온이 사사로 있을 동안 40년을 평안히 지냈던 이스라엘 사람들이 어떻게 기드온을 쉽게 배반하고 아비멜렉을 따를 수 있었을까? 사사기 8장 마지막 절에는 "이스라엘 자손이 주위의 모든 원수들의 손에서 자기들을 건져 내신 여호와 자기들의 하나님을 기억하지 아니하며 또 여룹바알이라 하는 기드온이 이스라엘에 베푼 모든 은혜를 따라 그의 집을 후대하지도 아니하였더라."라고 기록한다.

아비멜렉이 스스로 왕이 된 것은 이스라엘 백성 전체가 하나님을 배반하고 우상 숭배로 돌아섰기에 가능하였다. 이런 아비멜렉과 세겜 사람들을 하나님이 심판하셔서 서로 싸우게 하고 아비멜렉은 한 여인이 내려던진 맷돌에 맞아 죽는다. 성경은 "그의 형제 칠십 명을 죽여 자기 아버지에게 행한 악행을 하나님이 이같이 갚으셨다."라고 기록한다. 아비멜렉은 스스로 왕 노릇한지 고작 3년 만에 비참하게 죽었는데 짧은 기간이라 볼 수 있지만 요담의 입장에서는 매우 긴 기간일 수도 있다. 하나님의 공의는 언제가 되든지 반드시 이루어진다.

사사기 10 - 12장

아비멜렉의 폭정 이후에 활약한 사사들인 돌라, 야일, 입다, 멜론, 압돈이 언급된다. 돌라와 야일은 이름 외에 다른 특별한 기록이 없으며 이들 후에 이스라엘의 타락과 하나님의 징계가 이어진다. 길르앗의 서자인 입다는 하나님이 아닌 이스라엘의 장로들에 의해 사사로 옹립되어 암몬 족속의 압제에서 이스라엘을 구하지만 경솔한 맹세로 인해 무남독녀를 잃게 된다. 에브라임 지파가 암몬을 제압한 입다에게 시비를 걸게 되어 입다가 속한 길르앗 족속과 에브라임 지파 사이에 동족 간의 살생의 비극이 일어난다.

사사기 13 - 16장

열두 번째 사사이자 사사기에 기록된 마지막 사사인 삼손의 이야기가 나온다. 다른 사사들보다 출생부터 매우 특별했던 삼손의 행적이 자세하게 넉 장에 걸쳐 기록되어 있다. 여호와의 사자가 임신하지 못하던 삼손의 어머니에게 나타나 아들을 나을 것이라고 알려주는데 이는 세례 요한이나 예수님의 출생에 대해 말해주던 천사가 연상되고, "그가 블레셋 사람들의 손에서 이스라엘을 구원하기 시작하리라."라는 천사의 말은 메시아에 대한 말씀을 떠올리게 한다.

이렇게 특별하게 시작된 삼손의 삶은 그렇게 순탄하지 않았고 나실인으로 서원된 사람이지만 많은 잘못을 저지른다. 그럼에도 하나님께서 그에게 특별한 은사로 큰 힘을 주셔서 블레셋 사람들을 대적하며 20년을 이스라엘의 사사로 지냈지만 여자 문제로 비참하게 죽게 된다. 14, 15장에서 삼손이 싸울 때에는 여호와의 영이 삼손에게 임했지만 마지막에 수많은 블레셋 사람과 함께 죽을 때에는 삼손이 여호와께 부르짖어 구할 때 하나님이 구하는 바를 들어는 주시지만 여호와의 영이 임했다는 기록은 없다.

삼손은 어찌 보면 이스라엘 백성 역사의 축소판 같다.

사사기 17-21장

사사기의 후반부는 사사 시대 마지막에 이르러 이스라엘이 얼마나 타락했는가를 두 가지 사건으로 대표적으로 보여준다. 17-18장에 나오는 개인 신당에 에봇과 드라빔을 만들고 두고 은으로 우상까지 만든 미가와 그의 개인 제사장이 되었던 한 레위 청년과 미가의 모든 것을 취하고 그 레위 청년까지 데려다가 자기 지파의 제사장을 삼은 단 지파의 이야기는 이스라엘 민족이 얼마나 종교적으로 타락했는지 보여준다.

그리고 19-21장에 기록된 한 레위인의 첩의 죽음으로 말미암아 이스라엘이 베냐민 지파와 전쟁을 벌여 베냐민 지파가 거의 전멸의 위기에 처하는 이야기는 이스라엘의 성적 타락의 심각함을 보여준다. 특히 19장 22-26절에 그 레위인이 유숙하러 한 노인 집에 들어갔을 때 그 성 사람들이 그 집에 와서 그와 '관계'하겠다 하는 장면은 창세기에서 하나님이 소돔성을 멸하실 때 소돔사람들이 하는 행태와 같다.

성경은 이 두 가지의 타락을 기록하면서 "그때에는 이스라엘에 왕이 없었으므로 사람마다 자기 소견에 옳은 대로 행하였더라."라는 말을 반복한다. 이스라엘은 외적으로는 가나안 땅의 이방인들의 지속적인 공격과 착취로 어려움을 겪었지만 가나안 사람들을 하나님의 명령대로 다 몰아내지 못한 더 심각한 결과는 이스라엘 백성의 내부적인 종교적, 성적 타락이다. 하나님이 이스라엘 백성들을 출애굽시키시고 가나안 땅으로 인도하시면서 율법을 주신 이유는 바로 "나 여호와가 거룩한 것같이 너희도 거룩하라."고 하시며 이스라엘을 하나님의 거룩한 백성으로 세우시려는 것인데, 이스라엘 백성들은 하나님을 철저히 배반한다.

"그때에는 이스라엘에 왕이 없었으므로 사람마다 자기 소견에 옳은 대로 행하였더라."라는 말이 반복되면서 이스라엘 역사가 사사 시대에서 왕국 시대로 넘어간다.

룻기 역사서

사사기가 아무 희망이 없어 보이는 두 사건으로 마무리된 후에 같은 사사 시대에 있었던 룻기에서는 훌륭한 믿음을 가진 아름다운 이방 여인 룻과 신실하고 존경받는 보아스를 통해 다윗과 메시아의 계보를 이어가시는 하나님을 만나게 된다. 하나님은 이스라엘의 타락한 역사 속에서도 하나님의 뜻을 이루어 가시기 위해 준비하심을 보여준다.

모압 여인인 룻이 그의 시댁 식구들의 기업 무를 자(kinsman redeemer)인 보아스와 혼인하게 되어 다윗의 계보가 이어진다. 룻기에 등장하는 세 남자(엘리멜렉과 두 아들)는 이방 땅인 모압 땅에서 다 죽는다. 흉년이 들었다고 고향 베들레헴을 떠나 모압 땅으로 간 것에 대한 하나님의 심판인지 모른다. 남자들 없이 이방 땅에 남겨진 나오미와 두 며느리는 유다 땅으로 돌아오려 하는데 결국에는 나오미와 룻이 돌아오게 되고 하나님은 엘리멜렉의 친족인 베들레헴의 유력자 보아스를 예비하셨다. 보아스는 우리의 구속자(redeemer, 대속자)로 오실 예수 그리스도를 예표하며 그의 육신의 조상이 되는데 그 또한 여리고성의 기생이었던 라합의 아들이다. 마태복음 1장에 나오는 예수님의 족보에 4명의 여성이 언급되는데 그중에 두 명이 바로 이방 여인들인 라합과 룻인데, 라합은 기생이었고 룻은 아무 희망이 없는 과부였다가 기업 무를 자인 보아스에 은총을 입게 된다. 하나님의 구원 계획에는 혈통이나 출신 성분에 관계없이 하나님이 사랑하시는 모든 자들이 포함되어 있음을 룻기는 잔잔하게 그러나 확실하게 증거한다.

사무엘 상하 ^{역사서}

사무엘 상, 하와 이어지는 열왕기 상, 하는 이스라엘에서 사사 시대가 끝나고 왕국시대가 열리며 다윗과 솔로몬 때의 전성기를 지나 남북 왕조가 나뉘고 망하기까지 이스라엘 왕조에 대한 기록이다. 원래 한 권의 책이었던 사무엘 상, 하에서는 사무엘, 사울, 다윗이 주요 등장 인물들인데 사무엘이 사울과 다윗 모두에게 기름 부어 왕으로 세우는 킹메이커(king maker)가 된다. 사무엘 상, 하를 모두 사무엘이 기록한 것이라 볼 수 없는 것은 사무엘은 사무엘상 25장에서 죽는다. 이 후에 다윗을 쫓던 사울의 죽음으로 사무엘상이 끝나고 사무엘하에서는 다윗 왕의 통치가 기록되는 것으로 보아 사무엘 상, 하는 적어도 다윗이 죽은 후에 기록되었을 것인데 저자가 누구인지는 알 수 없다.

❖ 사무엘상 ❖

사무엘상 1-3장

사무엘의 출생과 이스라엘의 리더십이 대제사장이자 사사였던 엘리에게서 사무엘로 넘어가는 이야기가 기록된다. 아들의 얻기 위한 사무엘의 어머니 한나의 간절한 서원기도와 엘리의 영적으로 무뎌진 모습이 대조된다. 하나님께 기도 응답으로 사무엘을 낳은 한나는 사무엘의 젖을 뗀 후 엘리에게 사무엘을 데리고 가서 하나님 앞에 사무엘을 봉헌하게 되며, 2장에는 서원대로 아들 사무엘을 나실인으로 드린 후 하나님을 찬양하는 한나의 기도와 대제사장 엘리의 두 아들의 악한 행실과 그로 인해 하나님이 하나님의 사람을 통해 엘리 집안에 내린 저주가 기록된다. 엘리의 아들 제사장들의 타락과 나면서부터 여호와에게 드려진 신실한 사무엘의 성장이 대비되면서 여호와께서 사무엘에게 나타나셔서 엘리의 집안에 대한 심판을 알려주심으로 사무엘을 이스라엘의 선지자로 세우신다.

사무엘상 4장

이스라엘이 블레셋과의 싸움에서 패하자 이스라엘의 장로들이 실로에 있는 여호와의 언약궤를 에벤에셀의 전장으로 가져온다. 이때 늙은 엘리는 사사로서의 지도력을 전혀 보여주지 못한다. 이스라엘 사람들은 블레셋과의 전쟁이 여호와가 함께 해야 이길 수 있다는 것을 알았지만 여호와께 아뢰고 그의 도우심을 구하는 것이 아니라 여호와의 궤를 마치 하나의 부적처럼 취급하는 죄를 범한다. 이 전쟁에서 이스라엘은 언약궤를 블레셋에게 빼앗기고 엘리의 두 아들이 전장에서 죽고 엘리는 그 소식을 듣고 의자에서 뒤로 넘어져 목이 부러져 죽는다.

사무엘상 5-7장

하나님의 궤를 두는 곳마다 블레셋의 우상인 다곤 상이 무너지고 블레셋 사람들을 독한 독종으로 치시니 블레셋 사람들은 여호와의 궤를 이스라엘 사람들에게 돌려보내는데 벧세메스에서 사람들이 여호와의 궤를 '들여다보다' 70명이 죽는다. 예전에 보았던 인디애나 존스 영화가 생각난다. 그런데 역본에 따라 이때 죽은 자가 70명이라 하기도 하고 5만 70명이라 하기도 한다. 그 차이가 너무 커서 히브리 성경 사본의 오류가 있었을 것으로 보기도 한다. 그 당시 벧세메스 성읍에 5만 명이 살지는 않았을 것인데, 여호와의 궤를 들여다보다 죽은 사람이 실제로 5만 명이었다면 이는 이스라엘 전역에서 궤를 보기 위해 많은 사람들이 몰려들었다고 볼 수도 있다.

여호와의 언약궤는 거룩하신 하나님의 임재의 상징이기에 함부로 옮기거나 만지는 것이 허락되지 않았다. 그러나 이 언약궤를 합당하게 대하면 하나님이 복을 주셨다. 7장을 보면 언약궤가 기럇여아림에 들어간 날부터 이십 년 동안 사무엘이 하나님을 온전히 섬기며 사사로 이스라엘을 다스리는데 블레셋 사람들이 굴복하여 이스라엘 지역 안으로 들어오지 못하고 블레셋에 빼앗겼던 성읍들도 도로 찾게 된다.

사무엘상 8-10장

사무엘이 늙고 그의 아들들이 불의를 행하자 이스라엘 백성들이 사무엘에게 다른 나라들 같이 왕을 세워 달라고 요구하여, 하나님이 베냐민 지파 기스의 아들 사울에게 기름을 부어 왕으로 세우라고 사무엘에게 명하신다. 여호와께서는 이스라엘이 왕을 요구하는 것은 사무엘이 아닌 하나님을 버려 자기들의 왕이 되지 못하게 하는 것이라 하시면서도 그들이 바라는 왕을 허락하신다.

이 사울은 용모가 출중하고 키도 다른 사람들보다 머리 하나가 더 큰 사람이었는데, 겸손하기까지 하였다. 그리고 사무엘의 기름부음을 받고 하나님의 영이 사울에게 임하여 그가 선지자들과 함께 예언도 하게 된다.

이렇게 시작이 훌륭했던 사울이지만 왕이 되고 나서 교만과 불순종, 시기 질투로 인해 그의 마지막은 참으로 비참하게 끝나게 되는 것이 이어지는 사무엘상 후반부에 기록된다. 사무엘상 13장부터 사울이 서서히 내리막 길을 가며 다윗에게 하나님이 주시는 왕권이 넘어가는 이야기가 전개된다.

사무엘상 11 – 13장

11장에서는 사울이 하나님의 영에 감동되어 자신과 사무엘의 이름으로 암몬을 크게 무찌르고 이 승리로 인해 모든 이스라엘 사람들이 사울을 왕으로 인정하는데, 사무엘은 백성들을 길갈에 모으고 여호와 앞에서 사울을 왕으로 삼으니 이스라엘 모든 사람들이 크게 기뻐하였다고 기록한다. 12장에는 이스라엘 백성들의 요구대로 왕을 세운 후에 사무엘이 백성들 앞에서 자신이 공명정대하게 사사직을 수행한 것을 회고하며 백성들에게 마지막 권면을 하며, 이어지는 13장에서는 이스라엘과 블레셋의 믹마스 전투가 기록된다. 이 싸움에서 사울은 사무엘을 기다리지 못하고 마음이 급하여 하나님께 스스로 번제를 드리게 되는데 인간적으로 보면 사울의 행위가 이해되는 면도 있다. 쳐들어오는 블레셋 군대 앞에 이스라엘 백성들은 무서워 흩어지는데 사무엘은 약속한 기간이 차도 나타나지 않아서 사울 자신이 '여호와께 은혜를 간구하려고' 부득이 번제를 드렸다고 사무엘에게 변명을 한다. 그러나 왕이라도 제사장이 아니면 번제를 드릴 수 없기에 사울이 하나님의 은혜를 구하려면 제사를 드릴 것이 아니라 하나님께 간구했어야 했다.

이에 사무엘은 왕이 망령되이 행하였고 여호와께서 왕에게 내리신 명령을 지키지 않았다고 책망하며, "여호와께서 그의 마음에 맞는 사람을 구하여 여호와께서 그를 그의 백성의 지도자로 삼으셨느니라."라며 아직 다윗을 왕으로 기름 부어 세우기 전이지만 사울에게 왕의 교체에 대해 과거형으로 선포한다.

사무엘상 14장

과감하게 적진을 파고들어 전투의 물꼬를 튼 요나단의 용맹함으로 인해 블레셋 사람들이 크게 패하게 되나 사울은 헛된 공명심으로 한참 전쟁 중인 군사들에게 금식을 선포하며 이를 어기는 자는 사형에 처할 것이라는 무모한 명령을 하고 이를 모르던 요나단이 꿀을 조금 먹게 되고 금식 명령으로 허기진 백성들은 금식 시간이 끝나자 급히 양과 소를 잡아 피째 먹는 죄를 범한다. 사울은 금식명령을 어긴 자신의 아들 요나단을 죽이려 하지만 백성들은 싸움에서 큰 공을 세운 요나단의 죽음을 막는다.

사무엘상 15장

사무엘은 사울왕에게 13장에서 저지른 잘못을 만회할 기회를 준다. 사무엘은 사울에게 아멜렉을 쳐서 모든 남녀노소와 모든 가축을 진멸하라는 여호와의 명을 전한다.

그런데 사울은 아멜렉 왕 아각을 사로잡고 가장 좋은 양과 소들은 진멸하지 않고 취한다. 이 사실을 사무엘이 지적하자 사울은 여호와의 명을 따랐고 좋은 가축들은 하나님께 제사 지내기 위해 남겨둔 것이라 변명을 한다. 이때 사무엘이 "순종이 제사보다 낫다."는 그 유명한 말을 한다. 이 말은 어찌 보면 구약의 중심적인 말이다. 모세오경에 많은 제사에 대한 율법들이 기록되어 있지만 하나님이 진정 원하시는 것은 제사 그 자체의 제의적이 행위가 아니라 하나님의 말씀에 대한 순종의 표현으로 제사를 드리기를 원하신다.

이렇게 하나님이 한 번 더 허락하신 기회를 사울은 자신의 욕심으로 인해 날려버리고도 자신은 하나님의 명령에 순종했다고 주장한다. 사울은 전적으로 하나님의 말씀을 순종한 것이 아니라 자기 생각에 '이 정도면 할 만큼 했다.'고 생각한 것인데, 순종의 척도가 하나님의 말씀이 아니라 자기의 생각이라면 이것이 곧 하나님을 부인하는 불순종의 행위이다.

이로 인해 하나님은 사울을 왕으로 세우신 것을 '후회'하시고 다윗을 왕으로 기름 부으신다. 여기서 하나님이 '후회'하셨다는 표현은 창세기 6장에서 하나님이 사람을 지으신 것을 한탄하셨다는 말씀과 같이 하나님이 실수하셨다는 것이 아니라 사울의 잘못에 대해 애통해 하신 것을 말한다.

사무엘상을 읽으면 왜 하나님은 사울을 왕으로 택하셨을까 하는 의문이 들기도 한다. 창세기에서 야곱의 축복으로 유다 자손의 왕권이 예언되었는데, 사울은 베냐민 지파였고 그 베냐민 지파는 바로 사사기 마지막 부분에서 거의 없어질 뻔한 지파이다.

그리고 사울은 그 용모와 체격이 출중했다. 그러나 하나님이 사무엘을 통해 다윗에게 기름 부으실 때에는 "사람은 외모를 보거니와 나 여호와는 중심을 보느니라." 하시는데, 사울은 중심이 아니라 외모 때문에 왕으로 세운 게 아닌가 생각된다. 중심에 하나님에 대한 신앙이 깊지 않았던 사울은 이후 여러 번에 걸쳐 하나님 앞에 잘못되게 행하여 하나님이 그를 왕으로 세운 것을 '후회'하게 하는데, 이 모든 것을 미리 아신 하나님은 그럼에도 사울을 왕으로 세우신 후 다윗으로 교체하신다. 차라리 조금 더 기다린 후에 다윗을 바로 왕으로 세우셨으면 어땠을까?

하나님이 사울을 왕으로 세울 때에는 이스라엘 백성들이 다른 세상 나라들처럼 왕을 원했기에 하나님의 뜻은 아니지만 그들의 원대로 허락하시면서 그들이 원하는 기준에 부합한 사울을 왕으로 세운 게 아닐까? 사울을 통해서 이스라엘 백성들에게 왕정을 경험하게 하고 세상 왕이 그들을 구원할 수 없음을 알게 하게 하려는 의도도 있었을까? 사무엘이 사울을 왕으로 세우고 나서 백성들에게 한 고별 설교에 그 답이 있는 것 같기도 하다. "너희는 여호와께서 너희를 위하여 행하신 그 큰일을 생각하여 오직 그를 경외하며 너희의 마음을 다하여 진실히 섬기라 만일 너희가 여전히 악을 행하면 너희와 너희 왕이 다 멸망하리라"(사무엘상 12:24, 25).

사무엘상 16장

하나님은 사무엘에게 언제까지 사울을 위해 슬퍼하겠느냐 꾸짖으시며 베들레헴 사람 이새를 찾아가 그의 아들에게 기름을 부으라 명하신다. 이새의 맏아들 엘리압을 보고 사무엘은 속으로 "여호와의 기름 부으실 자가 과연 주님 앞에 있다." 하였으나 하나님은 "사람은 외모를 보거니와 나 여호와는 중심을 보느니라." 하시며 밖에서 양을 치고 있던 이새의 막내아들 다윗에게 기름 부으라 하셨다. 사무엘에게 기름부음을 받은 다윗은 그날 이후로 여호와의 영에게 크게 감동되었다고 기록한다. 이후에 다윗은 악령으로 사울이 고통을 당할 때 사울 앞에서 수금을 타게 되고 사울은 그를 크게 사랑하여 자기의 무기를 드는 자로 삼는다. 성경은 사울에게 임한 악령은 하나님이 부리시는 악령이라고 말하고 있다.

사무엘상 17장

블레셋과 이스라엘이 대치하여 싸우는데 블레셋의 거인 골리앗에 완전히 위축된 사울과 이스라엘 진영은 골리앗을 이기는 자는 사울왕의 사위로 삼겠다는 대책 말고는 속수무책인 상태였다. 때마침 진영을 방문한 소년 다윗이 골리앗이 하나님을 모독하는 소리를 듣고 여호와의 이름으로 담대히 맞서 물맷돌로 골리앗을 쓰러뜨리고 골리앗의 칼로 골리앗의 목을 벤다.

사무엘상 18장: 다윗과 요나단

사무엘상 18장은 다윗이 골리앗을 죽인 후에 "요나단의 마음이 다윗의 마음과 하나가 되어 요나단이 그를 자기 생명같이 사랑하니라."라고 요나단과 다윗의 첫 만남을 기록한다. 흔히 우리는 다윗과 요나단이 절친한 친구라고 생각하지만 사실 요나단은 다윗보다 적게는 10살, 많게는 20살 나이가 많은 큰형님

뻘이었다. 그리고 다윗이 사울의 딸 미갈과 혼인하므로 다윗의 큰처남이 된다.

다윗과 요나단의 이야기를 읽으면 정말 요나단이 대단한 사람이란 생각이 든다. 사울은 다윗에 대한 시기와 질투로 그를 자신의 왕권에 대한 위협으로 생각하며 다윗을 계속하여 죽이려 하지만, 정작 사울의 후계자로 왕위를 이을 황태자인 요나단은 다윗을 자기 생명처럼 사랑하며 아버지 사울의 손에서 다윗이 피할 수 있도록 도와준다. 사울보다도 요나단이 더 자신의 미래의 걸림돌인 다윗을 미워하고 제거하려 해야 할 것 같은데, 요나단은 하나님이 자기 아버지에게서 왕권을 거두고 다윗을 왕으로 기름 부은 사실을 받아들인다.

다윗은 그런 요나단을 친구로 생각했다기보다는 믿고 따르며 의지할 수 있는 큰형님(Big Brother)으로 생각했을 것 같다. 요나단이 죽은 후 다윗이 그의 죽음을 애도하면서 부른 노래(사무엘하 1:26)에서 다윗은 요나단을 친구가 아니라 형(brother)이라고 부른다.

사무엘상 19 – 22장

다윗의 명성을 질시하던 사울은 급기야 다윗을 공개적으로 죽이려 하지만 요나단과 사울의 딸 미갈은 다윗을 보호해 주고, 하나님께서도 라마에서 다윗을 보호해 주신다. 요나단은 다윗과 언약을 맺고 그를 지켜주려 하지만 사울왕이 다윗을 죽이려는 마음에 변화가 없자 요나단은 다윗을 멀리 피신시킨다. 사울을 피해 도망자가 된 다윗은 놉 땅의 제사장 아히멜렉에게 피신했다가, 이후에 블레셋 왕 아기스에게로 피신했다가 미치광이 노릇을 하며 그 자리를 피해 나온다. 블레셋 땅에서 도망한 다윗은 고향 유다 땅으로 돌아오지만 다윗을 찾아 죽이려 혈안이 된 사울은 다윗에게 협조했다는 이유로 놉의 제사장들 85명을 이방인 도엑의 손을 사용해서 몰살한다. 이 만행에서 살아남은 아히멜렉 제사장의 아들 아비아달은 다윗에게로 도망하게 되는데 이 일로 더 이상 사울 진영에는 제사장이 없게 되고 유일한 제사장 후손인 아비아달은 다윗과 함께 하게 된다.

사무엘상 23, 24장

사울의 보복을 두려워하는 성읍 사람들의 고발로 다윗은 계속 도망다녀야 했다. 그일라에서 십 황무지로, 십에서 다시 엔게디 요새로 도피 생활이 이어진다. 엔게디 광야의 한 동굴에 숨어 지내던 다윗에게 사울을 죽일 수 있는 절호의 기회가 온다. 정예부대 3천 명을 이끌고 다윗을 수색하던 사울이 용변을 보러 다윗 일행이 숨어있는 동굴에 들어오지만 다윗은 여호와의 기름부음 받은 자를 자신의 손으로 칠 수 없다며 용변 보는 사울의 겉옷 자락만 베어 낸다. 이 일로 사울은 일시적이나마 자신의 죄를 뉘우치고 돌아간다.

사무엘상 25장

사무엘의 죽음이 간단히 언급된 후에 나발과 아비가일 부부 이야기가 나온다. 부부는 일심동체라는데 이 부부는 서로 달라도 너무 다르다.

성경은 아비가일은 총명하고 용모가 아름다우나 나발은 완고하며 행실이 악하다 기록한다. 그럼에도 그 나발은 심히 부자였다. 성경은 언급하고 있지 않지만 나발이 부자였던 것은 아마도 현명한 아내 때문이 아니었을까 생각된다. 나발이 삼천 마리의 양털을 깎고 있을 때 그 지역에서 600명을 수하에 거느리고 사울왕을 피해 지내던 다윗이 나발에게 경제적 도움을 청한다. 다윗 생각에는 자신의 군사들이 나발의 양치기들을 그동안 잘 보호해 줬기에 통상적으로 크게 잔치를 베풀고 이웃과 기쁨을 나누는 양털 깎는 날에 그 정도는 나발에게 요구할 수 있다고 생각했을 것이다.

그런데 나발은 다윗의 요구를 묵살하는 것에 더해 다윗을 왕에게 반역하는 무리라고 모욕한다. 이에 분노한 다윗은 나발과 그 일행을 몰살하려고 하는데 나발의 행동이 다윗이 분노할 만한 것이었지만 죽을 죄는 아니기에 다윗이 그들을 죽이면 그것은 살인이 된다.

이때 아비가일의 현명하고 신속한 대처 때문에 다윗이 이 큰 죄를 짖지 않게 된다. 나발은 다윗을 조롱했지만 아비가일은 하나님께서 다윗을 왕으로 기름 부어 세우신 것을 알았고 장차 하나님의 큰 일을 할 다윗의 손이 피의 보복으로 더럽혀지지 않게 지켰다. 굳이 다윗이 나발을 치지 않아도 하나님께서 나발을 심판하신다.

한 집에서 부부로 살면서 똑같은 소식을 들어도 하나님의 사람 다윗에 대한 반응이 나발과 같을 수도 있고 아비가일과 같을 수도 있다. 같은 상황에서 같은 복음들 들어도 하나님이 택하신 자들은 영생에 이르는 믿음으로 나오지만 하나님이 유기하신 자들은 흑암 속에서 나오지 않는다.

사무엘상 26장

십 사람의 고발로 사울은 재차 다윗을 추격하지만 이번에도 하나님의 도움으로 다윗은 오히려 사울을 죽일 기회를 얻지만 사울왕을 살려주고 이에 사울은 자신의 잘못을 시인하고 다윗을 축복한다.

사무엘상 27 – 29장

다윗이 사울을 피해 블레셋 땅으로 피했던 사건이 기록된다. 다윗은 이때 하나님의 뜻을 구하기보다 자기 마음에 생각하기를 사울에게 붙잡힐 것 같아 수하의 600명과 함께 이스라엘의 적인 블레셋 왕의 아들인 아기스에게로 망명한다. 하나님의 보호하심을 의지하기보다는 스스로의 생각에 사울의 손이 미치지 못할 것 같은 적들의 땅으로 피신하여 사울의 손에서는 벗어나지만 블레셋과 이스라엘의 싸움에서 적인 블레셋 편에 서야 하는 상황에 빠지게 된다.

이스라엘의 왕으로 세운 다윗이 이스라엘과 전쟁을 해야 하는 상황을 하나님은 블레셋 방백들을 사용하셔서 처리하신다(29장). 하나님이 세우신 다윗이기에 그의 실족에도 불구하고 더 큰 어려움에 처하지 않도록 하나님이 지켜 주신다.

반면 28장에서 사울은 블레셋 군대를 보고 두려워서 여호와께 묻지만 하나님은 그에게 아무 응답도 하지 않는다. 급기야는 하나님의 율법이 금하고 있는 신 접한 여인을 찾아가 죽은 사무엘의 영을 불러 달라 한다. 사울 앞에 사무엘의 영이 나타나는데 이는 신 접한 여인의 능력이 아니라 하나님께서 사울에게 닥칠 일을 마지막으로 경고하기 위함이었을 것이다. 사울은 사무엘의 영으로부터 심판의 예언을 듣고 실의에 빠진다.

사무엘상은 블레셋 편에 서서 이스라엘과의 전쟁에 나서야 할 위기를 벗어난 다윗이 아멜렉을 쳐서 크게 승리하는 이야기와 블레셋과의 전투에서 죽게 되는 사울의 이야기를 대조하면서 끝난다.

사무엘상 30, 31장

다윗이 시글락을 비운 사이에 아말렉 족속의 침공으로 시글락이 크게 약탈 당하나 다윗은 아비아달 제사장을 통해 하나님의 뜻을 구한 뒤에 아말렉 약탈자들을 추격하여 무찌르고 사로잡힌 모든 부녀자들을 되찾고 많은 전리품을 취하여 이를 많은 이스라엘 사람들에게 분배한다. 이 기사는 이어지는 31장에서 블레셋과의 전투에서 죽임을 당하는 사울과 대조되어 사울의 시대가 막을 내리고 다윗의 시대의 도래를 보여준다.

31장에서는 블레셋과의 길보아 전투에서 이스라엘이 참패하며 부상당한 사울은 자결하고 사울의 아들 요나단과 아비나답과 말기수아도 죽는다. 이들의 시신은 블레셋 사람들에 의해 농락당한 후 벧산 성벽에 못 박혔는데 용감한 길르앗 야베스 주민들이 이들의 시체를 거두어 장사 지낸다.

✣ 사무엘하 ✣

사무엘하 1, 2장

다윗에게 한 아멜렉 사람이 찾아와 사울과 요나단의 죽음을 알리는데, 그는 사울의 '적수'였던 다윗에게 자신이 사울을 죽였다 하면 큰 상급이 있을 줄 알고 자신이 사울을 죽였다고 거짓 고하지만 다윗은 사울과 요나단의 죽음을 애도하고 금식하고 그 아말렉 사람은 상급이 아닌 죽임을 당한다. 다윗은 사울과 요나단을 위한 조가를 지어 부른다.

이후에 유다 땅으로 귀환한 다윗은 유다 지파에 의해 왕으로 기름부음을 받는다. 그러나 사울의 군사령관이었던 아브넬은 사울의 아들 중 살아남은 이스보셋을 왕으로 세워 이스라엘이 내전 상황에 놓인다.

사무엘하 3, 4장

이스보셋 왕권은 심각한 내분에 휩싸이고 아브넬은 다윗에게 귀순하고자 하나 다윗의 군 사령관 요압이 아브넬을 살해한다. 이에 다윗은 아브넬을 추모하면서 자신의 수하인 요압에게 아브넬을 죽인 죄값을 받을 것이라 한다. 한편 아브넬이 죽자 이스보셋 수하의 군지휘관 두 사람이 이스보셋을 죽이고 이스보셋의 목을 다윗 앞에 내놓으며 왕의 원수를 오늘 하나님이 갚으셨다고 말하지만 다윗은 이전에 사울을 죽였다 하던 사람처럼 그들을 그 자리에서 죽인다.

다윗은 하나님이 기름 부어 왕으로 세우신 사울을 사람이 죽일 수 없다며 자신이 사울을 죽일 수 있던 두 번의 기회를 그냥 넘겼을 뿐 아니라 사울과 그 아들을 죽이거나 죽였다 하는 자들도 그 자리에서 처형하는데, 이는 다윗이 얼마나 하나님을 공경하며 그의 기름부으심을 존중하는지를 보여준다.

사무엘하 5장

사울이 죽은 후 잠시이지만 북 이스라엘과 남 유다를 각기 다른 왕이 다스리다가 이스보셋이 죽은 후 이스라엘의 모든 지파 장로들이 다윗에게 기름 부어 왕으로 세운다. 다윗은 처음에는 사무엘과 자기 가족 앞에서, 두 번째는 유다 족속들 앞에서, 세 번째는 모든 이스라엘 지파 앞에서 세 번에 걸쳐 왕으로 기름부음을 받는다. 이후에 솔로몬의 사후에 북 이스라엘과 남 유다로 왕국이 나뉘게 되는데 이때에는 사울이 속했던 베냐민 지파는 유다 지파와 함께 남 유다 왕국에 남게 된다.

사무엘하 6장

온 이스라엘의 왕이 된 다윗은 지금까지 길르앗 여아림(바알레유다)에 방치되어 왔던 하나님의 궤를 다윗성으로 옮기고자 한다. 첫 시도에서는 궤를 새수레에 싣고 가려하다가 웃사가 소들이 놀라 뛰어 궤를 손으로 붙들다가 즉사하고, 하나님의 궤는 오벧에돔의 집으로 옮겨지는데 이후에 하나님이 오벧에돔의 집에 복을 주신다. 이 일이 있은 후 다윗은 하나님이 명하신 대로 여호와의 궤를 사람들이 메고 다윗성으로 옮기게 한다. 온 백성이 즐거워하며 다윗도 기뻐 춤을 추지만 다윗의 첫 아내인 사울의 딸 미갈은 이를 보고 심중에 다윗을 업신여겼다고 성경은 기록한다. 이 일로 미갈은 죽는 날까지 자식이 없었다.

사무엘하 7장

흔히들 '다윗 언약'(Davidic Covenant)이라 칭하는 하나님이 다윗에게 하신 약속의 말씀이 기록되어 있다. 이 언약은 "여호와께서 주위의 모든 원수를 무찌르사 왕으로 궁에 평안히 살게 하신 때"에 선지자 나단을 통해서 다윗에게 주어진다. 다윗이 여호와를 위해 성전을 지을 생각이 있음을 밝히자 하나님은 다윗이 아닌 다윗 다음에 왕위에 오를 다윗의 씨가 여호와를 위한 성전을 건축할 것이며 그 나라의 왕위를 영원히 견고하게 하겠다 하신다.

"네 집과 네 나라가 내 앞에서 영원히 보전되고 네 왕위가 영원히 견고하리라." 하는 하나님의 언약은 유다 왕국의 흥망을 지나 다윗의 혈통에서 메시아 예수가 탄생하심으로 지켜졌고 마지막에 심판주로 다시 오실 그리스도에 의해 완성된다.

사무엘하 8-10장

다윗은 대외적으로는 주변의 적국들을 물리침으로써 이스라엘을 강하게 하였고, 내치에서는 여러 행정 조직을 개편하여 나라의 기틀을 세웠다. 그는 탁월한 음악 연주자이자 시인인 동시에 용맹스러운 장군이요 전략가였고 뛰어난 행정가였다.

다윗은 또한 요나단과 맺은 언약을 잊지 않고 요다단의 유일한 혈육 므비보셋을 찾아 그에게 은혜를 베푼다.

다윗은 블레셋, 모압, 시리아, 에돔, 암몬, 아멜렉 등 모든 이웃 나라들을 완전히 정복했는데 "다윗이 어디를 가든지 여호와께서 이기게 하셨다."라고 성경은 기록한다.

사무엘하 11, 12장

다윗의 인생에서 가장 심각한 죄인 밧세바 이야기가 기록된다. 이 시점이 다윗이 모든 적들과의 싸움에서 승리하고 최고의 정점에 있을 때 일어났음을 주목해야 한다. 여호와께서 모든 전쟁에서 승리하도록 인도하시자 하나님의 마음에 합한 자인 다윗도 영적인 긴장감이 풀린 것 같다. 다윗이 이런 잘못을 했다는 것이 놀랍고, 또 성경이 이런 다윗의 치부를 적나라하게 기록하고 있다는 것도 놀랍다. 역대상에서는 이스라엘 역사를 긍정적으로 기술하고 있기에 밧세바 이야기는 적지 않고 있기는 하다.

다윗이 밧세바를 범하기 이전에 다윗에게는 이미 수많은 아내가 있었다. 헤브론에서 다스릴 때 여섯 명의 아내가 있었고 첩들도 많았다. 그런데도 다윗의 눈에 목욕하고 있던 우리아의 아내 밧세바가 '심히 아름다워' 보였다. 그리고 아름다움을 느끼는 선에서 머물지 못하고 욕정에 불타서 그녀가 자신의 부하 우리아의 아내인 것을 알고도 간음을 하게 된다. 그에 더해 자신의 죄를 덮으려고 다윗은 더 큰 살인 교사 죄까지 짓고도 자신의 죄를 깨닫지 못한다.

다윗을 사랑하시는 하나님은 사무엘하 12장에서 선지자 나단을 통해 다윗이 자기의 죄를 깨닫게 하시고 회개할 수 있게 하신다. 우리가 죄 가운데 헤매고 있을 때 하나님은 우리를 포기하지 않으시고 하나님의 음성을 듣게 하신다.

하나님이 다윗의 죄를 용서하시고 나단을 통해 하나님이 이 죄 때문에 다윗을 죽이시지는 않을 것이라 하시면서도, 다윗의 죄가 초래한 피할 수 없는 결과를 예언하신다. "네가 나를 업신여기고 헷 사람 우리아의 아내를 빼앗아 네 아내로 삼았은즉 칼이 네 집에서 영원토록 떠나지 아니하리라… 내가 너와 네 집에 재앙을 일으키고 내가 네 눈앞에서 네 아내를 빼앗아 네 이웃들에게 주리니 그 사람들이 네 아내들과 더불어 백주에 동침하리라."

우리는 흔히 우리의 죄를 하나님께 고백하고 회개하면 우리 주변의 상황을 죄를 짓기 이전의 상태로 되돌릴 수 있다고 생각한다. 그러나 하나님께서 우리를 죄의 삯인 사망에서 구원해 주시지만 우리의 죄의 결과로 오는 고통은 피할 수 없음을 생각해 본다.

사무엘하 13, 14장

다윗 가정의 비극적인 사건들의 기록이 18장까지 이어진다. 이는 다윗이 밧세바를 범한 죄의 결과로 하나님께서 선포하신 벌이었지만 그 씨앗은 벌써 다윗이 여러 아내를 취했을 때 뿌려졌다.

성경에 기록된 다윗의 여러 아들들은 다 어머니가 다른 이복 형제들이다. 13장에서 다윗의 아들 암논이 자신의 이복 누이인 다말을 겁탈하는데, 다말을 압살롬의 누이라고 표현하는 것으로 보아 다말은 압살롬과 어머니가 같은 친누이일 것이다. 이 일로 인해 2년 뒤에 압살롬은 자신의 이복형제인 암논을 살해한다.

이 일로 다윗으로부터 멀어진 압살롬은 후에 다윗의 용서를 받음에도 결국은 다윗을 반역하여 왕이 되고 다윗은 서둘러 예루살렘 왕궁을 떠나 피신한다. 그리고 압살롬은 다윗의 후궁들과 대낮에 동침을 함으로 12장에서 여호와가 다윗에게 선포한 벌이 실현된다. 하나님의 마음에 합한 이스라엘 역사상 가장 훌륭한 왕이었던 다윗이지만 마치 콩가루 집안에서나 있을 만한 일들이 다윗의 죄에 대한 결과로 그와 그 자식 사이에 일어난다.

사무엘하 15 – 17장

압살롬의 반역에 중요한 역할을 한 아히도벨이 등장한다. 압살롬이 반역을 계획하면서 다윗의 모사였던 아히도벨을 제일 먼저 영입한다. 이 아히도벨은 사무엘하 16장 23절에 따르면 모사로서의 능력이 뛰어나 다윗도 압살롬도 그의 계략을 사람이 하나님께 물어서 받은 것이라 여겼다고 기록하고 있다.

이렇게 다윗 밑에서 큰 지위를 누렸던 아히도벨은 주저함 없이 압살롬의 반역에 가담한다. 아마도 압살롬 수하에서 자신의 영향력이 더 커지리라 생각했을 것 같다. 혹자들은 아히도벨이 밧세바의 할아버지이기에 다윗에게 원한의 앙금이 있었을 것이라 하지만 밧세바는 다윗 때문에 왕비가 되고 후에 그 아들 솔로몬이 다윗을 이어 왕이 되는 것을 생각하면 그런 주장은 별로 당위성이 없어 보인다.

압살롬에게 다윗의 후궁들과 대낮에 동침할 것을 건의한 사람이 바로 아히도벨이었다. 그리고 압살롬에게 다윗을 죽일 전략을 알려주지만 다윗이 압살롬 진영으로 잠입시킨 후새에 의해 그 계획이 무산되는데 이를 성경은 "여호와께서 압살롬에게 화를 내리려 하사 아히도벨의 좋은 계략을 물리치라고 명령하셨음이더라."라고 기록한다. 아히도벨은 자신의 계략이 시행되지 못함을 보고 고향으로 돌아가 자살한다.

아무리 사람의 생각에 훌륭한 계략이라도 하나님의 계획에 반하는 것이라면 무용지물이다.

사무엘하 18-20장

마침내 다윗 군대와 압살롬을 따르는 이스라엘 군대가 일전을 벌여 이스라엘이 다윗의 부하들에게 패하고 압살롬은 그의 자랑스러운 긴 머리가 상수리나무에 걸려 매달리게 되고 요압에게 죽게 된다. 다윗은 아들 압살롬의 죽음을 크게 애통하고 이 소식을 들은 유다 백성들은 싸움의 승리를 기뻐하지 못하고 백성들이 "싸움에 쫓겨 부끄러움에 도망함 같이 가만히 성읍으로 들어갔다."고 성경은 기록한다. 이에 요압이 다윗 앞에서 그의 행동을 책망하고 비로소 정신을 차린 다윗은 예루살렘으로 환궁하는데, 돌아오는 길에 일전에 다윗이 압살롬을 피해 도망갈 때 다윗을 저주하던 시므이를 만나 그를 용서하며 또한 다윗의 피난 길에 함께 하지 못했던 요나단의 아들 므비보셋에 대한 오해를 풀고 다윗을 공궤하던 늙은 부자 바르실래를 축복하고 돌려보낸다. 그러나 이스라엘 10지파와 유다 지파 사이에는 여전히 갈등이 남아 있음을 본다. 이 갈등은 세바의 반란으로 이어지지만 아벨성의 한 지혜로운 여인의 도움으로 요압에 의해 진압된다.

사무엘하 21장

다윗의 시대에 이스라엘에 3년 동안 기근이 있던 일이 기록된다. 다윗왕 시대에 모든 것이 태평스러웠을 것 같은데 3년 동안이나 기근이 있었다는 것은 좀 의외이다. 다윗은 이 기근에는 단순한 자연현상을 넘어서는 하나님의 뜻이 있을 것이라 생각하고 여호와 앞에 간구하니, 사울이 기브온 사람들을 죽였기 때문이라는 답을 받는다.

사울이 기브온 사람들을 언제 얼마나 죽였는지 언급은 없다. 그러나 기브온 족속은 가나안 정복 전쟁에서 진멸되어야 하는 이방 족속 중의 하나였지만 거짓으로 여호수아를 속이고 조약을 맺어 죽임을 면하게 되었는데 하나님은 400년 전에 기브온 족속과 맺은 이 조약을 어긴 사울의 죄 때문에 온 이스라엘 땅에 3년의 기근을 내리신다. 기브온 사람들은 사울이 조약을 어긴 대가로 그의 자손 일곱 명의 목숨을 요구한다. 이에 다윗은 그가 요나단과 맺은 맹세를 지키기 위해 요나단의 아들 므비보셋을 제외한 일곱 명의 사울 자손을 기브온 사람들에게 내어주니 그들이 이 일곱 명을 여호와 앞에 목매어 달았다고 기록하는데 이는 이들의 죽음을 여호와께서 허락하셨음을 나타낸다. 이 일 후에 비로소 하나님은 비를 내리신다.

이 사건으로 하나님은 여호와의 이름으로 맺은 조약이나 언약의 중요성을 온 이스라엘 사람들에게 상기시키신다.

사무엘하 22장

다윗이 하나님께 드린 찬송시가 기록된다. 성경은 다윗이 이 찬송시를 여호와께서 다윗을 모든 원수의 손과 사울의 손에서 구원하신 그날에 올려드렸다 한다. 구원의 하나님, 자신의 간구를 들으시고 도움과 능력을 베푸신 하나님을 찬양한다.

사무엘하 23장

임종을 앞둔 다윗의 마지막 말이 기록되는데 유언이라기보다는 마지막 시편이다. 영광스러웠으나 괴로웠던 생의 종점에 선 다윗의 심정이 나타난다. 그의 공평했던 통치, 많은 찬송시의 창작, 하나님의 말씀에 바친 헌신, 그리고 영원한 왕조에 대한 하나님의 언약을 보여준다. 그리고 다윗을 도와 왕국을 번영시킨 다윗의 용사들이 소개된다.

사무엘하 24장

마지막 장인 24장은 다윗의 인구조사와 그로 인한 염병, 그리고 아라우나의 타작 마당에 쌓은 제단 이야기로 마친다. 1절은 여호와께서 이스라엘을 향하여 진노하사 그들을 치시려고 다윗을 격동시키사 이스라엘과 유다의 인구를 조사하게 하셨다 한다. 성경 문맥을 보면 다윗이 인구 조사를 하여 여호와의 진노를 사게 되는 것이 아니라, 자세한 내용은 모르지만 이스라엘 민족이 하나님을 진노하게 하여 하나님이 그들을 벌하시려고 다윗에게 인구 조사를 할 마음을 갖게 하신 것으로 이해된다. 그러나 역대기의 다윗의 인구조사에 대한 기록에는 이런 언급이 없다.

다윗 자신은 하나님의 이러한 의도를 모른 체 인간적인 야망이나 과시욕으로 이 일을 명했을 것임을 3절의 요압의 반응으로 알 수 있다. 인구 조사를 한 후에 비로소 다윗은 자신의 죄를 회개하고 하나님께 용서를 구하는데 하나님은 선지자 갓을 통해 세 가지 벌 중에 하나를 택하라 하시고, 다윗은 자연이나 원수의 손에 의한 처벌보다는 긍휼하신 하나님의 손이 내리는 처벌을 택함으로 전염병으로 칠만 명이 죽게 된다. 다윗 생각에는 죄는 자신이 범했는데 이스라엘 백성이 죽는 것에 대해 여호와께 읍소하지만, 1절 말씀으로 비추어 볼 때 이 때 죽은 칠만 명은 무죄한 사람들이 아닌 하나님의 진노를 불러일으킨 장본인들일 것이라 생각된다.

그리고 다윗은 하나님의 명 대로 여부스 사람 아라우나(역대상에서는 오르난)의 타작 마당을 사서 거기에 제단을 쌓고 여호와께 제사를 드림으로 이스라엘에 내리는 재앙이 멈추게 된다. 이 타작 마당 자리에 솔로몬이 성전을 건축하게 되는데 이곳은 아브라함이 이삭을 바치려던 모리아산이기도 하다.

열왕기 상하 역사서

열왕기 상, 하는 원래 한 권의 책으로 사무엘 상 하에 이어서 다윗의 왕위를 이은 솔로몬과 그의 사후에 남 유다와 북 이스라엘로 나누어진 왕조의 역사가 기록된다. 유대 전승으로는 예레미야가 저자라 하지만 바벨론 포로 시대 때에 어떤 선지자가 이스라엘 왕조의 사료를 기반으로 기록한 것으로 보는 견해가 현대 신학자들 사이에 지배적이다.

이스라엘과 유다 왕국이 앗수르와 바벨론에게 패망한 이유가 하나님 앞에서 이방신을 섬기며 타락했기에 하나님이 내리시는 징벌인 것과 그럼에도 다윗의 혈통을 지키시는 하나님의 신실하심을 바벨론에서 포로 생활을 하는 유대인들에게 일깨워 주기 위해 기록되었을 것이다. 동시대를 살았던 이스라엘과 유다의 왕들이 서로 교차되며 기록되는데, 수없이 왕조가 바뀌는 이스라엘의 왕들은 모조리 하나님 보시기에 악한 왕들이나, 남 유다에서는 모든 왕들이 다윗의 자손으로 다윗 왕조가 계속 이어지며 가끔은 웃시야, 히스기야, 요시야 등 하나님께로 돌아가기 위해 노력하는 왕들도 있었다.

✦ 열왕기상 ✦

열왕기상 1, 2장

다윗이 죽고 솔로몬이 왕이 되는 과정을 기록한다. 이 과정은 그리 순탄하지 않았다. 솔로몬이 다윗을 이어 왕이 되는 것이 하나님의 뜻이었지만 다윗의 넷째 아들인 아도니야가 왕권을 차지할 음모를 꾸민다. 아마도 아도니야는 자신이 살아 있는 다윗의 아들들 중에는 제일 연장자였기에 자신이 왕권을 물려 받아야 한다고 생각했는지 모른다. 문제는 아도니야가 이 일을 꾸밀 때 다윗이 아직 살아 있었다. 밧세바가 다윗에게 자신의 아들 솔로몬이 왕이 될 것을 약속한 것을 상기시키고 선지자 나단의 도움으로 솔로몬이 왕좌에 오르고 솔로몬은 목숨을 구걸하는 아도나야를 선처한다. 2장에서 다윗은 솔로몬에게 유언하는데 하나님의 말씀을 지킬 것과 신하들을 어떻게 처리할 지를 일러준다. 아도니야는 다윗 말년에 수종 들던 수넴 여인 아비삭을 아내로 얻기를 요청하다 이로 인해 분노한 솔로몬에 의해 죽게 된다. 솔로몬은 아도니야 편에 섰던 제사장 아비아달을 파면하고 그와 함께 했던 요압은 다윗의 유언에 따라 처형하고 시므이에게는 거주지역 이탈을 금지했으나 이를 어기자 처형한다.

열왕기상 3, 4장

솔로몬이 하나님께 지혜를 구하고 하나님이 이를 마음에 들어 하셔서 구한 지혜에 더해 부귀와 영광도 함께 주신다. 솔로몬의 지혜의 한 가지 예로 두 창기의 아들에 대한 송사를 지혜롭게 재판한 일이 3장 후반부에 기록되는데 그의 지혜로움에 온 이스라엘이 왕을 두려워했다. 그리고 이어지는 4장에서는 솔로몬의 영화로운 통치의 단면이 기록된다. 그는 큰 사업을 일으키고 문학에도 조예가 깊어 3,000개의 잠언, 1,005개의 노래를 짓고 식물과 동물들에 관한 과학적 저술도 하였다.

그런데 이렇게 지혜와 총명이 뛰어나서 나라가 부강하게 되며 영화로운 왕이 되는 솔로몬의 이야기를 기록하는 성경은 열왕기상 3장을 시작하며 솔로몬이 애굽 바로의 딸과 정략적 결혼을 하고 또한 "솔로몬이 여호와를 사랑하고 그의 아버지 다윗의 법도를 행하였으나 산당에서 분향하며 제사하더라."라고 기록하고 있다. 이런 솔로몬의 모습은 다윗이 2장에서 그에게 유언으로 당부한 "네 하나님 여호와의 명령을 지켜 그 길로 행하여 그 율법과 계명과 율례와 증거를 모세의 율법에 증거된 대로 지키라."라는 말을 전심으로 따르지 않음을 보여준다. 신명기에서는 병마를 얻기 위해 애굽으로 가지 말 것을 명하시며 가나안 사람들의 산당에서 제사 드리는 것도 금하고 있다.

짧은 언급이지만, 이 부분은 앞으로 솔로몬과 이스라엘 민족이 어떤 미래를 맞게 되는지에 대한 전조인 듯하다.

열왕기상 5-8장

5장에서 솔로몬은 두로왕 히람에게 성전 지을 때 필요한 나무와 돌을 구입하며 성전 건축을 위한 일꾼들과 관리인들도 준비한다. 열왕기상 6, 7장에는 솔로몬의 성전건축이 기록되고 8장에서는 그 성전을 봉헌하며 솔로몬이 하나님께 드린 기도가 자세히 기록된다. 그 중간에 솔로몬이 자신을 위한 왕궁도 건축한 것도 기록되는데, 성전 건축에 7년이 걸린 반면 왕궁은 무려 13년에 걸쳐 건축한다. 솔로몬의 왕궁이 매우 화려하고 규모가 성전보다 컸기 때문일 수도 있고 성전 건축보다 우선순위나 열심이 덜해 진전이 더디었을 수도 있겠다.

출애굽한 지 480년이 지나서 성전 건축이 시작된다. 출애굽 후 광야에서 하나님은 모세에게 성막 건축을 명하시며 자세한 설계도를 직접 주셨고, 성경은 성막이 만들어지는 모든 과정을 기술하면서 여호와께서 모세에게 명하신 대로 하였다고 반복적으로 언급하지만, 솔로몬의 성전 건축에는 이런 언급은 없다.

하나님이 다윗에게 성전 건축을 명하신 것이 아니고 다윗이 여호와의 성전을 짓겠다 생각했을 때 하나님은 다윗이 아니라 솔로몬에 의해 성전이 지어질 것을 허락하셨다. 다윗은 생전에 성전 건축을 위한 모든 준비를 하고 설계도까지 준비해서 솔로몬에게 넘겨주었는데, 역대상 28장에서는 이 설계도는 다윗이 영감으로 받았다고 기록한다.

성전을 건축하는 중에 여호와의 말씀이 솔로몬에게 임하시기를 하나님이 이스라엘 백성과 함께 거하는 것은 성전 때문이 아니라 하나님의 법도와 율례와 모든 계명을 지켜 행할 때임을, 즉 제사보다 순종이 앞서야 함을 상기시키신다. 성전을 완성한 후 봉헌하며 여호와께 올려드린 솔로몬의 기도를 보면 솔로몬도 이 사실을 잘 인지했음을 알 수 있다. 솔로몬은 하늘에 계신 하나님이 인간의 손으로 지은 성전 안에만 계실 수 없음을 고백하며, 그럼에도 이스라엘 백성이 하나님의 임재의 상징인 성전을 향해 자신들의 죄를 고백하고 간구할 때 그들의 기도를 들어주실 것을 간구한다.

열왕기상 9, 10장

성전과 왕궁 건축을 마친 후 하나님께서 솔로몬에게 나타나 다윗과 같이 행하면 이스라엘의 왕위를 영원히 견고하게 하겠지만 그렇지 않으며 성전도 헐리고 이스라엘은 모든 민족들 가운데 속담거리로 전락하게 될 것을 경고하신다.

열왕기상 10장에는 솔로몬의 재산과 지혜가 세상의 그 어느 왕보다도 컸다고 하면서 일례로 스바의 여왕이 솔로몬을 찾아온 일이 기록된다. 그러나 이 같은 부귀 영화가 헛되고 헛되며 헛되고 헛된 것이란 것을 솔로몬이 말년에 전도서에서 고백한다.

열왕기상 11장

솔로몬은 바로의 딸 외에도 모압 암몬 에돔 시돈과 헷 여인 등 이방의 많은 여인을 사랑하였다 기록하는데 이는 여호와께서 일찍이 이스라엘 자손에게 이방 사람들과의 통혼을 금하신 것을 대놓고 어기는 일이었다. 후궁이 칠백 명에 첩이 삼백 명이었다. 성경은 솔로몬이 나이가 많을 때에 그의 여인들이 그의 마음을 돌려 다른 신들을 따르게 하였으므로 그의 하나님 여호와 앞에 온전치 못하였다 한다.

하나님께 지혜를 구하여 지혜와 구하지 않은 부귀와 영광도 함께 받은 솔로몬이 무엇이 부족하여 그렇게 이방 여인들로 인해 하나님 앞에 죄를 짓게 되었을까? 하나님이 주시는 지혜로 이런 죄들을 피할 수는 없었을까? 솔로몬이 아들들에게 훈계하는 잠언에는 이방 여인에 대한 경고가 여러 번 나온다. 아들들에게 하는 이 경고의 잠언은 자신이 이 부분에서 철저히 실패한 후에 깨달은 것일까? 개인적으로 솔로몬의 이야기를 읽을 때마다 매우 안타까운 부분이다.

솔로몬의 이러한 죄 때문에 그의 말년에 에돔 사람 하닷과 자신의 신하 느밧의 아들 여로보암이 왕에게 대적하게 되고 하나님은 여로보암에게 이스라엘 열 지파를 솔로몬의 손에서 찢어 빼앗아 그에게 줄 것을 예언한다. 솔로몬의 죄 때문에 이스라엘이 남과 북 왕조로 나뉘게 되고 이스라엘 왕국의 황금기가 막을 내린다.

열왕기상 12장

솔로몬의 뒤를 이어 왕이 된 르호보암에게 애굽으로 피신했던 여로보암이 찾아와 솔로몬이 지웠던 멍에를 가볍게 해 주기를 요청하지만 르호보암은 자기와 함께 자란 철부지들의 조언을 따라 백성들을 더욱 가혹하게 다스릴 것이라 하여 온 이스라엘이 여로보암을 왕으로 세워 북 왕국 이스라엘과 남 왕국 유다로 갈라진다. 르호보암이 이스라엘과 싸우려 하나 하나님께서 스마야를 보내 형제 이스라엘과 싸우지 말 것을 명하신다. 여로보암은 금송아지를 만들고 산당을 지어 레위 자손이 아닌 보통 백성으로 제사장을 삼는 죄를 범한다.

열왕기상 13장

여로보암이 벧엘에 세운 제단에 대해 경고하는 하나님의 사람과 늙은 선지자 이야기가 나온다. 구약에서는 '하나님의 사람'이란 하나님의 말씀을 전하도록 보냄을 받은 자, 즉 선지자를 칭한다. 신명기 33장에서는 모세를 하나님의 사람이라 하고 있다.

여기에 등장하는 하나님의 사람과 늙은 선지자의 이름을 성경은 밝히지 않는다. 이 하나님의 사람은 유다에서부터 벧엘의 여로보암에게 경고하도록 하나님의 보내심을 받아 하나님의 말씀을 충실히 전하고 여로보암의 회유와 예물의 유혹을 뿌리치고 돌아간다. 그런데 벧엘에 살면서 여로보암의 잘못에 아무 말도 하지 않던 타락한 늙은 선지자가 등장하여 하나님의 사람을 속여 실족하게 한다. 하나님의 사람은 이 잘못으로 사자에게 죽지만 사자는 그의 시체를 먹지 않았고 그가 탔던 나귀도 도망가지 않았고 사자에게 잡아 먹히지도 않았다.

이렇게 부자연스러운 장면을 보고 나서 비로소 늙은 선지자는 자신을 잘못을 뉘우치고 하나님의 사람을 장사 지내고 하나님의 사람이 선포한 하나님의 말씀대로 이루어질 것임을 고백한다.

하나님의 일을 하다가 세상의 권력과 재물에 타협하며 타락하는 사람들도 있다. 언제나 깨어 있어서 하나님의 말씀에 순종하는 삶을 살아야 함을 다시 한번 깨닫고 내 자신을 돌아본다.

열왕기상 14 - 16장

남 왕국 유다가 하나님 앞에서 악을 행하게 된다. 애굽왕 시삭이 침공하여 금방패를 빼앗아 가고 르호보암이 죽은 후에 그 아들 아비얌이 왕이 된다. 북왕국에서는 선지자 아히야가 여로보암 집안의 남자들이 죽을 것을 예언하고 여로보암 사후에 나답이 왕이 된다. 유다 왕 아비얌은 아버지의 죄를 따라 하며 3년 통치 후에 죽고 아사가 왕이 되는데 아사는 우상을 없애고 하나님 앞에서 온전히 살았다. 아사는 시리아와 연합하여 이스라엘을 견제한다. 아사가 죽은 후 그의 아들 여호사밧이 유다의 왕이 된다. 이스라엘의 나답은 악을 행하며 2년 통치한 후에 바아사에게 죽고 바아사가 이어서 왕이 되지만 그는 하나님 보시기에 악을 행한다.

다윗의 자손들에게 왕위가 이어진 남 왕국 유다와는 달리 이스라엘에서는 수시로 그 왕조가 바뀐다. 여로보암의 아들 나답을 죽이고 바아사가 왕이 되고 바아사의 아들 엘라를 시므리가 죽이고 왕이 된다. 시므리는 단 7일 동안 통치하며 바아사 온 집안을 죽인 죄로 불에 타서 죽었다. 그를 이어 군대 지휘관이었던 오므리가 이스라엘 왕이 되었는데 성경은 오므리가 여호와 보시기에 악을 행하되 그 전의 모든 사람보다 더욱 악하게 행하였다 기록한다. 여로보암 이후에 이스라엘의 모든 왕들은 하나님 보시기에 악을 행했는데 오므리는 더욱 악했다는 것이다.

오므리가 죽은 후 그의 아들 아합이 이스라엘의 왕이 되어 22년을 다스렸는데, 그는 그의 이전 사람들보다 여호와 보시기에 더욱 악을 행했다 하니 아버지 오므리보다 더 악했다. 그는 이전의 이스라엘 왕들의 모든 잘못에 더해 바알을 섬기는 이방 여인 이세벨을 아내로 삼고 바알 신전을 건축하여 바알을 위해 제단을 쌓으며 아세라 상을 만들어서 그 이전의 모든 왕보다 심히 이스라엘 하나님 여호와를 노하게 하셨다고 성경은 기록한다.

열왕기상 17장

이렇게 이스라엘 역사상 가장 사악한 아합의 시대에 하나님의 선지자 엘리야가 등장한다. 엘리야는 구약에 등장하는 가장 대표적인 선지자이다. 하나님은 그의 백성이 죄를 범할 때에 선지자들을 보내셔서 그들의 죄를 꾸짖고 회개하고 돌아오기를 촉구하는 하나님의 말씀을 선포하게 하시는데, 가장 사악한 왕을 심판하기 위해서 하나님은 가장 위대한 선지자를 보내신다. 그리고 엘리야가 낙담하고 지쳐 세상에 혼자 남은 것 같을 때 하나님은 그에게 바알에게 무릎을 꿇지 않은 7천 명을 이스라엘에 보존하셨음을 일깨워 주신다.

열왕기상 18, 19장

열왕기상 18장과 19장에는 매우 대조되는 엘리야의 두 가지 모습이 기록된다. 18장에서는 이스라엘 전역에서 불러모은 바알의 선지자 450명과 아세라의 선지자 400명과 갈멜산에서 850대 1의 대결을 펼친다. 이 대결은 이스라엘 모든 백성 앞에서 공개적으로 이루어 지는데 이때 엘리야는 백성들에게 언제까지 바알과 하나님 사이에서 머뭇머뭇하려는가 하고 도전한다. 이로 미루어 보아 이스라엘 사람들은 전적으로 바알을 의지했다기 보다 하나님도 섬기고 바알도 섬기려 했음을 알 수 있다. 그러나 이런 행동은 하나님을 완전히 버리고 바알을 전적으로 의지한 것과 똑같은 우상 숭배이다. 오늘날 주일에는 하나님께 나아가 예배 드리고 나머지 육 일은 하나님과 관계없이 세상의 가치를 좇는다면 그것이 바로 우상 숭배임을 생각해 본다.

850대 1의 대결에서 하나님이 엘리야에게 응답하심으로 승리하고 엘리야는 이스라엘 백성들을 명하여 바알의 선지자들을 모두 죽인다. 그런데 바로 이어지는 19장에서는 이세벨이 그를 죽이겠다고 위협하자 엘리야는 자기의 생명을 위해 도망한다. 갈멜산 대결에서 승리했던 씩씩한 모습은 사라지고 비록 왕비이지만 한 여인의 살해 위협 앞에 무기력하게 도망하였다. 18장 4절에는 이세벨이 여호와의 선지자들을 죽인 것이 기록되었는데 이런 전례가 있어서인지 엘리야는 이세벨의 위협이 무겁게 느껴졌겠지만, 이부분을 읽으며 조금은 실망스럽기도 하다. 하나님의 참 선지자라면 이때 도망치기에 앞서 하나님께 간구해야 했지 않았을까?

위대한 하나님의 사람도 때로는 낙망하고 실족하기도 한다. 그런데 하나님은 이렇게 나약해진 엘리야를 책망하지 않으시고 죽기를 구하는 그에게 떡과 물을 먹인 후 호렙산으로 인도하시고 모든 선지자들이 다 죽고 혼자 남았다 하는 엘리야에게 새로운 사명을 주시며 엘리야 혼자 남은 것이 아니라 바알에게 무릎 꿇지 않은 7천 명을 하나님이 이스라엘 가운데 남겨두었다 하시며 격려하신다.

하나님의 사역을 잘 감당하던 사람도 때로는 좌절하며 실족하기도 한다. 하나님은 우리가 낙심하고 무기력함에 빠질 때 내버려두지 않으시고 찾아오셔서 위로하고 격려하시며 다시 일으켜 세우시는 분임을 생각한다.

열왕기상 20장

아합왕 때 아람 왕 벤하닷이 이스라엘을 공격하지만 크게 패하여 도망간다. 아람 왕이 두 번째로 침공하지만 이때도 패하여 벤하닷이 항복하는데 아합은 그를 살려준다. 선지자 한 명이 아합왕에게 벤하닷을 살려준 것을 책망하며 아합의 목숨으로 벤하닷의 목숨을 대신할 것이라 예언한다. 아합왕이 하나님 보시기에 사악한 왕이지만 하나님은 그를 향해 오래 참으시며 이방 세력으로부터 이스라엘을 지켜주신다. 이는 북왕조 이스라엘을 심판하실 때가 아직 이르지 않았기 때문일 것이다.

열왕기상 21, 22장

사마리아의 아합 왕궁 옆에 포도원을 가지고 있던 나봇과 그 포도원을 갖고 싶어한 아합의 이야기가 열왕기상 21장에 나온다. 자기에게 포도원을 팔기를 거부한 나봇 때문에 근심하는 아합을 위해 그의 아내 이세벨은 나봇을 죽이고 아합이 그 포도원을 차지하게 한다. 왕의 요구에도 조상의 유산을 왕에게 주는 것은 여호와께서 금하신 것이라 거절하는 나봇의 곧은 심지와 이세벨의 사악함이 대비된다.

이 일로 하나님은 엘리야를 통해서 아합과 이세벨에 임할 하나님의 심판을 선포하시는데, 놀랍게도 이 선포를 접한 아합이 옷을 찢고 금식하며 베를 몸에 두르는 회개의 표시를 한다. 이렇게 하나님 앞에서 겸비함을 보이자 긍휼하신 하나님은 선포하신 재앙을 아합의 때가 아닌 그 아들의 시대에 내릴 것이라 하신다.

그러나 아합은 참 선지자 미가야의 말을 따르지 않고 거짓 선지자 시드기야의 말을 따라 아람과의 전쟁에 나섰다가 한 사람이 '무심코'(영어 성경에서는 at random) 당긴 화살에 맞아 죽는다. 이것은 우연히 일어난 일이 아니라 미가야 선지자의 예언대로 된 일이다. 아합은 자신의 목숨을 위해 변장을 하고 전쟁에 임했지만 하나님은 '무심코' 날아와 그의 갑옷 사이를 뚫은 화살로 그를 죽게 하셨다.

✦ 열왕기하 ✦

열왕기하 1장

아합을 이어 이스라엘의 왕이 된 아합의 아들 아하시야는 난간에서 떨어져 병이 드는데 자신의 미래를 바알세불에게 물어보려 했기에 하나님은 엘리야를 통해 그가 반드시 죽을 것임을 예언하시고 아하시야는 엘리야의 예언대로 죽는다. 그가 아들이 없으므로 여호람이 왕이 된다.

열왕기하 2장

자신을 이을 선지자로 기름 부은 엘리사가 보는 가운데 불수레와 불말들과 더불어 회오리 바람을 타고 하늘로 올라가는 엘리야의 이야기가 나온다. 구약의 인물들 중에서 이 땅에서 죽음을 맞지 않고 하늘로 올라간 사람은 창세기의 에녹과 엘리야뿐인데, 에녹의 승천은 "하나님이 그를 데려가시므로 세상에 있지 아니하였더라."라고 간단히 기록되어 있다. 엘리사는 엘리야의 승천을 목격하고 자신이 원했던 대로 엘리야에게 임했던 성령의 역사를 갑절로 이어받아 그의 후계자로 정식으로 사역을 하게 된다. 엘리사는 엘리야가 했던 것 같이 요단강을 가르고 여리고의 물을 고치고 이적을 행한다. 그런데 엘리사를 대머리라 조롱하는 벧엘의 젊은이들을 저주하여 곰들이 그들을 찢었다는 기사는 쉽게 이해되지 않지만 하나님의 선지자를 조롱하는 것은 곧 하나님을 조롱하는 것이라 생각할 수 있다.

열왕기하 3장

이스라엘 왕 여호람이 여호사밧과 함께 모압 왕을 치려고 엘리사에게 하나님의 뜻을 묻는다. 여호람은 원치 않았지만 여호사밧의 강권에 마지못해 엘리사를 찾았는데 엘리사는 "개천을 파서 백성들을 살게 하고 모압도 붙여주실 것"이라 하여 이스라엘이 모압을 무찌른다.

열왕기하 4장

엘리사가 행한 여러 기적이 기록된다. 부채가 있는 선지자 생도의 아내였던 과부에게 빈 병에 기름을 채워 빚을 갚게 하고, 그를 환대한 수넴 여인에게는 아이가 생길 것을 예언하고 그 아이가 병들어 죽자 그를 살린다. 제자들이 끓인 국의 독을 없애고 보리떡 20개로 100명을 먹이고도 남았다. 이는 예수님의 오병이어 기적을 생각나게 한다.

열왕기하 5장

우리가 잘 아는 나아만의 나병이 치유된 일이 기록된다. 그런데 5장 1절에서 그를 가리켜 그의 주인(아람 왕) 앞에서 크고 존귀한 자니 이는 여호와께서 전에 그에게 아람을 구원하게 하셨음이라 한다. 아람(Syria)은 늘 이스라엘과 전쟁을 하던 나라였고 아합도 아람과 전쟁하다가 죽었고 이어지는 열왕기하 6,7장에서도 아람과 이스라엘 사이의 전쟁이 기록된다. 여호와께서 나아만이 이기게 한 전쟁이 이스라엘과의 전쟁이었을 수도 있다.

이방 나라들은 자신들의 전쟁의 승리를 자신들이 섬기는 우상의 덕으로 돌리지만 여기에서 성경은 이방 나라가 이스라엘을 상대로 승리하는 것도 여호와께서 하신 일이라 한다. 즉 하나님은 이스라엘 만의 하나님이 아닌 모든 족속의 하나님이신 것을 나타내신다.

이 당시에는 이스라엘과 아람 사이에 잠시 휴전 상태였지만 아람 왕이 나아만 편에 보낸 편지에 대한 이스라엘 왕의 반응을 보면 두 나라 사이에는 언제라도 다시 전쟁이 일어날 수 있는 긴장관계임을 알 수 있다. 이런 상황임에도 하나님은 나아만을 긍휼히 여기셔서 엘리사를 통해 치유 받게 하시는데 그가 이스라엘에서 포로로 잡아온 어린 여종의 엘리사에 대한 믿음과 자기 주인에 대한 사랑을 사용하신다. 이에 비해 정작 이스라엘 왕은 나아만을 고칠 선지자와 하나님에 대한 믿음이 없었다. 나아만은 처음에는 교만한 마음으로 엘리사의 지시에 화를 내며 떠나려 하다가 그의 종들의 말에 돌이켜 엘리사의 말을 순종하여 치유된 후에 엘리사에게 이스라엘 외에는 온 천하에 신이 없는 줄 알게 되었다는 신앙고백을 한다.

때로는 분노하고 실족할 때 우리가 하찮게 여기는 사람들이 우리의 잘못을 올바로 지적할 때가 있다. 열린 마음으로 우리의 잘못을 깨우치는 주위 사람들의 말에 귀를 기울여야 함과 하나님이 우리에게 요구하시는 것은 크고 어려운 일이 아니라 간단하고 쉬운 일에 대한 순종일 경우가 많음을 생각해 본다.

열왕기하 6, 7장

엘리사는 도끼를 떠오르게 하는 기적을 베풀고, 아람과 이스라엘의 전투에서 아람의 전략을 미리 알고 이스라엘 왕에게 일러주니 아람 왕은 자신의 부하 중에 이스라엘 첩자가 있다는 의심을 한다. 아람 왕이 엘리사를 포위함에 엘리사의 사환이 두려워 하자 엘리사는 하나님의 불병거와 불말이 엘리사를 지키는 것을 사환이 보게 하고 아람 군대의 눈을 어둡게 하며 그들을 선대하여 돌려 보낸다. 후에 벤하닷이 침략하여 성을 포위하자 기근이 심해 자신의 아이들을 삶아 먹기까지 한다. 하나님은 아람군대를 쫓아내고 이스라엘 성에 있던 문둥병자들을 통해 이 사실을 이스라엘 성에 알리고 백성들은 아람 군대가 남기고 간 의복과 병기와 식량을 노략한다.

열왕기하 8-10장

남 유다에서는 여호사밧을 이어 여호람이 왕이 되는데 성경은 그가 아합의 딸을 아내로 맞아 아합의 집과 같이 여호와 보시기에 악을 행하였다 기록한다. 아버지 여호사밧은 여호와 앞에서 정직하게 행하던 왕이었으나 이방 신을 섬기던 아합과 이세벨의 딸이 안주인이 되니 아버지의 길을 떠났다. 여호람을 이어 아하시야가 유다 왕이 되는데 그도 역시 어머니인 아합의 딸의 영향으로 아합의 길을 따르며 여호와 보시기에 악을 행한다. 여호람 이전의 남 유다 왕들은 비교적 좋은 왕들이었는데 이세벨의 딸 아달랴의 악영향으로 유다가 이스라엘처럼 타락한다. 그리고 아하시야가 이스라엘 왕 요람과 함께 아람 왕 하사엘과 싸우게 되는데, 이 하사엘은 전에 엘리사로 부터 아람의 왕이 되어 이스라엘 자손에게 많은 악을 행할 것이란 예언을 들었던 자로 아람 왕 벤하닷을 죽이고 스스로 왕이 되었다.

엘리사는 자신의 한 제자를 이스라엘과 아람이 전쟁을 하고 있던 길르앗 라 못으로 보내 이스라엘의 군대장관 예후에게 기름을 부어 왕이 될 것을 예언하 게 하였고, 예후는 요람을 죽이고 왕이 된 후에 아합의 모든 자손과 이세벨까 지 죽임으로 하나님께서 아합에게 예고한 심판이 예후에 의해 이루어진다. 예 후는 바알 선지자들을 죽이고 바알 신당을 헐어버렸으나 성경은 "예후가 이와 같이 이스라엘 중에서 바알을 멸하였으나 이스라엘에게 범죄하게 한 느밧의 아 들 여로보암의 죄 곧 벧엘과 단에 있는 금송아지를 섬기는 죄에서는 떠나지 않 았더라."라고 기록한다. 여로보암에 의해 첫 단추가 잘못 끼워진 북 이스라엘 에서는 앗수르에게 망할 때까지 여로보암의 죄를 떨쳐버린 왕이 하나도 없다. 그나마 예후가 그중에서는 조금 선한 일을 행한 왕이었다.

열왕기하 11장

아하시야가 죽은 후에 유다 왕국을 6년 동안 다스린 아달랴 이야기가 나온 다. 그녀는 북 이스라엘의 왕 예후에게 죽은 아하시야의 어머니이고 아합과 이 세벨의 딸이었다. 아합과 이세벨은 북왕조 이스라엘 역사에서 가장 사악한 왕 과 왕비였는데 그들의 딸인 아달랴가 남 유다의 왕인 여호람과 결혼하여 남 유 다 왕조까지 하나님 앞에 악을 행하며 다윗의 대가 끊길 위기에 처한다.

아달랴는 자기 아들인 아하시야의 모든 자손을 멸절하려 하는데, 이미 예후 에 의해 많은 아하시야의 형제들이 죽임을 당하였기에(사무엘하 10장) 그때 살 아남은 왕의 자손이자 자신의 혈육이기도 한 몇 안 되는 왕족들마저 모두 죽이 려 하는 아달랴는 자기 어머니의 잔혹함을 그대로 물려받은 듯하다. 역대하 22 장은 아달랴가 유다 집의 왕국의 씨를 모두 진멸하였다 기록한다.

아달랴의 계획이 성공했다면 하나님께서 약속하신 다윗 계보에서 왕권이 이어지는 것이 무산되었겠지만, 하나님은 아하시야의 누이인 여호세바가 아하시야의 한 살 된 아들 요아스를 6년 동안 성전에 숨김으로 다윗의 혈통이 이어지게 하신다. 아마도 여호세바는 아하시야의 이복 누이로 아달랴의 딸은 아니었을 것이다. 여호세바의 남편인 제사장 여호야다가 요아스가 일곱 살이 되었을 때 군사들을 동원하여 요아스 왕자가 살아있음을 그들에게 보이고 그에게 기름을 부어 왕으로 세우고 아달랴를 죽임으로 다윗 자손의 왕권이 회복된다. 그리고 여호야다는 왕과 백성에게 여호와와의 언약을 새롭게 하고 바알의 산당을 허물어 유다 백성이 즐거워하고 온 성이 평온하게 된다.

이세벨과 아달랴 두 여인이 이스라엘과 유다 왕조에 끼친 해악이 심히 컸지만 그런 상황에서도 신실하신 하나님은 다윗과 세운 언약을 지켜 가신다.

열왕기하 12장

여호야다가 살아있는 동안에는 요아스가 하나님 앞에서 정직하게 통치하며 성전을 보수하기도 했지만 산당은 제거하지 못해 백성들은 여전히 산당에서 분향했다. 그의 통치 말년에 아람 왕 하사엘이 예루살렘을 치러 올라오자 여호와께 구별하여 드린 성전의 모든 성물과 금을 하사엘에게 바친다. 요아스의 심복들이 그를 죽이고 그의 아들 아마샤가 왕이 된다.

열왕기하 13-17장: 북 이스라엘의 멸망

이스라엘의 여호아하스는 여로보암의 죄를 따라 여호와 보시기에 악을 행하였기에 그의 통치 17년 동안 하나님은 이스라엘을 아람 왕 벤하닷의 손에 넘겨 학대받게 하셨고 그 아들 요아스 역시 하나님 보시기에 악을 행하며 16년 왕으로 있었다. 요아스가 죽고 그의 아들 여로보암이 이스라엘 왕이 되고 엘리사도 죽는다. 이스라엘에서 요아스의 아들인 여로보암(여로보암 2세라 할 수 있는)이

41년 간 왕으로 다스린 후에 그의 아들 스가랴는 왕위에 있은 지 육 개월 만에 살룸에 의해 죽게 되며 예후의 자손이 4대 동안 왕위에 있으리라 하신 여호와의 말씀대로 된다. 살룸은 한 달 동안 통치한 후에 므나헴에게 죽고 므나헴이 10년 다스린 후 죽고 그 아들 브가히야가 왕이 되지만 베가가 그를 죽이고 왕이 된다. 베가는 호세아에게 죽고 호세아가 이스라엘의 마지막 왕이 되지만 그가 왕이 된 지 구 년 만에 이스라엘은 앗수르에게 망한다.

이렇게 이스라엘에서는 수시로 반역이 일어나고 왕조가 바뀌지만 모든 왕들이 한결같이 여호와 보시기에 악을 행하여 이스라엘로 범죄하게 한 느밧의 아들 여로보암의 죄에서 떠나지 아니하였다고 성경은 반복적으로 기록한다.

왕하 17장에서 이스라엘이 앗수르에게 정복되는 일을 기록하면서 여호와께서 모든 선지자와 선견자들을 보내시며 경고하셨으나 그들이 목을 곧게 하여 듣지 않았고 송아지 형상을 섬기며 아세라 목상을 만들고 일월 성신을 경배하며 바알을 섬기고 자녀들을 불 가운데로 지나가게 하며 복술과 사술을 행하여 여호와 보시기에 악을 행하여 그를 격노케 하였으므로 여호와께서 심히 노하사 그들을 그 앞에서 제거하셨다 적고 있다.

하나님께서 하지 말라고 금하신 모든 것을 골라서 다 행한 불순종 종합세트 같은 이스라엘을 200년 넘게 참으신 하나님은 정말 노하기를 더디하시며 오래 참으시는 하나님이시다.

열왕기하 18 - 20장

왕하 18장에서 20장까지 유다 왕 히스기야에 관한 이야기가 나온다.

북 이스라엘이 앗수르에게 망할 때 남 유다의 왕이 히스기야였고 이사야가 유다에서 선지자로 활약했다. 성경은 히스기야가 이스라엘 하나님 여호와를 의지하였는데 그의 전후 유다의 여러 왕 중에 그러한 자가 없었다고 기록한다.

앗수르 왕 산헤립이 그의 수하의 랍사게를 유다에 보내 정복하려 했으나 히스기야는 하나님께 의지하고, 이사야의 입을 통해 하나님은 앗수르가 유다를 정복하지 못하며 하나님이 그의 종 다윗을 위하여 예루살렘 성을 구원하실 것을 선포하신다. 그날 밤에 여호와의 사자가 앗수르 군사 십팔만 오천 명을 쳐 죽이니 산헤립은 니느웨로 돌아가 자신의 아들들에게 죽임을 당한다.

그 후 히스기야가 병들어 죽게 되었을 때 그가 여호와께 기도하니 하나님이 그 기도를 들으시고 이사야를 통해 그의 생명을 15년 더해 주시는데 히스기야가 징표를 구하자 해시계의 그림자를 10도 뒤로 물러가게 하셨다.

히스기야는 오랫동안 유다에 있었던 산당들을 제거하며 우상 숭배를 척결하여 하나님의 율법을 온전히 지키기 위한 개혁을 했던 위대한 왕이지만, 바벨론 왕이 그의 병문안을 핑계로 보낸 사신들에게 유다의 보물고와 군기고의 모든 것을 보여주는 실수를 범한다. 바벨론 사신들에게 이 모든 것을 보여준 행위는 그 나라와 화친을 맺으려는 의도였을 수도 있고 자신의 부에 대해 자랑하고 싶은 교만함도 있었을 것이다. 이 사실을 알고 난 이사야는 장차 바벨론이 모든 보물을 빼앗고 히스기야의 아들이 바벨론에 끌려가 환관이 될 것을 예언한다.

그런데 이런 예언을 듣고는 히스기야는 자신의 생전에는 나라가 태평할 것이라며 하나님의 심판을 선하다고 받아들이지만, 자신의 잘못을 회개하며 나라의 미래를 걱정하는 모습을 보이지는 않는다. 역대하 32장에서는 이 일을 기록하면서 "하나님이 히스기야를 떠나시고 그의 심중에 있는 것을 다 알고자 하사 시험하셨더라."라고 언급한다. 히스기야는 말년에 교만하고 자기 중심적이 되어 실족한다.

열왕기하 21 - 23장

히스기야를 이어 므낫세가 유다의 왕이 되어 55년을 다스리는데 므낫세가 왕이 될 때의 나이가 12세였다. 히스기야가 하나님께서 덤으로 주신 삶 동안 낳은 아들이었는데 므낫세는 모든 유다 왕 중에서 가장 사악했고, 아버지 히스기야의 개혁 노력을 다 뒤집어 여호와 보시기에 악을 행하여 여호와께서 이스라엘 자손 앞에서 쫓아내신 이방 사람의 가증한 일을 따랐고 백성들 또한 므낫세의 꾐을 받고 악을 행한 것이 여호와께서 이스라엘 자손 앞에서 멸하신 여러 민족보다 더 심하였다고 성경은 기록한다.

므낫세 사후에 그의 아들 아몬이 왕이 되지만 므낫세를 따라 악을 행함으로 그의 신하들이 반역하여 그를 죽이고 그 아들 요시야가 8세에 왕이 되어 31년을 다스린다. 그가 왕이 된 지 18년째 되던 때에 성전을 수리하던 중에 성전에서 율법책(신명기일 것으로 생각되는)을 발견한다. 아마도 므낫세 왕 때 모든 율법책을 없애 버렸기에 요시야는 이 율법책을 처음 대했는지 모른다. 요시야는 율법책에 나와 있는 대로 모든 계명과 법도와 율례를 지켜 따를 것을 모든 백성들과 맹세를 하고 대대적인 개혁을 하며 모든 우상제단과 산당들을 허물고 유월절을 제대로 지키는데, 성경은 사사 시대부터 이스라엘의 여러 왕의 시대와 유다 여러 왕의 시대에 이렇게 유월절을 지킨 일이 없었다고 기록하고 있다. 이런 요시야를 성경은 "요시야와 같이 마음을 다하며 뜻을 다하며 힘을 다하여 모세의 모든 율법에 따라 여호와께로 돌이킨 왕은 요시야 전에도 없었고 후에도 그와 같은 자가 없었더라."라고 한다.

그러나 이런 요시야의 개혁에도 불구하고 성경은 왕하 23장에서 "여호와께서 유다를 향해 내리신 그 크게 타오르는 진노를 돌이키지 아니하셨으니 이는 므낫세가 여호와를 격노하게 한 그 모든 격노 때문이라."고 기록한다. 아쉽게도 요시야의 개혁 노력은 하나님이 정하신 유다에 대한 심판을 돌이키기에는 Too little, too late(충분하지도 않고 너무 늦었다는 표현)이었던 것 같다.

열왕기하 24, 25장: 유다의 멸망

요시야는 애굽 왕 바로 느고와의 전쟁에서 죽는다. 그의 아들 여호아하스가 뒤를 이어 왕이 되지만 왕이 된 지 석 달 만에 애굽의 바로왕 느고에게 잡혀 애굽으로 끌려가고 느고가 요시야의 다른 아들 엘리야김을 왕으로 세우고 이름을 여호야김이라 하였다. 여호아하스나 여호야김 모두 여호와 보시기에 악을 행했다. 여호야김 시대에 바벨론 왕 느부갓네살이 쳐들어와 유다는 삼 년간 그를 섬기는데 여호야김이 죽은 후에 그 아들 여호야긴이 왕이 되고 이때에는 바벨론이 애굽보다 강대해진다.

여호야긴도 하나님 보시기에 악을 행하였기에 석 달 후에 느부갓네살에 의해 예루살렘 성이 정복되고 여호야긴을 비롯한 많은 권세자들, 용사들, 장인들을 바벨론으로 사로잡아 간다. 느부갓네살은 여호야긴의 숙부 맛다니아를 대신 왕으로 세우고 그 이름을 시드기야라 고친다.

그런데 이 시드기야도 "여호야김의 모든 행위를 따라 여호와 보시기에 악을 행한지라. 여호와께서 예루살렘과 유다를 진노하심이 그들을 그 앞에서 쫓아내실 때까지 이르렀더라."라고 성경은 기록한다. 시드기아 왕 제 9년에 그가 바벨론을 배반하여 다시 느부갓네살이 침공하여 시드기야의 눈을 뽑고, 성전과 왕궁을 불사르고 유다 땅에 비천한 자들만 남기고 다 죽이거나 사로잡아 가므로 유다가 완전히 망하게 된다. 이때가 BC 586년으로 사울이 이스라엘의 왕으로 세워진 후 약 450년 만이다.

열왕기하는 여호야긴이 바벨론으로 사로잡혀 간 지 삼십 칠 년에 바벨론 왕 에윌므로닥이 그를 풀어주고 그의 지위를 다른 왕들보다 높이고 왕의 식탁에서 평생 양식을 먹게 하였다는 것을 언급하며 포로 기간 중에도 다윗의 계보를 이어가시는 하나님에 대한 희망을 주며 끝마친다.

역대 상하 역사서

열왕기에 이어지는 역대 상, 하는 히브리 성경에서는 맨 마지막 책이었다고 한다. 시대적으로는 이스라엘 왕국 시대를 주로 다루기에 사무엘과 열왕기와 겹치는 부분이 많으나, 저작 목적은 바벨론 포로 생활을 마치고 유다로 귀환한 유대인들을 격려하기 위해서 비록 그들의 조상들이 살았던 약속의 땅이 황폐해지고 옛 성전과 왕궁은 파괴되었지만 성전이 복원되고 제사장들에 의한 제사가 다시 드려지게 되는 것과 다윗 언약을 부각시킨다.

역대의 저자는 정확히 밝혀지지는 않았지만 유대 전승으로는 에스라를 저자로 본다. 열왕기가 이스라엘과 유다의 왕들의 범죄로 인해 이방 나라들에게 망했다는 선지자적 심판이 주 내용이라면, 역대의 기자는 같은 시대의 역사를 기술하면서 유다의 멸망에 대한 이유가 아닌 제사장 나라의 회복에 대한 희망에 초점을 맞춘다. 그래서 열왕기에서는 북 이스라엘과 남 유다의 왕들의 기사가 균형 있게 다루어지는 데 반해 역대에서는 남 유다의 일만을 기록하고 있다.

역대상 1장에서 9장까지 이어지는 족보와 이름들은 현대의 우리들에게는 매우 지루하기도 하다. 익숙한 이름들도 있지만 생소한 이름들도 많은데 귀환한 유대인들에게는 아마 우리보다 훨씬 의미 있게 읽혔을 것이다. 아담부터 시작하여 이스라엘 이외의 조상들이 1장에 나오고 2장과 3장에서는 이스라엘 자손 중 유다 지파 다윗과 그의 자손들의 이름이 열거되는데 바벨론 포로시대를 지나 예루살렘으로 귀환한 에료에내의 아들들까지 이어지며 하나님이 다윗의 계보를 이어가신 것을 기록한다.

✤ 역대상 ✤

역대상 1-3장

역대상을 시작하며 아담부터 모든 족속들의 계보가 나오는데 2장부터 9장까지 이스라엘 자손들의 계보 중에서 유다 지파와 레위 지파의 계보를 비중 있게 다루어 다윗의 왕권과 아론부터 시작된 제사장직의 계승을 강조한다. 아브라함, 이삭, 야곱으로 이어지는 이스라엘 족보뿐 아니라 이스마엘과 에서의 족보도 간략하게 기술한다.

2장에서는 이스라엘의 열두 아들의 이름이 나오고 유다 지파를 중점적으로 언급하며 다윗 계보를 다룬다.

3장에서는 다윗이 헤브론과 예루살렘에서 낳은 아들과 딸의 이름, 솔로몬왕의 아들들과 그들이 낳은 자손과 바벨론 포로로 잡혀간 여호야긴의 자손들의 이름을 나열한다.

역대상 4장

4장에는 계속되는 유다 자손의 계보 중에서 이름만 열거되다가 뜬금없이 야베스가 등장한다. 역대상 4장 10절에 나오는 야베스의 기도를 가지고 한 20년 전쯤에 브루스 윌킨슨(Bruce Wilkinson) 목사가 『야베스의 기도(The Prayer of Jabez)』라는 소책자를 발간하여 베스트셀러가 되고 이를 주제로 한 찬양곡도 등장했던 것이 생각난다.

그 책에서 윌킨슨은 야베스의 기도를 따라 매일 기도하면 하나님께서 복을 주실 것이라고 말한다. 그러나 하나님은 우리가 어떻게 기도하는지에 따라 복을 주시는 알라딘의 지니 같은 존재가 아니다. 하나님의 뜻에 합당한 기도가 응답 받는 기도임을 생각하면, 야베스의 기도가 응답 받은 것은 그가 하나님의 뜻에 합당한 삶을 살았기 때문임을 이 성경 구절의 행간에서 읽을 수 있어야 하지 않을까 생각해 본다.

역대상 5-10장

요단강 동편에 정착했던 르우벤, 갓, 므낫세 반 지파에 대해 기록하며 그들이 범죄함으로 앗수르에 의해 가른 지방으로 이주하여 살았다고 언급한다. 6장에서 레위 지파에 대해 언급한 후 베냐민 지파와 사울과 요나단, 그리고 그 후손에 대한 기록이 7, 8장에 이어지고 9장에서는 다시 제사장들을 비롯한 레위 지파 계보를 말하다가 마지막에 베냐민 지파인 사울의 계보를 반복해서 언급한다.

이는 아마도 유다 지파인 다윗이 왕으로 세워지기 전에 이스라엘의 첫째 왕인 사울이 베냐민 지파였으며 북 이스라엘과 남 유다로 나누어질 때 베냐민 지파가 유다와 함께 했기 때문인 듯하다.

사무엘상은 사울이 왕이 되는 과정에서부터 다윗과의 관계와 사울의 죽음까지 자세히 기록하지만 역대상에서는 사울에 대한 기록은 그가 블레셋과의 전쟁에서 죽는 이야기가 10장에 간단히 기록될 뿐 이후로는 다윗을 주인공으로 다룬다.

역대상 11, 12장

역대상 11장 전반부와 12장 후반부에는 사울이 죽은 후에 헤브론에서 온 이스라엘 사람들이 다윗에게 기름을 부어 이스라엘의 왕으로 세우는 기사가 반복되어 기록되고 그 사이에는 다윗의 편에 선 용사들의 이름이 매우 자세하게 열거된다. 여기에 열거되는 다윗의 용사들은 그가 사울에게 쫓겨 다닐 때부터 함께 했던 자들도 있고 유다 지파에서뿐만 아니라 이스라엘의 모든 지파와 이방인 출신인 용사들도 많이 나온다.

특히 12장 전반부에서는 다윗이 사울을 피해 시글락에 숨어 지낼 때 다윗에 합류한 베냐민 지파의 용사들이 있음을 기록하면서, 다윗이 모든 지파, 심지어 사울의 친족인 베냐민 지파에게도 지지를 받는 왕이 되었음을 나타낸다.

12장 16-18절에서는 베냐민과 유다 자손 중에서 아마새를 우두머리로 하는 30명의 용사가 사울과 대치하고 있던 다윗을 찾아와서 그에게 말하기를 "우리가 당신에게 속하겠고 함께 하겠으니 당신에게 평안이 있을 지니 이는 당신의 하나님이 당신을 도우심이니이다."라고 하는데, 역대 기자는 성령이 아마새를 감싸셔서 아마새가 이같이 말했다고 기록하고 있다.

역대상 13-16장

역대상 13장에서 하나님의 궤를 기럇여아림에서 수레에 실어 옮겨오려는 다윗의 1차 시도 중에 웃사가 언약궤를 만져 죽고 나서 15장과 16장에서 다윗성의 궁전에 하나님의 언약궤를 위한 장막을 마련하고 이번에는 모세를 통해 하나님이 명하신 대로 레위 지파 사람들이 언약궤를 어깨에 매고 다윗성으로 옮기는 기사가 나온다.

같은 이야기가 사무엘하 6장에도 비교적 간단하게 기록되었는데, 역대상에서는 이 일에 동원된 모든 사람들의 이름이 자세히 열거되며 또한 궤를 옮기는 일과 더불어 찬양하며 연주하며 제사를 드리는 축제와 같은 행사로 진행된 것을 보여준다. 다윗과 모든 이스라엘 백성이 한 마음으로 사울 때에는 방치해 두었던 하나님의 궤를 그들의 삶의 중심으로 옮기고 하나님을 올바로 경배하며 기쁨과 감사의 제사를 드리게 되었음을 강조하는 것 같다.

그리고 16장에 다윗이 드리는 감사 찬양 시가 나온다. 다윗은 위대하고 용맹스러운 장수이자 훌륭한 왕이요 행정가이며 동시에 또한 뛰어난 악기 연주자였고 시인이었다. 그가 남긴 수많은 시편들은 위대한 신앙고백이 담긴 하나님에 대한 찬송시다. 여기에 나오는 찬송시는 시편 96, 105, 106편의 내용이다.

역대상 17 - 20장

17장에서 다윗은 하나님을 위한 성전 건축에 대한 자신의 생각을 선지자 나단에게 전하자 하나님은 나단을 통하여 다윗이 아닌 그의 아들이 성전을 건축할 것임을 계시하시고 다윗은 하나님의 은혜에 대한 감사 기도를 드린다.

역대상 18-20장에는 다윗왕의 연이은 승전 기록이 나온다. 이웃의 여러 나라들을 상대로 전쟁에서 승리함으로 더욱 강대한 나라가 되고 조공과 전리품을 많이 모아 후에 솔로몬이 성전을 건축하는 데 필요한 수많은 금, 은, 청동 등을 마련한다.

역대상 21, 22장

사무엘하에 기록된 다윗의 행적 중에서 그의 가장 수치스러운 죄인 밧세바 이야기는 역대에는 기록되지 않았다. 그러나 다윗의 다른 죄인 인구조사는 역대상 21장에서 기록하고 있다. 같은 사건이 사무엘하 24장에도 나오는데, 사무엘하에서는 하나님이 이스라엘에게 진노하사 그들을 치시려고 다윗을 격동시키셨다고 하고 역대에서는 사탄이 일어나 이스라엘을 대적하고 다윗을 충동하였다고 기록한다. 두 기록을 종합하면 사탄에 미혹되어 이스라엘 백성이 범죄하여 하나님이 진노하시고 다윗이 인구조사를 하는 죄를 짓도록 내버려두셨던 것이라 이해된다. 다윗의 관점에서는 계속되는 전쟁의 승리에 도취되어 자기 수하의 막강한 군사력을 헤아려보려는 교만한 마음이 생겼을 수도 있다. 여기에서 다윗이 우리에게 주는 교훈은 잘못을 깨닫고 진심으로 하나님께 회개하는 자세이다. 밧세바와의 일에서도 그렇지만 인구조사 후에도 다윗은 긍휼하신 하나님께 용서를 구한다.

이 일로 이스라엘 사람들 7만 명이 전염병으로 죽게 되지만, 장차 성전이 세워질 터를 다윗이 준비하게 된다. 다윗이 오르난에게 금 육백 세겔을 지불하고 구입한 타작 마당에서 제단을 쌓으므로 이스라엘 백성에게 내린 전염병이 멈추게 되는데, 이 장소는 하나님이 친히 정하신 곳이다.

22장에서 다윗은 솔로몬 대에 지어질 성전의 터와 필요한 모든 물자를 준비하고 솔로몬에게 성전건축에 대한 당부를 하며 신하들에게도 솔로몬의 성전 건축을 도울 것을 명한다. "너희는 마음과 뜻을 바쳐서 너희 하나님 여호와를 구하라 그리고 일어나서 여호와 하나님의 성전을 건축하고 여호와의 언약궤와 하나님 성전의 기물을 가져다가 여호와의 이름을 위하여 건축한 성전에 들이게 하라."

역대상 23 - 27장

또다시 사람들의 이름이 23장에서 27장까지 한없이 나열된다. 역대상 1장에서 9장까지 나열되는 이름들을 꾹 참고 읽고 지나왔는데 또 별 의미도 없어 보이는 이름들이 나온다. 어찌 보면 레위기 율법들보다 성경통독에 더 큰 장애물이다.

더 이상 성막과 언약궤가 이동할 필요가 없기에 레위 지파에게 주어진 임무가 새롭게 규정되는 것 같다. 어떤 이들은 성전 일을 감독하는 자로, 어떤 사람은 문지기로, 또 어떤 사람은 악기를 연주하고, 또 찬양대로 섬기게 되었는데, 제사장들은 24개 팀을 이뤄 제비 뽑은 순서대로 성전에서 직무를 수행했다. 제사장들뿐 아니라 악기를 연주하고 찬송하는 무리들도 24개 팀으로 조직되어 하나님께 제사 드리고 찬양하는 일이 얼마나 조직적, 체계적으로 이루어졌는지를 보여준다. 또한 성전 곳간도 레위인들이 맡아 관리하였고 이스라엘을 다스리는 관원과 재판관이 된 레위인들도 있었다.

군 지휘관들도 각각 이만사천 명씩 12개 반으로 조직된 군대로 한 달씩 나라를 지키고 왕을 섬겼으며 이스라엘 각 지파의 열두 지도자들의 이름도 열거된다.

다윗은 이웃 나라들과 전쟁에서 승리하여 나라를 부강하게 했을 뿐 아니라 정치적, 종교적, 행정적으로 나라의 모든 조직을 매우 든든하게 확립했음을 알 수 있다.

역대상 28, 29장

역대상은 다윗왕의 마지막 고별사와 감사기도로 마친다.

28장에서 다윗은 이스라엘의 모든 관직에 있는 사람들을 소집하여 성전건축에 관해 당부하고 그를 이을 왕으로 솔로몬을 세우고 그에게 유언하며 7-9절에 기록된 말도 당부한다.

"내 아들 솔로몬아 너는 네 아버지의 하나님을 알고 온전한 마음과 기쁜 뜻으로 섬길지어다 여호와께서는 모든 마음을 감찰하사 모든 의도를 아시나니 네가 만일 그를 찾으면 만날 것이요 만일 네가 그를 버리면 그가 나를 영원히 버리시리라." 다윗의 이 당부는 솔로몬뿐 아니라 모든 이스라엘 백성이 지켜야 할 도리인데 그렇게 하지 못함으로 앗수르와 바벨론에게 나라가 망하게 되는 것을 본다.

29장에는 다윗의 마지막 감사기도가 기록된다. 많은 분들이 암송하는 구절이기도 한 11절에서 다윗은 "여호와여 위대하심과 권능과 영광과 승리와 위엄이 다 주께 속하였사오니 천지에 있는 것이 다 주의 것이로소이다 여호와여 주권도 주께 속하였사오니 주는 높으사 만물의 머리이심이니이다."라고 자신의 일생을 돌아보며 신앙고백으로 남기고 있다.

✦ 역대하 ✦

역대하 1–4장

역대하는 솔로몬이 왕위에 오른 후부터의 일들을 기록하는데 "다윗의 아들 솔로몬의 왕위가 견고하여 가며 그의 하나님 여호와께서 그와 함께 하사 심히 창대하게 하시니라."라고 하며 시작한다. 솔로몬은 다윗왕의 유언대로 성전을 건축하고 그에 필요한 모든 기구들을 만든다. 출애굽 후에 성막을 지을 때에는 하나님이 모세에게 모든 설계도를 주셨다면 솔로몬 성전은 다윗이 하나님께 받은 설계도를 솔로몬에게 넘겨주었다. 그리고 언약궤를 제외한 많은 기구들은 그동안 유실되었는지 대부분 새로 만드는데, 광야에서는 하나님이 브살렐과 오홀리압이 그 일을 담당하게 하셨는데, 솔로몬의 성전을 위해서는 유대인 어머니와 두로인 아버지를 둔 후람(Huram-Abi)이란 기술자를 두로 왕이 보내준다.

역대하 5장

성전을 완공한 후에 다윗성 시온에 있던 언약궤를 지성소 그룹들의 날개 아래로 옮긴다. 그리고 모든 제사장들과 노래와 악기 연주를 맡은 모든 레위인들이 "선하시도다 그의 자비하심이 영원히 있도다." 하며 여호와를 찬양할 때 구름이 여호와의 전에 가득하여 하나님의 영광을 나타낸다.

한 가지 재미있는 것은 이때 언약궤 안에는 두 돌판 외에는 아무것도 없었다고 밝히고 있다. 히브리서 9장 4절에서는 만나를 담은 금항아리와 아론의 싹 난 지팡이도 언약궤 안에 있었다고 하는데, 출애굽기 16장 34절에서는 만나 항아리를 증거판 앞에 두었다고 기록하며, 민수기 17장 10절에서 아론의 싹 난 지팡이도 증거판 앞에 두었다고 한다. 출애굽기와 민수기에서 말하는 증거판이 모세가 받은 십계명이 새겨진 돌판을 말하는 것이니 만나 항아리와 아론의 지팡이를 언약궤 앞에 놓은 것이 아니고 증거판과 함께 언약궤 안에 넣었다고 생각되는데, 어떻게 항아리와 지팡이가 없어졌는지 모르지만 세월이 지나 이것들은 유실되고 돌판만 언약궤 안에 남은 듯하다.

역대하 6-7장

솔로몬이 성전 건축을 다 마치고 여호와께 올려드린 기도와 성전 낙성식으로 올려드린 제사가 기록되는데 아마도 역대의 저자는 열왕기상 8장의 내용을 인용하였겠지만 열왕기에서의 솔로몬의 기도는 출애굽 당시에 모세에게 주셨던 언약을 상기하는데 반해 바벨론 포로 귀환 후에 기록된 역대에서는 다윗왕에게 주신 언약을 기억해 달라는 간구를 한다.

성전을 봉헌하면서 솔로몬과 이스라엘 백성들이 소를 이만 이천 마리, 양을 십 이만 마리나 제물로 바쳤다 하니 제사의 규모가 상상을 초월한다. 솔로몬 시대에 얼마나 모든 것이 풍요로웠는지 그 단면을 볼 수 있다. 이렇게 제사를 드릴 때 하늘에서 불이 내려와 제물들을 사르고 여호와의 영광이 성전에 가득했다고 기록하는데, 이는 성막을 완성하고 처음 제사를 드릴 때 일어났던 일과 동일하다(레위기 9장).

그리고 여호와께서 솔로몬에게 나타나셔서 그의 기도에 대한 응답을 한다. 그러나 하나님은 응답에 더해 솔로몬과 이스라엘 백성이 하나님을 떠나 우상을 섬기게 되면 내리실 재앙에 대한 경고의 말씀도 함께 주시는데, 안타깝게도 이스라엘은 솔로몬 통치 후기 때부터 줄곧 우상 숭배의 죄에 빠져 하나님이 경고하신 재앙을 결국에는 당하게 된다.

역대하 8, 9장

솔로몬의 여러 활동과 업적을 열거하고 그가 세운 여러 성과 요새를 언급한다. 스바의 여왕이 찾아와 그의 재산과 지혜에 놀라서 하나님을 찬양한 일과 솔로몬의 죽음을 기록한다.

역대하 10, 11장

솔로몬이 죽은 후 르호보암이 왕이 되지만 유다와 베냐민 지파를 제외한 열 지파는 여로보암을 따라 왕을 배반하고 나라가 나뉘게 된다. 르호보암은 아버지 솔로몬을 섬겼던 원로들의 권고를 무시하고 자기와 함께 자란 젊은 신하들의 말을 따라 솔로몬이 지웠던 무거운 노역을 가볍게 해주면 르호보암을 섬기겠다는 제안을 한 여로보암과 이스라엘 사람들의 말을 완전히 무시하고 아버지 솔로몬이 했던 것보다 더 혹독하게 백성들을 다스리겠다고 한다. 역대 기자는 르호보암이 백성들의 말을 듣지 않은 것은 하나님께로 말미암은 것이라 기록하고 있다.

그런데 젊은 신하들이 르호보암에게 일러주는 "내 새끼 손가락이 내 아버지의 허리보다 굵다 하라."는 말은 별 의미가 없는 단순한 허풍이 아닌 그 이상의 의미가 있다고 한다. 여기서 새끼 손가락은 사실 남자의 성기를 칭하는 것으로 자신의 성기가 아버지의 사타구니보다 더 굵다는 표현은 르호보암의 힘이 훨씬 세다고 허세를 부리려는 젊은 신하들의 천박한 표현인 듯하다.

이런 잘못으로 르호보암은 북쪽 열 지파를 잃어버렸지만 처음 몇 년은 다윗과 솔로몬의 길로 행하였으며 나라를 잘 다스렸고 온 이스라엘의 제사장들과 레위 사람들이 북 왕국에서 유다로 합류했고 이스라엘 모든 지파 가운데서도 여호와를 찾는 사람들이 유다 땅에 와서 제사를 드리며 나라가 강성해졌다고 역대하 11장은 상당히 긍정적으로 기록한다.

역대하 12-16장

르호보암이 죽은 후 그의 아들 아비야가 유다의 왕이 되어 3년을 다스린다. 역대하 13장에는 아비야가 이스라엘 왕 여로보암과의 전쟁에 승리하여 강성했다고 긍정적으로 기록하지만 열왕기상 15장에서는 아비야(아비얌)가 그 아버지 르호보암의 모든 죄를 행하고 하나님 앞에서 온전하지 못하였으나 여호와께서 다윗을 위하여 예루살렘을 견고하게 하셨다고 기록한다.

아비야의 뒤를 이어 그 아들 아사가 왕이 되는데 아사는 여호와 보시기에 선과 정의를 행하며 이방 제단과 산당들을 없애고 유다 사람들을 명하여 여호와를 찾게 하고 그의 율법과 명령을 행하게 하여 나라가 평안하였다.

그리고 구스(에디오피아)의 세라가 백만 대군을 이끌고 유다를 치러 왔으나 아사는 여호와께 부르짖고 그의 이름을 의탁하여 그 전쟁을 크게 이기고 많은 물건을 노략한다. 이어지는 역대하 15장에는 아사의 개혁이 나오는데, 성경은 이스라엘 사람들이 아사의 하나님 여호와께서 그와 함께 하심을 보고 아사에게로 돌아오는 자들이 많았다고 기록한다. 북 왕국 이스라엘은 쇠퇴하고 남 왕국 유다는 부강하게 되어갔다.

또한 아사는 아세라의 가증한 목상을 만든 자신의 어머니를 태후의 자리에서 폐했다. 많은 경우 악한 아버지 왕에 반해 그 아들 왕이 여호와 보시기에 선한 통치를 하게 되면 대개는 어머니로부터의 선한 영향력이 있음을 보는데, 아사의 경우에는 선왕인 아비야와 어머니 마아가가 모두 하나님 보시기에 악을 행했음에도 아사는 여호와 앞에서 바르게 행했다.

그러나 안타깝게도 아사왕의 말기에는 이스라엘이 유다를 침공하자 하나님을 의지하기 보다는 아람 왕 벤하닷에게 의지하는 잘못을 범한다. 이 일로 선견자 하나니가 그의 잘못을 지적하자 잘못을 깨닫고 회개하는 것이 아니라 오히려 노하여 하나니를 옥에 가둔다. 하나님께서 선견자를 보내셔서 잘못을 깨닫게 해 주셨음에도 시작은 그렇게 좋았던 아사이지만 40년 왕위에 있으면서 교만해진 마음은 하나님이 주신 회개의 기회를 날려버리고 병들어 죽는다.

역대하 17 - 20장

열왕기에서는 여호사밧에 대한 기록이 몇 절만 간단하게 언급되지만 역대하에서는 17장부터 20장까지 유다의 여호사밧 왕에 대한 기록이 이어진다. 여호사밧 시대에 북 이스라엘은 악명 높은 아합이 왕이었는데, 열왕기에서는 아합과 선지자 엘리야에 대한 기록은 많이 나오지만 여호사밧은 지나치듯 간단하게 언급된다.

역대 기자는 여호사밧이 나라를 영적으로 또 군사적으로 강대하게 하였으며 유다 온 나라의 견고한 성읍에 여호와를 경외하는 재판관들을 세워 공정한 재판을 하도록 사법제도를 개혁하였다고 기록한다. 전반적으로 여호사밧은 좋은 왕이었으나 이스라엘 왕인 아합 가문과 혼인함으로 인척관계를 맺고 아합과 연합하여 아람과의 전쟁에 나서게 되고 이때 아합은 거짓 선지자인 시드기야의 말을 듣고 참선지자인 미가야의 말을 무시하고 그를 잡아 가두고 아람과의 전투에 변장하고 나섰다가 죽게 된다.

이 일로 여호사밧은 선견자 예후로부터 견책의 말을 듣게 되는데 예후는 여호사밧이 선한 일도 했음을 인정한다.

그리고 20장에서 유다가 모압과 암몬 자손들에게 침공을 당할 때, 여호사밧이 여호와께 간구하며 하나님을 찬양하며 행진하였더니 하나님께서 모압과 암몬 자손들이 서로 쳐죽이게 하셔서 여호사밧과 유다 백성은 싸우지도 않고 이들의 많은 물건을 탈취하게 된다.

"여호사밧은 나중에 이스라엘 왕 아하시야와 교제하는데 아하시야는 심히 악을 행하는 자였더라."라고 성경은 기록하는데 아합왕 때에 그와 연합하는 잘못을 범하고도 아합의 아들인 아하시야 때에도 같은 실수를 반복하는 모습을 보인다.

역대하 21, 22장

여호사밧의 뒤를 이어 왕이 된 그의 큰 아들 여호람은 아버지와 할아버지가 모두 비교적 좋은 왕이었음에도, 사악한 아합의 딸과 혼인하여 자신의 선왕들이 아닌 이스라엘 왕들의 길로 행하여 여호와 보시기에 악을 행하였는데, 자신의 아우들을 모두 죽인다.

이에 선지자 엘리야가 그에게 내릴 재앙을 예고하고 하나님은 블레셋과 아라비아 사람들을 사용하여 유다를 침략하게 하고 여호람의 아들들을 막내아들 여호아하스 말고는 다 죽인다. 여호람은 엘리야의 예언대로 창자가 터져 나와 죽게 되는데, 성경은 백성들이 그의 죽음에 분향하지 않았고 열왕의 묘실에 장사하지도 않았다고 기록한다.

여호람을 이어 유일하게 생존한 그의 막내 아들 아하시야(여호아하스)가 왕이 된다. 한글 성경에는 역대하 22장에서 그가 왕이 될 때의 나이가 사십 이세라고 하지만 그의 아버지 여호람이 32세에 왕이 되어 팔 년간 통치하고 40세에 죽었기에 여호람의 막내 아들이 왕이 될 때 42세일 수 없다. 영어 성경들을 보니 KJV 말고는 아하시야가 22세에 왕이 되었다고 기록한다. KJV는 아마 잘못된 사본을 사용하고 한글 개역 성경도 이것을 따른 듯하다.

아하시야는 그의 어머니인 아합의 딸 아달랴의 영향으로 아합의 길로 행하였는데 성경은 그의 어머니가 꾀어 악을 행하게 하였다고 기록한다. 아하시야는 이스라엘 왕 요람과 함께 아람 왕과 싸울 때 하나님께서 아합 집안을 멸하기 위해 세운 예후의 손에 죽는다.

아합은 이스라엘의 가장 사악한 왕이었을 뿐 아니라 그의 딸 아달랴가 유다 왕과 결혼하여 유다 왕조에까지 아합과 이세벨의 사악한 영향이 미치게 된 것을 본다.

역대하 23, 24장

아하시야가 죽자 그의 어머니 아달랴가 유다 왕국의 씨를 모두 진멸하였으나 하나님은 한 살 된 요아스를 아하시야의 누이와 그의 남편인 제사장 여호야다의 손으로 지키신다.

아달랴가 6년간 다스렸지만 역대 기자는 그 기간을 단 한문장으로 기록하고 있다. 이스라엘 역사에서 여자가 나라를 다스린 적이 두 번 있는데, 바로 아달랴와 사사 시대의 드보라이다. 드보라는 아달랴와는 달리 하나님이 세우신 사사로 그의 행적이 사사기 4-5장에 자세히 기록되었고 사십 년 동안 나라가 평온하였다.

요아스가 일곱 살 때 제사장 여호야다와 그를 따르는 백부장들이 용기를 내어 요아스를 왕으로 세우고 아달랴를 처형한다. 성경은 "제사장 여호야다가 사는 모든 날에 요아스가 여호와 보시기에 정직하게 행하였다."고 기록한다.

여호야다가 130세에 죽자 요아스는 유다 방백들의 말을 듣고 여호와를 따르지 않고 아세라 목상과 우상을 섬기는 죄를 짓게 되는데, 이런 잘못을 지적하는 선지자들의 경고를 듣지 않고 여호야다의 아들 스가랴의 경고에 그를 돌로 쳐 죽인다. 그 결과 요아스는 아람과의 전쟁에서 부상을 입고 자신의 신하들에게 죽임을 당한다.

북 왕국 이스라엘의 왕들은 말할 것도 없고 비교적 선했던 유다의 왕들 가운데에도 끝까지 여호와의 길에서 떠나지 않았던 왕이 많지 않음을 본다.

역대하 25, 26장

요아스의 아들 아마샤는 여호와 보시기에 정직하게 행했으나 온전한 마음으로 행하지 아니하였는데, 에돔과의 전쟁에서 하나님이 함께 하셔서 승리하고도 에돔의 신을 경배하는 잘못을 저질러 여호와를 진노하게 한다. 에돔에게 승리하여 교만해진 아마샤는 이스라엘 왕 요아스에게 싸움을 걸어 크게 패한 후 예루살렘에서 그에 반역한 무리들에게 죽고 온 백성이 십 육 세인 그의 아들 웃시야를 왕으로 세운다.

웃시야는 52년 간 다스리며 여호와 보시기에 정직하게 행했는데, "하나님의 묵시를 밝히 아는 스가랴가 사는 날에 하나님을 찾았고 그가 여호와를 찾을 동안에는 하나님이 형통하게 하셨더라."라고 성경은 기록한다.

후에 웃시야는 강성해지자 그의 마음이 교만하여 악을 행하여 그의 하나님 여호와께 범죄하게 되는데, 곧 여호와의 성전에 들어가서 분향하려 하였다. 이로 인해 웃시야왕은 죽는 날까지 나병환자로 여호와의 전에서 끊어져 별궁에 살았다. 웃시야 역시 시작은 좋았으나 끝이 좋지 않았다. 특이하게 성경은 웃시야의 모든 행적을 아모스의 아들 선지자 이사야가 기록하였다고 기록한다. 이사야는 선지자로 부름 받기 전에 왕실 서기관이었던 듯하다(이사야 6장).

역대하 27, 28장

웃시야를 이어 유다의 왕이 된 요담은 여호와 보시기에 정직하게 행하였으나 백성은 여전히 부패하였다고 역대하 27장은 기록한다. 그럼에도 요담은 그의 하나님 여호와 앞에서 바른길을 걸었으므로 점점 강하여졌다.

그러나 그의 아들 아하스는 이스라엘 왕들의 길로 행하여 바알들의 우상을 만들고 자신의 아들들을 불사르는 악을 행하므로 여호와께서 그를 아람 왕의 손에 넘기고 또 이스라엘의 손에 넘기셔서 많은 사람들이 죽임을 당하고 사로잡혀

간다. 요담과 아하스에 대한 기사를 보면 백성들이 악하여도 왕이 잘하면 나라가 부강해지지만 왕까지 악하면 그 밑의 백성들이 죽고 잡혀가는 것을 본다.

북 이스라엘이 유다를 침공했을 때 유다 백성 20만 명을 사로잡아 사마리아로 끌고 갔는데 성경은 이들을 이스라엘 자손의 형제들이라고 표현한다. 그리고 선지자 오뎃이 유다에서 끌고 온 자들을 노예로 삼는 죄를 범하지 말 것을 경고하여 그들을 다시 돌려보낸다.

에돔과 블레셋에게 공격을 받자 아하스는 매우 어리석게도 아람에 이어 신흥 강국으로 떠오른 앗수르에게 도움을 청하는데 앗수르 왕 디글랏빌레셀은 유다를 돕지 않고 오히려 그들을 공격한다. 이런 상황에서 아하스는 여호와께 돌아오는 것이 아니라 더욱 여호와께 범죄하여 자기를 친 다메섹 신들에게 제사를 지내는데 성경은 이 일이 아하스와 온 이스라엘을 망하게 하였다고 기록한다.

아하스는 죽어서 예루살렘 성에 장사되었으나 왕들의 묘실에는 들이지 않았다. 아하스를 이어 히스기야가 왕이 되어 29년을 다스리는데 히스기야 때에 남왕조 유다는 개혁과 부흥을 맞는 반면 북 왕조 이스라엘은 앗수르에게 멸망하게 된다.

역대하 29 - 32장

아하스를 이어 히스기야가 유다의 왕이 되어 29년을 다스린다. 히스기야는 남 유다의 왕들 중에 가장 좋았던 왕 중 하나로 역대하에서는 넉 장에 걸쳐 히스기야 때의 일들을 기록한다. 열왕기에서 보다 훨씬 자세하게 성전 정화와 제사의 회복이 역대하 29장에 기록되었고 30장에서는 유월절을 성대하게 지킨 것이 나오는데, "예루살렘에 큰 기쁨이 있었으니 이스라엘의 왕 다윗의 아들 솔로몬 때로부터 이러한 기쁨이 예루살렘에 없었더라."라고 기록한다. 앗수르에게 망한 북 이스라엘 지파들에게도 동참할 것을 독려하여 북 이스라엘에 속했던 많은 무리들도 유월절에 함께 하였다.

이어지는 31장에서는 행정적인 개혁이 언급되고 32장에서는 앗수르 왕 산혜립의 침공이 있는데 히스기야는 선지자 이사야와 함께 여호와께 기도하여 여호와께서 유다를 산혜립의 손에서 지키시고 산혜립은 앗수르로 돌아가 자신의 아들들에게 죽임을 당한다. 그러나 히스기야도 바벨론 사신들 앞에서 나라의 모든 귀한 것들을 보여주는 잘못을 범하는데 역대 기자는 "하나님이 히스기야를 떠나시고 그의 심중에 있는 것을 다 알고자 하사 시험하셨더라."라고 기록한다.

역대하 33장

히스기야를 이어 왕이 된 므낫세는 55년 간 다스리며 처음부터 여호와 보시기에 악을 행했는데, 그 악행의 수위가 매우 심해서 성경은 "유다와 예루살렘 주민이 므낫세의 꾀임을 받고 악을 행한 것이 여호와께서 이스라엘 자손 앞에서 멸하신 모든 나라보다 더욱 심하였더라."라고 언급한다. 역대하 33장 10-20절에는 므낫세를 여호와께서 앗수르 군대 지휘관들의 손에 사로잡히게 하셔서 바벨론으로 끌고 갔을 때 므낫세가 여호와께 겸손히 기도함으로 예루살렘의 왕좌에 복귀하여 하나님을 올바로 섬기며 우상들을 제거했다고 하는데 이 기록은 열왕기에는 없다. 열왕기에 의하면 므낫세는 악하기만 했던 왕인데 역대하에서는 시작은 매우 악했으나 마지막에는 회개하고 선한 정치를 시도한 유일한 왕이다.

역대하 34 - 36장

므낫세를 이어 아몬이 유다 왕이 되는데 악을 행하던 그는 신하의 반역으로 죽고 백성들은 여덟 살인 그의 아들 요시야를 왕으로 세운다. 그는 31년 동안 다스리며 여호와 보시기에 정직하게 행하며 우상 숭배를 척결하였다.

특히 성전을 수리하다가 모세의 율법책을 발견하고 왕과 제사장들과 모든 백성이 율법책에 적힌 대로 여호와의 계명과 법도와 율례를 지키기로 다짐하고 하나님의 언약을 따른다. 역대하 35장에는 요시야와 모든 백성이 예루살렘에서 유월절을 지킨 것이 기록되었는데 "선지자 사무엘 이후로 이스라엘 가운데서 유월절을 이같이 지키지 못했다." 한다.

이후에 요시야는 애굽 왕 느고와 싸우다가 죽는데 느고는 유다를 치려는 것이 아니고 유브라데스의 갈그미스 땅을 치러 왔으며 그것은 하나님이 하시는 일이라는 느고의 경고를 요시야가 듣지 않았다. 이렇게 유다 왕국에서 마지막 개혁을 시도했던 요시야가 죽은 후 왕이 된 여호아하스는 애굽 왕 느고에게 잡혀가고 느고가 그의 형제 엘리아김을 왕으로 세우고 이름을 여호야김이라 했으며, 여호야김은 바벨론 왕 느부갓네살에게 잡혀가고 그 아들 여호야긴이 왕이 되는데 그도 바벨론으로 잡혀가고 그의 숙부 시드기야를 왕으로 세우나 결국에는 그도 바벨론으로 끌려가 죽으며 유다는 완전히 패망한다.

요시야 이후의 왕들은 모두 하나님 보시기에 악을 행하였기에 하나님은 그들을 애굽과 바벨론 왕들을 들어 심판하시고 하나님의 성전은 불살라지고 예루살렘 성벽이 헐리고 궁전도 불에 탔다. 그러나 역대기는 유다의 멸망으로 끝을 맺는 것이 아니라 예레미야의 예언 대로 유다 땅이 황폐하여 70년을 안식하다가 바사 왕 고레스 원년에 포로들을 귀환시키고 예루살렘 성전을 재건하는 조서를 내린 것을 언급하며 마친다.

에스라 역사서

역대기 뒤에 나오는 에스라는 바벨론에 포로로 잡혀갔던 유다 사람들이 70년 후에 바벨론을 멸망시킨 바사 왕 고레스에 의해 고향 땅으로 귀환이 시작되어 성전을 재건하며 잃어버렸던 신앙을 회복하는 희망적인 내용이 전개된다. 에스라의 저자는 7장 이후에 나오는 학사 에스라일 것으로 생각되는데, 역대하의 맨 마지막 구절과 에스라의 첫 구절이 동일한 것으로 미루어 역대상, 하 역시 에스라가 저자일 것이라고 많은 성경학자들이 생각한다.

에스라 1-3장

하나님께서 예레미야를 통해 하신 예언을 이루기 위하여 고레스를 감동하셔서 바벨론에 포로로 잡혀왔던 이스라엘 백성들을 예루살렘 땅으로 귀환시키는 조서를 내리는데, 이들을 빈손으로 보내는 것이 아니라 금과 은과 짐승과 예물을 바사에 사는 사람들에게서 받아 떠나게 한다. 오래 전에 유대인들이 출애굽할 때 애굽 사람들에게서 많은 금, 은과 물건들을 취했던 것이 연상된다.

그리고 2장에서는 스룹바벨과 예수아의 인도로 1차 포로귀환 때 유다 땅으로 돌아온 사람들이 족보 별로 자세한 숫자가 기록되었다. 이 기록은 느헤미야 7장에도 반복되는데, 히브리 성경에서는 에스라와 느헤미야가 한 권의 책이었다고 한다. 느헤미야서에서 느헤미야가 일인칭으로 표현되는 주요 등장 인물이지만 느헤미야서의 저자도 에스라라고 보는 이유이다. 이렇게 자세한 숫자

(총 42,360명)가 기록된 것은 아마도 단순한 귀환 이상으로 각자의 조상들의 땅에 재정착하는 것에 대한 기록일 것이다. 3장에서는 귀환 후 일곱째 달에 처음으로 예루살렘에 모두 모여서 여호와께 제단을 쌓고 제사를 드리고 이듬해에 성전 건축을 시작하는데 솔로몬의 성전을 기억하는 나이 많은 사람들은 솔로몬 성전에 비해 초라한 모습의 성전 기초를 보고 통곡하기도 하며 어떤 사람들은 감격과 기쁨의 함성을 지르는 기쁨과 슬픔이 교차하는 모습이 기록된다.

에스라 4장

그런데 이런 유다 성전의 재건을 방해하는 무리들이 4장에 나오는데 이들은 앗수르가 이스라엘을 멸망시키고 이스라엘 땅으로 이주시킨 자들의 후손(사마리아인들)으로 스룹바벨에게 자기들도 성전 건축에 동참하겠다 했으나 거절당하자 성전건축을 훼방하는데, 고레스 시대부터 다리오가 즉위할 때까지 끊임없이 관리들에게 뇌물을 주며 아하수에로와 아닥사스다 왕 때에는 왕에게까지 상소를 올려 유다 백성을 모함하며 성전 건축을 중단시킨다.

바사 왕들의 계보를 바르게 확립하기는 쉽지 않은 것이 고레스도 1세, 2세가 있고 다리오는 1, 2, 3세까지 있으며 아하수에로도 1세와 2세가 있는데 1세는 크세르크세르로도 불리고 아닥사스다도 1세와 2세가 있다. 에스라 5. 6장에서 언급된 것으로 따지면 고레스, 아하수에로, 아닥사스다, 다리오의 순서로 볼 수 있는데 1, 2, 3세를 제대로 따지려면 골치가 아파진다.

에스라 5 - 7장

성전 재건을 방해하는 무리들의 상소로 중단되었던 성전 공사가 선지자 학개와 스가랴의 예언대로 다리오왕 때 스룹바벨과 예수아에 의해 재개된다. 이를 반대하는 자들이 다시 일어남에 유다 총독이 다리오왕에게 글을 올려 고레스왕 때 예루살렘 성전을 재건하라는 조서를 내린 적이 있느냐 문의하고, 다리오왕은 고레스의 조서를 확인하고 다리오 자신이 성전 재건을 위해 재정적인 지원뿐 아니라 모든 필요한 제물을 제공하고 성전 건축을 방해하는 자들을 엄벌하는 조서를 내림으로 공사가 다시 시작되어 다리오왕 6년에 성전 재건을 마치고 봉헌식을 갖고 유월절을 성전에서 지킨다.

이후에 아닥사스다 왕(이 아닥사스다 왕은 다리오왕 다음이다.) 7년에 대제사장 아론의 후손인 에스라가 제 2차 포로귀환 때 예루살렘에 온다. 스룹바벨 일행의 1차 포로귀환 후 약 80년 지난 후이다. 에스라는 모세의 율법에 익숙한 학자이자 제사장으로 여호와의 율법을 준행하며 율법과 규례를 이스라엘에 가르치기로 결심한 사람이었다. 그는 또 여호와의 도우심을 입어 왕에게 구하는 것은 다 받은 자였다. 그래서 에스라는 예루살렘으로 귀환 때에 아닥사스다의 조서를 받아 하나님께 드릴 금과 은과 모든 예물들과 여호와께 드릴 제물들을 가져오고 또한 백성들을 가르치고 재판관들을 세워 다스릴 권한까지 위임받았다.

에스라 8-10장

에스라와 함께 2차 포로 귀환 때 예루살렘에 온 족장들과 그 계보를 기록한다. 제사장들과 레위 사람들을 찾아 세우고 하나님 앞에 금식을 선포하고 평탄한 앞길을 위해 간구한다.

에스라가 예루살렘에 와서 보니 백성들뿐 아니라 제사장, 레위 사람들, 방백, 지도자들까지 우상 숭배하는 이방 사람들과 잡혼을 한 것을 알게 되고 이에 하나님께 회개의 기도를 올리니 많은 백성들이 자신들의 죄를 회개하며 아내 삼은 이방 여인들과 아이들을 돌려보낸다. 에스라는 백성들이 이방 여인들과 혼인하여 하나님 앞에 가증한 죄를 범한 문제를 해결함에 있어 권위적이거나 강압적인 수단을 사용한 것이 아니라 솔선하여 하나님께 회개하며 기도하였을 때 백성들이 스스로 죄를 깨닫고 자진해서 이방 아내들을 돌려보낼 것을 결정함으로 이 문제가 해결된다.

느헤미야 역사서

에스라와 느헤미야는 히브리 성경에서 한 권이었다 한다. 일반적으로 학자이자 제사장인 에스라를 에스라서의 저자로 인정하는데, 느헤미야서에서는 느헤미야가 일인칭으로 등장하기에 에스라를 느헤미야의 저자로 보기에는 문제가 있어 보인다. 혹자들은 이 문제를 에스라가 느헤미야의 공식적인 보고서를 인용했기 때문이라고 생각한다. 본서의 주요 내용은 예루살렘 성곽 재건과 회개이다.

느헤미야 1-4장

에스라가 유다로 귀환한 지 13년 후 아닥사스다 왕 제 20년에 느헤미야가 예루살렘으로 귀환한다. 아닥사스다의 술 맡은 관원으로 왕의 신임을 받던 느헤미야는 그 형제 하나니가 전해준 유다 백성이 당한 환란과 예루살렘 성이 허물어지고 성문이 불탔다는 안타까운 소식을 접하고 여호와께 금식기도하며 예루살렘으로 귀환할 것을 결심한다. 그리고 여러 달 후에 왕에게 자신이 유다에 가서 성을 건축하게 해달라고 간청하는데, 아닥사스다는 기꺼이 승낙하지만 반드시 돌아올 것을 요구한다. 왕이 느헤미야를 얼마나 총애했는지 알 수 있는 부분이다.

그리고 왕의 조서를 가지고 군대 장관들과 마병을 거느리고 유다로 귀환한 느헤미야는 바로 무너진 성벽들을 둘러보고 성벽 재건하는 일을 진행한다. 13년 전에 먼저 예루살렘에 온 율법학자이자 제사장인 에스라는 유다 사람들의 종교적 정체성을 회복하고 하나님의 율법을 가르치는 영적인 지도자였다면 느헤미야는 아닥사스다로부터 유다의 총독으로 임명되어 유다를 정치, 행정적으로 굳건히 하고 성벽을 다시 쌓은 뛰어난 행정가였다.

스룹바벨이 성전을 재건할 때도 많은 반대에 부딪쳤었는데, 느헤미야가 진행하는 성벽 중수에도 역시 반대하는 자들이 나타난다. 사마리아의 산발랏과 암몬 사람 도비야, 아라비아 사람 게셈 등이 그들인데, 느헤미야는 뛰어난 리더십으로 그들의 계략을 극복하고 모든 지파들이 힘을 합하여 성벽과 성문의 구간들을 분담하여 성벽을 건축하며 동시에 무장하고 산발랏과 도비야 등의 무력 도발에 대응한다.

느헤미야 5, 6장

온갖 계략과 물리적인 위협에도 굴하지 않고 성벽 재건을 밀어붙이던 느헤미야에게 이제는 유다 백성들 안에서의 경제적, 사회적 문제가 보인다. 백성들 중에 기근과 가난, 과중한 세금 때문에 종으로 팔리고 밭과 포도원과 집을 저당 잡히는 사람들의 원망의 부르짖음을 듣게 되는데, 놀랍게도 가난한 사람들을 착취하는 자들은 이방인들이 아니라 동족인 유다의 귀족과 관리들이었다.

이 소식을 접한 느헤미야는 성벽재건도 중요하지만 하나님의 백성으로서의 공동체 의식의 회복도 중요함을 알고 즉시 귀족들과 관리들을 경책하여 그들이 자신들의 잘못을 깨닫게 하고 착취하는 것을 멈추고 밭이나 집 재산을 아무 요구 없이 돌려주며 신앙 공동체의 모습을 되찾는다. 총독인 느헤미야는 이 일에 솔선하여 이전의 총독들과는 달리 백성들을 착취하지 않은 것은 물론 자신이 마땅히 받아야 할 총독의 녹도 받지 않았다고 기록한다.

느헤미야 6장에는 계속되는 산발랏과 도비야와 게셈의 음모가 나오는데, 느헤미야를 조용히 불러내어 죽이려고도 하였고 심지어는 거짓 예언자를 매수해서 느헤미야를 두렵게하여 범죄하게 유도하려 하였다. 그러나 이런 계략에도 하나님께서는 성벽 재건 역사를 이루셔서 52일 만에 성벽 공사가 완공된다.

느헤미야 7-9장

느헤미야서에는 예루살렘 성의 수많은 성문 이름이 나온다. 골짜기문, 분문, 샘문, 양문, 어문, 옛문, 마문, 수문 등이 나오는데 특이하게 분문(糞門)은 한자어로는 그럴 듯한데 실은 똥문(Dung Gate)이다. 성문 이름 중에 분문이 있다는 것이 좀 거북스럽기도 하다.

성벽을 중수한 후에 느헤미야는 예루살렘을 다스릴 지도자들을 세우고 성문 운영 체제를 확립한다. 7장 후반부에는 에스라 2장에 언급한 것 같이 포로에서 돌아온 사람들이 족장 별로 기록된다.

성벽 중수를 마친 후 백성들은 각기 자기 조상들의 성읍에서 거주하는데 일곱째 달(초막절이 있는 달)에 백성들이 수문 앞 광장에 모여 학사 에스라에게 하나님의 율법을 읽어 주기를 청한다. 백성들이 먼저 하나님의 말씀을 사모하여 듣기를 원한 것이다. 이에 에스라가 7일 동안 새벽부터 정오까지 하나님의 법을 낭독하는데, 성경은 에스라가 율법책을 펼 때에 모든 백성이 일어섰다고 기록한다. 예전에는 교회에서 하나님의 말씀을 봉독할 때 회중이 일어서는 게 당연했는데, 요즘은 예배를 너무 편안히 드리는 것이 아닌가 하는 생각이 든다.

에스라가 대표로 율법책을 읽고 많은 레위인들은 백성들이 들은 율법의 뜻을 해석하여 백성들이 다 깨닫게 하니 깨달은 대로 실행하여 초막절을 지키며 온 백성이 기뻐한다. 그리고 온 백성이 자신들과 조상들의 죄를 자복하며 영적 부흥이 일어나는데, 낮 사분의 일(세 시간)은 제자리에 서서 율법책을 낭독하고 또 세 시간은 죄를 자복하며 여호와를 경배한다.

요시야왕 때에도 율법책을 발견하고 읽으므로 개혁이 일어났고 느헤미야 때에도 율법책을 읽고 깨달음으로 영적 각성이 일어났다. 오늘날 교회가 무력해진 이유는 성도들이 하나님의 말씀을 읽고 깨닫고 실행하는 일에 열심을 내지 않기 때문이 아닐까 생각해 본다.

느헤미야 10 – 13장

예루살렘 성벽을 재건한 후에 예루살렘에 사람들이 정착해서 살아야 했다. 우선 백성들의 지도자들이 예루살렘에 거주하게 하고 남은 백성은 제비를 뽑아 십분의 일은 예루살렘에, 나머지 십분의 구는 각기 지파에 따라 자신들의 성읍에 거주하게 한다. 느헤미야 11장 2절로 미루어 보면 백성들이 자신들의 조상의 땅을 떠나 예루살렘에 거주하는 것은 유산을 포기하는 희생이 따른 듯하다. 그래서 예루살렘에 살려고 자원하는 사람들에게 복을 빌어 주고 더 필요한 사람들은 제비를 뽑았다. 이 일도 느헤미야가 행정적 지도력을 발휘하여 진행했을 것이다.

12장 후반부에는 예루살렘의 성벽 봉헌 기사가 기록된다. 온갖 방해에도 느헤미야의 지도력과 하나님의 인도하심으로 성벽 공사를 마치고 제사장들과 레위 사람들이 몸을 정결하게 하고 모든 백성과 성문과 성벽을 정결하게 한 후 사람들이 감사 찬양을 올리며 성벽 위를 행진하였다.

느헤미야 13장에는 느헤미야가 바사 왕에게 약속한 것처럼 그에게 갔다가 돌아와 보니 이스라엘 백성들이 하나님 앞에서 한 맹세를 쉽게 저버리고 이전의 길로 행하는 것을 보고 다시 십일조, 안식일, 이방 사람들과의 잡혼을 시정하는 개혁이 기록된다. 느헤미야 13장은 시기적으로 구약의 가장 마지막에 일어난 일들의 기록이다.

에스더 역사서

에스더서는 아하수에로 왕 때에 있었던 일로 아하수에로는 에스라와 느헤미야 시대의 바사(페르시아) 왕이던 아닥사스다의 아버지이다.

에스더서에는 에스더와 그의 사촌 오빠이자 에스더의 부모를 대신해서 에스더를 키운 모르드개, 아하수에로 왕과 아각 사람 하만이 주요 등장인물인 한 편의 드라마다. 특이한 것은 에스더서 전체에서 여호와 하나님이 한 번도 언급되지 않지만 하나님은 드러나지 않게 배후에서 모든 것을 이뤄 가시는 이 반전 드라마의 감독 같다. 에스더는 페르시아식 이름으로 별(star)이라는 뜻이라 한다. 이 책의 저자로 모르드개를 많이 언급하지만 확실하지는 않다.

에스더 1, 2장

백이십칠 지방을 다스리는 대제국 바사의 아하수에로 왕이 그의 부귀와 위엄을 나타내기 위한 잔치를 장장 백팔십일이 넘게 계속하는데, 왕비인 와스디의 미모를 사람들에게 자랑하려는 왕의 명령에 와스디가 불복종하여 폐위되고 제국 전역에서 아리따운 처녀들을 모아 왕비를 새로 맞이하게 된다. 처녀들은 일년 동안 궁에서 준비하고 차례로 왕 앞으로 나가게 되는데, 모르드개가 딸같이 양육한 에스더도 고운 용모 때문에 왕궁으로 이끌려 가게 되고 모르드개는 에스더에게 자신이 유다인임을 밝히지 말라고 한다.

와스디가 폐위된 것은 왕 제 삼년이고 에스더가 왕후로 뽑힌 것은 왕 제 7년이다. 많은 성경학자들은 그 사이에 아하수에로가 그리스 원정을 다녀왔다고 본다. 에스더 2장 말미에 에스더가 왕비가 되고 나서 모르드개도 왕의 대궐 문에 앉는 지위가 되는데, 거기서 그는 왕을 암살하려는 음모를 알아내고 에스더에게 알려서 왕의 목숨을 구한 일이 궁중일기에 기록된 사실이 나온다. 이 기록은 후에 큰 반전이 일어나는 계기가 된다.

에스더 3, 4장

아하수에로는 이스라엘의 원수였던 아말렉 왕 아각의 후손인 하만을 높혀 모든 사람들이 하만에게 절하게 만드는데 유다인 모르드개가 하만에게 절하지 않자 하만은 모르드개 뿐 아니라 바사제국 전역의 모든 유다인들을 다 멸하고자 하여 왕 제 12년 첫째 달에 왕의 이름으로 전국에 조서를 보내 유다인들을 진멸할 날을 공포하는데, 그때 제비(부르)를 뽑아 정한 날이 그해 마지막 달 십삼일이었다. 이때는 에스더가 왕비가 되고 5년째 되던 때이다.

모르드개를 비롯한 많은 유다인들이 하만의 조서 때문에 베 옷을 입고 재를 뒤집어쓰고 통곡하였고 모르드개가 에스더에게 왕께 나가서 간절히 구할 것을 종용하자 에스더는 자신이 왕의 부름을 받지 못한 지 한 달인데 부름 없이 왕에게 나갔다가 왕이 금 규를 내밀지 않으면 죽는다고 난색을 표한다. 이때 모르드개가 에스더에게 전하는 말이 "너는 왕궁에 있으니 모든 유다인 중에 홀로 목숨을 건지리라 생각하지 말라 이때에 네가 잠잠하여 말이 없으면 유다인은 다른 데로 말미암아 놓임과 구원을 얻으려니와 너와 네 아버지 집은 멸망하리라. 네가 왕후의 자리를 얻은 것이 이때를 위함이 아닌지 누가 알겠느냐." 하니 에스더가 용기를 얻어 모든 유다인들에게 금식할 것을 부탁하고 "죽으면 죽으리이다." 하고 왕에게 나간다.

에스더 5, 6장

아하수에로 왕이 한 달 만에 에스더를 보고 매우 사랑스러워하며 바라는 것이 무엇이든 나라의 절반이라도 주겠다고 하는데, 마가복음 6장에서 자신의 생일 잔치에서 헤로디아의 딸이 춤을 추어 기쁘게 하니 무엇이든지 원하는 것을, 나라의 절반까지도 주겠다고 한 헤롯이 연상되기도 한다. 헤롯은 로마의 지배하에 있던 유다 지방의 왕에 지나지 않았지만 아하수에로는 인도에서부터 아프리카에 이르는 대제국의 왕이었으니 아하수에로의 뻥이 헤롯의 뻥보다 훨씬 컸다.

에스더는 왕의 말에 즉답을 하지 않고 왕과 하만을 잔치에 초대하고 하만은 자신만이 왕과 함께 에스더의 잔치에 초대받아 한껏 그의 교만한 마음이 기쁨에 취하지만 모르드개가 자신을 무시하자 밤을 세워 모르드개를 달아 죽일 나무를 세운다. 같은 날 밤 왕은 잠을 이루지 못하고 역대 일기를 자기 앞에서 읽게 하는데 4년 전에 모르드개가 자신의 목숨을 구한 것과 그에 대한 아무 보상도 하지 않은 것을 알게 되고 새벽에 모르드개를 존귀하게 하는 일을 하려고 사람을 찾는데 마침 하만이 모르드개를 나무에 매달아 죽일 것을 허락받기 위해 왕궁 뜰에 들어온다.

하나님이 하시는 일이 그야말로 절묘한 타이밍으로 이루어진다. 모르드개를 죽이려 했던 하만은 모르드개에게 왕의 의복을 입히고 왕관을 씌우고 왕의 말에 태워 수산성의 거리마다 돌아다니며 모르드개가 바로 왕이 존귀하게 하기 원하는 사람임을 온종일 공포해야 했다. 이 일로 번뇌하며 머리를 싸매고 집으로 돌아간 하만은 쉬지도 못하고 바로 에스더의 둘째 날 잔치에 불려 나간다.

에스더 7-10장

에스더의 둘째 날 잔치에서 드디어 에스더는 왕에게 하만의 계략 때문에 자신과 자신의 민족이 다 죽게 되었음을 밝히고 하만은 모르드개를 죽이려고 자기 집에 세운 나무 형틀에 자신이 달려 죽는다. 그리고 에스더는 하만이 왕의 이름으로 내린 조서 때문에 죽게 된 유다 백성들을 살려 달라고 울며 구한다. 왕의 이름으로 된 조서를 바꾸는 일은 있을 수 없는 것인데 하만이 정한 날에 유다인들이 그들을 해하려는 자들을 도륙하고 진멸할 수 있게 하는, 즉 처음 조서와는 상반된 조서를 모르드개가 왕의 이름으로 바사 제국 전역에 반포한 다. 하만이 유다인들을 진멸하려는 조서를 써 붙인 지 두 달 뒤의 일이다.

그리고 하만이 유다인들을 제거하려고 제비(부르)를 뽑아 정한 열두째 달 십 삼일에 유다인들이 그들의 대적들을 모두 제거하게 되는데, 이는 바사의 모든 지방관, 대신, 총독들이 나라의 실세로 떠오른 모르드개를 두려워하여 모두 유다인들을 도왔기 때문이다. 그들은 유다인의 대적들을 모두 도륙했지만 그들의 재산을 탈취하지는 않았다.

이 일이 있은 후 모든 유다인들이 모여 잔치를 벌이며 즐기게 되는데 모르드개가 이 모든 일을 기록하고 해마다 아달 월 14일과 15일을 기념하여 지키며 잔치를 베풀고 즐기며 서로 예물을 주며 가난한 자를 구제하라고 명하여 이것이 지금도 유대인들이 지키는 부림절이 되었다. 유대인들의 절기 중에 제사와 관계없이 즐기고 주위의 가난한 자들을 구제하는 명절이다.

아하수에로 왕 때 에스더가 왕후였고 모르드개는 총리가 되어 그가 유다인 중에 크게 존경을 받고 그의 백성의 이익을 도모하며 그의 모든 종족을 안위하였다는 기록으로 에스더서는 마친다. 이후의 아닥사스다 왕 때에 에스라와 느헤미야가 유다로 귀환하여 여러 가지 일을 할 수 있었던 데에는 모르드개로 인해 바사 제국이 유다인들에게 호의적이 되었기 때문이기도 할 것이다.

욥기 시가서 | 지혜서

욥기는 시가서 또는 지혜서라 불리는 다섯 권의 성경 중 맨 처음 나오는 성경이다. 주요 등장인물인 욥의 이름이 책의 이름이지만 욥이 저자는 아니다. 욥은 그의 수명으로 미루어 아브라함, 이삭, 야곱과 동시대에 살았을 것으로 생각되며 그가 살았던 우스 땅은 이스라엘의 동남쪽 에돔과 유브라데강 사이였을 것으로 생각된다. 욥기의 저자는 누구인지 확실하지 않으나 여러 가지로 매우 해박한 유대인이었을 것인데 전승에 의하면 모세, 혹은 솔로몬을 저자로 생각하기도 한다. 욥기는 문학적으로도 매우 뛰어난 걸작이다.

욥기는 인간이 당하는 고통의 문제와 고통 가운데에도 흔들리지 않는 믿음에 대해 다루는데, 특이하게도 독자는 처음부터 왜 욥이 고난을 당하는지 알지만 정작 욥 자신은 자신이 고난당하는 이유를 알지 못하고 그의 친구들은 욥이 죄를 지었기 때문에 하나님에게 벌을 받는 것이라 하며 욥을 정죄한다. 욥은 하나님께 끈질기게 자신의 무죄함과 억울함을 호소하지만 하나님의 하나님 되심을 깨닫게 될 때 하나님은 그를 회복시키시고 더욱 큰 복을 주시는 것으로 끝을 맺는다.

욥기 1, 2장

욥을 온전하고 정직하며 하나님을 경외하며 악에서 떠난 자이며 그 재산이 매우 많고 동방 사람 중에 가장 훌륭한 사람이라고 소개하고 있다. 얼마나 대단한 사람인지 하나님이 사탄 앞에서 욥과 같은 사람이 없다고 칭찬한다. 이때 사탄은 욥이 하나님에게 받은 것이 많아서 그런 것일 것이라며 가진 모든 소유를 빼앗으면 하나님을 저주할 것이라 주장하여 욥을 시험해 볼 것을 하나님으로부터 허락을 받는다. 여기에서 사탄도 하나님의 주권 아래 있음을 욥기 기자는 확실하게 밝히고 있다.

한순간에 모든 재산과 자녀를 잃고도 욥은 범죄하지 않고 하나님을 원망하지 않았다. 이에 사탄은 다시 하나님에게 욥 자신의 뼈와 살을 치면 주를 욕할 것이라 주장하여 하나님으로 부터 죽지 않을 정도의 육신적 고통으로 시험할 것을 허락받는다. 보다 못한 욥의 아내가 하나님을 욕하고 죽으라 하지만 욥은 입술로 범죄하지 않았고 소식을 듣고 위로하려고 찾아온 욥의 세 친구들도 욥의 처참한 모습에 칠일 동안은 아무 말을 못했다.

욥기 3-5장

욥의 세 친구가 찾아와 일주일 동안 서로 침묵하다가 욥이 먼저 말문을 연다. 3장에서 욥은 자기의 생일을 저주하며 자신에게 닥친 고난이 너무 큼으로 차라리 자신이 태어나지 않았었다면 좋았을 것이라는 탄식을 한다. 그러나 아무리 큰 고통을 당하더라도 사람에게는 스스로 자살할 자유가 주어지지 않았음을 욥은 제대로 인식했다.

이어지는 4-5장에서는 욥의 친구 중 엘리바스가 제일 먼저 입을 연다. 그는 욥에 대한 그동안의 명성을 인정하며 시작한다. 그러나 바로 "생각하여 보라 죄 없이 망한 자가 누구인가 정직한 자의 끊어짐이 어디 있는가." 하면서 욥의 고난은 죄 때문이 아닐까 생각해 보라고 한다. "사람이 어찌 하나님보다 의롭겠느냐 사람이 어찌 그 창조하신 이보다 깨끗하겠느냐."라는 그의 말은 틀린 말은 아니나 친구를 위로하는 자세는 아니다. 엘리바스가 환상 중에 깨달은 진리라고 말하지만 당대의 모든 사람보다 더 의인이었던 욥이 그것을 몰랐을까? 계속 이어지는 5장에서도 그는 욥이 죄를 뉘우치면 하나님의 징계가 그치고 구원하실 것이라는 주장을 이어가면서 이것이 자기들이 연구한 바 사실이라고 말한다.

욥기 6, 7장

엘리바스의 정죄에 대한 욥의 대답이 나온다. 욥은 "하나님이 그의 손을 들어 나를 끊어 버리실지라도 내가 오히려 위로를 받고 그칠 줄 모르는 고통 가운데서도 기뻐하는 것은 내가 거룩하신 이의 말씀을 거역하지 아니하였음이라." 며 자신의 무죄함을 항변한다. 그리고는 그가 친구들에게 바란 것은 정죄와 책망이 아닌 위로와 동정이라고 말한다. 7장에서는 욥이 하나님께 구하기를 왜 자신에게 그토록 혹독한 고통을 주시는지, 차라리 자신의 목숨을 거두어 달라 한다.

욥기 8–10장

욥 8장에는 욥의 말에 이어서 수아 사람 빌닷이 말하는데 "하나님이 어찌 정의를 굽게 하시겠으며 전능하신 이가 어찌 공의를 굽게 하시겠는가." 하며 욥의 자녀들이 주께 죄를 지었기에 그들이 죽은 것이라고 욥의 '염장'을 지르는 심한 말을 한다. 그리고 나서 바로 하는 말이 네가 하나님을 찾고 그 앞에 정직하면 "네 시작은 미약하였으나 네 나중은 심히 창대하리라." 주장한다. 이 말이 얼마나 욥의 마음을 후벼 팠을까 생각해 본다. 욥은 이미 매우 소유가 많았고 동방 사람 중 가장 훌륭한 '심히 창대했던' 사람이었다. 아이러니칼하게도 이 구절은 한국인들이 특히 좋아하여 액자에 넣어 집이나 사업장에 걸어 놓기도 하는 구절이다. 그러나 이는 하나님의 신실하신 약속이 아니라 욥보다 훨씬 못한 빌닷의 주장에 불과하다. 성경에 나온다고 모두 다 하나님의 진리 말씀이 아니다.

빌닷의 속이 빈 강정 같은 주장에 욥의 대답이 9장과 10장에 이어진다. 세 친구들의 주장과 정죄는 비교적 간단하나 이에 대한 욥의 반론과 하나님께 드리는 호소는 더 길게 기록된다. 친구들의 주장과는 달리 하나님은 악인만 벌하시는 것이 아니라 선한 사람에게도 고난을 주실 수 있는 분임을 깨달았다 하며 인간은 하나님 앞에서 시시비비를 따질 수 없는 존재임을 고백하며 하나님과 인간 사이의 중재자가 없음을 안타까워한다. "하나님은 나처럼 사람이 아니신즉 내가 그에게 대답할 수도 없으며 함께 들어가 재판할 수도 없고 우리 사이에 손을 얹을 판결자(중재자)도 없구나." 그러나 우리에게는 참 하나님이자 참 인간으로 하나님의 심판대에서 우리를 위해 변론하실 중재자가 있음을 생각한다.

욥기 11 – 14장

욥기 11장에는 나아마 사람 소발의 말이 나오고 12-14장에서 이에 대한 욥의 대답이 나온다. 소발 역시 다른 두 친구들의 정죄와 다르지 않은 말을 하는데, 특히 그는 욥을 정죄함에 더해 욥의 인격까지 공격한다. 요즘 말로 표현하면 "듣자 하니 더 이상 못 들어주겠네, 네가 하나님에 대해 무엇을 알겠느냐, 이 지각없는 나귀 새끼 같은 친구야."라고 심한 말로 욥을 꾸짖으며 마음을 바로 하고 죄와 불의를 멀리하면 지금 당하는 고난도 없어질 것이라 주장한다.

이에 대해 욥은 마음이 상해 이 세상에 너희들이 죽으면 지혜도 사라지겠구나 하며 자신의 지혜가 이 세 친구들보다 못하지 않음을 항변한다. 그리고 친구들에게 "너희는 거짓말을 지어내는 자요 다 쓸모 없는 의원이라 너희가 잠잠하면 그것이 너희의 지혜일 것이라."고 대꾸한다. 위로하고자 찾아온 친구들이었지만 참된 위로가 아닌 정죄로 흐르면서 서로 감정이 섞인 논쟁으로 번지고 있음을 본다.

욥은 친구들이 거짓으로 자신을 정죄하는 것이 과연 하나님을 위하는 것인지, 하나님이 그들의 속임수에 넘어가실 분인지 그들에게 도전하면서 하나님께서 그들을 심판하실 것을 말하는데, 하나님은 욥기 42장에서 욥의 친구들의 잘못을 지적하신다. 그리고 욥은 14장에서 인생의 짧음과 모든 사람이 하나님 앞에서 죄인임을 고백하면서 하나님께 공의의 심판이 아닌 자비를 구한다.

욥기 15 – 17장

욥기 15장부터는 욥과 세 친구의 논쟁 제 2 라운드가 시작된다. 엘리바스는 4장에서의 그의 첫 번째 말과는 달리 처음부터 욥을 정죄하며 욥이 무익하고 간사한 말로 하나님을 경외하지 않고 홀로 지혜 있는 척하며 하나님 앞에 분노를 터뜨리며 불만스러워한다고 혹독하게 몰아붙인다. 지혜로운 자들이 전해준 진리를 말해줄 터이니 잘 들으라 하는데, 그러면서 하는 말이 죄인들이 겪게 되는 비참한 운명을 열거하며 욥의 고난은 죄 때문이라는 제1라운드의 주장을 되풀이한다.

16-17장에서는 욥이 이에 대해 답하는데, 위로한답시고 정죄를 하는 그의 친구들에게 야속한 심정을 드러내면서 입장을 바꿔 본다면 자신은 그렇게 정죄하기 보다는 오히려 친구들을 위로했을 것이라 하면서 친구들에게 자신의 입장에서 생각해 보기를 간청한다. 친구라면서 자신을 오히려 조롱하는 자들 앞에서 "나의 희망이 어디 있으며 나의 희망을 누가 보겠느냐." 하며 친구들에게는 더 이상 희망이 없고 오직 하나님께만 희망을 둘 수 있음을 깨닫는다.

욥기 18 – 19장

욥기 18장에는 빌닷의 두 번째 말이 나온다. 앞서 말한 엘리바스와 마찬가지로 빌닷도 두 번째 말에서는 사정없이 욥을 비난한다. 욥을 울분을 터뜨리며 자신을 찢는 사람이라며 욥의 불평 때문에 하나님이 당연한 자연 현상을 바꿔야 되겠느냐며 악인에게 닥칠 마지막을 장황하게 설명한다. "참으로 불의한 자의 집이 이러하고 하나님을 알지 못하는 자의 처소도 이러하리라." 하면서 욥을 불의하고 하나님을 알지 못하는 자라고 정죄한다.

이에 욥은 19장에서 대답하기를 친구라 하면서 자신을 괴롭히고 학대하며 욥이 당하는 고난을 보며 자만하는 친구들을 보며 친구도 떠나고 가족도 떠나고 종들도 무시하는 자신의 처지를 한탄한다. "나의 가까운 친구들이 나를 미워하며 내가 사랑하는 사람들이 돌이켜 나의 원수가 되었구나."

그러나 이렇게 절망 중에 있던 욥의 입에서 가장 위대한 신앙고백이 튀어나온다. "내가 알기에는 나의 대속자가 살아 계시니 마침내 그가 땅 위에 서실 것이라 내 가죽이 벗김을 당한 뒤에도 내가 육체 밖에서 하나님을 보리라." 여기서 대속자는 룻기에 나오는 기업 무를 자(kinsman redeemer)라고 번역된 '고엘'이란 단어로 우리의 구속자이신 주님을 나타낸다. 이 고백에서 욥은 그리스도와 부활에 대한 희망을 고백한다고 볼 수 있다. 헨델의 오라토리오 '메시아' 중에 나오는 독창곡 "내 주는 살아 계시고"(I know that my Redeemder liveth)의 가사가 바로 욥의 이 고백이다.

욥기 20 - 21장

욥기 20장에는 소발의 두 번째 말이 나온다. 소발은 악인, 경건치 못한 위선자의 승리와 기쁨은 짧은 순간뿐임을 말하면서 욥이 한때 잘 나갔으나 죄로 인해 하나님의 진노를 벗어날 수 없다 한다. 이에 욥은 21장에서 소발의 논리를 반박하며 악인들이 세상에 살면서 꼭 죄에 대한 심판을 받지 않는 사람들도 많이 있지만 악인들은 죽은 후에 심판을 받을 것임을 말하고 있다.

욥기 22 – 24장

　이어지는 22장에서는 엘리바스가 세 번째 말을 하는데 점점 욥을 비난하는 강도가 커진다. 이제는 욥이 가난한 자들을 착취하고 고아와 과부들을 잔인하게 대했다고 있지도 않은 거짓말로 정죄한다. 23, 24장에서 욥은 엘리바스의 정죄에 억울한 마음을 풀 길이 없어 자신의 결백함을 입증해 줄 하나님의 정당하신 판단을 갈망한다. 그러면서 그가 당하는 고난이 믿음을 위한 시련임을 깨닫고 "그러나 내가 가는 길을 그가 아시나니 그가 나를 단련하신 후에는 내가 순금같이 되어 나오리라." 고백한다. 또한 욥은 세상의 많은 예를 들며 고난이 반드시 죄로 인한 결과가 아니라는 것과 그럼에도 악인들의 행위는 궁극적으로 하나님의 심판을 받게 됨을 친구들에게 인식시키려 한다.

욥기 25 – 27장

　욥기 25장에는 빌닷의 마지막 말이 짧게 기록된다. 욥의 세 친구의 말 중에 마지막 말이다. 빌닷은 하나님의 위대하심과 인간의 비천함을 비교하면서 구더기나 벌레 같은 욥이 어떻게 하나님 앞에 깨끗하겠느냐 하며 계속 욥을 정죄한다.

　이에 대한 욥의 대답이 매우 길게 이어진다. 26장에서 빌닷의 주장은 논리적으로도 어리석고 욥에게 아무 위로나 도움이 되지 못함을 지적하며 하나님의 지혜에 대해 자신이 이해하고 있는 바를 구체적으로 나열한다. 27장에서는 다시 자신의 의를 주장하면서 하나님을 원망하기보다는 고난 속에서도 의와 순전함을 지키며 인내하겠다 한다. 그리고는 악인의 받을 궁극적인 분깃은 자손들에게 닥칠 재앙과 악인이 설사 부자로 죽더라도 그의 사후에 임할 하나님의 심판임을 언급한다.

욥기 28-31장

욥기 28-31장에서 욥의 세 친구들에 대한 답변이 계속 이어진다. 28장에서는 하나님의 지혜가 세 친구들이 이해하는 수준을 훨씬 초월한다는 것을 말한다. 물질의 부요함은 사람이 열심히 노력하여 얻을 수 있지만 지혜와 명철은 사람의 노력으로 얻는 것이 아니라 하나님을 경외하는 믿음을 통해 받는 선물이라 한다.

그러면서 욥은 29장에서 자신이 살아온 과거를 회상하며 하나님과 함께 했던 영적인 교제, 물질의 풍요와 사람들에게 존경받았던 자신의 인생, 또한 고아와 과부 가난한 이웃들을 돌보며 정의를 행했던 행적을 돌아본다. 그러나 자신에게 이유 모를 재앙이 닥치자 모든 사람들이 자신을 조롱하는 상황을 30장에서 안타까워하며 하나님께 자신의 처지를 호소하지만 대답이 없으심에 절망한다.

31장에서는 욥이 자신의 무죄를 주장하면서 안목의 정욕도 품지 않았음을 말하고 있다. 다른 여자들을 음란한 눈으로 바라보지도 않았다는 것이다. 예수님이 산상 수훈에서 여자를 보고 음욕을 품은 자마다 간음한 것이라 하신 말씀이 생각나는 대목이다. 그리고 욥은 말로만 하나님을 믿은 것이 아니라 가난한 자, 고아, 과부들을 돌보았을 뿐 아니라 썩어 없어질 재물보다는 하나님 나라의 영적인 복을 사모했다. 욥은 그 시대에 통상적인 의인의 개념을 뛰어 넘어 예수님이 가르치신 수준의 신앙을 그의 삶 속에서 이미 추구했던 놀라운 사람이기에 당대의 욥의 친구들이 판단할 수 없는 수준임을 알 수 있다. 욥은 마지막으로 하나님께서 자신의 변론을 들어주시고 대답해 주시기를 간구한다.

욥기 32-37장

욥의 세 친구들이 더 이상 욥에게 반박하지 못하고 잠잠하자 제4의 인물인 엘리후가 나타난다. 그는 그동안 하고 싶은 말을 참았는지 장장 32장에서 37장까지 말을 이어간다. 엘리후가 언제부터 욥과 세 친구들의 말을 듣고 있었는지 성경은 말하고 있지 않는다. 세 친구들이 욥을 위로하러 왔을 때에는 엘리후는 없었다. 엘리후는 자신의 나이가 그들보다 어리기에 지금까지 하고 싶은 말을 꾹 참고 들어왔는데 더 이상은 못 참겠다며 화를 내며 대화에 끼어든다.

엘리후는 욥이 하나님보다 자신이 더 의롭다 하였다 하며 욥에게 화를 내며, 다른 세 친구들에게는 욥 하나를 못 당하고 그에게 논리적으로 밀리느냐고 화를 낸다. 욥에게 말하기를 욥은 하나님이 자신에게 말씀해 주시지 않는다고 불평하지만 전능하신 하나님이 그 하시는 일을 설명할 필요가 없으시며 실은 여러 번 말씀하셨지만 인간이 듣지 못한 것뿐이라며 자신이 지혜를 가르칠 테니 욥은 잠자코 들으라 한다. 엘리후의 말 중간중간에 하나님에 대한 그의 이해가 옳은 부분도 있지만 그 역시 욥의 죄로 인해 하나님이 고난을 주신 것이라는 이전의 세 친구의 주장과 별 다르지 않은 주장을 이어간다. 그러면서 욥에게 하나님을 조롱하며 악을 행하는 자라고 정죄한다. 또한 욥이 악한 사람처럼 대답했으니 욥이 끝까지 시련 받기를 바란다고 하며 욥은 죄에 더해 반역까지 했다고 주장한다.

엘리후를 보면 옛날에 우스갯소리로 "가만히 있으면 중간은 간다."라는 말이 생각난다. 뭘 좀 안다고 스스로 생각하는 젊은이들에게서 흔히 볼 수 있는 교만함이 그대로 드러나고 있다.

욥기 32장에서 37장에 등장한 엘리후에 대해서는 욥기의 시작 부분뿐 아니라 바로 뒤에 이어지는 하나님의 말씀(38-41장)과 욥기의 결론인 42장에서도 아무 언급이 없다. 혹자들은 그래서 엘리후의 말은 나중에 첨가된 것이 아닌가 생각하기도 한다, 이런 주장을 하는 사람들은 33장에서 엘리후가 하나님께서 주시는 고난은 죄에 대한 심판이 아니라 죄에 대한 경고로 죄인들이 회개하고 돌아오게 하시려는 하나님의 자비라며 세 친구들의 주장보다는 발전된 주장을 하고 있음을 지적한다. 그러나 엘리후의 말 역시 욥에게 위로를 주지도 못했고 욥이 당하는 고난의 의미를 제대로 알지도 못한 것은 앞의 세 친구와 별로 다르지 않다.

욥기 38-41장

욥기 38-41장에서 드디어 여호와께서 욥에게 말씀하신다. 성경은 욥기 처음 시작할 때 1장과 2장에서 하나님을 여호와라고 칭한 후 3장에서 37장까지의 욥과 친구들 사이의 대화에서는 하나님을 여호와라 하지 않고 '전능하신 하나님'이라는 뜻의 '엘 샤다이'(El Shaddai)라 기록하는데 38장에서 욥에게 말씀하시는 하나님을 다시 그의 언약의 이름 여호와로 칭하고 있다. 그리고 여호와께서는 친구들이 아닌 욥에게 말씀하신다.

여호와께서 두 번에 걸쳐 욥에게 말씀하시는데 첫 말씀에서는 욥에게 하나님이 어떻게 천지를 창조하셨으며 어떻게 그 모든 피조물들을 다스리고 계신지, 창조하신 피조물들의 세계가 얼마나 다양한지 이해하고 있느냐 하시면서 하나님과 논쟁하려 하고 하나님을 탓하는 자는 대답하라고 욥에게 말씀하신다. 이에 욥은 본인이 그렇게 원했던 하나님 앞에서의 변론의 기회가 주어졌지만 막상 창조주 하나님의 하나님 되심을 깨닫고는 더 이상 말을 하지 못하고 침묵한다. 이에 여호와께서는 두 번째로 말씀하시며 하나님의 공의와 능력에 대해 욥이 무엇을 알고 있는지 질문하신다. 그러면서 우리에게는 알려지지 않은 두 피조물 베헤못(behemoth)과 리워야단(leviathan)을 언급하신다. 혹자들은 베헤못은 하마이고 리워야단은 악어일 것이라 하지만 그보다는 아마도 지금은 멸종했지만 욥 시대에는 모두 알고 있었던 동물들일 것이라 생각된다. 베헤못은 육지에 사는 동물 중 가장 크고 힘이 센 동물이었던 것 같고 리워야단은 바다에 사는 동물 중 가장 강했던 동물이었다고 볼 수 있다. 이런 동물조차 어떻게 할 수 없는 인간인 욥이 어떻게 하나님 앞에서 자신이 당한 일들에 대해 변론할 수 있겠느냐 하신다.

욥기 42장

욥은 스스로 알지 못하고 헤아리지 못하면서 하나님의 공의를 요구했던 자신의 교만한 마음을 회개한다. 사람은 누구나 죄인이라 하나님의 공의로는 죽을 수밖에 없는 존재이기에 우리는 하나님의 공의가 아닌 자비를 구해야 한다. 이렇게 욥이 하나님께 회개하자 여호와께서는 욥 앞에서 욥의 세 친구들의 말이 욥과 같이 옳지 못했음을 지적하며 그들에게 욥 앞에서 하나님께 번제를 드릴 것을 명하시고 욥의 제사장적인 중보기도로 그들의 죄를 용서하신다. 그리고 여호와께서 욥을 회복시켜 주셔서 이전의 모든 소유의 갑절을 주시고 다시 열명의 자녀를 주셔서 장수하며 자손들이 번영하는 복도 주셨음을 기록하며 마친다.

욥기가 성경에 없었다면 성도들은 사람에게 닥치는 모든 고난은 자신의 죄 때문이라고 섣부르게 정죄하며 고난 중에 있는 형제나 이웃을 긍휼히 여기기보다는 멸시하며 함부로 대하는 죄에 빠지기 쉬웠을 것이라는 생각을 해 본다.

시편 시가서 | 지혜서

150편으로 이루어진 시편은 크게 시편 1–41편, 시편 42–72편, 시편 73–89편, 시편 90–106편, 시편 107–150편의 다섯 권으로 분류되며 각 권의 마지막은 송영(doxology)으로 마치고 있다. 이스라엘 민족의 찬송가이자 기도문이라 할 수 있는 시편은 하나님을 예배할 때 교독하거나 찬송하는데 사용되었고 현대의 교회에서도 예배 중에 회중들이 읽는 교독문이 대부분 시편이다. 시편의 절반 가까이는 다윗이 지은 것으로 알려졌으며 50편가량은 작자 미상으로, 나머지 12편은 아삽, 11편은 고라 자손, 2편은 솔로몬, 1편은 모세, 1편은 에단의 작품이다. 119편은 가장 긴 시편이며 성경의 가장 긴 장이기도 하다. 117편은 가장 짧은 시편이고 시편 118편 8절은 성경 전체의 가운데 절이다.

시편 1편

시편 전체의 서론 같은 시로써 그 주제가 성경 전체의 주제와 상통한다. 복 있는 사람과 악인의 길을 대비하여 노래하는데, 성경은 하나님에 속한 사람과 세상에 속한 사람 두 종류뿐임을 계속 상기시켜 준다. 시편 1편은 또한 마태복음 5장의 예수님의 산상수훈의 팔 복을 생각나게 한다. 시편 1편에서나 예수님의 산상수훈에서나 공히 복 있는 사람(blessed)은 물질적인 풍요로움을 누리는 삶이 아니라 하나님의 말씀대로 사는 사람임을 말하고 있다.

2절에 "오직 여호와의 율법을 즐거워하여 그의 율법을 주야로 묵상하는도다.”라 하는데 여기서 '묵상'이라 번역한 말은 소리 내어 읊조리며 깊이 생각한 다는 뜻으로, 말없이 침묵하며 생각한다는 것은 아니다. 그리고 복 있는 사람 은 철을 따라 열매를 맺는 나무 같다며 그 하는 일이 형통하리라 하는데, 우리 가 형통하다는 것은 우리의 일이 잘 풀리고 성공하기보다 다른 사람들의 유익 을 위해 풍성하게 열매를 맺는 삶인 것을 생각하게 한다.

시편 2편

시편 1편이 복 있는 사람과 악인을 대조했다면, 시편 2편에서는 이방 나라와 하나님이 다스리는 나라를 대조한다. 6절의 하나님이 시온산에 세우신 왕은 다 윗을 말하며 또한 다윗의 왕위를 영원히 잇는 메시아에 대해 예언적으로 선포 하는 시편으로 이해된다.

시편 3편

다윗이 그의 아들 압살롬을 피할 때 지은 시라고 밝히고 있다. 이 이야기는 사무엘하 15장 13-17절에 기록되어 있다. 자신의 처지에 대한 한탄으로 시작 하지만 곧 자신의 기도를 응답하실 하나님에 대한 확실한 믿음으로 하나님을 찬양한다. 이 시편은 고난 중에 있는 모든 사람에게 구원에 대한 간구와 확신 을 붙들게 하는 신앙의 좋은 본보기가 된다.

시편 4-6편

4편은 다윗이 지어 찬양을 인도하는 악장에게 주어 노래하게 한 시편이다. 다윗은 의로우신 하나님이 은혜를 베푸사 자신의 기도에 응답해 주실 것을 간 구하며 자신의 기쁨은 물질의 풍요로움이 아니라 여호와 하나님이 얼굴을 들어 비추심 때문이라 고백한다.

시편 5편 역시 다윗이 악기에 맞춰 찬양하기 위해 만든 노래인데 하나님은 악을 미워하고 오만한 자들은 하나님 앞에 설 수 없으나 자신은 주의 풍성한 사랑을 힘입어 하나님을 예배할 수 있음을 찬양하며 자신의 기도를 하나님이 들으시며 주께 피하는 모든 사람은 주 안에서 기뻐하고 주님은 그들을 보호하고 복을 주시며 은혜로 지켜 주시는 분이심을 노래한다.

다윗은 사무엘로부터 왕으로 기름부음을 받은 후 사울이 죽을 때까지 오랜 세월을 사울을 피해 다니며 허다한 고생을 해야 했고 왕이 된 후에는 밧세바를 범하는 죄와 그로 인해 아들이 반란을 일으키는 등 많은 어려움을 겪었는데, 이러한 어려움 속에서도 회개하고 하나님의 긍휼하심을 의지하며 고백하는 수많은 주옥같은 시편들을 신앙고백으로 남겼다.

시편 6편에서 다윗은 자신의 죄를 고백하며 하나님의 자비를 구하고 자신의 영혼을 구원하시기를 간구하며 그 기도를 응답하실 하나님에 대한 확신을 노래한다.

시편 7편

다윗이 베냐민 족속 구시를 두고 여호와께 드린 노래라는데 구시가 누구인지는 확실치 않으나 아마도 사울의 친족으로 다윗을 대적한 사람인 듯하다. 그를 모함하는 원수를 심판하여 주시기를 구하며 정직하게 행하는 자신은 의로우신 재판장이신 여호와께 감사하며 지존하신 여호와의 이름을 찬양한다.

시편 8편

시편 8편에서 다윗은 하나님의 위대하신 이름을 찬양한다. 개역 성경에서는 "주의 이름이 온 땅에 어찌 그리 아름다운지요."라 번역했지만 정확히 표현하자면 아름다움이 아니라 장엄함(how majestic is your name)을 말하고 있다.

"어찌 그리 장엄한지요."라 한 우리말성경이나 "어찌 그리 위엄이 넘치는지요."라 한 새번역성경이 좀더 나은 번역이라 생각된다. 창조세계에 나타난 하나님의 위대하신 솜씨를 찬양하는 동시에 그런 하나님이 하찮은 인간을 돌아보시고 하나님이 지으신 모든 것들을 다스리도록 위임하신 사랑과 은혜를 찬양한다.

5절은 개역성경에서 "저를 천사보다 조금 못하게 하시고."라 했는데 개역개정에서는 이를 "그를 하나님보다 조금 못하게 하시고."라고 고쳤는데, 내 생각에는 천사라 번역하는 것이 더 합당하다. 원어의 의미는 하나님(God)이 아니라 'gods, 천상의 존재(heavenly being)'라고 보는 것이 일반적인 이해인 것 같다.

시편 9, 10편

두 시편은 하나로 묶을 수 있는 노래로 9편에서는 원수들과 이방 나라들을 물리치신 하나님의 의로운 심판에 대한 감사를 노래한다. 9편은 감사 찬양으로 시작하지만 10편은 악인에 의해 어려움을 당하는 자신의 상황을 간과하시는 것 같은 하나님을 부르며 하나님을 업신여기는 악하고 교만한 자들을 하나님께서 심판해 주시기를 기도하고, 여호와는 영원토록 왕이시고 고아와 압제 당하는 자들을 돌보시는 하나님임을 고백한다.

시편 11 – 14편

시편 11-14편은 찬양 인도자들의 지휘를 따라 부르는 다윗의 시이다. 11편에서는 의인이 당한 어려움 가운데도 궁극적으로 감찰하시는 하나님에 대한 신뢰를 노래한다. "여호와는 의로우사 의로운 일을 좋아하시나니 정직한 자는 그의 얼굴을 뵈오리로다."

시편 12편은 거짓과 아첨하는 말을 하는 사람들 때문에 어려움을 당하는 가련하고 궁핍한 자들을 순결한 하나님의 말씀이 지켜 주실 것을 노래한다.

이어지는 시편 13편에서 다윗은 하나님께 언제까지 자기를 외면하실 것이냐고 항변하며 시작한다. 자신을 대적하는 원수로 인해 번민하고 근심하며 하나님을 찾다가, 하나님의 사랑과 구원을 의지하며 기뻐 찬양하는 반전으로 마친다.

시편 14편에서 다윗은 어리석고 악하여 하나님이 없다 하는 자들이 세상에 만연하지만 여호와께서는 의인과 함께 계시고 그의 피난처가 되심을 고백한다.

시편 15 - 17편

시편 15편은 주의 장막에 머물며 주의 성산에서 사는 자, 즉 하나님의 참된 예배자의 자격을 말하고 있는데, 행동과 생각과 말이 진실하며 이웃을 사랑하고 탐욕이 없으며 하나님을 경외하는 자는 영원히 흔들리지 않는다고 노래한다.

시편 16편은 다윗이 위기 상황 속에서 하나님의 도우심을 구하는 기도로 시작하여 자신의 간증과 하나님에 대한 신뢰를 고백한다. 특히 10절에서 "이는 주께서 내 영혼을 스올에 버리지 아니하시며 주의 거룩한 자를 멸망시키지 않으실 것임이니이다."라는 부분은 메시아의 부활 신앙에 대한 말로 베드로가 사도행전 2장에서 예수님의 부활에 대해 증거하면서 인용한 구절이기도 하다.

시편 17편에서도 다윗은 공평하신 하나님께 고난 기운데에도 하나님을 따르고자 하는 자신을 원수들의 손에서 구해주실 것을 기도하고 있다. 그리고 이런 기도 후에 그는 하나님의 얼굴을 보리라 확신하며 아침에 주의 형상을 볼 수 있는 것으로 만족하다고 고백한다.

시편 18편

"나의 힘이신 여호와여 내가 주를 사랑하나이다."라고 시작되는 시편 18편은 다윗이 여호와께서 사울과 모든 원수들의 손에서 건져 주신 날에 부른 노래로 사무엘하 22장에 다윗이 하나님께 올려드린 감사기도로 기록되어 있다. 구원자이신 하나님을 노래하고 다윗이 당한 고난 중에 하나님께 드린 간구와, 창조 세계에 나타나신 하나님의 권능을 찬양하며 다윗 자신의 결백함과 하나님의 신실하심, 그리고 자신을 승리하게 하신 구원자 되시는 하나님을 찬양한다.

시편 19편

이 역시 널리 알려진 다윗의 시로 창조의 놀라움과 영광, 그리고 하나님이 율법을 주신 것을 찬양하는데, 자연계시(피조 세계)를 주신 하나님이 왜 특별계시(하나님의 말씀)를 더해 주셨는지를 설명하며 하나님을 찬양한다. "나의 반석이시요 나의 구속자이신 여호와여 내 입의 말과 마음의 묵상이 주님 앞에 열납되기를 원하나이다."라는 우리에게 찬양구절로 잘 알려진 기도로 마친다.

시편 20, 21편

시편 20편은 다윗이 전쟁에 임하며 하나님께 올려드린 승리의 기도이다. 병거나 말을 의지하지 않고 오직 하나님을 자랑하며 신뢰함으로 하나님께서 구원하여 주실 것을 기도한다.

21편에서 다윗은 주의 구원을 크게 기뻐한다. 왕이 영원토록 복을 받게 하시고 기쁘고 즐겁게 하신 주의 능력을 높이며 찬송한다.

시편 22편

시편 22편은 십자가에서 예수님이 인용하신 말씀으로 유명하다. 다윗은 고난과 조롱과 멸시를 당하는 가운데 하나님께 자신의 처지를 외면하지 말아 달라고 탄식하며 호소함으로 시작한다. "내 하나님이여 내 하나님이여 어찌하여 나를 버리셨나이까." 이를 두고 다윗이 1,000년 후의 예수님의 십자가 죽음을 예언한 것이라 하기도 하는데, 다윗이 아무 죄 없이 당하는 자신의 고난을 하나님께 호소한 이 시편을 예수님이 십자가에서 인용하심으로 다윗의 후손으로 오신 죄 없으신 메시아의 십자가 죽음으로 이 구절의 더 큰 뜻이 완성된 것이라 본다. 성부께서는 그 순간 십자가에 달리신 예수님을 외면하심으로 예수님이 짊어지신 우리의 모든 죄에 대해 심판하셨다.

탄식하며 시작한 이 시편은 중간에 하나님께 기도한 후 후반부에서는 하나님에 대한 찬양으로 반전된다. 18절에서 다윗이 자신의 겉옷을 나누며 속옷을 제비 뽑는다 하는 부분이 예수님의 십자가 죽음에서 로마 병정들이 그대로 행한 것임을 네 복음서에 기록하고 있다. 예수님의 죽음에 이 시편을 인용하면서 복음서 기자들은 이 시편 후반에 공의를 이루시고 모든 나라의 주재되시며 모든 족속으로부터 예배를 받으실 하나님에 대한 찬양이 십자가 복음이 온 세상에 전파됨으로 이루어질 것임을 암시하는 듯하다.

시편 23편

시편 23편은 150편의 시편 가운데 시편 1편과 함께 가장 잘 알려지고 사랑받고 많은 사람들이 암송하며 위로받는 시편이다. 어렸을때 양을 치던 목자였던 다윗은 양의 속성을 누구보다 잘 알았을 것이다. 그런 그가 자신을 양으로, 하나님을 선한 목자로 비유하며 하나님의 보호하심과 선하신 인도하심이 있으면 어떤 위험과 고난, 해를 당할 것을 두려워하지 않음은 선하신 하나님이 지켜 주시기 때문이며 영혼을 소생시키시며 자신의 이름을 위해 우리를 의의 길로 인도하시는 하나님 때문임을 고백하는데, 신약성경은 예수 그리스도가 바로 그 선한 목자이심을 증거한다.

시편 24편

다윗이 여호와의 영광을 찬양한 시로 예루살렘 성전에서 예배를 드릴 때 불

렸다. 성전의 주인 되신 여호와께 드리는 찬양으로 전쟁 때 메고 나갔던 언약
궤를 성전에 다시 가져다 놓으면서도 이 노래를 불렀다 한다. 우리들에게도
"문들아 너희 머리를 들지어다 영원한 문들아 들릴지어다 영광의 왕이 들어가
시리로다 영광의 왕이 누구시냐 강하고 능한 여호와시요 전쟁에 능한 여호와시
로다."라는 구절은 찬송 가사로 익숙하다.

시편 25 – 27편

25편에서 다윗은 자신의 죄를 회개하며 하나님의 긍휼하심에 호소한다. 성
도가 고독, 근심, 환란 등의 질곡에서 벗어날 수 있는 방법은 자비하신 하나님
께 피하는 것밖에 없음을 고백하고 있다.

26편에서 다윗은 하나님 앞에서 일생동안 바르게 살겠다고 결심하며 여호
와의 은혜를 구하며 하나님을 송축한다.

시편 27편은 평생을 자신의 생명을 노리는 자들에게 쫓기며, 또 왕이 되어서
는 수많은 이방 족속들과 전쟁을 하며, 그런 생사의 갈림길에서 구원해 주시는
하나님의 보호하심을 수없이 체험했던 다윗이 "여호와께서 환난 날에 나를 그
의 초막 속에 비밀히 지키시고 그의 장막 은밀한 곳에 나를 숨기시며 높은 바위
위에 두시리로다."라고 고백한다. 그러면서 다른 사람들에게도 "너는 여호와를
기다릴지어다 강하고 담대하며 여호와를 기다릴지어다."라고 권면하고 있다.

시편 28, 29편

다윗은 성도들에게 가장 두려운 일은 환난이나 핍박이 아닌 하나님의 침묵
임을 알기에 하나님이 자신의 기도를 들으시고 응답해 주시기를 간구한다. 그
리고 간구를 들으시는 여호와께 감사의 찬송을 드리며, "주의 백성을 구원하시
며 주의 산업에 복을 주시고 또 그들의 목자가 되시어 영원토록 그들을 인도하

소서."라는 기도로 마친다.

시편 29편은 여호와의 영광과 능력, 특히 우렛소리 같은 힘과 위엄이 넘치는 여호와의 소리를 찬양하며 영원토록 왕좌에서 다스리시는 왕이신 하나님께 영광을 돌린다.

시편 30편

이 시편은 성전 낙성식을 위해 다윗이 지은 시편이라 한다. 성전은 솔로몬에 의해 지어지지만 다윗이 성전 공사에 필요한 모든 자재들을 준비하였고 성전 설계도도 하나님께 받아 솔로몬에게 물려주었다. 그런 준비의 일환으로 다윗은 성전 낙성식에 부를 노래까지 미리 만들어 논 듯하다. 그러나 정작 이 시편의 내용에는 성전에 대한 언급은 없다. 다만 많은 어려운 상황에서 경험한 여호와 하나님의 은혜에 대한 감사와 찬송이 이어지며 "여호와 하나님이여 내가 주께 영원히 감사하리이다."라는 결심으로 마무리한다.

시편 31 - 33편

시편 31편에서 다윗은 환란과 고통 중에도 여호와 하나님을 신뢰함을 노래하는데 5절의 "내가 나의 영을 주의 손에 부탁하나이다(Into your hands I commit my spirit)."란 부분은 예수님이 죽으실 때 마지막으로 하신 말씀이다.

시편 32편에서 다윗은 자신의 죄를 회개하고 있는데 이 때문에 이 시편도 다윗이 밧세바를 범하는 죄를 지은 후에 회개하며 지은 것이라 하는 사람들도 있으나 시편 51편 머리말에 다윗이 나단이 자신의 죄를 알게 했을 때 지은 회개의 시라고 밝히고 있으니 32편에서는 일반적인 회개에 따른 죄사함의 복을 노래한 것으로 생각된다. 모든 경건한 자들은 주께 기도할 것을 권면하면서 악인에게는 많은 슬픔이 있으나 여호와를 신뢰하는 자들에게는 여호와의 사랑이 지켜

주실 것이라 말한다.

말씀으로 만물을 지으시고 모든 피조물을 굽어 살피시는 여호와께 드리는 기쁨과 찬양의 노래인 시편 33편은 특별히 새 노래로 온갖 악기를 동원한 연주와 함께 하나님을 찬양할 것을 노래한다. 이 시편의 저자를 밝히지 않고 있지만 아마도 이 역시 다윗이 지은 시편일 것이다.

시편 34, 35편

다윗이 아비멜렉 앞에서 미친 체하다가 쫓겨나서 지었다는 시편 34편은 보호하시고 구원하시는 하나님의 선하심을 찬양하며 감사하는 시로 "너희는 여호와의 선하심을 맛보아 알지어다 그에게 피하는 자는 복이 있도다."라고 노래하면서 의인은 고난을 당하기도 하지만 여호와께서 그의 모든 고난에서 건지실 것임을 확신한다.

시편 35편에서 다윗은 자기를 해치려는 자들의 끝없는 악한 술수를 견디며 하나님을 찾는다. 도저히 즐거워할 상황이 아님에도 그는 "내 영혼이 여호와를 즐거워함이여 그의 구원을 기뻐하리로다."라고 고백하고 있다. 자신의 원수들로부터 구해주실 것을 간구하면서 "나의 혀가 주의 의를 말하며 종일토록 주를 찬송"할 것이라 노래한다.

시편 36편

다윗은 악인의 길과 의인의 길을 비교한다. 악인은 하나님을 두려워하지 않고 스스로 악한 길에 서고 악을 거절하지도 않는 자들이지만 인자하시고 진실하신 여호와께서는 주를 아는 자들을 악하고 교만한 자들에게서 지키시는 분임을 노래한다. 주의 인자하심이 하늘에 있고 주의 진실하심이 공중에 사무쳤으며 주의 의는 하나님의 산들과 같고 주의 심판은 큰 바다와 같으니 주의 공의를 베풀어달라고 기도한다.

시편 37편

이 시편은 찬양시보다는 잠언에 가깝다는 생각이 들기도 한다. 다윗은 악인이 번성하는 것 같지만 오래가지 못하며 여호와를 의뢰하고 선을 행하면 그가이루실 것임을 말한다. "잠시 후에는 악인이 없어지리니 네가 그곳을 자세히살필지라도 없으리로다. 그러나 온유한 자들은 땅을 차지하며 풍성한 화평으로즐거워하리로다."라는 구절은 예수님의 산상수훈 중 세 번째 복의 내용과 일치한다. 여호와는 의인들을 악인들의 손에서 지키실 것이니 그를 바라고 그의 도를 지킬 것을 권면하고 있다.

시편 38편

다윗은 자신이 겪는 모든 어려움이 자신의 죄 때문임을 깊이 깨닫고 참회하며 여호와께 간절히 기도한다. "여호와여 나를 버리지 마소서 나의 하나님이여나를 멀리하지 마소서 속히 나를 도우소서 주 나의 구원이시여."

시편 39편

다윗은 인생의 무상함과 허무함 속에서 주님에게만 소망이 있음을 고백하며여호와께서 자신의 기도와 부르짖음에 귀 기울여 달라고 간구한다. 욥기나 전도서의 내용과 일맥 상통하는 부분이다.

시편 40편

다윗이 때를 따라 함께 하신 하나님께 감사하며 수많은 재앙에 둘러 쌓이고또한 자신의 죄악이 초래한 어려운 상황에서 오직 여호와의 긍휼과 인자함을 의지하여 자신을 구원해 주시기를 간구한다. 이 시편의 후반부는 시편 70편에 반복된다. "나는 가난하고 궁핍하오나 주께서는 나를 생각하시오니 주는 나의 도움이시요 나를 건지시는 이시라 나의 하나님이여 지체하지 마소서."

시편 41편

"가난한 자를 보살피는 자에게 복이 있음이여 재앙의 날에 여호와께서 그를 건지시리로다." 하며 시작하는 시편 41편에서 다윗은 자신의 원수가 자신을 향해 악담하고 믿었던 친구가 배신하는 상황에서 여호와의 은혜를 구하며 원수들이 자신을 이기지 못할 것은 주께서 자기를 기뻐하시고 붙들어 주심 때문임을 고백하며 이스라엘의 하나님을 송축하고 있다.

시편 42, 43편

시편 제 2권을 시작하는 42편과 43편은 고라 자손들의 노래로 똑같은 후렴구를 사용하는 하나의 시편으로 볼 수 있다. "내 영혼아 네가 어찌하여 낙심하며 어찌하여 내 속에서 불안해하는가 너는 하나님께 소망을 두라 그가 나타나 도우심으로 말미암아 내가 여전히 찬송하리로다." 42편부터 49편까지 고라 자손의 노래가 이어진다.

시편 44편

민족적 재난에서 나라를 구원해 주시기를 간구한다. 과거에 조상들을 구원해주신 하나님의 은혜를 기억하며 원수들에게 큰 고통을 당하는 자신들의 처지에 대해 하나님께 하소연한다. 어려움 가운데에도 하나님을 잊지 않고 주의 길을 떠나지 않았음을 아뢰면서 "일어나 우리를 도우소서 주의 인자하심으로 말미암아 우리를 구원하소서." 하며 하나님의 변함없는 사랑에 호소하고 있다.

시편 45편

　왕의 결혼식에서 부른 사랑의 노래이다. 고라 자손들이 부른 노래로 다윗 이후의 어떤 특정한 왕의 결혼식을 노래한 것인지는 확실하지 않다. 그러나 히브리서 1장 8-9절에서 히브리서 기자는 이 시편 6-7절을 인용하며 이 시편에서 말하는 왕이 메시아를 칭하는 것임을 말한다. "아들에 관하여는 하나님이여 주의 보좌는 영영하며 주의 나라의 규는 공평한 규이니이다 주께서 의를 사랑하시고 불법을 미워하셨으니 그러므로 하나님 곧 주의 하나님이 즐거움의 기름을 주께 부어 주를 동류들보다 뛰어나게 하셨도다 하였고"(히브리서 1:8-9).

시편 46 - 49편

　루터는 시편 46편을 읽고 그의 유명한 찬송가 "내 주는 강한 성이요"를 지었다 한다. 시편 46편, 47편, 48편은 모두 승리의 노래이다. 46편은 "너희는 가만히 있어 내가 하나님됨을 알지어다 내가 뭇 나라 중에서 높임을 받으리라 내가 세계 중에서 높임을 받으리라." 선포한다.

　47편에서는 여호와 하나님의 왕되심을 선포하고 있다. "찬송하라 하나님을 찬송하라 찬송하라 우리 왕을 찬송하라." "하나님이 뭇 백성을 다스리시며 하나님이 거룩한 보좌에 앉으셨도다."

　48편은 계속해서 하나님의 통치하심을 말한다. "여호와는 위대하시니 우리 하나님의 성, 거룩한 산에서 극진히 찬양 받으시리로다." 46편에서와 같이 하나님의 성 시온산에서 주의 백성을 지키시고 인도하시는 하나님을 찬양한다.

　시편 49편은 잠언과 전도서에서 주로 다루는 내용을 노래하기에 '지혜시'라고 하기도 한다. 사람은 땅 위의 다른 모든 생명체와 마찬가지로 죽을 수밖에 없는 존재이기에 세상에서의 부귀 영화는 허무하지만 "하나님은 나를 영접하시리니 이러므로 내 영혼을 스올의 권세에서 건져내시리로다." 라며 하나님만이 우리를 구원하실 수 있음을 노래한다.

시편 50편

아삽이 지은 시편 50편은 하나님이 예언자들을 통해 말씀을 선포하는 것 같이 하나님을 일인칭으로 노래한다. 하나님이 받으시는 예배는 희생제물의 많고 적음이 아닌 감사함으로 드리는 올바른 예배 자세가 중요함을 말한다. "감사로 제사를 드리는 자가 나를 영화롭게 하나니 그의 행위를 옳게 하는 자에게 내가 하나님의 구원을 보이리라."

시편 51편

이 시편은 표제에 기록한대로 다윗이 밧세바를 범하고 그의 남편 우리아를 죽게 한 후에 하나님 앞에서 참회하며 올린 회개의 시이다. 다윗 개인의 회개인 동시에 예배 드리는 모든 사람들이 자신의 죄를 회개하며 하나님께 올려드릴 때도 사용할 수 있었을 것이다. 다윗은 하나님의 긍휼하심을 의지하여 죄사함을 구한다. "하나님이여 내 속에 정한 마음을 창조하시고 내 안에 정직한 영을 새롭게 하소서." "하나님께서 구하시는 제사는 상한 심령이라 하나님이여 상하고 통회하는 마음을 주께서 멸시하지 아니하시리이다."

시편 52편

다윗이 사울을 피해 아히멜렉에게 왔을 때 에돔 사람 도엑이 그 사실을 사울에게 일렀을 때 지은 시로 이 사건은 사무엘상 21장에 나온다. 이 일로 사울에 의해 아히멜렉과 다른 제사장 85명이 죽고 많은 사람들이 죽었다. 그런 포악하고 간사한 자에게 임할 심판과 하나님의 인자하심을 의지하며 주의 이름을 사모하는 자신을 비교한다.

시편 53편

다윗은 하나님의 존재를 인정하지 않고 도덕적으로 불의한 삶을 사는 사람의 우매함을 지적하며 하나님이 시온에서 이스라엘을 구원해 주심을 노래한다.

시편 54편

십 사람들이 사울에게 다윗이 숨은 곳을 일러줄 때 지은 시로, 무고한 자신을 죽이려는 사울의 추적을 벗어나기 위해 애쓰는 다윗의 암담한 상황을 묘사하며 그런 가운데에도 하나님의 개입으로 대적들을 멸하시고 자신에게는 구원을 주실 것을 노래한다.

시편 55편

다윗은 자신을 해하려는 자들이 자신의 원수들이 아니라 함께 하나님의 집 안에서 다녔던 자신의 동료이며 가까운 친구들이라며 믿었던 사람들에게서 배신당한 아픔을 말한다. 아마도 아들 압살롬의 반역과 압살롬과 함께 한 다윗의 모사 아히도벨의 배신을 말하는 듯하다. 이런 상황에서도 다윗은 궁극적으로 하나님을 바라본다. "네 짐을 여호와께 맡기라 그가 너를 붙드시고 의인의 요동함을 영원히 허락하지 아니하시리로다."

시편 56편

다윗이 가드에서 블레셋 사람들에게 잡혔을 때 지었다는 시편 56편에서 다윗은 끊이지 않는 대적자들의 핍박에도 하나님의 구원을 확신하며 하나님을 의지한다. "내가 하나님을 의지하였은즉 두려워하지 아니하리니 사람이 내게 어찌하리이까."

시편 57편

다윗이 사울을 피하여 아둘람 동굴에 있을 때 지은 시편 57편에서 다윗은 하나님의 은혜를 구하며 하나님을 찬양한다. "하나님이여 내 마음이 확정되었고 확정되었사오니 내가 노래하고 내가 찬송하리이다." "무릇 주의 인자는 커서 하늘에 미치고 주의 진리는 궁창에 이르나이다 하나님이여 주는 하늘 위에 높이 들리시며 주의 영광이 온 세계 위에 높아지기를 원하나이다." 대적자들의 온갖 술수에 시달리는 어려운 상황에서 이런 주옥 같은 찬송시를 부른 다윗의 흔들리지 않는 위대한 믿음을 보면 왜 다윗이 하나님의 마음에 합한 자였는지 알 수 있다.

시편 58편

다윗은 불의한 통치자들에게 내려질 심판을 하나님께 구한다. 그 간구가 참 시적이고 창의적이란 생각이 든다. "소멸하여 가는 달팽이 같게 하시며 만삭되지 못하여 출생한 아이가 햇빛을 보지 못함 같게 하소서 가시나무 불이 가마를 뜨겁게 하기 전에 생나무든지 불 붙는 나무든지 강한 바람으로 휩쓸려가게 하소서."

시편 59편

사울이 다윗을 죽이려고 다윗의 집에 사람들을 보냈을 때 아내 미갈(사울의 딸)이 창밖으로 다윗을 달아 내린 사건을 배경으로 한다. 이런 상황에서도 다윗은 하나님이 자기를 지키는 요새이며 환난 날에 피난처가 되심을 고백하고 있다.

시편 60편

다윗이 교훈하기 위하여 지은 시로 아람과 에돔과의 전쟁 때 지었다고 표제에 장황한 설명이 있다. 내용을 보면 다윗은 나라가 위험에 처한 이유가 하나님의 진노 때문임을 고백하며 주를 경외하는 자들을 구원하실 하나님의 신실하심을 의지한다. "우리를 도와 대적을 치게 하소서 사람의 구원은 헛됨이니이다 우리가 하나님을 의지하고 용감하게 행하리니 그는 우리의 대적을 밟으실 이심이로다."

시편 61편

길지 않은 이 시 안에 탄식, 감사, 찬양, 서원과 소망 등이 모두 들어 있다. 다윗이 어떤 특정한 상황에서 지은 시이지만 모든 성도들이 살아가며 겪는 어려움 가운데 어떻게 하나님을 의지해야 하는지 귀감이 되는 기도이다.

시편 62편

"나의 영혼이 잠잠히 하나님만 바람이여 나의 구원이 그에게서 나오는도다. 오직 그만이 나의 반석이시요 나의 구원이시요 요새이시니 내가 크게 흔들리지 아니하리로다." 우리에게 매우 친숙한 찬송 가사인 시편 62편 역시 다윗의 노래이다. 어떤 어려움에도 하나님을 의지하며 흔들리지 않는 믿음을 노래한다.

시편 63, 64편

다윗이 유대 광야에 있을 때 불렀다는 시편 63편에서 다윗은 하나님에 대한 깊은 사랑을 고백하고 있다. 사울 혹은 압살롬을 피해 광야로 피신한 상황에서도 하나님의 임재를 갈망하며 하나님이 그동안 함께 해 주신 것을 기억하며 찬양한다. "주의 인자하심이 생명보다 나으므로 내 입술이 주를 찬양할 것이라 이러므로 나의 평생에 주를 송축하며 주의 이름으로 말미암아 나의 손을 들리이다." 그리고 결국에는 하나님의 의로운 심판이 있을 것을 기대한다.

시편 64편도 63편과 상황이 흡사하다. 목숨을 노리는 원수들의 손에서 구해 주실 것을 기도하며 시작하여 하나님께서 의인의 편에서 싸우실 것을 확신하며 마친다. "의인은 여호와로 말미암아 즐거워하며 그에게 피하리니 마음이 정직한 자는 다 하나님을 찬양하리라."

시편 65편

다윗은 하나님께 감사하며 자신이 서원한 것을 이행할 것을 다짐하고 있다. 그리고 하나님께서 주권적으로 택한 사람들의 복에 대해 노래한다. 하나님께서 택하셔서 주의 뜰에 살게 된 것이 얼마나 큰 은혜이고 복인지 생각하게 한다. 후반부에서는 풍성한 수확을 주시는 하나님께 기쁨으로 찬양한다.

시편 66편

시편 기자는 이스라엘 역사 속에서 언제나 신실하셨던 하나님을 기억하며 하나님께 영광을 돌리며 즐겁게 찬양한다. 전반부에서는 온 땅과 만민의 찬송을 받으시기 합당한 하나님을 노래하며 후반부에서는 시편 기자 개인이 올려드리는 예배와 찬양이 이어진다. "하나님을 찬송하리로다 그가 내 기도를 물리치지 아니하시고 그의 인자하심을 내게서 거두지도 아니하셨도다."

시편 67편

이 시편의 기자는 짧은 시에서 주의 구원의 복음이 모든 나라에 전파되어 이 세상 모든 민족들이 하나님을 찬양하게 될 것을 내다보며 노래한다. "하나님이 우리에게 은혜를 베푸사 복을 주시고 그의 얼굴 빛을 우리에게 비추사 주의 도를 땅 위에 주의 구원을 모든 나라에게 알리소서." "하나님이 우리에게 복을 주시리니 땅의 모든 끝이 하나님을 경외하리로다."

시편 68편

다윗이 여호와의 법궤를 성막으로 옮길 때 지었을 것으로 생각되는 시편 68편은 이스라엘 민족을 광야에서 지켜 주시고 매일의 삶속에서 함께 하시며 구원을 주시는 하나님께 기도하며 감사하며 찬양하는 시이다. 시온산에 거하시며 자기 백성들을 돌보시며 이방 왕들에게도 경배를 받으시는 여호와 하나님을 찬양한다. "땅의 왕국들아 하나님께 노래하고 주께 찬송할지어다.""하나님이여 위엄을 성소에서 나타내시나이다 이스라엘의 하나님은 그의 백성에게 힘과 능력을 주시나니 하나님을 찬송할지어다."

시편 69편

다윗은 원수들의 무고한 모함으로 목숨의 위협을 받는 암울한 상황을 탄식하며 시작하지만 고난 속에서도 더욱 하나님을 의지하며 승리를 예견하고 하나님의 크신 은혜를 찬양하며 감사를 드리는 것으로 마무리한다. "천지가 그를 찬송할 것이요 바다와 그중의 모든 생물도 그리할지로다." 특히 이 시편은 신약에서 그리스도가 당하는 고난을 말할 때 인용되고 있다.

시편 70편

이 시편은 시편 40편의 후반부와 거의 동일하다. 이 짧은 시편에서 다윗은 하나님께 자신의 대적들로부터 속히 구해주실 것을 간구한다.

시편 71편

시편 기자는 악인을 피해 피난처가 되시는 하나님께 숨으며 구원을 호소한다. 모태에서부터 하나님의 택하심으로 주를 신뢰하였음을 고백하며 긴 세월동안 자신을 대적하던 자들에 대한 심판과 하나님의 도우심을 간구하며 항상 하나님을 찬송하며 주의 공의와 구원을 전하겠다고 다짐한다. "우리에게 여러 가지 심한 고난을 보이신 주께서 우리를 다시 살리시며 땅 깊은 곳에서 다시 이끌어 올리시리이다."라며 부활 신앙을 고백하고 있다.

시편 72편

시편 제2권의 마지막인 72편은 127편과 함께 솔로몬의 시이다. 솔로몬 왕국의 영화로움과 지혜로운 통치가 그 아들들에게도 계속 이어지기를 기원하며 궁극적으로는 다윗의 계보에서 오실 메시아의 왕국에 대해 노래한 것으로 볼 수 있다. "그의 이름이 영구함이여 그의 이름이 해와 같이 장구하리로다 사람들이 그로 말미암아 복을 받으리니 모든 민족이 다 그를 복되다 하리로다."

시편 73편

시편 제3권을 시작하는 73-83편까지는 아삽의 시이다. 시편 73편의 기자(아삽)는 악인의 형통함과 의인들이 겪는 어려움을 비교하며 낙심하지만 하나님의 성소에서 하나님의 하나님 되심을 묵상할 때 악인의 종말과 의인에게 주어지는 영원한 분깃을 깨닫는다. "하나님의 성소에 들어갈 때에야 그들의 종말을 내가 깨달았나이다." "내 육체와 마음은 쇠약하나 하나님은 내 마음의 반석이시요 영원한 분깃이시라."

시편 74편

성소가 파괴되고 예루살렘과 유다가 황폐해졌을 때(아마도 느부갓네살에 의해) 하나님으로부터 소외되고 단절된 영혼이 부르짖는 처절한 절규로 시작한다. 시편 기자는 하나님께 이스라엘의 구원요청을 거절하지 말아 줄 것을 간청하며 이스라엘 백성들이 하나님의 구원을 맛본 후 그 벅찬 감격 속에서 마음껏 하나님을 찬양하게 되기를 소원한다.

시편 75편

시인은 온 땅의 재판장 되시는 하나님께서 교만한 악인들을 낮추시고 의인들을 높이실 것을 감사하며 찬양하고 있다. "나는 야곱의 하나님을 영원히 선포하며 찬양하며 또 악인들의 뿔을 다 베고 의인의 뿔은 높이 들리로다."

시편 76편

침략자들로부터 시온을 지켜 승리하게 하신 하나님을 찬양하는 시편 76편은 인도자를 따라 회중이 함께 부르는 노래로 앗수르의 산헤립의 군대를 하나님의 천사들이 물리친 것을 기념한다고 한다. 그리고 8-12절은 하나님께서 마지막 때에 그의 모든 원수들을 심판하실 것이 연상되기도 한다.

시편 77편

위기로 인한 영적 고통을 호소하는 내용으로 시작하여 과거에 체험한 하나님의 도우심을 기억하며 하나님께 기도하는 가운데 다시 하나님에 대한 확신을 회복한다.

시편 78편

모세 시대부터 다윗 시대에 이르는 역사를 통하여 택함을 받은 백성의 계속되는 패역과 불순종에도 신실하신 여호와께서 어떻게 그의 언약을 지키셨는지를 언급하며 후손들에게 신앙적인 교훈을 준다. "그들로 그들의 소망을 하나님께 두며 하나님께서 행하신 일을 잊지 아니하고 오직 그의 계명을 지켜서 그들의 조상들 곧 완고하고 패역하여 그들의 마음이 정직하지 못하며 그 심령이 하나님께 충성하지 아니하는 세대와 같게 되지 아니하게 하려 하심이로다."

시편 79편

바벨론에 의해 예루살렘과 성전이 파괴된 절망적 상황을 탄식하며 시작하는 시편 79편은 하나님의 긍휼하신 구원의 손길을 구하며 원수들에게 하나님의 진노가 임하기를 기원한다. 또한 하나님의 영광을 구하며 하나님께 찬양하고 있다 "우리는 주의 백성이요 주의 목장의 양이니 우리는 영원히 주께 감사하며 주의 영예를 대대에 전하리이다."

시편 80편

앗수르에 의한 북 이스라엘의 멸망을 지켜보면서 북 이스라엘이 번성하다가 베임을 당한 포도나무 같이 되었음을 탄식한다. 그러나 이런 절망적인 상황에서도 주님 안에서 한줄기 소망의 빛을 노래한다. "만군의 하나님 여호와여 우리를 돌이켜 주시고 주의 얼굴의 광채를 우리에게 비추소서 우리가 구원을 얻으리이다."

시편 81편

초막절에 회중이 불렀을 것으로 생각되는 시편 81편은 출애굽의 구원 사건과 이후 이스라엘 민족의 우상 숭배의 죄악을 되새기면서 하나님의 언약과 의무를 상기시킨다. "너희 중에 다른 신을 두지 말며 이방 신에게 절하지 말지어다 나는 너를 애굽 땅에서 인도하여 낸 여호와 네 하나님이니 네 입을 크게 열라 내가 채우리라."

시편 82편

불의한 재판관이나 통치자에 대한 경고를 담고 있다. 세상의 모든 권세는 하나님께서 위임하셨기에 가난한 자와 궁핍한 자에게 공의를 베풀지 않는 통치자들은 하나님께서 심판하실 것임을 노래한다.

시편 83편

하나님의 백성들을 치려고 여러 이방 나라들이 연합하여 그들을 대적하는 상황에서 하나님이 이방 나라들의 계획을 무산시켜 주시기를 기원하면서 이방 민족들이 주의 이름을 부르며 여호와만이 온 세계의 지존자 되심을 알게 해 달라며 이방의 회개를 위해 기도한다.

시편 84편

고라 자손의 시로 인도자를 따라 부르는 노래이다. 하나님이 임재하시는 성전을 사모하는 마음을 노래한 시로 아마도 예루살렘 성전을 찾는 순례자들이 기쁨으로 불렀을 노래이다. 성전에 모여 드리는 공적 예배에 임하시는 복에 대해 세 번에 걸쳐 노래하고 있다. "주의 집에 사는 자들은 복이 있나니 그들이 항상 주를 찬송하리이다 주께 힘을 얻고 그 마음에 시온의 대로가 있는 자는 복이 있나이다." "만군의 여호와여 주께 의지하는 자는 복이 있나이다."

시편 85편

이 시편도 고라 자손의 시로 아마도 바벨론에 사로잡혀갔다가 귀환한 유대인들이 하나님의 은혜에 감사하며 부른 노래인 듯하다. 하나님께서 주의 백성의 죄악을 사하시고 진노를 거두셨음에 감사하면서 하나님께서 장차 이루실 구원을 바라본다. "진실로 그의 구원이 그를 경외하는 자에게 가까우니 영광이 우리 땅에 머무르리이다."

시편 86편

시편 제3권(시편 73 – 89편)중에서는 유일한 다윗의 시편으로 그의 기도이다. 여기에서 다윗은 자신이 처한 고난을 하나님 앞에서 기도와 찬송으로 극복한다. 다윗이 하나님께 올려드린 열서너 가지의 간구들은 모두 하나님의 신실하심과 긍휼하심에 의지한다. 그렇기에 다윗은 절박한 상황에서도 절망하지 않고 하나님 안에서 소망을 잃지 않았다.

시편 87편

하나님이 선택하시고 사랑하시는 예루살렘의 시온성을 노래한다. 이방 족속을 포함한 모든 민족들이 시온백성이 되는 날을 바라본다. "시온성과 같은 교회 그의 영광 한없다"라는 찬송(찬송가 210장)의 가사가 이 시편에서 나왔다.

시편 88편

시편 기자가 처한 비참한 상황을 하나님께 부르짖는 많은 시편 중 드물게 후반부에 긍정적이거나 기쁨의 반전이 없다. 마지막까지 여전히 기도의 응답이 없는 가운데 고통에서 구원받지 못한 참담한 상황을 토로한다. 그러나 역설적으로 참된 신앙은 하나님의 응답이 없는 것 같을지라도 쉬지 않고 하나님께 기도하는 것임을 보여준다.

시편 89편

시편 기자는 다윗 언약에 나타난 하나님의 주권적인 선택과 사랑을 찬양하며 다윗의 후손들이 순종하는 한 그 왕권이 영원할 것을 하나님께서 약속하셨지만 다윗을 이은 왕들의 끊임없는 불순종 때문에 하나님께서 이방 나라들을 들어서 이스라엘의 왕위를 땅에 엎으시고 나라를 멸망하게 하신 것을 인정하면서 하나님의 언약의 회복을 구한다. 하나님의 성실하심을 의지하며 다윗 자손에게 인자를 베푸실 것이라는 하나님의 약속을 기억하며 여호와께서 영원히 찬양 받으실 것을 노래하고 있다.

시편 90편

시편 90-106편은 시편 제4권이다. 시편 90편의 표제는 이 시편이 하나님의 사람 모세의 기도라고 소개한다. 그렇다면 이 시편이 아마도 시편 150편 중에서 가장 먼저 쓰여진 것이 된다. 40년 광야 생활을 마무리하면서 요단강을 건너기 앞서 모세가 자신의 죽음을 앞두고 하나님께 올려드린 기도로 보인다. 영원하신 하나님과 잠시 있다 사라지는 인간을 비교하면서 죄가 넘치는 세상의 연약한 인간들에게 자비를 베풀어 주실 것을 기도하고 있다. 우리에게 잘 알려진 "우리의 연수가 칠십이요 강건하면 팔십이라도 그 연수의 자랑은 수고와 슬픔뿐이요 신속히 가니 우리가 날아가나이다."라는 구절을 육십이 훌쩍 넘어 대하니 더 깊이 마음에 와 닿는다. 우리의 남은 날들을 계수하며 사는 지혜를 구하는 모세의 기도가 나의 기도이다.

시편 91편

온갖 위험과 환란에서 우리를 보호해주시는 지존자이며 전능자이신 여호와 하나님에 대한 신뢰를 노래한다. "나는 여호와를 향하여 말하기를 그는 나의 피난처요 나의 요새요 내가 의뢰하는 하나님이라 하리니 이는 그가 너를 새 사냥꾼의 올무에서와 심한 전염병에서 건지실 것임이로다." 또한 이 시편의 일부를 사탄이 예수님을 광야에서 시험할 때 인용하기도 했다. "그가 너를 위하여 그의 천사들을 명령하사 네 모든 길에서 너를 지키게 하심이라 그들이 그들의 손으로 너를 붙들어 발이 돌에 부딪히지 아니하게 하리로다." 예수님은 하나님의 이 말씀이 사실인지 시험해보라는 사탄의 유혹을 단호히 거절하셨다.

시편 92편

안식일에 사용된 찬송시인 시편 92편은 각종 악기를 동원하여 여호와께 감사 찬양을 드리며 주의 인자하심과 성실하심을 노래한다. 여호와께서는 의롭게 행하시는 분이시기에 악인들에게 보응하시며 의인은 번성하게 하실 것을 말한다. "여호와의 정직하심과 나의 바위 되심과 그에게는 불의가 없음이 선포되리로다."

시편 93편

짧은 이 시편은 영원토록 온 세상을 다스리시는 여호와 하나님의 주권적인 통치를 찬양하고 있다.

시편 94편

시편 기자는 주의 백성들을 짓밟으며 과부와 나그네를 죽이며 고아들을 살해하는 오만하고 악을 행하는 자들을 하나님께서 심판하여 주실 것을 기도한다. "여호와는 나의 요새이시요 나의 하나님은 내가 피할 반석이시라 그들의 죄악을 그들에게로 되돌리시며 그들의 악으로 말미암아 그들을 끊으시리니 여호와 우리 하나님이 그들을 끊으시리로다."

시편 95편

구원의 반석이신 하나님에 대한 감사 찬양으로 시작한다. "오라 우리가 굽혀 경배하며 우리를 지으신 여호와 앞에 무릎을 꿇자." 그러면서 조상들이 출애굽 후 광야 생활 중에 하나님을 시험한 결과로 40년 동안 광야에서 떠돌며 안식의 땅에 들어가지 못했던 일을 상기시키며 마음을 완악하게 하지 말 것을 경고한다.

시편 96편

여호와께 노래하라는 말을 세번 반복하며 시작한다. 새 노래로 그의 이름을 송축하며 그의 구원을 날마다 전파할 것과 그의 영광과 그의 기이한 행적을 만민 가운데 선포할 것을 촉구하고 있다. 하늘이 기뻐하고 땅이 즐거워하며 바다와 밭의 모든 것과 숲의 모든 나무들이 세상을 심판하러 임하실 주님 때문에 즐거이 노래할 것임을 선포한다.

시편 97편

의와 공평으로 세상을 통치하며 의를 선포하시는 하나님의 영광을 보며 여호와께 경배한다. 의인을 위하여 빛을 뿌리고 마음이 정직한 자를 위하여 기쁨을 뿌리시는 여호와로 말미암아 의인은 그의 거룩한 이름에 감사할 것을 노래한다.

시편 98편

새 노래로 여호와께 찬송해야 하는 이유는 하나님이 우리에게 베푸신 기이한 구원사역 때문이라고 시편 98편은 말하고 있다. 이스라엘에 인자와 성실로 베푸신 구원을 온 땅의 이방 족속이 보았으므로 온 땅이 여호와께 즐겁게 찬송할 것이며 장차 하나님이 세상을 의롭게 심판하실 것을 선포한다.

시편 99편

정의로 온 세상을 통치하시는 하나님의 위대하신 이름을 찬양하며 모세와 아론 그리고 사무엘에게 응답하셨던 하나님의 자비로운 용서를 기억하면서 거룩하신 하나님을 높이고 있다. "너희는 여호와 우리 하나님을 높이고 그 성산에서 예배할지어다 여호와 우리 하나님은 거룩하심이로다."

시편 100편

이 시편은 시편 중에서 대표적인 감사의 시다. 기쁨으로 여호와를 섬기고 노래하며 감사함으로 그의 문에 들어가며 찬송함으로 궁정에 들어가서 그의 이름을 송축한다. 그 이유는 하나님이 우리를 지으셨고 우리는 그의 백성이요 그가 기르시는 양이기 때문임을 고백한다.

시편 101편

이 시편은 다윗의 맹세이다. 왕으로서 모든 권세의 근원이 되시는 하나님의 주권을 인정하고 하나님의 뜻을 겸손히 따르며 자신이 통치하는 나라 안에서 공의를 실현하겠다고 다짐한다. 궁극적으로 다윗이 구한 인자와 정의는 왕으로 오신 예수님이 온전히 이루셨음을 생각해 본다.

시편 102편

고난 당한 자가 마음이 상하여 그의 근심을 여호와께 토로하는 기도라는 부제가 붙은 시편 102편은 아마도 바벨론 포로 생활 중에 하나님께 부르짖은 기도였을 것이다. 시편 기자는 자신의 고난과 그 고난 중에 드리는 자신의 기도에 주의를 기울여 주시기를 하나님께 겸손히 간구한다. 자신의 처지를 광야의 올빼미와 황폐한 곳의 부엉이로 비유하고 있다. 그러나 이 시편의 후반부에서 시편 기자는 영원히 계신 하나님이 자신을 긍휼히 여겨 은혜를 베푸실 것을 확신한다. "여호와께서 빈궁한 자의 기도를 돌아보시며 그들의 기도를 멸시하지 아니하셨도다." "여호와께서 그의 높은 성소에서 굽어보시며 하늘에서 땅을 살펴보셨으니 이는 갇힌 자의 탄식을 들으시며 죽이기로 정한 자를 해방하사 여호와의 이름을 시온에서, 그 영예를 예루살렘에서 선포하게 하려 하심이라."

시편 103편

하나님의 구원과 은택을 체험한 다윗이 자신의 경험을 바탕으로 하늘의 천사와 땅의 모든 사람들에게 하나님을 찬양하고 경배할 것을 촉구하는 시편이다. "여호와는 긍휼이 많으시고 은혜로우시며 노하기를 더디 하시고 인자하심이 풍부하시도다 자주 경책하지 아니하시며 노를 영원히 품지 아니하시리로다."

시편 104편

하나님의 창조사역의 영광을 노래한다. 창조주 하나님의 위대하심을 찬양하면서 하나님은 지으신 모든 피조물들을 다스리시고 돌보시는 분이심을 창세기 1장의 창조의 순서를 따라 기술하고 마지막에는 요한계시록 20-22장의 최후의 심판을 연상하게 하는 말로 마친다. "죄인들을 땅에서 소멸하시며 악인들을 다시 있지 못하게 하시리로다 내 영혼아 여호와를 송축하라 할렐루야."

시편 105편

시편 104편이 창조주 하나님의 위대하심을 노래한 것이라면, 105편에서는 이스라엘 역사 속에서 행하신 하나님의 행적을 돌아보며 찬양한다. 하나님께 감사와 찬양할 것을 권면한 후에 아브라함 때부터 이삭, 야곱으로 이어지는 족장 시대를 거쳐 요셉과 애굽에서 큰 민족을 이루게 하신 후 모세를 세우셔서 애굽에 열 가지 재앙을 내리시고 이스라엘 민족을 광야로 인도하셔서 구름 기둥과 불기둥으로 인도하셨으며, 만나와 메추라기를 주시고 반석에서 물을 내시고 마침내 가나안 땅으로 인도하셔서 그 땅을 그들에게 주신 역사를 회고하며, 이 모든 일을 하신 이유는 이스라엘 민족이 하나님의 율법을 지키게 하려 하심이라 선언한다.

시편 106편

이 시편은 105편과 짝을 이루는 시편으로 105편에서 언급한 하나님의 신실하신 돌보심에도 불구하고 이스라엘의 조상들이 하나님이 홍해를 가르신 직후부터 계속해서 하나님을 거역한 패역한 모습을 돌아본다. 이런 패역한 이스라엘의 불순종과 아브라함과의 언약을 기억하시고 용서하시는 하나님의 신실하심을 대조하고 있다. 이스라엘의 불순종과 하나님의 징계, 그리고 그들의 회개와 하나님의 구원이 반복되는 역사이다. "여호와께서 여러 번 그들을 건지시나 그들은 교묘하게 거역하며 자기 죄악으로 말미암아 낮아짐을 당하였도다 그러나 여호와께서 그들의 부르짖음을 들으실 때에 그들의 고통을 돌보시며 그들을 위하여 그의 언약을 기억하시고 그 크신 인자하심을 따라 뜻을 돌이키사 그들을 사로잡은 모든 자에게서 긍휼히 여김을 받게 하셨도다."

시편 107편

시편 제5권을 시작하는 107편은 하나님의 인자하심을 찬양한다. "여호와의 인자하심과 인생에게 행하신 기적으로 말미암아 그를 찬송할지로다."라는 구절이 네 번이나 나온다. 선하시며 인자하심이 영원한 하나님께서 이스라엘 백성에게 고난을 주신 이유는 그들이 하나님의 말씀을 거역하였기 때문이지만 또한 하나님은 자신의 죄를 깨닫고 겸손히 행하며 그들이 고통 중에 여호와께 부르짖으면 말씀을 보내어 그들을 고치시고 구원하실 것임을 선포한다. "정직한 자는 보고 기뻐하며 모든 사악한 자는 자기 입을 봉하리로다 지혜 있는 자들은 이런 일들을 지켜보고 여호와의 인자하심을 깨달으리로다."

시편 108편

다윗의 찬송시로 시편 57편과 60편의 내용을 일부 인용한 듯한데 이 두 편의 시작 부분에 나오는 어려움 가운데 하나님께 올리는 호소는 생략하고 마음을 정하여 하나님의 도우심을 확신하며 하나님을 찬양한다. "우리가 하나님을 의지하고 용감히 행하리니 그는 우리의 대적을 밟으실 자이심이로다."

시편 109편

다윗은 자신을 중상 모략하는 자들에게 스스로 복수하는 것이 아니라 자신의 억울함을 하나님께 호소하며 대적들의 멸망을 구한다. 사도행전 1장에서 베드로는 이 시편의 8절을 인용해서 가룟 유다를 설명하고 있다. 다윗은 대적들의 모략과 저주 속에서도 선하시고 인자하신 하나님이 구원해 주실 것을 간구한다. "내가 입으로 여호와께 크게 감사하며 많은 사람 중에서 찬송하리니 그가 궁핍한 자의 오른쪽에 서사 그의 영혼을 심판하려는 자들에게서 구원하실 것임이로다."

시편 110편

이 역시 다윗의 시로 유대 사람들은 이 시편을 메시아를 예언하는 시편으로 여겼고 예수님도 자신에 대한 예언으로 인용하셨다. "여호와께서 내 주에게 말씀하시기를 내가 네 원수들로 네 발판이 되게 하기까지 너는 내 오른 쪽에 앉아 있으라 하셨도다." "여호와는 맹세하고 변하지 아니하시리라 이르시기를 너는 멜기세덱의 서열을 따라 영원한 제사장이라 하셨도다."

시편 111, 112편

시편 111, 112, 113편은 할렐루야(하나님을 찬양하라)를 외치며 시작한다. 111편과 112편은 히브리어 알파벳 22자를 순서대로 각 행의 첫 글자로 사용한 'Acrostic Poem'(이합체 혹은 답관체 시)이다.

111편은 하나님의 주권적인 구원 사역과 섭리를 노래하며 여호와를 경외함이 지혜의 근본임을 선언한다.

112편은 여호와를 경외하며 그 계명을 즐거워하는 자들이 받는 복을 말하고 있다. 이 시편에서는 하나님을 섬기는 의인들이 누리는 복과 악인들의 소멸을 비교한다.

시편 113 - 118편

이 시편들은 유월절이나 초막절 등 축제의 절기에 불린 시편들이라 한다. 전통적으로 113, 114편은 유월절 식사 전에, 114-118편은 유월절 식사 후에 불렀다 한다. 113편에서는 이제부터 영원까지 해 돋는 데부터 해 지는 데까지, 즉 시공을 초월하여 하나님이 찬양 받으실 것을 말한다. 높은 곳에 앉으셨으나 스스로를 낮추셔서 이 세상에서 소외된 자들을 돌보시는 하나님을 찬양한다.

시편 114편은 출애굽과 가나안 정복 때에 보여주신 하나님의 보호하심과 인도하심을 기억하며 유월절 절기에 부른 노래이다.

회중과 제사장이 교창하는 형태인 시편 115편은 여호와 하나님을 섬기는 자와 이방 우상을 섬기는 자를 비교하면서 여호와를 의지하는 자들이 받는 복을 노래한다. "이스라엘아 여호와를 의지하라 그는 너희의 도움이시요 너희의 방패시로다." 또한 여호와는 그의 백성에게 영원한 생명을 주심을 노래하고 있다. "죽은 자들은 여호와를 찬양하지 못하나니 적막한 데로 내려가는 자들은 아무도 찬양하지 못하리로다 우리는 이제부터 영원까지 여호와를 송축하리로다 할렐루야."

시편 116편은 죽음에서 구원해 주시는 여호와께 개인적으로 올려드리는 감사 찬양이다. "여호와는 은혜로우시며 의로우시며 우리 하나님은 긍휼이 많으시도다." 하나님의 은혜를 노래하며 그 은혜에 보답하기를 서원한다. "내게 주신 모든 은혜를 내가 여호와께 무엇으로 보답할까 내가 구원의 잔을 들고 여호와의 이름을 부르며 여호와의 모든 백성 앞에서 나는 나의 서원을 여호와께 갚으리로다."

시편 117편은 성경에서 가장 짧은 장으로 단 두절이다. 바로 뒤에 나오는 시편 119편이 가장 긴 장으로 176절인 것과 대조된다. "우리에게 향하신 여호와의 인자하심이 크시고 여호와의 진실하심이 영원함이로다."

"여호와께 감사하라 그는 선하시며 그의 인자하심이 영원함이로다."라는 구절로 시작하고 마치는 시편 118편은 유월절 만찬 후에 부르는 찬양으로 예수님이 최후의 만찬을 하시고 제자들과 감람산으로 올라 가시면서 부르셨을 찬양이다(마태복음 26:30). 또한 이 시편은 시편 110편과 함께 메시아에 대한 예언시로 여겨지며 신약성경에서 가장 많이 인용된 시편이기도 하다. "건축자가 버린 돌이 집 모퉁이의 머릿돌이 되었나니 이는 여호와께서 행하신 것이요 우리 눈에 기이한 바로다." "여호와여 구하옵나니 이제 구원하소서 여호와여 우리가 구하옵나니 이제 형통하게 하소서 여호와의 이름으로 오는 자가 복이 있음이여 우리가 여호와의 집에서 너희를 축복하였도다."

시편 119편

성경에서 가장 긴 장인 시편 119편은 히브리어 알파벳 22자들을 따라 22연으로 되어 있고 각 연은 8행시로 되어 있으며 각 연의 여덟 행은 모두 첫 글자가 각 연에 해당하는 히브리어 알파벳 글자로 시작되어 전체가 176절로 구성되어 있다. 'Acrostic Psalm'(답관체 시편)의 대표격인 이 시편의 주제는 하나님의 말씀에 대한 사랑으로 하나님의 말씀을 율법, 증거, 법도, 율례, 계명, 규례, 법, 교훈 등으로 표현하고 있다. 누가 언제 지었는지는 알려지지 않았지만 문학적으로도 매우 수준이 높은 이 시는 성경 말씀이 성도들의 삶에서 어떤 위치에 있어야 하는지를 반복적으로 노래한다. 우리에게 잘 알려진 구절들은 "청년이 무엇으로 그 행실을 깨끗하게 하리이까 주의 말씀만 지킬 따름이니이다." "내가 주께 범죄하지 아니하려 하여 주의 말씀을 내 마음에 두었나이다." "주의 말씀은 내 발에 등이요 내 길에 빛이니이다." "주의 말씀의 강령은 진리이오니 주의 의로운 모든 규례들은 영원하리이다." "여호와여 내가 주의 구원을 사모하였사오며 주의 율법을 즐거워하나이다." 등 수도 없이 많다.

이렇게 귀한 하나님의 생명의 말씀이 우리에게 이르기까지 보존되어 전해지고 우리가 아는 언어로 번역되어 우리가 읽고 묵상하며 하나님이 어떤 분이시며 복음이 무엇인지, 하나님의 우리를 향하신 뜻이 무엇인지 말씀 안에서 깨닫게 하시는 하나님의 놀라우신 은혜를 찬양한다.

시편 120 – 134편

시편 120-134편은 성전에 올라가는 노래라는 부제가 붙은 짧은 노래들이다. 아마도 이스라엘 순례자들이 일년에 세번 예루살렘 성전으로 올라가면서 불렀을 것이다. 이 중 네 편을 다윗이 지었고 솔로몬의 노래가 한 편, 그리고 나머지는 작자 미상이다. 120 편에 나오는 메섹과 게달은 소아시아와 아라비아에 있는 지역으로 예루살렘에서 멀리 떨어져 있고, 134편에서는 성전 안에 서서 노래하는 것으로 보아 먼 곳에서부터 시작하여 점점 예루살렘 성전을 향해 올라오면서 이 시편들을 불렀을 것 같다.

시편 120편은 이방 땅에 사는 신실한 신앙인이 하나님의 성전을 사모하는 마음을 노래한다.

시편 121편은 우리에게 매우 친숙한 시편으로 천지를 지으시고 자기 백성을 항상 돌보시고 지키시는 하나님의 사랑을 노래한다.

시편 122편은 다윗의 시로 여호와의 집이 있는 예루살렘이 잘 짜여진 번성하는 성읍임을 기뻐하며 감사하고 그 성에서 모든 지파의 평안함과 형통함을 구한다.

여호와를 "하늘에 계시는 주여."라고 부르며 시작하는 시편 123편은 멸시와 조롱을 당하는 가운데 주를 향하여 눈을 들어 하나님께서 은혜 베풀어 주시기를 간구하고 있다.

시편 124편에서 다윗은 원수들의 분노로부터 구원해 주시는 하나님을 찬송하며 우리의 도움은 천지를 지으신 여호와의 이름에 있음을 고백한다.

시편 125편은 여호와를 의지하는 자의 안전을 흔들리지 않는 시온산에 비유하면서 의인을 위해 기도하며 하나님이 주시는 평강을 구한다.

시편 126편은 바벨론 포로 생활에서 해방되어 시온으로 돌아오게 된 것을 기뻐하며 감사하는 노래이다. "눈물을 흘리며 씨를 뿌리는 자는 기쁨으로 거두리로다." 포로 생활동안 회개의 눈물을 뿌리고 이제 이스라엘 땅에서 기쁨으로 수확하게 하시는 긍휼하신 하나님을 찬양한다.

솔로몬의 노래인 시편 127편은 신앙적인 교훈을 제시하는 지혜시이다. 사람이 도모하는 모든 행사가 하나님을 떠나서는 소용이 없음을 노래하는데 솔로몬의 전도서와 분위기가 비슷하다.

시편 128편은 하나님을 경외하며 순종하는 자가 받는 복을 노래한다. 수고한 대로 먹는 정직한 번영과 화목하고 평안한 가정이 여호와께서 주시는 복이다.

이스라엘 민족이 당한 역사적인 시련과 하나님의 구원을 노래하는 시편 129편은 의로우신 하나님께서 악인들을 심판해 주실 것을 기대한다.

시편 130편은 인자하셔서 우리의 죄를 사하여 주시는 하나님을 기다리는 마음을 노래한다. "파수꾼이 아침을 기다림보다 내 영혼이 주를 더 기다리나니 참으로 파수꾼이 아침을 기다림보다 더하도다 이스라엘아 여호와를 바랄지어다 여호와께서는 인자하심과 풍성한 속량이 있음이라."

시편 131편에서 다윗은 하나님 앞에서 겸손하게 어린아이가 그의 어머니를 의지하듯 하나님을 신뢰한다고 고백하고 있다.

시편 132편은 다윗에게 주신 하나님의 언약을 기억하며 왕위가 그 후손들에게 이어질 것을 기대하며 다윗의 자손으로 오실 영원한 왕 예수 그리스도를 내다보는 기도이다. 여호와께서 시온을 자기의 거처와 영원한 안식처로 삼으시고 그곳에 성전을 건축하도록 하셨는데 이는 복음 위에 세워진 교회를 가리킨다 할 수 있다.

다윗은 시편 133편에서 형제가 연합하여 동거함의 아름다움을 아론의 머리에 부은 보배로운 기름과 헐몬 산의 이슬에 비유한다. 아론이 대제사장으로 세워질 때 받았던 영적인 복과 같고 헐몬 산의 이슬처럼 풍성한 결실을 맺게 하는 생수 같은 복을 노래한다.

순례자들이 성전에 오르면서 부르는 노래의 마지막인 시편 134편은 마침내 성전 안에 들어와 예배 드리는 모든 하나님의 종들에게 성소를 향해 손들 들고 하나님을 송축할 것을 권면한다. 아마도 제사를 마치며 불렀을 노래 같다.

시편 135편

여호와께서 특별히 자기 소유로 택하신 이스라엘 백성들을 위해 행하신 모든 위대하신 일들을 생각하며 여호와께 찬송을 올려드린다. 보지도 듣지도 못하는 우상을 의지하는 이방 열국들의 어리석음을 일깨우며 하나님이 택하셨고 여호와를 경외하는 이스라엘은 여호와를 송축할 것을 노래한다.

시편 136편

한사람의 제사장이나 독창자가 선창으로 여호와께 감사해야 할 이유를 노래하면 회중들이 "그 인자하심이 영원함이로다."라는 후렴구로 화답하는 형식으로 "그 인자하심이 영원함이로다."라는 구절이 26번 반복된다. 창조주 되시고 이스라엘의 구원자 되셔서 그들을 지켜 주시는 하나님의 변함없는 인자와 사랑에 감사를 올려드린다.

시편 137편

바벨론에 포로로 잡혀와 이방인들에게 조롱과 멸시를 받는 슬픈 상황에서, 특히 하나님에게만 올려드려야 할 찬송을 자기들을 위해 부르라는 바벨론 사람들을 하나님이 멸해 주시기를 간구한다. 1970년대 보니 엠(Boney M)이라는 4인조 보컬 그룹(vocal group)이 이 시편과 시편 19편 마지막 부분을 인용한 "Rivers of Babylon"이란 노래를 유행시킨 기억이 난다. 요즘은 대중가요에 시편 가사가 나오는 일은 없을 것 같다.

시편 138편

다윗은 이 시편에서 전심으로 하나님을 찬양하며 모든 이름보다 뛰어난 주님께 예배 드리며 그 이름을 찬양하고 있다. 하나님께서 찬양 받으시기에 합당하신 이유는 기도에 응답하시는 인자하시고 성실하신 하나님이시며, 온 땅에 그 영광을 나타내시는 크신 하나님이시며, 구원을 베푸시는 창조자 하나님이시기 때문임을 노래한다.

시편 139편

다윗은 하나님의 지혜, 전지하심, 무소부재 하심, 창조주로서의 전능하심 등 하나님만의 속성들을 묵상하며 하나님을 높이고 그런 하나님을 의지할 때 하나님이 자신을 원수들로부터 지켜 주실 것임을 노래한다.

시편 140 – 143편

이 시편들은 다윗이 대적들로부터 어려움을 격을 때 여호와 하나님께 부르짖은 기도이다. 140편에서 다윗은 마음 속으로 악을 꾀하고 그를 해치기 위해 매일 모여드는 포악한 자들로부터 하나님이 지켜주시기를 간구한다. "내가 알거니와 여호와는 고난당하는 자를 변호해 주시며 궁핍한 자에게 정의를 베푸시리이다 진실로 의인들이 주의 이름에 감사하며 정직한 자들이 주의 앞에서 살리이다."

141편에서 다윗은 자신이 환란을 당하는 중에도 말과 마음으로 여호와 앞에 범죄하지 않도록 하나님이 지켜주시기를 기도한다. "여호와여 내 입에 파수꾼을 세우시고 내 입술의 문을 지키소서 내 마음이 악한 일에 기울어 죄악을 행하는 자들과 함께 악을 행하지 말게 하시며 그들의 진수성찬을 먹지 말게 하소서."

다윗이 사울을 피해 동굴에 숨어 있을 때 지은 시편 142편에서 다윗은 여호와께 소리 내어 부르짖어 기도하며 자신의 원통함을 하나님께 토로하고 있다. 여호와만이 그의 피난처가 되시며 하나님이 자신의 분깃이라 고백하면서 주께서 주실 구원을 바라며 감사를 드린다.

143편에서 다윗은 원수들로 인해 환란을 겪는 중에 자신의 삶을 돌아보며 하나님께 회개하며 도움을 간청한다. 하나님께서 자신에게 공의로운 심판이 아닌 인자하신 사랑으로 대해주실 것을 기도한다. "주의 종에게 심판을 행하지 마소서 주의 눈 앞에는 의로운 인생이 하나도 없나이다." "아침에 나로 하여금 주의 인자한 말씀을 듣게 하소서 내가 주를 의뢰함이니이다 내가 다닐 길을 알게 하소서 내가 내 영혼을 주께 드림이니이다."

시편 144 – 145편

시편 144편에서 다윗은 자신을 대적하는 이방의 원수들로부터 구원해 주시기를 간구하면서 또한 하나님이 택한 백성이 받을 복을 노래한다. 사람의 짧은 인생과 영원한 하나님을 대조하며 그러한 여호와를 자기 하나님으로 삼는 백성에게 복이 있음을 선언한다.

시편 145편은 다윗이 지은 73편의 시편들 중에 제일 마지막 시편이다. 이 시편 역시 각 연의 첫 글자가 히브리어의 22개 알파벳을 따른 형태로, 하나님의 선하심과 광대하심에 대한 찬양과 감사를 노래하면서 뒤에 이어서 나오는 할렐루야 시편(146–150편)들에서의 하나님에 대한 찬양을 결론으로 인도하는 위대한 찬송시이다. 다윗은 이 찬송시에서 하나님의 측량치 못할 위대하심과 행하시는 모든 일들을 대대로 자손들에게 선포할 것이며 하나님의 존귀와 영광과 위엄과 행하시는 모든 기이한 일들을 깊이 묵상할 것을 맹세한다. 하나님의 하나님 되심을 올바로 깨닫고 늘 그 하나님이 행하시는 모든 일에 대해 묵상하며 감사와 찬양을 올려드리는 것이 하나님께 영광을 돌리는 길이다.

시편 146 – 150편

시편의 마지막 다섯 시편들은 할렐루야로 시작해서 할렐루야로 마치기에 '할렐루야 시편'이라 불린다. 하나님의 백성들에게 하나님을 찬양할 것을 선포한다. 146편에서는 창조주 여호와 하나님이 억눌린 자, 주린 자, 갇힌 자, 맹인과 나그네, 고아와 과부 등 약하고 사회에서 소외된 사람들을 보호하시고 지켜 주시는 사랑의 하나님이심을 찬양한다.

시편 147편은 이스라엘의 흩어진 자들을 다시 예루살렘에 모으신 하나님을 찬양한다. 아마도 바벨론 포로생활에서 귀환하게 하신 하나님의 은혜에 감사하는 것 같다. 겸손한 자를 붙드시고 여호와를 경외하는 자를 기뻐하시는 하나님을 찬양하고 있다. "여호와는 말의 힘이 세다 하여 기뻐하지 아니하시며 사람의 다리가 억세다 하여 기뻐하지 아니하시고 여호와는 자기를 경외하는 자들과 그의 인자하심을 바라는 자들을 기뻐하시는도다."

시편 148편은 하늘의 천사와 모든 별들, 그리고 이 땅의 모든 피조물들이 모든 만물의 창조주이신 여호와 하나님을 찬양할 것을 촉구한다. "그것들이 여호와의 이름을 찬양함은 그가 명령하심으로 지음을 받았음이로다 그가 그것들을 또 영원히 세우시고 폐하지 못할 명령을 정하셨도다."

148편에서 모든 피조물들이 여호와를 찬양할 것을 노래하고 나서 149편에서는 성도들이 새 노래로 여호와께 즐거이 찬양해야 함을 일깨운다. "여호와께서는 자기 백성을 기뻐하시며 겸손한 자를 구원으로 아름답게 하심이로다 성도들은 영광 중에 즐거워하며 그들의 침상에서 기쁨으로 노래할지어다."

시편 150편은 할렐루야 시편의 절정으로 모든 장소에서 모든 악기를 동원하여 살아있는 사람이면 누구나 하나님을 찬양하라고 외치며 시편 전체를 마무리한다. "호흡이 있는 자마다 여호와를 찬양할지어다 할렐루야."

잠언 시가서 | 지혜서

총 31장으로 이루어진 잠언은 대부분 솔로몬의 작품으로 여겨진다. 잠언 25장부터는 솔로몬의 잠언을 후대 히스기야의 신하들이 편집한 것이고, 마지막 두 장의 저자인 아굴과 르무엘에 대해서는 확실히 알려진 것이 없다. 잠언은 짧고 간결하게 인생을 대조하거나 비유하면서 삶과 죽음에 대한 특별한 교훈과 인간 관계에서 대두되는 거의 모든 상황에 적용될 수 있는 실제적인 교훈이 담겨 있다. "여호와를 경외하는 것이 지식의 근본이거늘 미련한 자는 지혜와 훈계를 멸시하느니라."라는 잠언 1장 7절이 잠언 전체의 주제 구절이라 할 수 있다. 이 말씀은 이스라엘 사람들의 종교 철학의 핵심으로 모든 지혜의 말들이 이 명제에 기초한다. 하나님의 하나님 되심을 올바로 이해할 때 우리는 하나님에 대해 거룩한 두려움을 가지고 존경하게 된다. 즉 이 말은 하나님을 올바로 깨닫는 것이 인간의 모든 지혜의 근본이라는 말이다. 그런데 피조물인 인간이 하나님에 대해 올바로 깨닫는 것은 스스로 터득할 수 있는 것이 아니라 하나님께서 자신을 인간에게 계시하여 주신 성경 말씀을 통해서만이 가능하다는 것을 생각하면, 성경을 깊이 읽고 하나님에 대해 알아가는 것이 지식과 지혜의 출발점이란 말이 된다.

잠언 1장

8절에서 19절까지는 아버지가 아들에게 당부하는 형식으로 악한 자를 따르지 말고 부당한 이익을 탐하지 말 것을 가르치고 있다. 20절 이후에는 지혜를 여성으로 의인화하여 지혜의 부르는 소리를 따르지 않는 어리석고 거만하고 미련한 자들에 대해 경고한다. "어리석은 자의 퇴보는 자기를 죽이며 미련한 자의 안일은 자기를 멸망시키려니와 오직 내 말을 듣는 자는 평안히 살며 재앙의 두려움이 없이 안전하리라."

잠언 2장

지혜를 추구하는 방법에 대해 말한다. 하나님의 말씀이 지혜와 명철의 근원이며 이를 위해 감추어진 금은보화를 찾는 것 같이 정성껏 구하면 하나님을 바로 알게 되어 여호와를 경외하게 된다. 이렇게 얻은 지혜는 바르게 사는 길을 알려주며 나쁜 친구와 음녀를 멀리하게 하여 바른길을 가게 한다.

잠언 3장

3장에서는 하나님과 사람 앞에서 은총 받는 비결은 하나님의 법을 기억하고 지키는 것임을 아버지가 아들에게 훈계하고 있다. 또한 젊은 혈기에 자신의 명철을 의지하지 말고 여호와를 의지하고 스스로 지혜롭다고 교만하지 말 것을 당부한다. 여호와께서 사랑하시는 자를 징계하시며, 지혜가 금은보화보다 가치가 있기에 지혜를 얻는 것이 참된 복이며, 선을 행하고 겸손한 자에게 하나님은 은혜를 베푸신다.

잠언 4장

솔로몬이 아버지 다윗에게 받았던 훈계를 기억하며 자신의 아들들에게 자신의 훈계를 잘 따를 것을 당부한다. "지혜가 제일이니 지혜를 얻으라 네가 얻은 모든 것을 가지고 명철을 얻을지니라." "내 아들아 내 말에 주의하며 내가 말하는 것에 네 귀를 기울이라." "모든 지킬 만한 것 중에 더욱 네 마음을 지키라 생명의 근원이 이에서 남이니라."

잠언 5장

지혜와 명철에 귀를 기울이는 삶과 음녀의 말에 넘어가는 삶을 비교한다. 음녀에 대한 경고에 이어 하나님께서 허락해 주신 아내만을 즐거워하며 그를 족하게 여기며 사랑할 것을 촉구한다. "내 아들아 어찌하여 음녀를 연모하겠으며 어찌하여 이방 계집의 가슴을 안겠느냐 대저 사람의 길은 여호와의 눈 앞에 있나니 그가 그 사람의 모든 길을 평탄하게 하시느니라."

잠언 6장

담보와 빚 보증 문제, 나태하고 게으른 생활, 교활한 위선과 교만과 거짓 등에 대해 경고하는 것으로 시작되는 잠언 6장에서도 후반부에서는 남의 아내와의 통간과 음녀, 즉 창녀와의 잠자리에 대해 경고한다. "사람이 불을 품에 품고서야 어찌 그의 옷이 타지 아니하겠으며 사람이 숯불을 밟고서야 어찌 그의 발이 데이지 아니하겠느냐."

잠언 7장

지혜와 명철을 여성으로 의인화하여 지혜와 명철을 따르고 음녀와 이방 여인에게 빠지지 말 것을 충고한다. 그러면서 자신이 목격한 어리석은 젊은이가 유부녀의 꾐에 넘어가는 과정과 이로 인해 필경은 화살이 그의 간을 뚫는 것 같이 그의 생명을 잃게 될 것을 예로 들면서 결단코 간음을 범하지 말 것을 교훈하고 있다.

잠언 5, 6, 7장은 모두 "내 아들아." 하며 솔로몬이 아들을 부르며 그에게 당부하는 교훈인데 모두 음녀와의 성적인 범죄에 대해 경고하며 오직 자신의 아내만을 사랑하고 연모하는 것이 하나님이 주시는 지혜임을 말하고 있다. 그런데 솔로몬 자신은 천 명의 아내와 첩을 거느리고 사는 것을 잘 알던 그의 아들들에게 이러한 교훈이 얼마나 효과적이었을까 하는 생각이 든다. 자녀들 앞에서 말과 행동이 일치하는 삶을 살아야 하는 것이 얼마나 중요한지 되돌아보게 된다.

잠언 8장

7장에서와 같이 지혜와 명철을 여성으로 의인화하여 세상 어디에서나 모든 사람을 향하여 공공장소에서 지혜를 선포하고 지혜로 초대한다. 8장 후반부에서는 여호와께서 태초에 천지를 창조하시던 때(창세기 1장)에 지혜가 함께 있었다 하면서 이 지혜를 통해 그리스도의 선재성을 나타낸다. 지혜란 하나님 자신을 아는 것이고 하나님과 하나이신 그리스도를 아는 것이다. "대저 나를 얻는 자는 생명을 얻고 여호와께 은총을 얻을 것임이니라 그러나 나를 잃는 자는 자기의 영혼을 해하는 자라 무릇 나를 미워하는 자는 사망을 사랑하느니라." 여기에서 '나'는 지혜를 가리키지만 이를 '그리스도'로 바꿔도 같은 뜻이 된다.

잠언 9장

지혜와 어리석음을 각각 길 가는 사람들을 자기 집으로 초대하는 두 여인에 비유하고 있다. 지혜는 어리석은 자가 그 어리석음을 버리고 생명을 얻도록 자신의 집으로 초대한다. 이 지혜의 초대는 모든 사람에게 값없이 베풀어지는 은혜의 선물이다. 그러나 미련한 여인의 초대는 자기 길을 바로 가고 있는 사람들에게 "도둑질한 물이 달고 몰래 먹는 떡이 맛이 있다."고 유혹한다. 지혜는 생명 길로 인도하고 어리석은 여인은 죽음의 길로 빠지게 한다.

잠언 10장부터 22장까지에는 솔로몬의 짧은 잠언 375개가 나온다. 특별히 일관된 주제를 따라 편집하였다기보다 솔로몬이 깨달은 교훈들을 서로 반대되는 것을 대조하거나 유사한 것을 간결하게 비교하여 나열하고 있다.

잠언 10장

지혜로운 자와 미련한 자, 의인과 악인의 삶과 그 결과를 대조하면서 교훈한다. "의인의 입은 지혜를 내어도 패역한 혀는 베임을 당할 것이니라 의인의 입술은 기쁘게 할 것을 알거늘 악인의 입은 패역을 말하느니라."

잠언 11장

공평한 추와 속이는 추, 교만과 겸손, 정직한 자와 사악한 자, 의인과 악인, 인자한 자와 잔인한 자, 지혜로운 자와 미련한 자의 삶에 하나님이 어떻게 관여하시는지 교훈한다. 각각의 개인적인 삶에 임하는 결과를 넘어 그들이 속한 공동체에도 선한 또는 악한 영향력이 미침을 말하고 있다. "의인이 형통하면 성읍이 즐거워하고 악인이 패망하면 기뻐 외치느니라 성읍은 정직한 자의 축복으로 인하여 진흥하고 악한 자의 입으로 말미암아 무너지느니라." 또한 구제하는 일과 선을 행하는 일에 물질을 아끼지 않을 때 하나님을 그런 의인을 번성하게 하신다.

잠언 12장

이 역시 10, 11장에서와 같이 의인과 악인의 생활의 특성과 그로 말미암는 결과를 대조한다. 특히 미련한 자와 슬기로운 자의 분노를 다스리는 차이점과 올바른 언어 생활에 대해서 교훈한다. "칼로 찌름같이 함부로 말하는 자가 있거니와 지혜로운 자의 혀는 양약과 같으니라 진실한 입술은 영원히 보전되거니와 거짓 혀는 잠시 동안만 있을 것이니라." 또한 부지런한 자와 게으른 자의 종말을 비교하는데 예수님의 달란트 비유에서 칭찬받은 착하고 충성된 종과 책망받은 악하고 게으른 종이 연상된다.

잠언 13장

아비의 훈계를 받아들이는 지혜로운 아들과 거만한 아들의 차이점을 비교하며 시작하여 매를 아끼는 자는 그 자식을 사랑하지 않고 미워하는 것이라며 올바른 자녀 양육을 위한 훈계의 필요성을 강조하며 마친다.

잠언 14장

지혜로운 자와 미련한 자의 대조가 계속된다. 한 집안을 세우고 허는 것이 그 집안의 안주인이 지혜로운지, 미련한지에 달려 있다. 그리스도의 몸된 교회를 세우기 위해 그리스도의 신부인 성도들이 지혜롭게 처신해야 함을 생각해 본다. "어떤 길은 사람이 보기에는 바르나 필경은 사망의 길이니라." 이 구절은 전도폭발 훈련에서 즐겨 제시하는 구절이다. "가난한 자를 학대하는 자는 그를 지으신 이를 멸시하는 자요 궁핍한 사람을 불쌍히 여기는 자는 주를 공경하는 자니라." "악인은 그의 환란에 엎드러져도 의인은 그의 죽음에도 소망이 있느니라." 의인에게는 그리스도로 말미암는 부활의 소망이 있다.

잠언 15장

유순한 말과 과격한 말, 지혜로운 자와 미련한 자의 입을 대조하며 언어생활의 중요성을 가르친다. "의인의 마음은 대답할 말을 깊이 생각하여도 악인의 입은 악을 쏟느니라." 하나님의 사람들이 가져야할 재물관에 대해서 교훈하기를 "가산이 적어도 여호와를 경외하는 것이 크게 부하고 번뇌하는 것보다 나으니라 채소를 먹으며 서로 사랑하는 것이 살진 소를 먹으며 서로 미워하는 것보다 나으니라."라 한다. 훈계를 받아들이는 올바른 자세에 대해서는 "훈계 받기를 싫어하는 자는 자기의 영혼을 경히 여김이라 견책을 달게 받는 자는 지식을 얻느니라 여호와를 경외하는 것은 지혜의 훈계라 겸손은 존귀의 길잡이니라."라 권고한다.

잠언 16장

우리에게 일어나는 모든 일에서의 하나님의 주권을 강조하고 있다. "마음의 경영은 사람에게 있어도 말의 응답은 여호와께로부터 나오느니라." "사람이 마음으로 자기의 길을 계획할지라도 그의 걸음을 인도하시는 이는 여호와시니라." "제비는 사람이 뽑으나 모든 일을 작정하기는 여호와께 있느니라." 명철과 지혜에 대한 교훈이 이어지는데 명철이란 사물의 근본이나 성질을 파악하는 통찰력이라 할 수 있다. "명철한 자에게는 그 명철이 생명의 샘이 되거니와 미련한 자에게는 그 미련한 것이 징계가 되느니라." 머리가 희어진 사람들에게 주시는 말씀도 있다. "백발은 영화의 면류관이라 공의로운 길에서 얻으리라." 백발이 되면 그 연륜에 맞는 지혜와 명철이 있어야 함을 생각해 본다.

잠언 17장

미련하고 악한 자들의 그릇된 행위와 그로 인한 인간 사회에 미치는 악 영향에 대해 말한다. "허물을 덮어주는 자는 사랑을 구하는 자요 그것을 거듭 말하는 자는 친한 벗을 이간하는 자니라." 허물을 덮어준다는 것은 그것을 못 본 척하는 것이 아니라 이해하고 용서한다는 말이다. "말을 아끼는 자는 지식이 있고 성품이 냉철한 자는 명철하니라 미련한 자라도 잠잠하면 지혜로운 자로 여겨지고 그의 입술을 닫으면 슬기로운 자로 여겨지느니라."

잠언 18장

지혜로운 삶을 살려면 파당 짓는 일, 지나친 자기 주장, 험담, 거만함, 조급함을 버리고 공정하고 겸손하게, 친절하고 관대해야 함을 권고한다.

잠언 19장

가난한 현실을 이기는 지혜로 시작하여 삶의 전반에 걸친 지혜를 다룬다. "가난하여도 성실하게 행하는 자는 입술이 패역하고 미련한 자보다 나으니라." "사람이 미련하므로 자기 길을 굽게 하고 마음으로 여호와를 원망하느니라." "집과 재물은 조상에게서 상속하거니와 슬기로운 아내는 여호와께로서 말미암느니라." "게으름이 사람으로 깊이 잠들게 하나니 태만한 사람은 주릴 것이니라."

잠언 20장

삶의 모든 영역을 주관하시는 하나님 앞에서 어떻게 살 것인가를 교훈한다. "다툼을 멀리 하는 것이 사람에게 영광이거늘 미련한 자마다 다툼을 일으키느니라." "비록 아이라도 자기의 동작으로 자기의 품행이 청결한 여부와 정직한 여부를 나타내느니라." 사람의 품성은 말이 아니라 행동으로 드러나듯 우리의 믿음도 말이 아닌 행동으로 보여져야 한다. "사람의 영혼은 여호와의 등불이라 사람의 깊은 속을 살피느니라." 하나님께서는 우리에게 양심을 주셔서 영적인 자의식을 가지고 깊은 속마음을 살피게 하신다.

잠언 21장

하나님의 뜻대로 정의롭고 선하고 관대하게 살아가는 삶의 가치를 말한다. "사람의 행위가 자기 보기에는 모두 정직하여도 여호와는 마음을 감찰하시느니라." "귀를 막고 가난한 자가 부르짖는 소리를 듣지 아니하면 자기가 부르짖을 때에도 들을 자가 없느니라." "입과 혀를 지키는 자는 자기의 영혼을 환난에서 보전하느니라."

잠언 22장

명예, 겸손, 정결을 추구하는 삶을 살 것을 권면하며 또한 지혜에 귀를 기울이며 지식에 마음을 두어 진리를 깨닫고 확신하게 될 것을 교훈한다. 지혜를 깨달으라는 엄숙한 교훈에 이어 매우 실제적인 권면으로 연약한 이웃에게 취할 행동을 강조한다. "약한 자를 그가 약하다고 탈취하지 말며 곤고한 자를 성문에서 압제하지 말라 대저 여호와께서 신원하여 주시고 또 그를 노략하는 자의 생명을 빼앗으시리라."

잠언 23장

음식과 재물에 대한 욕심을 버릴 것과 올바른 자녀 교육과 부모에 대한 공경, 그리고 술의 폐단에 대해 교훈하고 있다.

잠언 24장

악인의 형통은 일시적인 것이니 부러워하지 말고 하나님을 경외하는 지혜를 구하고 지혜 안에서 부지런히 의를 행할 것을 권면한다. "대저 의인은 일곱 번 넘어지더라도 다시 일어나려니와 악인은 재앙으로 말미암아 엎드러지느니라." 또한 게으름에 대해 경고한다. "네가 좀더 자자, 좀더 졸자 손을 모으고 좀더 누워있자 하니 네 빈궁이 강도같이 오며 네 곤핍이 군사같이 이르리라."

잠언 25장부터 29장까지는 솔로몬의 잠언을 히스기야의 신하들이 편집한 것이다.

잠언 25장

왕 앞에서 취할 바른 처신, 이웃과의 바른 관계, 자신의 마음과 삶에 대한 절제에 대해 교훈한다. "충성된 사자는 그를 보낸 이에게 마치 추수하는 날에 얼음 냉수 같아서 능히 그 주인을 시원하게 하느니라." 요즘같이 더운 날에 얼음 냉수는 정말 시원하다. 그런데 그 옛날에도 얼음 냉수가 있었을까 하는 생각이 스친다. 영어 성경에는 "Like the cold of snow in the time of harvest"라 되어 있고 새번역에서는 그냥 '시원한 냉수'라고 표현했다. 한국에서도 신라시대 때부터 얼음을 캐어 '석빙고'에 저장하였다가 한 여름에 왕에게 바쳤다고 한다. 조선시대 때에 이런 석빙고가 있던 동네가 지금의 동빙고동과 서빙고동이다. 2-3,000년 전 이스라엘 땅에도 이런 석빙고가 있었을까?

잠언 26장

미련한 자와 게으른 자의 특성에 대해 교훈한다. "미련한 자의 어리석은 것을 따라 대답하지 말라 두렵건대 너도 그와 같을까 하노라 미련한 자에게는 그의 어리석음을 따라 대답하라 두렵건대 그가 스스로 지혜롭게 여길까 하노라." 이 두 구절은 서로 상충되는 것 같으나 이는 미련한 자를 상대하는 두 가지의 지혜로운 태도를 알려준다. 미련한 자와 논쟁하는 것이 아무 소용이 없을 때가 있지만 또한 미련한 자의 어리석음을 일깨워줘야 할 때도 있다. 이런 상황들을 잘 판단하는 것이 지혜이다. 게으른 자, 다투는 자, 남의 말을 하기 좋아하는 자, 거짓말하는 자들을 조심하라고 교훈한다.

잠언 27장

지혜로운 삶, 부지런한 삶의 유익에 대한 권면이 이어진다. "철이 철을 날카롭게 하는 것같이 사람이 그의 친구의 얼굴을 빛나게 하느니라." "네 양 떼의 형편을 부지런히 살피며 네 소 떼에게 마음을 두라."

잠언 28장

의인과 악인의 삶을 비교한다. 이들의 본질적이 차이는 하나님을 믿고 순종하느냐의 여부에 있다. 의인은 율법을 지키고 여호와를 경외하며 지혜롭고 정직하며 구제와 선을 베풀며 구원받는 자이다. 그러나 악인은 여호와를 찾지 않고 하나님의 법을 깨닫지 못하기에 자기의 미련한 생각과 욕심을 따라 멸망에 이르는 길로 간다. "자기의 마음을 믿는 자는 미련한 자요 지혜롭게 행하는 자는 구원을 얻을 자니라."

잠언 29장

지도자의 책임, 자식에 대한 부모의 의무, 율법의 유익, 교만과 겸손 등에 대한 교훈이 이어진다. "묵시가 없으면 백성이 방자히 행하거니와 율법을 지키는 자는 복이 있느니라." "사람이 교만하면 낮아지게 되겠고 마음이 겸손하면 영예를 얻느니라."

잠언 30장

이 잠언은 아굴의 잠언인데 그가 누구인지 정확히 모른다. 그러나 그는 겸손했고 하나님에 대해 올바로 알고 있었다. "나는 다른 사람에게 비하면 짐승이라 내게는 사람의 총명이 있지 아니하니라." "하나님의 말씀은 다 순전하며 하나님은 그를 의지하는 자의 방패시니라." "내가 두 가지 일을 주께 구하였사오니 내가 죽기 전에 내게 거절하지 마시옵소서 곧 헛된 것과 거짓말을 내게서 멀리 하옵시며 나를 가난하게도 마옵시고 부하게도 마옵시고 오직 필요한 양식으로 나를 먹이시옵소서 혹 내가 배 불러서 하나님을 모른다 여호와가 누구냐 할까 하오며 혹 내가 가난하여 도둑질하고 내 하나님의 이름을 욕되게 할까 두려워함이니이다."

잠언 31장

잠언의 마지막 31장은 르무엘 왕의 어머니가 르무엘에게 훈계한 잠언이다. 르무엘이 솔로몬왕의 다른 이름이라고 하기도 하는데 정확히 밝혀진 것은 아니다. 지혜로운 왕이 행할 바와 현숙한 아내에 대한 교훈이 이어진다. 잠언의 결론에 해당하는 31장의 후반부에서 현숙한 아내가 끼치는 선한 영향력에 대해 말한다. "남자는 여자 하기 나름이에요." 하는 예전의 어느 광고문구가 생각난다. "누가 현숙한 여인을 찾아 얻겠느냐 그의 값은 진주보다 더 하니라." "고운 것도 거짓되고 아름다운 것도 헛되나 오직 여호와를 경외하는 여자는 칭찬을 받을 것이라 그 손의 열매가 그에게로 돌아갈 것이요 그 행한 일로 말미암아 성문에서 칭찬을 받으리라."

전도서 시가서 | 지혜서

전도서의 히브리어 이름은 '토헬레트'로 사람이 모인 곳에서 말을 전하는 사람, 즉 설교자라는 뜻이다. 영어 제목은 헬라어와 라틴 성경에 붙여진 'Ecclesiastes'를 그대로 사용하는데 이 역시 설교자란 뜻이다. 전도서라는 이름은 토헬레트와 에클레시아스테스를 넓은 의미에서 의역한 것이라 할 수 있다. 1장 1절에서 저자는 자신을 '다윗의 아들 예루살렘 왕 전도자'라고 밝히고 있어 역사적으로 솔로몬왕이 전도서의 저자로 보는 것에 큰 이견은 없다. 아마도 솔로몬이 자신의 통치 말년에 지난 날들을 회고하며 젊은 세대에게 자신이 경험한 사람의 지혜를 따라 살았던 삶의 허무함을 알려주고 인생의 최고의 행복은 하나님을 경외하고 순종하는 것임을 가르치고자 했을 것이다. 세상의 최고의 부귀 영화를 누리고 누구도 따라올 수 없는 지혜로 사람들의 칭송을 받았지만 뒤돌아보면 그 모든 것이 헛된 것이었다 하며 '헛되다'는 말을 37번이나 사용하고 있다.

전도서 1장

솔로몬은 자신이 인간적인 지혜를 얻기 위해 수고한 모든 것들이 모두 부질없었으며 지혜를 추구하면 추구할수록 더 큰 공허감에 빠진 것을 고백한다.

"헛되고 헛되며 헛되고 헛되니 모든 것이 헛되도다."

이 구절이 전도서의 주제이다.

"마음을 다하여 지혜를 써서 하늘 아래에서 행하는 모든 일을 연구하며 살핀즉 이는 괴로운 것이니 하나님이 인생들에게 주사 수고하게 하신 것이라." "내가 다시 지혜를 알고자 하며 미친 것들과 미련한 것들을 알고자 하여 마음을 썼으나 이것도 바람을 잡으려는 것인 줄을 깨달았도다."

전도서 2장

솔로몬은 자신이 추구했던 육신의 쾌락과 부귀영화를 얻기 위한 모든 수고의 허무함을 토로한다. "무엇이든지 내 눈이 원하는 것을 내가 금하지 아니하며 무엇이든지 내 마음이 즐거워하는 것을 내가 막지 아니하였으니 이는 나의 모든 수고를 내 마음이 기뻐하였음이라 이것이 나의 모든 수고로 말미암아 얻은 몫이로다 그 후에 내가 생각해 본즉 내 손으로 한 모든 일과 내가 수고한 모든 것이 다 헛되어 바람을 잡은 것이며 해 아래에서 무익한 것이로다."

전도서 3장

인간의 모든 일에는 하나님이 정하신 때가 있음을 말하고 있다. 날 때 죽을 때, 심을 때 뽑을 때, 죽일 때 치료할 때, 헐 때 세울 때, 울 때 웃을 때… "하나님이 모든 것을 지으시되 때를 따라 아름답게 하셨고 또 사람들에게는 영원을 사모하는 마음을 주셨느니라 그러나 하나님의 하시는 일의 시종을 사람으로 측량할 수 없게 하셨도다." 우리에게 주어진 시간은 유한하지만 그 역시 하나님이 우리에게 허락하신 선물이며 우리에게 영원한 것을 사모하는 마음도 하나님이 주셨다. 이 영원함을 사모하는 갈증은 세상 어느 것으로도 채울 수 없고 오직 하나님 안에 거할 때에만 해소됨을 생각해 본다.

전도서 4장

이기적인 수고의 헛됨, 외로운 자의 고독과 허무함, 세상 인기의 덧없음 등을 한탄하는 가운데 함께 하는 친구들의 유익도 언급한다. "두 사람이 한 사람보다 나음은 그들이 수고함으로 좋은 상을 얻을 것임이라 혹시 그들이 넘어지면 하나가 그 동무를 붙들어 일으키려니와 홀로 있어 넘어지고 붙들어 일으킬 자가 없는 자에게는 화가 있으리라 또 두 사람이 함께 누우면 따뜻하거니와 한 사람이면 어찌 따뜻하랴 한 사람이면 패하겠거니와 두 사람이면 맞설 수 있나니 세 겹 줄은 쉽게 끊어지지 아니하느니라."

전도서 5장

솔로몬은 지금까지 자신이 관찰한 인생사의 모든 헛된 것을 극복하는 처방으로 하나님을 경외할 것을 권면한다. 헛된 자세로 예배하지 말고 헛된 기도나 서원을 하지 말고 말씀을 깊이 읽고 묵상하며 하나님의 뜻을 구하는 기도 생활이 하나님을 경외하는 삶일 것이다. "꿈이 많으면 헛된 일들이 많아지고 말이 많아도 그러하니 오직 너는 하나님을 경외할지니라." 또한 올바른 재물관에 대해 교훈하는데 하나님이 자신에게 허락하신 것에 자족하고 감사하는 것이 복임을 가르친다. "은을 사랑하는 자는 은으로 만족하지 못하고 풍요를 사랑하는 자는 소득으로 만족하지 아니하니 이것도 헛되도다." "사람이 하나님께서 그에게 주신 바 그 일평생에 먹고 마시며 해 아래서 하는 모든 수고 중에서 낙을 보는 것이 선하고 아름다움을 내가 보았나니 그것이 그의 몫이로다."

전도서 6장

솔로몬은 다시금 자신을 만족시킬 수 없는 물질적 풍요로움의 허무함과 유한한 일평생의 허무함을 지적한다. "헛된 생명의 모든 날을 그림자같이 보내는 일평생에 사람에게 무엇이 낙인지를 누가 알며 그 후에 해 아래에서 무슨 일이 있을 것을 누가 능히 그에게 고하리요."

전도서 7장

인생의 기쁜 일보다 슬픈 일을 겪을 때 깨닫게 되는 것이 많음을 교훈하며 지혜로운 자와 우매한 자를 비교한다. 우매한 자는 불의하고 부정직하며 급히 노를 발한다.

그리고 전도자는 돈과 지혜를 비교하면서 지혜가 더 가치 있음을 증명하며 인간이 미처 알지 못하는 하나님의 무궁하신 섭리를 선포한다. "형통한 날에는 기뻐하고 곤고한 날에는 되돌아보아라 이 두 가지를 하나님이 병행하게 하사 사람이 그의 장래 일을 능히 헤아려 알지 못하게 하셨느니라."

전도자는 또한 스스로 지혜자가 되기 위해 힘썼던 일들을 돌아보며 인간의 죄성을 고백한다. "내가 깨달은 것은 이것이라 곧 하나님은 사람을 정직하게 지으셨으나 사람이 많은 꾀들을 낸 것이니라."

전도서 8장

지혜롭게 사는 길은 하나님께 순종하며 하나님의 위임을 받은 왕의 명령을 지키는 것이라 말한다. 이 세상에서 가끔은 악인이 흥하고 의인이 어려운 일을 당하는 등 사람이 보기에 이해하기 어려운 일들도 있다고 하면서 사람의 인식의 한계를 고백한다. "또 내가 하나님의 모든 행사를 살펴보니 해 아래에서 행해지는 일을 사람이 능히 알아낼 수 없도다 사람이 아무리 애써 알아보려고 할지라도 능히 알지 못하나니 비록 지혜자가 아노라 할지라도 능히 알아내지 못하리로다."

전도서 9장

전도서 8장에 이어서 9장에서도 솔로몬이 모든 것을 마음에 두고 살펴보며 부딪친 문제는 악인과 선인이 차이 없이 고난도 당하고 즐거운 일도 겪는다는 사실이었다. 이에 그는 모든 사람은 인간의 지혜를 뛰어넘는 하나님의 주권적인 섭리 안에 있음을 깨닫는다. 그래서 소망을 가진 사람은 이생에서 똑같은 인생을 살아도 기쁨과 희망을 가지고 인내하며 하나님이 주신 복을 누리며 행복할 수 있다고 가르친다.

전도서 10장

지혜자와 우매자의 비교가 이어진다. 사람은 마음에 품고 있는 것을 말하고 마음의 생각대로 행동한다. 지혜자와 우매자의 차이는 그 마음에 하나님이 있는가 하는 것이며 또한 자신의 입을 어떻게 제어하는가에 달려있다.

전도서 11장

하나님의 주권을 깨달은 사람들의 생활에 대해 가르친다. 모든 염려를 내려놓고 하나님의 섭리를 믿으며 최선을 다하며 하나님께 감사하며 즐겁게 살아야 함을 권고한다. 그리고 11장 후반부와 12장 전반부에서는 인생의 황혼이 오기 전에 해야 할 일에 대해 일러준다. "너는 청년의 때에 너의 창조주를 기억하라 곧 곤고한 날이 이르기 전에, 나는 아무 낙이 없다고 할 해들이 가깝기 전에 해와 빛과 달과 별들이 어둡기 전에, 비 뒤에 구름이 다시 일어나기 전에 그리하라."

전도서 12장

12장 후반부는 전도서의 결론이다. "전도자는 지혜자이어서 여전히 백성에게 지식을 가르쳤고 또 깊이 생각하고 연구하여 잠언을 많이 지었으며 전도자는 힘써 아름다운 말들을 구하였나니 진리의 말씀들을 정직하게 기록하였느니라." "일의 결국을 다 들었으니 하나님을 경외하고 그의 명령들을 지킬지어다 이것이 모든 사람의 본분이니라 하나님은 모든 행위와 모든 은밀한 일을 선악 간에 심판하시리라."

아가 시가서 | 지혜서

아가(雅歌)의 히브리어 제목은 첫 절을 따라 노래 중의 노래 (Song of Songs)인데, 즉 최고의 노래라는 뜻으로 영어 성경에서도 Song of Songs라 하거나 혹은 Song of Solomon이라 부른다. 우리말로 아가라 함은 중국 성경의 이름을 그대로 사용한 것으로 아담할 雅자는 아담하다 또는 우아하다는 뜻이다. 1장 1절이 "솔로몬의 아가라.' 하고 시작하기에 일반적으로 솔로몬이 지은 노래라고 알려졌지만 이 구절의 히브리어 원어의 뜻은 솔로몬이 지었다는 뜻일 수도 있지만 솔로몬에게 헌정하는 노래라고 이해될 수도 있다 한다. 그리고 열왕기상 3장은 솔로몬은 왕의 자리에 오른 후 애굽 왕 바로의 딸과 혼인한 것을 기록하고 있다. 솔로몬은 또한 자신의 왕궁을 지으면서 왕비인 바로의 딸이 거할 궁도 지었다. 그러나 아가의 여주인공은 술람미라는 촌락 출신이다. 1,000명의 여인들을 아내와 첩으로 두었던 솔로몬이 술람미 여인 한 사람만을 진정한 자기의 사랑으로 생각하며 비교적 젊은 시절에 (수많은 여인들을 거느리기 전에) 아가를 지었을 수도 있지만 솔로몬왕 시대에 익명의 작가가 젊은 남녀 간의 아름다운 사랑의 노래를 지어 솔로몬에게 헌정했을 수도 있다.

어찌 보면 매우 에로틱한 사랑노래 같은 아가가 어떻게 성경에 포함되었을까 하는 의구심이 들 수도 있는데 역사적으로 유대인들은 아가를 룻, 에스더, 전도서, 애가와 함께 축제 때에 읽는 다섯 두루마리(Five Scrolls, 축제오경)의 하나로 구약성경으로 인정했다. 표면적으로는 결혼생활의 기쁨을 노래한 사랑의 시이지만 더 나아가서 이스라엘 민족을 향한 하나님의 사랑의 표현으로, 그리스도와 그의 신부인 교회의 관계를 예시하는 것으로 이해할 수 있다. 시의 구조는 술람미 여인과 신랑(솔로몬), 그리고 회중들 사이의 대화 형식으로 진행된다.

아가 1-4장

1장은 신부와 신랑이 서로 사랑하는 사람에 대한 아름다운 칭찬을 주고받으며 시작하는데 대부분 신부가 말하고 왕과 합창대가 간단하게 응답한다. 2장에서는 서로에 대한 연모의 정과 기다리는 마음을 노래한다. 3장에서는 꿈 속에서도 그리는 사랑하는 사람을 찾아 나서며 신랑이 보낸 화려한 가마를 타고 결혼식을 위해 예루살렘에 입성한다. 4장에서는 그런 신부를 맞는 신랑이 신부의 아름다움을 노래하고 있다. "내 누이 내 신부야 네가 내 마음을 빼앗았구나 네 눈으로 한 번 보는 것과 네 목의 구슬 한 꿰미로 내 마음을 빼앗았구나." 이 부분에서 내가 좋아하는 송창식의 노래 "사랑이야"가 연상된다. "… 가슴속에 항상 혼자 그려보던 그 모습 단 한번 눈길에 부서진 내 영혼 사랑이야 사랑이야 …."

아가 5-8장

아가서 5장에서는 신랑과 신부 사이에 약간의 갈등이 묘사된다. 신랑이 밤이슬을 맞으며 신부를 찾아왔으나 신부가 신랑을 맞아들이지 않자 신랑이 떠나고 뒤늦게 신부가 찾아 나서는데, 이 모든 일이 실제의 일인지 술람미 여인의 꿈인지 확실하지 않다. 그리고 술람미 여인은 예루살렘 딸들에게 그의 사랑하는 자가 얼마나 멋진지를 노래한다.

아가서 6장에서 신부가 신랑을 찾아 나서며 사랑을 다시 고백할 때 신랑과의 관계가 회복된다. "왕비가 육십 명이요 후궁이 팔십 명이요 시녀(처녀)가 무수하되."라는 구절로 보아 이 시점이 솔로몬 통치 초기임을 짐작할 수 있다. "내 비둘기, 내 완전한 자는 하나뿐이며 … 왕비와 후궁들도 그를 칭찬하는구나."라고 술람미 여인에 대해 말을 하는데 이 말을 하는 신랑이 솔로몬이라면, 신랑과 신부 사이의 둘만의 유일하고 독점적인 사랑의 아름다움이 좀 훼손된다는 생각이 든다.

아가서 7, 8장에서는 신부에 대한 예찬과 신부의 고백을 통해 성숙해진 사랑으로 발전한다. 단둘이 있기를 소망하고 적극적인 사랑을 표현하고 있다. 신랑은 잠자던 사랑을 깨우며 신부는 더 깊은 사랑을 갈구한다. 모든 것을 극복하는 사랑의 위대함을 노래하며 서로 사랑하는 사람은 아름다운 동산에 함께 있기를 소망한다.

이사야 대선지서

이사야부터 선지서가 시작된다. 이사야, 예레미야, 예레미야애가, 에스겔, 다니엘을 대선지서라 칭하고 호세아부터 말라기까지 12명의 예언서들을 소선지서라 부른다. 이는 대 선지서들의 위대함을 의미하는 것이 아니라 각 선지서의 분량에 따른 분류이다.

이사야는 남 유다의 왕 웃시야, 요담, 아하스, 히스기야 시대(BC 739-686년)에 활약했던 선지자인데, 메시아의 구속사역에 대해 가장 많은 예언을 남겨 '복음의 예언자'라고 불리며 이사야서는 신약성경에서 가장 많이 인용하는 선지서로 65번 이상 인용되었고 이사야의 이름도 20번 이상 언급된다. 웃시야왕이 죽던 해에 선지자로 부름 받기 전에는 이사야는 왕실 서기관이었고(역대하 26:22) 귀족(혹자는 왕족이었다고 하기도 함)이었다. 그리고 전승에 의하면 히스기야를 이어 왕위에 오른 므낫세에 의해 순교 당했다 한다.

이사야가 활약했던 시대적 상황은 유다의 웃시야왕이 약 52년을 통치하면서 유다는 정치·경제적으로 부강했으나 북 이스라엘은 우상 숭배로 영적으로 타락한데 더해 급속히 팽창하는 앗수르에게 계속 침공을 당하고 급기야는 앗수르에 의해 멸망(BC 721년)하게 된다. 그리고 이사야가 활약하던 남 유다를 앗수르는 계속 침공한다. 이사야뿐 아니라 모든 선지서들을 잘 이해하려면 열왕기와 역대기부터 느헤미야까지 역사서에 나타난 시대적 배경을 살펴보는 것이 필요하다.

대부분의 선지자들은 하나님이 그의 백성들의 죄를 깨닫게 하고 하나님께 돌아오게 하려고 하나님의 말씀을 선포하게 하기 위해 세우셨다. 이사야도 유다 왕들의 어리석은 통치와 백성들의 신앙적 타락에 대해 경고하고 장차 닥칠 바벨론의 침공 등에 대해서 예언하는데 특히 하나님의 이스라엘 백성들에 대한 은혜와 메시아에 대한 예언은 신약의 복음으로 연결된다.

이사야 1장

유다 왕 웃시야와 요담과 아하스와 히스기야 시대에 아모스의 아들 이사야가 유다와 예루살렘에 관하여 본 계시라고 이사야 1장은 시작한다. 범죄한 나라, 허물진 백성, 행악의 종자, 행위가 부패한 자식인 이스라엘을 완전히 멸망시키지 않고 하나님은 생존자를 조금 남겨두셨다 하시며 이 남은 자들에게 하나님의 말씀에 귀를 기울일 것을 강권한다. 형식적이며 외식적인 종교예식에 빠진 악한 행실을 버리고 하나님이 원하시는 선행과 정의, 순종의 삶을 살 것을 일깨운다.

이사야 2장

마지막 날에 임할 메시아 왕국에 대한 예언으로 시작한다. 메시아의 때에는 만방의 백성들에게 구원의 길이 열리며 더 이상 전쟁이 없이 평화를 누릴 것이다. 그리고 이방인을 쫓아 우상 숭배에 빠진 야곱 족속을 버리시고 모든 교만한 죄인들을 심판하실 만군의 여호와의 날이 올 것을 선포한다.

이사야 3장

"예루살렘이 휘청거리고 유다가 쓰러지는구나. 이것은 그들이 말과 행동으로 여호와께 반항하고 그분의 영광스러운 눈길을 무시했기 때문이다. 그들의 얼굴 표정이 스스로 대답해 주는구나. 그들은 소돔처럼 자기들의 죄를 숨기지도 않고 떠벌리고 다니는구나. 아! 그들에게는 재앙이 있을 것이다 그들은 화를 입어도 마땅하다"(이사야 3:8-9). 이사야는 3장에서 예루살렘과 유다의 멸망을 경고한다.

이사야 4장

그러나 4장에서는 여호와께서 그날에 살아남은 자들이 있고 그들이 여호와의 가지(branch)를 찬양할 것임을 말하고 있다. "그날에 여호와의 가지는 아름답고 영광스러울 것이며 그 땅의 열매는 이스라엘에서 살아남은 사람들에게 자랑거리와 찬미거리가 될 것이다." 여기서 여호와의 가지는 메시아를 암시하는 듯하다.

이사야 5장

포도원의 노래를 비유로 들어 유다에 경고하고 있다. 아주 좋은 포도를 심고 정성껏 가꾸면서 좋은 포도가 맺히길 기다렸으나 들포도만 열린 포도원 같은 이스라엘과 유다 백성들에게 닥칠 재앙을 선포한다. "아! 너희들에게 재앙이 있을 것이다. 나쁜 것을 좋다고 하고 좋은 것을 나쁘다고 하는 사람들아! 어둠을 빛이라 하고 빛을 어둠이라 하는 사람들아! 쓴 것을 달다고 하고 단 것을 쓰다고 하는 사람들아!" 이사야의 이 외침이 패역한 이 시대에게 선포하는 외침으로 들린다.

이사야 6장

이사야가 여호와 하나님으로부터 선지자로 부름 받은 상황을 기록한다. 논리적으로 이 부분은 이사야 1-5장 앞에 나와야 시간적으로 맞을 듯하다. 높이 들린 보좌에 앉으신 여호와 앞에서 스랍들이 얼굴과 발을 가리고 서로 "거룩하다, 거룩하다, 거룩하다 만군의 여호와여 그의 영광이 온 땅에 충만하더라."라고 찬송한다. 이와 같이 하나님의 거룩하심을 세 번 반복하여 언급하는 것은 성경에 단 두 번, 이곳과 요한계시록 4장 8절에 나온다 한다. 성경에서 하나님의 많은 속성을 말하지만 오직 그의 거룩하심만 세 번 반복해서 언급되는 것은 하나님의 거룩하심이 얼마나 강조되어야 하는 하나님의 속성인지를 생각하게 한다. 순수하고 거룩한 천사인 스랍들도 하나님 앞에서는 얼굴과 발을 가리고 겸손히 경의를 표하는 것을 목격한 이사야는 인간의 기준으로는 의롭게 살아왔지만 거룩하신 하나님의 보좌 앞에서 자신의 죄를 깨닫고 죽게 되었다고 절망한다. 이런 하나님의 거룩하심에 대한 3중 찬양이 요한계시록에 똑같이 반복된 것은 구약의 하나님과 신약의 하나님의 동일하심을 보여준다.

하나님의 존전에서 자신의 죄를 깨달은 이사야의 죄를 사해 주시고 사명을 주시자 이사야는 바로 "내가 여기 있사오니 나를 보내소서."라고 부르심에 응답한다. 그런데 하나님이 이사야에게 주신 사명은 이스라엘 백성들이 죄를 깨닫고 돌아서게 하라는 것이 아니라 백성들의 파멸을 예언할 때 "백성들의 마음을 둔하게 하며 그들의 귀가 막히고 그들의 눈이 막히게 하라."는 것이었다. 즉 이사야가 아무리 경고를 해도 대다수의 이스라엘 백성은 듣지 않고 멸망할 것임을 일러주신다. 그러나 자비하신 하나님은 그루터기, 즉 남은 자들(remnant)을 남겨두시고 그 가운데 거룩한 씨가 있음을 알게 하신다.

이사야 7장

유다 왕 아하스에게 아람과 북 이스라엘 동맹군이 침공해 올 때 하나님을 의지하면 그들의 계획이 이루어지지 않을 것임을 일러주시며 "처녀가 잉태하여 아들을 낳을 것이요 그의 이름을 임마누엘이라 하리라."라는 메시아의 동정녀 탄생을 예언한다. 이는 유다 백성뿐 아니라 모든 인류를 죄에서 구원하실 구세주가 오실 것임을 선포한 것이다.

이사야 8장

하나님은 이사야 선지자의 아들의 이름을 '마헬살랄하스바스'라 하시고 그가 엄마 아빠의 이름을 부르기 전에 아람과 북 이스라엘이 멸망할 것을 예고하신다. 만군의 여호와는 그를 경외하는 자들에게는 성소가 되지만 그렇지 않은 자들에게는 걸림돌과 함정과 올무가 되심을 경고한다. "많은 사람들이 그로 말미암아 걸려 넘어질 것이며 부러질 것이며 덫에 걸려 잡힐 것이니라." 또한 하나님의 말씀과 증거와 율법을 제대로 따르지 않고 말씀을 왜곡하면 환란과 고통의 흑암에 처하게 될 것도 경고한다.

이사야 9장

전반부에서는 심판의 경고 후에 주시는 하나님의 소망의 메시지로서, 장차 평강의 나라를 세우고 공의로 영원히 다스리실 메시아의 탄생이 예언된다. 그리고 후반부는 거듭된 경고에도 불구하고 회개하지 않는 북 이스라엘이 결국 멸망하게 될 것이라는 심판을 선포한다. "이는 한 아기가 우리에게 났고 한 아들을 우리에게 주신 바 되었는데 그의 어깨에는 정사를 메었고 그의 이름은 기묘자라, 모사라, 전능하신 하나님이라, 영존하시는 아버지라, 평강의 왕이라 할 것임이라." 메시아에 대해 기묘자, 모사, 하나님, 아버지, 왕이라고 여러 가지로 표현하는데 여기서 '아버지'라는 표현은 성자와 성부를 구별하지 못하는 오류가 아니라 자기 백성을 보호하고 지키시는 가부장적인 책임을 강조한 표현일 것이다. 이어서 영적 지도력을 발휘해야 할 책임 있는 위치에 있음에도 백성들을 잘못과 어리석음의 길로 인도하는, 그래서 가장 비난 받아야하는 계층인 장로와 선지자들에 대한 책망이 이어진다.

이사야 10장

이사야는 먼저 하나님의 심판을 받을 수밖에 없는 북 이스라엘의 죄악상을 낱낱이 지적한 후, 이어서 앗수르에 대한 심판을 예언한다. 하나님은 앗수르를 도구로 사용하여 북 이스라엘과 남 유다를 징계하셨는데 앗수르는 스스로 교만에 빠지므로 하나님은 앗수르에 대해 심판을 선고하신다. "도끼가 어찌 찍는 자에게 스스로 자랑하겠으며 톱이 어찌 켜는 자에게 스스로 큰 체하겠느냐 이는 막대기가 자기를 드는 자를 움직이려 하며 몽둥이가 나무 아닌 사람을 들려함과 같음이로다." 그리고 나서 이스라엘의 남은 자들에 대한 구원을 약속하신다. 앗수르를 통해서 유다를 징계한 근본 목적이 진멸이 아닌 정결과 구원에 있음을 알 수 있다.

이사야 11장

남은 자들을 통해 주실 구원을 이새의 뿌리에서 나온 한 가지로 표현하고 있는 11장에서 이사야는 먼저 이새의 후손으로 나실 메시아와 그분이 다스리는 나라가 어떠한 것인지를 묘사한다. 그리고는 남은 자들이 메시아 왕국으로 귀환하여 하나님과 더불어 복되고 영광스러운 삶을 누릴 것을 예언하는데 이 예언은 바벨론으로부터 포로 귀환으로 1차적으로 성취되었고 예수님이 메시아로 오셔서 십자가를 지심으로 실현되었으며 궁극적으로는 장차 다시 오실 주님의 때에 완성될 것이다.

이사야 12장

유다와 이스라엘에 대한 하나님의 심판과 구원의 약속에 대한 이사야의 감사 찬양이다. 그리고 이러한 감사와 찬양을 온 세계에 선포하며 하나님이 하신 일을 알려야 할 의무가 이스라엘 사람들에게 있음을 일깨워 준다.

이사야 13, 14장

바벨론에 대한 경고, 즉 바벨론의 멸망에 대한 예언이다. 이사야가 이 예언을 할 당시에는 바벨론은 아직 강대국이 되지 못하고 앗수르에 눌려 있던 때이기에 이사야의 이 예언에 귀를 기울였던 유다 사람들은 거의 없었을 것이다. 장차 하나님은 바벨론을 패역한 유다를 심판하실 도구로 사용하실 것이지만 결국은 바벨론은 메대를 통해 멸망당할 것이라는 심판의 예언이다. 바벨론 역시 앗수르처럼 하나님이 하나님의 백성들에 대한 심판의 도구로 사용하시지만 그들은 스스로 교만해져서 하나님의 심판의 대상이 된다. 더 나아가 요한계시록에서 사탄의 나라를 바벨론이라 칭하는 것을 생각할 때 이사야의 바벨론 멸망의 예언은 궁극적으로 사탄의 권세에 대한 하나님의 최후의 심판으로 연결된다. 따라서 14장에 나오는 '아침의 아들 계명성'은 일차적으로 바벨론 왕을 가리키며 상징적으로는 사탄을 지칭한다고 할 수 있다. 14장 마지막 부분에서는 블레셋에 대한 심판이 나온다.

이사야 15, 16장

14장의 블레셋 심판에 이어 모압에 대한 심판이 예언된다. 블레셋과 모압은 늘 이스라엘에게 적대적이었다. 모압은 아브라함의 조카 롯의 후손이지만 블레셋처럼 우상을 숭배하며 이스라엘을 괴롭혀 왔었기에 하나님의 심판을 피할 수 없음을 보여주며 오늘날에도 하나님이 아닌 세상의 헛된 것들을 쫓는 사람들에게 경고가 된다.

15장에 이어 16장에도 모압에 대한 예언이 이어진다. 15장이 모압에 임할 심판에 대한 경고라면 16장에서는 모압이 파멸을 피할 두 가지 방안을 제시한다. 모압에게 다윗에게 약속한 조공을 유다에게 바칠 것을 권고한다. 이는 모압 사람들도 우상 숭배를 버리고 여호와를 섬기라는 것이다. 모압이 하나님의 멸망의 심판으로부터 구원을 받을 수 있는 두 번째 방안은 앗수르의 침략을 받아서 모압 땅으로 피난 온 유다 사람들을 받아들여서 숨겨주는 것이다. 왜냐하면 지금 유다는 아무런 힘도 없는 것처럼 보일지라도 다윗 가문의 왕권이 회복될 것이기 때문이다.

이사야 17장

17장은 다메섹(아람)과 에브라임(북 이스라엘)에 대한 경고이다. 남 유다를 침략한 다메섹과 북 왕국 이스라엘의 멸망을 예언한다. 그러나 이스라엘 왕국 (야곱의 영광)이 쇠하더라도 그 가운데 아주 작은 수이지만 "주을 것이 남아있다." 고 하신다. 그 남은 자들은 거룩하신 하나님께 돌아오고 우상을 숭배하지 않을 것이다.

이사야 18 – 20장

18-20장까지는 구스(에디오피아)와 애굽에 대한 예언이다. 18장에 나오는 구스에 대한 예언은 구스의 멸망이 아니라 구스를 위협하던 앗수르를 심판하심으로 구스는 하나님이 유다에게 베푸는 구원을 보고 깨달을 것을 권면한다. 그 당시 구스의 왕이 애굽에 영향력을 행사할 때라고도 하니 18장은 19-20장으로 이어지는 애굽에 대한 예언과 맥을 같이 한다고 볼 수 있다.

19장에는 애굽에 임할 하나님의 심판을 예언하는데, 18절 이후에는 애굽 땅에 여호와를 가리켜 맹세하며 여호와를 위해 제단을 쌓는 성읍들이 있고 여호와께서 그들에게 한 구원자를 보내 그들을 건질 것이라 한다. "그날에 이스라엘이 애굽 및 앗수르와 더불어 셋이 세계 중에 복이 되리니 이는 만군의 여호와께서 복 주시며 이르시되 내 백성 애굽이여, 내 손으로 지은 앗수르여, 나의 기업 이스라엘이여, 복이 있을지어다 하실 것임이라." 애굽과 앗수르가 이스라엘과 더불어 세계 중에 복 될 것이라니 좀 의아하기도 하다. 그러나 하나님은 유대인들의 원수들까지도 구원하시고 복을 주시는 분이시다.

이사야 20장은 19장에 이어 애굽과 구스에 대한 예고가 이어진다. 그런데 이사야에게 벌거벗고 맨발로 3년을 다니게 하시며 그것을 애굽과 구스에 대한 징조와 예표로 삼으신다. 애굽과 구스가 당할 수치를 시청각적으로 보여주기 위해 이사야는 3년 동안 벌거벗고 다녀야 했다. 선지자의 길이 얼마나 힘든 것인지 가늠이 안된다. 앗수르를 벗어나기 위해 하나님이 아닌 애굽과 구스를 의지했던 이스라엘에 대한 경고의 의미도 있다.

이사야 21장

해변 광야(바벨론을 칭하는)의 멸망에 관한 경고가 나오는데 그 묵시가 너무 끔찍해서 이를 본 이사야는 심히 두려워 떨며 괴로워한다. 바벨론을 멸망시킬 군대는 "마병대가 쌍쌍이 온다."고 표현하여 고레스가 이끄는 메대와 바사의 연합군에 의해 바벨론이 함락될 것을 예언한다. 이어서 두마와 아라비아에 대한 경고가 나오는데 두마가 어디를 말하는지는 잘 모르지만 바로 뒤에 세일이 언급되는 것으로 보아 두마는 에돔을 말하는 듯하다. 아라비아는 지리적으로 에돔과 바벨론 사이에 있는 사막 지역으로 그들은 주로 낙타를 이끌고 원거리 무역을 하던 자들인데 이들도 바벨론과 함께 고레스에 의해 정복당한다.

이사야 22장

환상의 골짜기에 대한 경고는 예루살렘을 향한 경고이다. 앗수르에 포위되었을 때에 히스기야와 유다의 지도자들은 하나님을 의지하기 보다는 인간적인 방책을 강구한 것을 두고 하나님을 앙망하고 공경하지 않은 것이라 책망한다.

이사야 23장

해상 무역으로 경제적으로 매우 풍요한 나라였던 두로와 시돈에 대한 경고이다. 두로와 시돈은 자기들의 부요함이 하나님이 주신 은혜라고 생각하기보다는 자신들의 지혜와 노력의 결과로 또 자신들이 섬기는 우상 때문이라고 생각하고 하나님 앞에서 교만하였고 이웃의 가난한 나라들을 업신여겼다. 이에 하나님은 두로와 시돈도 바벨론에 의해 침공을 받게 하신다. 두로는 70년간 황폐하게 되는데 그 기한이 예루살렘이 바벨론에 포로 생활을 하는 기간과 비슷하다.

아시야 24, 25장

이사야 1-12장이 이스라엘과 유다에 대한 심판을, 그리고 이사야 13-23장이 이방 열국에 대한 심판을 나라 별로 선언했다면, 24-27장에서는 "온 땅과 그 주민들"에 임할 하나님의 종말론적인 심판이 언급된다. 모든 나라와 민족, 신분과 계층을 불문하고 모든 사람들이 당할 종말의 재난을 선포한다. 사람들뿐 아니라 땅도 사람들의 죄로 저주를 받게 된다. "땅이 또한 그 주민 아래서 더럽게 되었으니 이는 그들이 율법을 범하며 율례를 어기며 영원한 언약을 깨뜨렸음이라." 그러나 이런 최후의 심판 중에도 하나님의 자비로 남겨둔 자들이 있음을 이사야는 곳곳에서 반복적으로 언급하고 있다. "세계 민족 중에 이러한 일이 있으리니 곧 감람나무를 흔듦 같고 포도를 거둔 후에 그 남은 것을 주움 같을 것이니라."

이사야 25장은 24장에 나오는 전 세계에 임할 심판 가운데 남은 자들이 하나님을 찬양하는 '시온의 찬양'이다. 만군의 여호와께서 시온산에서 하나님 나라의 모든 백성들을 위해 천국 잔치를 베푸시는데 최상의 음식과 포도주가 나오며 참석한 모든 사람의 눈물을 닦아주시고 하나님의 백성이 당했던 모든 수치를 제하여 주시며 사망을 영원히 멸하실 것이다.

이사야 26장

26장은 '그날에' 유다 땅에서 구원받은 자들이 부를 노래로 시작한다. 그날이란 25장에서와 같이 주님의 최후 심판의 날을 말한다. 일차적으로는 유다의 포로들이 바벨론에서 귀환하는 때로 볼 수도 있다. "주께서 심지가 견고한 자를 평강하고 평강하도록 지키시리니 이는 그가 주를 신뢰함이니이다." "여호와여 그들이 환란 중에 주를 앙모하였사오며 주의 징벌이 그들에게 임할 때에 그들이 간절히 주께 기도하였나이다." 이 구절들이 하나님은 어떤 사람들을 구원하시는지 생각하게 한다. "주의 죽은 자들은 살아나고 그들의 시체들은 일어나리이다 티끌에 누운 자들아 너희는 깨어 노래하라 주의 이슬은 빛난 이슬이니 땅이 죽은 자들을 내놓으리로다." 이 구절에서는 그리스도와 그 안에 있는 자들의 부활을 선포한다.

이사야 27장

27장도 26장과 같이 '그날에'로 시작하며 '그날에'라는 구절이 비교적 짧은 27장에서 네 번이나 나온다. 26장에 이어서 최후 심판 때 있을 일들을 예언한다. 날랜 뱀 리워야단, 꼬불꼬불한 뱀 리워야단, 바다에 있는 용, 이 셋을 혹자들은 앗수르, 바벨론, 사탄을 각각 의미한다고 하기도 하는데 세상 권력을 쥐고 있는 사탄의 삼종 세트를 하나님이 심판하실 것을 예언하며, 이어서 나오는 포도원 노래는 여호와가 포도원지기인 아름다운 포도원에서 이스라엘이 회복될 것을 노래한다. 이사야 5장에 나오는 포도원 노래는 들포도를 맺는 이스라엘에 내릴 심판의 경고라면 27장에서는 마지막 날에 택한 자들의 포도원지기가 되셔서 그들을 회복시키시며 지켜 주셔서 그들이 여호와를 예배하는 자리에 서게 될 것을 예언한다.

이사야 28장

28장에서 33장까지는 매 장의 시작을 "화 있을진저." 혹은 "슬프다."라는 말로 시작하는데 히브리 원어로는 다 같은 말로 하나님께서 내리실 심판의 참상을 표현하며 또한 죄 가운데 있는 이스라엘 백성에 대한 의로운 분노이기도 하다. 에브라임(북 이스라엘)이 하나님이 허락하신 풍요로움에 스스로 교만해진 것을 "술취한 자들의 교만한 면류관"이라 표현하며 이들에게 임할 하나님의 심판을 선포하고 있다. 그러나 하나님은 자기 백성의 남은 자에게는 영화로운 면류관, 아름다운 화관이 되실 것이라 대조한다. 유다(예루살렘)의 지도자들도 북이스라엘 지도자들과 별로 다르지 않았기에 그들에 대한 경고가 이어진다. 사망과 스올로 비유되는 애굽에 의지하여 외세의 침략에 대항하려는 어리석음을 책망하는데 그 표현이 재미있다. "침상이 짧아서 능히 몸을 펴지 못하며 이불이 좁아서 능히 몸을 싸지 못함과 같으리라." 작은 침대와 작은 이불로 편한 잠을 못 이루고 뒤척이는 모습이 그려진다. 그리고 마지막 부분에서는 농사 짓는 농부의 지혜에 비유하며 세상의 모든 일은 여호와께로 난 것으로 그의 경영은 기묘하며 지혜는 광대하심을 일깨운다.

이사야 29장

예루살렘의 환란과 회복에 대한 예언이다. 아리엘은 '여호와의 제단'이란 뜻으로 예루살렘을 가리킨다 한다. 하나님이 예루살렘을 치시는 이유를 이사야는 "주께서 이르시되 이 백성이 입으로는 나를 가까이하며 입술로는 나를 공경하나 그들의 마음은 내게서 멀리 떠났나니 그들이 나를 경외함은 사람의 계명으로 가르침을 받았을 뿐이라."라고 밝히고 있다. 그러나 하나님 앞에서 겸손한 자들에게는 하나님은 구원과 회복을 약속하신다. "겸손한 자에게 여호와로 말미암아 기쁨이 더하겠고 사람 중 가난한 자가 이스라엘의 거룩하신 이로 말미암아 즐거워하리니." "야곱이 이제는 부끄러워하지 아니하겠고 그의 얼굴이 이제는 창백해지지 아니할 것이며 그의 자손은 내 손이 그 가운데에서 행한 것을 볼 때에 내 이름을 거룩하다 하며 야곱의 거룩한 이를 거룩하다 하며 이스라엘의 하나님을 경외할 것이며."

이사야 30, 31장

이사야 30, 31장은 앗수르를 대적하기 위해 애굽을 의지하는 패역한 백성들에 대한 경고와 앗수르에 대한 심판을 예언한다. 유다의 패역한 백성들은 참된 선견자와 선지자들의 책망과 회개를 촉구하는 말을 듣기를 싫어하고 거짓 선지자들의 부드러운 말을 원했기에 하나님은 토기장이가 그릇을 깨뜨림같이 아낌없이 유다를 무너뜨릴 것을 선포하시지만 이런 선포에 바로 뒤이어 하나님을 기다리는 자들이 받을 복을 선포하신다. "그러나 여호와께서 기다리시나니 이는 너희에게 은혜를 베풀려 하심이요 일어나시리니 이는 너희를 긍휼히 여기려 하심이라 대저 여호와는 정의의 하나님이시라 그를 기다리는 자마다 복이 있도다." 31장 전반부에서는 애굽을 의지하는 자들에 대해 재차 경고하고 후반부에는 예루살렘에 대한 하나님의 보호를 약속하며 유다의 회개를 권면한다. "이스라엘 자손들아 너희는 심히 거역하던 자에게로 돌아오라." 우리의 죄가 주홍빛 같을지라도 하나님은 회개하는 자를 용서하시는 은혜와 긍휼의 하나님이시다.

이사야 32장

이사야는 이스라엘 민족의 회복을 넘어 메시아의 임재를 통해 회복될 하나님 나라를 언급하는데 이는 공의와 정의로 통치하실 예수 그리스도를 가리킨다. 하나님 나라에 참여하는 자는 영적인 무지를 떨쳐 버리고 하나님의 영광을 실제로 보게 될 것이다. 이사야는 이어서 하나님이 주시는 미래의 심판을 부녀

자들에게도 들려주는데, 눈에 보이는 일시적인 풍요와 평화에 안주하는 어리석은 부녀자들에게 하나님의 심판으로 모든 것을 잃고 허탈할 것을 경고하며 하나님 안에서만 누릴 수 있는 참된 화평에 대해 일깨워 준다.

이사야 33장

33장 초반에는 하나님의 심판의 도구였지만 교만함으로 인해 심판을 받게 된 앗수르에 대해 예언한다. 학대받지 않고도 남을 학대하며 속지 않고도 남을 속이는 악행을 저질렀기에 공의로운 하나님은 앗수르가 다른 나라에게 학대받고 속임을 당하게 하실 것이다. 10절에는 '이제'라는 말이 세 번 반복된다. "여호와께서 이르시되 내가 이제 일어나며 내가 이제 나를 높이며 내가 이제 지극히 높아지리니." 이는 하나님의 심판에 대한 확고한 의지의 표현으로 악인들을 심판하심으로 하나님이 지극히 높임을 받으실 것을 선포한다. 후반부에서는 장차 회복될 이스라엘에 대해 "우리의 절기를 지키는 시온성, 안정된 처소인 예루살렘"이라 표현하며 여호와가 재판장이 되시고 구원하는 왕이 되시는 새 예루살렘에 대해 예언한다.

이사야 34장

에돔을 비롯한 하나님을 대적하는 열국에 내려질 심판이자 또한 마지막 때의 최후의 심판에 대한 경고이기도 하다. "열국이여 너희는 나아와 들을지어다 민족들이여 귀를 기울일지어다 땅과 땅에 충만한 것 세계와 세계에서 나는 모든 것이여 들을지어다 대저 여호와께서 만국을 향하여 진노하시며 그들의 만군을 향하여 분내사 그들을 진멸하시며 살륙 당하게 하셨은즉 그 살륙 당한 자는 내어던진 바 되며 그 사체의 악취가 솟아오르고 그 피에 산들이 녹을 것이며 하늘의 만상이 사라지고 하늘들이 두루마리같이 말리되 그 만상의 쇠잔함이 포도나무 잎이 마름 같고 무화과나무 잎이 마름 같으리라." 또한 성경(여호와의 책)에 기록된 모든 예언의 성취에 대해 "너희는 여호와의 책에서 찾아서 읽어보라 이것들 가운데서 빠진 것이 하나도 없고 제 짝이 없는 것이 없으리니 이는 여호와의 입이 이를 명령하셨고 그의 영이 이것들을 모으셨음이라."라고 확증한다.

이사야 35장

장차 도래할 새 하늘과 새 땅, 즉 마지막 날에 임할 영광과 번영의 벅찬 감격을 노래한다. "여호와의 속량함을 얻은 자들이 돌아오되 노래하며 시온에 이르러 그 머리 위에 영영한 희락을 띠고 기쁨과 즐거움을 얻으리니 슬픔과 탄식이 달아나리로다."

이사야 36 - 39장

36장에서 39장은 열왕기하 18-20장에 기록된 내용이 반복된다. 선지서인 이사야에 역사서에 나올 법한 일이 상세하게 기록된 것이 좀 의아할 수 있는데 아마도 이사야는 앗수르에 대한 자신의 예언의 시대적 이해를 돕기 위해 이부분을 기록했을 것으로 보인다. 열왕기하 18-20장과 내용이 거의 비슷한 것으로 보아 열왕기 기자가 이사야의 이 기록을 인용했을 것으로 성경학자들은 생각하기도 한다.

36-37장은 주로 앗수르와의 관계를 정리하면서 이사야의 전반부인 1-35장의 내용을 마무리하는 부분이며, 38-39장은 이사야 예언의 후반부인 40-66장의 앞으로 등장할 바벨론과 그 이후의 내용을 전개하는 도입부로 36-39장은 이사야서의 전반과 후반을 잇는 전환부라 할 수 있다. 이사야는 이렇게 중반에 역사적 사실들을 기술함으로 예언의 내용이 현실적인 역사 세계에 근거함을 확실하게 말하고 있다.

36장에서 앗수르의 산헤립 왕과 그의 군대를 끌고 온 랍사게는 교만함으로 만군의 주 여호와 하나님을 조롱한다. 이어 37장에서 히스기야는 여호와 앞에서 회개하며 선지자 이사야를 찾아가며, 하나님은 이사야를 통해 유다의 승리와 구원을 약속하시고 앗수르의 군대를 멸하시고 산헤립 왕을 죽게 만드신다. 이때 여호와의 사자가 앗수르 군 십팔 만 오천 명을 죽인다.

이사야 38장에서는 병들어 죽게 된 히스기야의 기도를 하나님이 들어주셔서 그의 생명을 15년 더 연장시켜 주신 것이 기록된다. 그리고 38장 후반부에는 이에 대한 히스기야의 간증이자 감사찬송이 나오는데 이부분은 열왕기에는 기록되어 있지 않다. "보옵소서, 내게 큰 고통을 더하신 것은 내게 평안을 주려 하심이라. 주께서 나의 영혼을 사랑하사 멸망의 구덩이에서 건지셨고 나의 모든 죄는 주의 등 뒤에 던지셨나이다." 히스기야는 그의 질병이 자신의 죄 때문임을 시인했지만 하나님께서 그의 죄를 사하셨고 그를 멸망의 구덩이에서 건지시고 평안을 주셨다고 간증한다.

39장에서는 하나님에 의해 병이 나은 히스기야가 교만의 덫에 빠져 바벨론 사신에게 유다 왕국의 모든 것으 보여주며 과시하는 죄를 범하므로, 하나님은 이사야를 통해 유다에 내릴 징벌을 선포한다. 히스기야는 하나님을 전적으로 신뢰하기보다는 신흥강국으로 떠오른 바벨론을 의지해 앗수르에 맞서려고 하는 잘못을 저질렀다고 생각된다. 히스기야는 선포된 하나님의 심판이 당장 자신에게 임하지는 않을 것이라는 것을 받아들이는데, 혹자들은 그 심판이 자신이 살아있을 때는 임하지 않을 것이란 말에 기뻐하는 이기적인 모습이라 비판하기도 한다.

이사야 40장
하나님께서 이스라엘 백성들이 포로가 되게 하셨다가 다시 회복하실 것을 예언한다. 광야에서 길을 예비하라는 외치는 소리는 포로들에게 해방을 알리는 소리이고 종말론적으로는 메시아의 도래를 선포하는 복된 소식이다. 또한 그리스도의 오심을 예비하는 세례 요한의 외침으로도 볼 수 있다. 9-11절은 그리스도의 오심과 여호와의 구원을 예언한다. "그는 목자같이 양 떼를 먹이시며 어린 양을 그 팔로 모아 품에 안으시며 젖먹이는 암컷들을 온순히 인도하시리로다." 그리고 후반부에서는 하나님의 권위와 권세를 선포하며 여호와를 의지하는, 즉 구원의 소망을 가진 사람들에게 능력을 주신다는 위로와 권면을 한다.

이사야 41장

이스라엘의 도움이며 구원자 되시는 하나님을 말하고 있다. 2절에서 하나님이 동방에서 한 사람을 세워 열국을 다스리게 하셨다고 하시는데 이는 바사 왕 고레스를 말하는 것 같다. 하나님은 고레스를 세워 바벨론을 멸망시키시고 포로 된 유다 백성들을 귀환시키신다. 하나님이 이스라엘 백성을 구원할 것이니 두려워하지 말라 하신다. 하나님은 열방을 심판하시지만 자신이 택한 백성은 잠시 징계할지라도 다시 회복시키시고 구원하시는 사랑과 긍휼을 베푸신다.

이사야 42장

'여호와의 종의 노래'라고 불리는 42장은 하나님의 종인 메시아가 하나님의 거룩한 뜻을 이루신다는 구원의 메시지이다. 마태복음 12장에서 바로 이사야 42장을 인용하면서 이사야의 이 예언이 그리스도 안에서 성취되었음을 분명히 말해준다. "이는 선지자 이사야를 통하여 말씀하신 바 보라 내가 택한 종 곧 내 마음에 기뻐하는 바 내가 사랑하는 자로다 내가 내 영을 그에게 줄 터이니 그가 심판을 이방에 알게 하리라 그는 다투지도 아니하며 들레지도 아니하리니 아무도 길에서 그 소리를 듣지 못하리라 상한 갈대를 꺾지 아니하며 꺼져가는 심지를 끄지 아니하기를 심판하여 이길 때까지 하리니 또한 이방들이 그의 이름을 바라리라 함을 이루려 하심이니라"(마태복음 12:17-21). 그러나 이스라엘 백성들은 하나님의 뜻을 알지 못하고 악을 행하며 형식적으로 하나님의 이름을 부르기에 하나님의 징계를 피하지 못함을 또한 경고한다.

이사야 43장

바로 전장 마지막 부분에서 이스라엘 백성들의 완악함에 대해 지적하신 하나님이 베푸실 긍휼하신 구원의 약속이 나온다. "너는 두려워하지 말아라 내가 너를 지명하여 불렀나니 너는 내 것이라." 하나님은 이스라엘을 열방 앞에서 세우시는 증인으로 선택하셨고 이스라엘의 구원을 통해 여호와만이 참 하나님이심을 나타내실 것이다. 그리고 아직 강대국이 아니었던 바벨론으로부터 시온으로 돌아오게 할 것과 이스라엘의 죄악에도 불구하고 그들의 죄를 용서하고 기억하지 않겠다는 약속을 주시는데 이는 하나님께서 이 백성을 자신을 찬송하게 하기 위해 지으셨기 때문이라 하신다.

이사야 44장

하나님이 이스라엘에게 위로와 복을 주실 것을 약속한다. 아무것도 하지 못하는 우상과는 달리 유일한 경배의 대상이신 하나님의 위대한 구원사역과 회복의 약속이다. 창조자이자 구속자이신 여호와 하나님과 이스라엘 백성의 관계를 다시 일깨우시고 바사 왕 고레스는 하나님의 기쁨을 이루기 위해 세운 목자라고 하신다.

이사야 45장

45장에서 고레스에 대해 더 자세히 언급한다. 혹자들은 이사야 40-48장에 나오는 고레스에 의한 바벨론의 멸망과 유다 포로 귀환에 대한 예언이 너무 정확하여서 이사야서는 고레스 이후에 쓰였을 것이라 주장하기도 한다. 그러나 하나님의 예언은 언제나 틀림이 없으시다. 하나님이 고레스를 기름부어 세우셨다는 표현은 하나님이 특별히 고레스를 자신의 구원 계획을 위해 들어 쓰시려는 의도를 보여준다. 45장 4절에서 하나님은 고레스에게 "내가 너를 지명하여 부른 것은, 나의 종 야곱, 내가 택한 이스라엘을 도우려고 함이었다. 네가 비록 나를 알지 못하였으나, 내가 너에게 영예로운 이름을 준 까닭이 바로 여기에 있다"(개역 성경에서의 번역이 정확치 않아 새번역성경을 인용)라고 한다. 하나님은 오늘도 택하신 우리를 위해 우리가 인식하지 못하는 은혜를 베푸신다. 그리고 수많은 우상을 만들고 섬기는 어리석음을 지적하시며 오직 구원을 주시는 참 하나님은 여호와 한 분이심을 선포한다. "땅의 모든 끝이여 내게로 돌이켜 구원을 받으라 나는 하나님이라 다른 이가 없느니라."

이사야 46장

바벨론의 대표적 우상인 벨과 느보가 파괴되고 이스라엘에 대한 구원의 역사가 실행될 것을 예언한다. 그들의 우상은 짐승과 가축에 실려가는 초라한 잡신이었다. "마음이 완악하여 공의에서 멀리 떠난 너희여 내게 들으라 내가 나의 공의를 가깝게 할 것인즉 그것이 멀지 아니하나니 나의 구원이 지체하지 아니할 것이라 내가 나의 영광인 이스라엘을 위하여 구원을 시온에 베풀리라."

이사야 47장

47장에서도 바벨론의 멸망에 대한 예언이 계속된다. 특히 바벨론을 여인으로 의인화하여 처녀 딸, 여러 왕국의 여주인으로 묘사하면서 한날에 자녀를 잃고 과부가 될 것과 치마를 걷어 속살을 드러내며 수치를 당할 것을 예언한다.

이는 그들이 하나님의 대리인 역할을 하며 유다에 대한 심판의 도구로 쓰였지만 악을 의지하고 스스로 이르기를 나를 보는 자가 없다라고 말하며 자신의 힘을 남용하고 교만했기 때문이다.

이사야 48장

이스라엘에 대한 하나님의 권고의 말씀이다. 유다는 하나님을 거역하고 위선과 패역한 백성이어서 하나님이 이전에 주신 예언을 무시했다 하시며 새로운 언약으로 그들이 포로에서 풀려날 것임을 예언해 주신다. 이스라엘 백성의 완고함에도 불구하고 당신의 영광을 위해 노하기를 더디하며 구원을 이루실 것인데 이를 행하시는 분은 처음이자 마지막이신 하나님이시다. 이 일을 위해 하나님은 '여호와가 사랑하는자' 고레스를 세워 바벨론을 멸하실 것이라 하신다.

이사야 49장

이스라엘은 하나님의 종이라고 한다. 비록 그들이 하나님을 배반하고 이방인들과 동일한 죄를 범하였지만 그래도 그들은 하나님의 종으로 부름 받았기에 하나님은 이스라엘의 회복을 약속하신다. 바벨론에서 포로 생활 중에 이스라엘 사람들은 비로소 자신들의 죄를 돌아보고 하나님 앞에 회개하며 하나님이 자신들을 잊어버리셨다고 생각하는데 이런 그들에게 하나님은 긍휼을 베푸실 것이다. "오직 시온이 이르기를 여호와께서 나를 버리시며 주께서 나를 잊으셨다 하였거니와 여인이 어찌 그 젖 먹는 자식을 잊겠으며 자기 태에서 난 아들을 긍휼히 여기지 않겠느냐 그들은 혹시 잊을지라도 나는 너를 잊지 아니할 것이라."

이사야서에서 계속 반복되는 이스라엘의 회복에 대한 예언은 일차적으로는 바벨론 포로들의 귀환이며 이차적으로는 이스라엘 나라의 회복이고 궁극적으로는 메시아 복음을 통해 온 인류가 하나님의 나라에서 하나가 되는 것이라 할 수 있다.

이사야 50장

하나님이 이스라엘을 버렸다고 탄식하는 백성에게 하나님이 이스라엘을 버리신 것이 아니라 이스라엘이 하나님을 떠난 것이고 이스라엘의 포로 생활은 죄악으로 말미암아 집을 떠나 사는 아내와 같다 하신다. 그러나 하나님의 종은 하나님의 교훈을 바로 알고 순종하며 어떤 고난과 역경 가운데서도 온전히 하나님의 도우심을 의지한다. 이사야는 하나님의 종, 메시아의 아름다운 순종과 거룩한 희생을 통한 승리를 노래한다. 흑암 중에 행하여 빛이 없는 자라도 여호와의 이름을 의뢰하며 자기 하나님께 의뢰할 것을 권고하신다.

이사야 51장

외세의 위협을 받으며 절망 속에 탄식하는 백성에게 하나님의 말씀을 구하며 의를 따르는 자들은 하나님께서 구원하실 것이므로 낙망하지 말라는 위로의 말씀을 선포한다. "너희는 하늘로 눈을 들며 그 아래의 땅을 살피라 하늘이 연기 같이 사라지고 땅이 옷 같이 해어지며 거기에 사는 자들이 하루살이 같이 죽으려니와 나의 구원은 영원히 있고 나의 공의는 폐하여지지 아니하리라." 그러면서 하나님은 이스라엘에게 깨어나라고 말씀하시며 하나님이 허락하신 심판의 고통이 결국은 끝이 나고 회복될 것임을 말씀하신다.

이사야 52장

하나님의 진노의 잔이 거두어 질 때 이스라엘이 포로에서 회복되어 영화롭게 되는, 하나님의 구원을 찬양하며 그 구원의 소식을 전하는 자와 듣는 자들의 기쁨을 노래한다. "좋은 소식을 전하며 평화를 공포하며 복된 좋은 소식을 가져오며 구원을 공포하며 시온을 향하여 이르기를 네 하나님이 통치하신다 하는 자의 산을 넘는 발이 어찌 그리 아름다운가.” 그리고 배척당하던 종이 하나님에 의해 높임 받을 것이며 종을 비웃던 열방이 놀라며 입을 다물게 될 것은 여호와의 종에 대해 전파되지 아니한 것을 보게 되고 듣지 못했던 것을 깨닫게 될 것이기 때문이라 하는데, 즉 듣지도 보지도 못했던 그리스도의 영광을 보게 될 것임을 선언하고 있다.

이사야 53장

성서 전체에서 가장 사랑받는 장 중의 하나인데, 역설적이게도 유대인의 회당에서는 읽는 것이 금지된 성경이라는 말을 들은 기억이 난다. 이는 이사야 53장의 메시아에 대한 예언이 예수 그리스도에 의해 그대로 성취되었기에 누구든지 이를 읽으면 예수가 유대인들이 기다리던 메시아임을 알 수 있기 때문일 것이다. 사람의 죄와 허물을 담당하사 처절한 고난의 길을 가신 메시아의 희생이 많은 사람들의 속죄와 배상을 위한 속건제물로 드려진 것이라 한다. “그가 자기 영혼의 수고한 것을 보고 만족하게 여길 것이라 나의 의로운 종이 자기 지식으로 많은 사람을 의롭게 하며 또 그들의 죄악을 친히 담당하리로다 그러므로 내가 그에게 존귀한 자와 함께 몫을 받게 하며 강한 자와 함께 탈취한 것을 나누게 하리니 이는 그가 자기 영혼을 버려 사망에 이르게 하며 범죄자 중 하나로 헤아림을 받았음이니라 그러나 그가 많은 사람의 죄를 담당하며 범죄자를 위하여 기도하였느니라.”

이사야 54장

54장에서는 51, 52장에서와 같이 예루살렘의 회복에 대한 위로의 말씀이 선언된다. 황폐해진 예루살렘을 아이를 낳게 되는 불임 여성과 남편이 돌아오는 과부에 비교하며 하나님이 잠시 버려 두었으나 긍휼하신 하나님이 그들을 다시 모으고 구원하실 것을 약속한다. 이제 이스라엘 자손들은 하나님의 말씀으로 교훈 받으며 평안을 누릴 것이고 새 예루살렘은 화려하게 회복되고 번영할 것이다. 이 새 예루살렘의 영광은 그리스도의 몸인 교회에서 나타날 것이다.

이사야 55장

이 장은 하나님의 복음으로의 초대이다. 목마른 자 배고픈 자 그러나 돈이 없어 살 수 없는 자들에게 값없이 주시는 생명의 양식이신 그리스도께 나오라 하신다. 하나님의 복음 초청은 궁핍한 자들에게 주어지며 그들의 영혼을 살리는 영원한 언약을 은혜로 주시겠다고 선언하신다. 그런데 이것은 그들의 공로에 따라 주어지는 것이 아님을 분명히 하신다. "보라 네가 알지 못하는 나라를 네가 부를 것이며 너를 알지 못하는 나라가 네게로 달려올 것은 여호와 네 하나님 곧 이스라엘의 거룩하신 이로 말미암음이니라 이는 그가 너를 영화롭게 하였느니라." 오직 하나님의 은혜로 하나님이 정하신 때에 하나님은 그가 선택하여 사랑하시는 사람들을 부르시고 영화롭게 하신다.

이사야 56장

여호와께 연합한 이방인들에 대한 하나님의 구원 계획을 선포하고 이와는 대조적으로 하나님이 택한 이스라엘의 지도자들의 나태함과 교만함을 꾸짖는다. 여호와께서는 공의를 행하고 안식일을 거룩하게 지키며 악을 행하지 말 것을 명하시며, 이것을 지키는 사람은 이방인이나 장애인들이라도 하나님의 제사에 참여할 수 있게 되며 여호와의 집은 만민이 기도하는 집이 될 것이라 선포하신다. 이는 메시아의 사역으로 영적인 이스라엘 백성의 구원을 성취하실 것을 약속하신 것이다. 그러나 이스라엘의 지도자들을 소경된 파수꾼으로 비유하면서 그들의 죄악을 책망한다.

이사야 57장

이사야 선지자는 의인의 죽음을 대수롭게 여기지 않으며 신앙의 순결을 잃고 각종 우상 숭배에 빠진 이스라엘 백성들을 신랄하게 비판한다. 하나님은 이런 악인들을 모두 심판으로 쓸어버릴 것이며 반면에 진실한 신앙을 지키는 자들에게는 하나님의 거룩한 산을 기업으로 주시는 복을 선포한다. 하나님은 통회하면 패역했던 자들이라도 그들의 길을 고쳐주실 것이고 평강이 있을 것이지만 악인에게는 요동하는 불안감만 있고 평강이 없으리라 하신다.

이사야 58장

하나님이 자기 백성들의 영적 유익을 위해 주신 금식과 안식일을 변질시켜 형식적이며 외식적인 신앙생활을 하는 죄를 지적하시며 참된 신앙과 종교의식의 의미를 교훈하신다. "내가 기뻐하는 금식은 흉악의 결박을 풀어주며 멍에의 줄을 끌러 주며 압제 당하는 자를 자유하게 하며 모든 멍에를 꺾는 것이 아니겠느냐 또 주린 자에게 네 양식을 나누어주며 유리하는 빈민을 집에 들이며 헐벗은 자를 보면 입히며 또 네 골육을 피하여 스스로 숨지 아니하는 것이 아니겠느냐." "만일 안식일에 네 발을 금하여 내 성일에 오락을 행하지 아니하고 안식일을 일컬어 즐거운 날이라, 여호와의 성일을 존귀한 날이라 하여 이를 존귀하게 여기고 네 길로 행하지 아니하며 네 오락을 구하지 아니하며 사사로운 말을 하지 아니하면 네가 여호와 안에서 즐거움을 얻을 것이라 내가 너를 땅의 높은 곳에 올리고 네 조상 야곱의 기업으로 기르리라 여호와의 입의 말씀이니라."

이사야 59장

이스라엘 사회의 죄악상을 지적하며 그 죄들로 인해 이스라엘 백성이 비참한 지경에 빠지게 된 것을 언급하며 이사야는 그들을 대신해 중보의 회개 기도를 한다. 이스라엘 백성이 스스로 구원에 이를 수 없으므로 하나님께서 중보자가 되시어 구원을 이루실 것임을 예언한다. "여호와의 말씀이니라 구속자가 시온에 임하며 야곱의 자손 가운데에서 죄과를 떠나는 자에게 임하리라 여호와께서 이르시되 내가 그들과 세운 나의 언약이 이러하니 곧 네 위에 있는 나의 영과 네 입에 둔 나의 말이 이제부터 영원하도록 네 입에서와 네 후손의 입에서와 네 후손의 후손의 입에서 떠나지 아니하리라 하시니라 여호와의 말씀이니라." 하나님의 구원과 복 주심에 대한 약속 앞뒤로 "여호와의 말씀이니라."라고 반복하여 확증하고 있다.

이사야 60장

60장부터는 종말에 이루어질 일들에 대해 말하고 있는데 60장은 하나님이 시온을 회복시키실 때 나타날 시온의 영광과 하나님의 백성이 맞이할 최종적인 승리를 노래한다. 그때에는 이스라엘 백성뿐 아니라 이방인들도 시온이 영원한 하나님의 도성임을 인정할 것이다. 또한 해와 달이 아닌 여호와 하나님의 영광이 시온을 비추는 영원한 빛이 된다.

이사야 61장

메시아의 구속 사역과 그 사역을 통해 하나님의 백성이 누릴 구원의 기쁨을 언급한다. 예수님은 바로 이사야 61장 1-3절의 말씀을 펴서 읽으시고 이 말이 오늘 너희 귀에 응하였다고 누가복음 4장에서 말씀하셨다. "주 여호와의 영이 내게 내리셨으니 이는 여호와께서 내게 기름을 부으사 가난한 자에게 아름다운 소식을 전하게 하려 하심이라 나를 보내사 마음이 상한 자를 고치며 포로 된 자에게 자유를, 갇힌 자에게 놓임을 선포하며 여호와의 은혜의 해와 우리 하나님의 보복의 날을 선포하여 모든 슬픈 자를 위로하되 무릇 시온에서 슬퍼하는 자에게 화관을 주어 그 재를 대신하며 기쁨의 기름으로 그 슬픔을 대신하며 찬송의 옷으로 그 근심을 대신하시고 그들이 의의 나무 곧 여호와께서 심으신 그 영광을 나타낼 자라 일컬음을 받게 하려 하심이라.” 메시아는 병든 자를 고치시고 포로로 잡힌 자들을 자유하게 하시고 슬픈 자들을 위로하신다.

이사야 62장

장차 오실 메시아와 회복하실 하나님의 백성에 대해 말하는데 하나님은 예루살렘의 회복을 위해 잠잠하시지도 쉬지도 아니하시며 의와 구원과 영광의 새 이름으로 불릴 때까지 역사하신다. '헵시바'와 '쁄라'라는 새 이름의 뜻은 '나의 기쁨이 네게 있다.' '결혼한 여자'라 한다. 즉 이스라엘이 더 이상 버림받은 황무지가 아니라 하나님이 기뻐하시는 신부로 신분이 바뀌게 된다는 약속이다.

이사야 63장

하나님의 원수들에 대한 심판의 예언으로 바벨론이 예루살렘을 멸망시킬 때 바벨론 편에 섰던 에돔을 멸하실 것을 예언한다. 그리고 이스라엘의 반역에도 그들을 기억하시고 은총을 베푸시는 하나님의 자비와 그런 하나님의 사랑에 의지하여 올려드리는 이스라엘의 구원을 위한 이사야의 기도가 나온다.

이사야 64장

64장도 63장에 이은 이사야의 기도이다. 하나님의 강림으로 악인에게 심판이 임하기를 기도하며 이스라엘 백성들이 죄 때문에 멸망하게 되었음을 고백하며 하나님의 손으로 지으신 주의 백성에게 은혜의 구원을 주실 것을 간구한다. "그러나 여호와여, 이제 주는 우리 아버지시니이다 우리는 진흙이요 주는 토기장이시니 우리는 다 주의 손으로 지으신 것이니이다." "우리 조상들이 주를 찬송하던 우리의 거룩하고 아름다운 성전이 불에 탔으며 우리가 즐거워하던 곳이 다 황폐하였나이다 여호와여 일이 이러하거늘 주께서 아직도 가만히 계시려 하시나이까 주께서 아직도 잠잠하시고 우리에게 심한 괴로움을 받게 하시려나이까."

이사야 65장

65장과 66장은 앞의 63, 64장의 기도에 대한 하나님의 대답으로 볼 수 있다. 65장에서 하나님은 이스라엘뿐 아니라 이방의 하나님도 되실 것과 멸망 받을 자 중에서 남겨 두실 자들에 대한 약속과 그 남은 자들이 누릴 복에 대해 말씀하시고 마지막으로 새 하늘과 새 땅에 대한 종말론적 예언이 나온다. 옛 하늘과 땅을 새롭게 하는 차원이 아니라 완전히 새롭게 창조하실 하나님 나라에서 우리의 이전의 것은 마음에 생각조차 나지 않을 것이다. 이 새 하늘과 새 땅은 신약성경 베드로후서 3장에서 베드로가 기다리는 것이요 요한이 요한계시록 21장에서 환상으로 본 것이다.

이사야 66장

이사야는 언젠가는 반드시 이루어질 하나님의 영원한 나라에 대해 예언한다. 하나님은 겸손한 자는 돌아보시나 외식하며 형식적으로 예배하는 자들은 벌하시며 하나님의 구원이 시온에 갑자기 임할 것이다. 마지막에 하나님이 불에 둘러싸여 회오리 같이 강림하셔서 원수들을 진노로 심판하시고 자기 백성을 구원하시며 열방에 하나님의 영광스러운 이름이 전파될 것이다. "나 여호와가 말하노라 이스라엘 자손이 예물을 깨끗한 그릇에 담아 여호와의 집에 드림 같이 그들이 너희 모든 형제를 뭇 나라에서 나의 성산 예루살렘으로 말과 수레와 교자와 노새와 낙타에 태워다가 여호와께 예물로 드릴 것이요 나는 그 가운데에서 택하여 제사장과 레위인을 삼으리라 여호와의 말이니라 내가 지을 새 하늘과 새 땅이 내 앞에 항상 있는 것 같이 너희 자손과 너희 이름이 항상 있으리라 여호와의 말이니라." 아멘!

예레미야 대선지서

눈물의 선지자 혹은 고독의 선지자로 불리우는 예레미야는 이스라엘 역사상 가장 어두운 시대에 선지자로 부름을 받았다. 이사야보다 약 백 년 후에 활동한 예레미야의 활동시기는 유다의 마지막 선한 왕 요시야왕 때부터 앗수르와 애굽이 바벨론에 무너지고 유다도 바벨론에 패망하고 사로잡혀간 때까지 50여 년 동안 이어지며 예레미야는 유다 멸망(BC 586년) 후에 애굽로 내려가 거기에서 죽었다고도 하고 혹은 바벨론이 애굽을 침공했을 때 바벨론으로 끌려왔다고 하기도 한다. 예레미야는 유다의 죄악에 대해 통렬히 책망하면서 유다가 바벨론에 멸망할 것을 끊임없이 예언했지만 당시의 타락한 종교지도자들은 예레미야와 그의 예언을 배척한다. 예레미야의 예언은 연대 순으로 나열된 것이 아니고 예레미야가 직접 기록한 책은 여호야김이 불살라 버렸기에 나중에 서기관 바룩에 의해 구전되어 오던 예레미야의 말들이 다시 편집되었다고 본다.

예레미야 1장

예레미야가 선지자로 부름 받은 상황이 기록된다. 베냐민 땅에 살던 레위 지파 제사장의 아들이었던 예레미야를 하나님이 선지자로 부르시는데, 하나님은 예레미야를 어머니 배에서 나오기 전부터 열방의 선지자로 부르셨다고 하신다. 예레미야의 사역이 유다를 넘어 그의 예언의 내용이 온 인류에게 효력이 미친다는 것을 의미한다. 그리고 하나님은 예레미야에게 두 가지 환상을 보여주신다. 살구나무(아몬드 나무)의 환상은 겨울을 지나 싹이 나고 꽃이 피는 살구나무처럼 하나님의 말씀이 이루어진다는 것을 보여주며 북에서부터 기울어진 끓는 가마는 하나님의 진노가 북쪽에서부터 임할 것이라는 경고이다.

예레미야 2장

예레미야는 하나님을 떠나 가나안 땅의 바알 신을 섬긴 이스라엘의 죄악을 결혼 비유를 통해 지적하며 유다 백성의 두 가지 죄를 언급한다. 첫째는 생수의 근원이신 하나님을 버린 것이며 둘째는 물을 저축하지 못할 터진 웅덩이를 판 것이다. 이어서 유다의 배도가 초래한 수치스러운 현실을 지적하는데 앗수르와 애굽에 의지하려 했으나 오히려 그들에게 침략당해 황폐하게 된 상황을 책망한다.

예레미야 3장

북 왕국 이스라엘의 멸망을 목격한 유다 백성들이 정신을 차리지 못하고 계속해서 우상을 숭배하는 어리석음에 빠져 있음을 책망하며 오히려 유다가 북 이스라엘보다 더 악함을 지적한다. 우상 숭배는 영적 간음이기에 유다의 음란과 행악을 책망한다. 그렇지만 진정으로 회개한다면 그들을 용서하고 복 주시겠다는 하나님의 사랑을 또한 보여준다. 그리고 '내 마음에 합한 목자'를 보내주셔서 회개하고 돌아오는 자들을 지식과 명철로 양육하시리라 하신다. 이는 궁극적으로 예수 그리스도를 계시하는 말씀이다.

예레미야 4장

"여호와께서 이르시되 이스라엘아 네가 돌아오려거든 내게로 돌아오라 네가 만일 나의 목전에서 가증한 것을 버리고 네가 흔들리지 아니하며 진실과 정의와 공의로 여호와의 삶을 두고 맹세하면 나라들이 나로 말미암아 스스로 복을 빌며 나로 말미암아 자랑하리라." 예레미야 4장은 하나님의 이스라엘 백성들을 향한 진실한 회개의 촉구로 시작한다. 이어서 회개하지 않는 자들에게 임할 재앙을 예언한다. "너희는 여러 나라에 전하며 또 예루살렘에 알리기를 에워싸고 치는 자들이 먼 땅에서부터 와서 유다 성읍들을 향하여 소리를 지른다 하라 그들이 밭을 지키는 자 같이 예루살렘을 에워싸나니 이는 그가 나를 거역했기 때문이니라 여호와의 말씀이니라." 이 말을 전하는 예레미야는 탄식한다. 하지만 하나님은 온 땅을 황폐하게 할 것이지만 진멸하지는 않을 것이다.

예레미야 5장

5장에서도 유다 백성의 전적인 타락상과 그런 유다에 임할 심판의 당위성을 말한다. "내가 어찌 너를 용서하겠느냐 네 자녀가 나를 버리고 신이 아닌 것들로 맹세하였으며 내가 그들을 배불리 먹인즉 그들이 간음하며 창기의 집에 허다히 모이며 그들은 두루 다니는 살진 수말 같이 각기 이웃의 아내를 따르며 소리지르는도다 여호와의 말씀이니라 내가 어찌 이 일들에 대하여 벌하지 아니하겠으며 내 마음이 이런 나라에 보복하지 않겠느냐." 유다의 타락의 정점에는 백성들을 영적으로 지도해야 할 종교 지도자들인 선지자들과 제사장들의 타락이 있었다. "이 땅에 무섭고 놀라운 일이 있도다 선지자들은 거짓을 예언하며 제사장들은 자기 권력으로 다스리며 내 백성은 그것을 좋게 여기니 마지막에는 너희가 어찌하려느냐."

예레미야 6장

완악한 유다 백성에게 재앙이 임박했다는 경고와 회개를 촉구했지만 그들은 예레미야의 거듭된 경고를 무시하였기에 심판이 불가피해졌다. 유다는 북방에서 침입해 온 이방 군사에 의해 멸망을 당할 것이다. 예레미야의 거듭된 회개

촉구에도 불구하고 유다 백성들이 하나님의 인내와 사랑을 끝까지 거부한 것은 당시의 거짓 선지자와 제사장들의 잘못이 크다. "이는 그들이 가장 작은 자로부터 큰 자까지 다 탐욕을 부리며 선지자로부터 제사장까지 다 거짓을 행함이라 그들이 내 백성의 상처를 가볍게 여기면서 말하기를 평강하다 평강하다 하나 평강이 없도다 그들이 가증한 일을 행할 때에 부끄러워하였느냐 아니라 조금도 부끄러워하지 않을 뿐 아니라 얼굴도 붉어지지 않았느니라 그러므로 그들이 엎드러지는 자와 함께 엎드러질 것이라 내가 그들을 벌하리니 그때에 그들이 거꾸러지리라 여호와의 말씀이니라."

예레미야 7장

2장부터 20장까지의 유다 심판에 대한 아홉 가지의 예언 가운데 세 번째 메시지로 유다의 우상 숭배와 위선적인 성전예배를 질책한다. 전반부에서는 성전에서의 가증스러운 예배 행위를, 중반부에서는 일상 생활에서의 불순종을, 그리고 후반부에서는 힌놈 골짜기에서 도벳 사당을 짓고 자녀들을 불사르는 죄악을 언급하며 이런 죄악이 초래한 하나님의 분노와 심판을 선포한다.

예레미야 8장

7장에 이어서 가증한 죄를 범한 유다가 받게 될 재난에 관해 언급한 후 또다시 하나님께 돌아오지 않는 유다를 바라보는 예레미야는 안타까운 심정과 동족에 대한 사랑의 마음을 애가로 표현한다. "슬프다 나의 근심이여 어떻게 위로를 받을 수 있을까 내 마음이 병 들었도다 딸 내 백성의 심히 먼 땅에서 부르짖는 소리로다 여호와께서 시온에 계시지 아니한가, 그의 왕이 그 가운데 계시지 아니한가 그들이 어찌하여 그 조각한 신상과 이방의 헛된 것들로 나를 격노하게 하였는고 하시니 추수할 때가 지나고 여름이 다하였으나 우리는 구원을 얻지 못한다 하는도다."

예레미야 9장

9장에는 8장 후반부에 시작된 애가가 계속된다. 유다 백성의 죄상이 하나님의 심판을 돌이킬 수 없는 상태임을 선포하며 하나님이 이들을 철저하게 연단하실 것이라 한다. 죄에 대한 심판을 예고하신 하나님은 유다 백성이 결단해야 할 바를 분명히 일러주신다. "여호와께서 이와 같이 말씀하시되 지혜로운 자는 그의 지혜를 자랑하지 말라 용사는 그의 용맹을 자랑하지 말라 부자는 그의 부함을 자랑하지 말라 자랑하는 자는 이것으로 자랑할지니 곧 명철하여 나를 아는 것과 나 여호와는 사랑과 정의와 공의를 땅에 행하는 자인 줄 깨닫는 것이라 나는 이 일을 기뻐하노라 여호와의 말씀이니라."

예레미야 10장

우상 숭배의 무익함과 참 하나님의 전능하심을 극명하게 대조하면서 하나님의 백성이 하나님을 버리고 우상을 더 섬기기에 심판이 임할 것을 예언한다. 이런 예언을 전하는 예레미야는 임박한 심판을 피할 어떤 대책도 없음을 알고 하나님께 기도한다. "여호와여 내가 알거니와 사람의 길이 자신에게 있지 아니하니 걸음을 지도함이 걷는 자에게 있지 아니하니이다 여호와여 나를 징계하옵시되 너그러이 하시고 진노로 하지 마옵소서 주께서 내가 없어지게 하실까 두려워하나이다."

예레미야 11장

출애굽 때 이스라엘 백성에게 주신 언약을 지키지 않는 유다의 죄악에 초점을 맞춘다. 언약을 깨뜨리고 불순종했기에 받게 될 형벌을 선포하면서 예레미야에게 유다 백성들을 위해 기도하지 말라 하시며 하나님은 유다 백성들이 부르짖어도 듣지 않으리라 하신다. 하나님이 작정하신 심판은 되돌릴 수 없다. 이런 심판을 선포하는 예레미야를 그의 고향 아나돗 사람들이 죽이려 음모를 꾸미나 하나님은 그들 또한 벌하실 것이다.

예레미야 12장

예레미야는 의로우신 하나님에게 악인들의 삶이 형통한 것을 항변하며 하나님께 그들을 벌할 것을 청원한다. 그러나 하나님은 그의 말을 들어주시는 것이 아니라 이 정도로 낙심하고 힘들어하면 더 큰 일은 어떻게 감당하겠느냐 하시며 마음을 새롭게 하여 일어날 것을 격려하신다. 그리고 유다를 멀지 않은 시기에 황무지로 만들고 이방 나라들도 땅에서 뽑아 버릴 것이지만 회개하고 돌아오면 회복시키실 것이라 하신다.

예레미야 13장

썩은 베 띠와 포도주 부대의 비유를 통해 임박한 심판에 대해 다시 경고하며 회개를 촉구한다. 하나님은 유다가 깨끗한 띠처럼 여호와의 영광을 드러내기를 원하셨지만 이를 거부하고 우상의 띠가 되어 썩게 된 이스라엘은 더 이상 하나님을 영화롭게 하는 띠가 아니었다. 그리고 가죽부대에 술이 가득 차 모두들 술에 취해 유다 백성들이 서로 싸우게 될 것을 경고하며 교만하지 말고 회개할 것을 촉구한다.

예레미야 14장

예레미야는 유다 백성이 큰 가뭄으로 극심한 고통을 당하는 것을 보고 하나님께 세 번에 걸쳐 기도한다. 그러나 하나님은 그의 기도에 응답해주시지 않고 오히려 유다가 멸망할 것임을 선포하신다. 유다 백성들의 죄가 너무 극심하고 조금도 반성하는 기미가 없으므로 하나님은 예레미야에게 그들을 위해 기도하지 말라고 하시나 예레미야는 포기하지 않고 기도한다.

예레미야 15장

15장은 14장의 예레미야의 기도에 대한 하나님의 반응으로 시작한다. 유다를 향한 하나님의 진노는 모세와 사무엘이 와서 간청해도 거둘 수 없다 하시며 네 가지의 벌, 즉 죽음, 칼, 기근, 포로 됨의 벌을 선포하신다. 그리고 후반부에서는 이러한 하나님의 응답에 좌절하는 예레미야를 하나님이 위로하시며 핍박자들로부터 그를 보호하실 것이라 약속하신다.

예레미야 16장

하나님은 예레미야에게 결혼을 금지시키는데 이는 선지자의 삶의 행위를 통하여 우상 숭배로 인해 유다에 임할 비참한 심판을 상징적으로 보여준다. 또한 여호와께서는 초상집에 들어가지 말라고 하며 가서 통곡하지 말고 그들을 위하여 애곡하지 말라고 하시며 잔칫집에 들어가서 그들과 함께 앉아 먹지 말라고 말씀하신다. 그러나 후반부에서는 출애굽 때처럼 포로 된 땅에서 회복되리라는 약속을 주시며 범죄한 백성들이 하나님을 여호와로 알게 해 주시겠다 하신다.

예레미야 17장

유다의 근본적이 죄와 부패한 마음을 지적하며 하나님의 심판이 선포되는데 여호와를 떠나 사막의 떨기나무 같은 사람들과 물가에 심어진 나무 같은 여호와를 의지하는 사람들을 비교하며 여호와를 의뢰하는 자가 받는 복을 선포하는데 이 부분에서는 시편 1편이 연상된다. 그리고 후반부에서는 안식일을 거룩하게 지키라는 권면이 나온다.

예레미야 18장

토기장이 비유를 통해 하나님의 절대 주권을 선포하며 이스라엘 백성들에 대한 회개의 촉구가 이어진다. 예레미야는 유다에 대한 하나님의 진노를 돌이 키고자 유다 백성들의 죄에 대한 용서를 구하는 자신을 오히려 죽이려 하는 자들로부터 하나님이 지켜 주실 것을 간구한다.

예레미야 19장

하나님은 예레미야에게 옹기를 하나 사서 어른들과 원로 제사장들과 함께 힌놈 골짜기로 가서 하나님이 내릴 재앙을 선포하고 옹기를 깨뜨리라 하신다. 우상 숭배와 무수한 자녀들의 피를 흘린 곳이 죽음의 골짜기가 될 것이며 한 번 깨진 옹기는 다시 완전하게 될 수 없는 것 같이 예루살렘과 유다의 모든 성읍에 재앙이 임할 것을 경고한다.

예레미야 20장

20장에서는 19장에 나오는 예레미야의 예언을 들은 제사장 바스훌이 예레미야를 때리고 차꼬를 채워 핍박하는데 이에 예레미야는 바스훌에게 그가 바벨론으로 잡혀가 죽게 될 것을 예언한다. 예레미야는 자신을 핍박하고 조롱하는 자들에게 하나님께서 보복해 주시기를 기도하면서 자신이 이 땅에 태어난 날을 원망할 만큼 슬퍼하는 그의 애가를 기록한다.

예레미야 21장

유다의 마지막 왕인 시드기야 때에 바벨론이 침공하자 시드기야는 예레미야에게 사람들을 보내어 여호와께 구원해 주시기를 간구하기를 요청하지만 하나님은 예레미야를 통하여 유다의 멸망을 선언하신다. 칼과 기근과 전염병에 죽는 길과 바벨론에 항복하여 잡혀가는 두 길 밖에 없다 하신다. 바벨론에 항복하여 죽음을 면하는 것이 하나님이 진노의 심판 중에 긍휼하게 허락하신 생명 보전의 길이었다. 그리고 하나님은 이어서 유다 왕의 집에 대한 형벌을 선포하신다.

예레미야 22장

유다 왕국 말기의 왕들에 대한 심판이 21장 후반부에 이어서 22장에도 계속된다. 시드기야 이전의 살룸(여호아하스), 여호야김, 고니야(여고냐, 여호야긴) 왕들의 배도 사실을 지적하면서 그들에게 내릴 형벌을 선포하며 유다의 멸망의 큰 책임이 이들 왕들에게 있음을 보여준다. "여러 민족들이 이 성읍으로 지나가며 서로 말하기를 여호와가 이 큰 성읍에 이같이 행함은 어찌 됨인고 하겠고 그들이 대답하기는 이는 그들이 자기 하나님 여호와의 언약을 버리고 다른 신들에게 절하고 그를 섬긴 까닭이라 하셨다 할지니라."

예레미야 23장

전반부는 유다의 회복과 그리스도에 의해 성취될 메시아 왕국의 승리에 대한 예언이다. 유다의 마지막 왕 시드기아의 이름은 '여호와의 의'라는 뜻이라 하는데 그는 전혀 의롭지 못했고 다윗의 한 의로운 가지인 메시아를 통해서 유다가 구원을 받을 것인데 그의 이름이 '여호와 치드케누, 여호와 우리의 공의'라 불릴 것을 예언한다. 그리고 거짓 선지자와 제사장들의 사악함을 책망하며 여호와의 엄중한 말씀을 경멸하는 자가 받을 형벌을 경고한다.

예레미야 24장

좋은 무화과와 나쁜 무화과 두 광주리 비유를 통해 포로로 잡혀간 경건한 유다 백성은 귀환하여 회복될 것이나 예루살렘에 남아 있거나 애굽으로 피한 자들에게는 환난과 핍박과 저주가 있을 것을 예언한다.

예레미야 25장

예레미야 24장의 내용은 느부갓네살이 유다를 침공하여 여고냐(여호야긴)를 포로로 잡아갔을 때의 일인데 25장은 이 일이 있기 여러 해 전, 느부갓네살왕의 원년에 있은 일이다. 유다의 불순종으로 하나님이 유다를 심판하시기 위해 북쪽에서 바벨론 왕 느부갓네살을 불러 유다 땅을 진멸하시겠다 하는데, 느부갓네살을 하나님은 '나의 종'이라 칭하신다. 즉 이방의 악한 왕이지만 하나님이 유다를 심판하시는 도구로 그를 사용하신다. 그리고 유다는 베벨론에서 70년 동안 바벨론 왕을 섬긴 후 바벨론은 자신의 죄악으로 말미암아 영원히 폐허가 될 것이다. 유다 뿐 아니라 이방의 열국들과 통치자들도 하나님의 징벌을 피할 수 없을 것이다.

예레미야 26장

26장은 요시야의 아들 여호야김의 통치 초기로 앞의 25장보다는 약 4년 전, 24장보다는 약 11년 전의 일이다. 하나님의 임박한 심판과 회개를 촉구하는 예레미야를 제사장들과 선지자들이 핍박하고 죽이려 하였다. 그러나 몇몇 고관들과 장로들은 백성들과 함께 예레미야를 변호한다. 타락한 종교지도자들의 편견이 정치가들과 민중들의 판단에도 미치지 못할 만큼 그 타락의 정도가 심했음을 본다. 그들은 예레미야와 같은 예언을 하던 우리야를 잡아 죽였지만 예레미야는 아히감의 도움으로 죽음을 면한다.

예레미야 27장

27장도 26장과 같이 여호야김이 다스리기 시작할 때라고 1절에서 말하고 있지만 그 이후의 이야기는 시드기야 때의 이야기이다. 많은 영어 성경에서는 1절을 시드기야 통치 초기라고 적고 있다. 두 가지의 사본이 있다는데 이후의 내용 전개로 보아 시드기야 때가 맞는 것 같다. 오랫동안 유다의 멸망을 예언해 왔던 예레미야가 시드기야에게 역사를 주관하시는 하나님이 심판의 도구로 사용하시는 바벨론에 대항하지 말 것을 강권한다. 그러면서 하나님이 보내시지 않은 거짓 선지자들의 말을 믿지 말 것을 경고한다.

예레미야 28장

예레미야와 거짓 선지자인 하나냐의 직접적인 충돌이 기록된다. 바벨론 포로 생활이 70년간 지속되리라는 예레미야의 예언에 반하여 하나냐는 2년 안에 바벨론이 탈취한 성전 기구들이 회수될 것이고 여고냐를 비롯한 모든 포로들도 돌아올 것이라 거짓 예언을 한다. 당시의 모든 사람들은 에레미야의 말보다는 하나냐의 말이 더 귀에 듣기 좋았기에 그를 따라 미혹되기 쉬웠을 것이다. 이렇게 하나님의 백성을 미혹하는 거짓 선지자는 하나님이 그냥 두지 않으신다. 하나냐도 그의 죽음을 예언한 예레미야의 말대로 죽었다.

예레미야 29장

예레미야가 바벨론에 포로로 잡혀간 백성들에게 보낸 위로와 권면의 편지가 기록되어 있다. 예레미야는 하나님께서 그들을 바벨론에 사로잡혀 가게 하셨다고 상기시키면서 정해진 70년이 차면 다시 유다 백성들을 회복시키실 것이므로 바벨론에서 일상생활을 하며 번성하고 민족이 줄어들지 않도록 하라고 권면한다. 그리고 그들 가운데 있는 거짓 선지자와 점쟁이들에게 미혹되지 말고 하나님을 찾으라 한다. "너희가 내게 부르짖으며 내게 와서 기도하면 내가 너희들의 기도를 들을 것이요 너희가 온 마음으로 나를 구하면 나를 찾을 것이요 나를 만나리라." 많은 목사님들이 이 구절을 인용하여 하나님께 부르짖는 기도를 하나님이 응답하신다고 가르친다. 그러나 새번역성경은 이를 "너희가 나를 부르고."라고 정확하게 번역하고 있다. 29장 후반부에는 바벨론 포로들 중에 있던 아합과 시드기야, 그리고 예루살렘에 남아있던 스마야 등의 거짓 선지자에 대한 경고와 이들에 대한 하나님의 심판이 기록된다.

예레미야 30장

유다와 이스라엘의 회복에 대한 하나님의 말씀이다. 하나님은 예레미야에게 그가 주신 모든 말씀을 책에 기록하라 명하신다. 멸망과 포로됨의 재앙을 겪고 70년을 더 기다려야 할 하나님의 백성들에게 위로와 소망을 주는 하나님의 구원의 말씀을 자세히 기록하여 후세들에게 전하라 하신다. 하나님은 죄악에 대해 반드시 징계하시지만 또한 택하신 백성들을 끝까지 사랑하시는 분이시다. 그러면서 하나님은 출애굽 후에 모세에게 주셨던 언약을 재차 언급하신다. "너희는 내 백성이 되겠고 나는 너희들의 하나님이 되리라."

예레미야 31장

30장에서 약속한 이스라엘과 유다의 회복에 대해 보다 구체적인 서술과 궁극적으로 임할 메시아와 새언약의 시대에 대한 내용이 나온다. 남 왕국 유다뿐 아니라 훨씬 먼저 앗수르에 의해 멸망한 북 왕국 이스라엘도 회복될 것을 사마리아와 에브라임을 언급하며 예언한다. 그리고 이스라엘과 유다 집에 새언약을 맺을 것을 말씀하시는데 이는 북 이스라엘과 남 유다뿐 아니라 예수 그리스도로 말미암아 영적인 이스라엘 백성이 된 신약시대의 성도들과 맺으신 언약이

기도 하다.

예레미야 32장

예레미야는 시드기야 왕 때에 시드기야가 바벨론에 붙잡혀 갈 것이라 예언했기에 시드기야는 그를 궁중 시위대 뜰에 가두었다. 예레미야 32장에서는 이때에 일어난 일과 하나님의 명령, 예레미야의 기도와 하나님의 언약이 기록된다. 하나님은 예레미야에게 고향 땅 아나돗에 있는 그의 숙부의 아들, 즉 사촌의 밭을 사서 증인을 세우고 매매증서를 작성하여 토기에 담아 보존하라 하신다. 이는 유다가 바벨론에 의해 멸망될 것이지만 장차 회복될 것이라는 구원의 소망을 보여주신다. 이 일 후에 예레미야는 하나님의 전능하심과 공의와 은혜를 찬양하는 기도를 드린다. 우리들의 기도에는 얼마나 이런 하나님의 하나님 되심에 대한 찬양이 있는지 돌아본다. 예레미야의 기도에 대한 하나님의 응답으로 이스라엘과 유다를 심판하시는 이유와 심판 후 다시 회복하시고 그들의 하나님이 되실 것에 대한 언약이 나오는데 이는 하나님의 공의와 사랑을 보여준다.

예레미야 33장

아직 예레미야가 시위대 뜰에 갇혀 있을 때 하나님의 말씀이 그에게 두 번째로 임해 주신 회복과 구원의 약속이다. "너는 내게 부르짖으라 내가 네게 응답하겠고 네가 알지 못하는 크고 은밀한 일을 네게 보이리라." 이 구절도 하나님께 "부르짖으라." 하지만 새번역에서는 "네가 나를 부르면, 내가 너에게 응답하겠고, 네가 모르는 크고 놀라운 비밀을 너에게 알려 주겠다."라고 보다 정확하게 번역한다. "그날 그때에 내가 다윗에게서 한 공의로운 가지가 나게 하리니 그가 이 땅에 정의와 공의를 실행할 것이라 그 날에 유다가 구원을 받겠고 예루살렘이 안전히 살 것이며 이 성은 여호와는 우리의 의라는 이름을 얻으리라 여호와께서 이와 같이 말씀하시니라 이스라엘 집의 왕위에 앉을 사람이 다윗에게 영원히 끊어지지 아니할 것이며 내 앞에서 번제를 드리며 소제를 사르며 다른 제사를 항상 드릴 레위 사람 제사장들도 끊어지지 아니하리라 하시니라." 하나님은 메시아를 통해 왕권과 제사장 직이 하나님 앞에서 영원할 것을 말씀하신다.

예레미야 34장

느부갓네살에 의해 유다가 멸망할 때 시드기야가 당할 일들을 경고하는데 그가 바벨론에 잡혀가고 그곳에서 죽을 것임을 선포한다. 시드기야는 고관들이 소유한 히브리 노예를 풀어주는 조치를 취하는데 바벨론이 잠시 애굽에 대응하느라 철수하자 고관들은 바로 마음이 변해 놓아주었던 노비들을 다시 노비로 끌어온다. 이에 하나님은 언약을 깨뜨린 자들에게 내릴 징벌을 선포하신다. "또 내가 유다의 시드기야 왕과 그의 고관들을 그의 원수의 손과 그의 생명을 찾는 자의 손과 너희에게서 떠나간 바벨론 왕의 군대의 손에 넘기리라 여호와의 말씀이니라 보라 내가 그들에게 명령하여 이 성읍에 다시 오게 하리니 그들이 이 성을 쳐서 빼앗아 불사를 것이라 내가 유다의 성읍들을 주민이 없어 처참한 황무지가 되게 하리라." 잠시 떠났던 바벨론 왕의 군대가 돌아와서 유다 성읍들을 빼앗고 불사를 것이라 하신다.

예레미야 35장

레갑 사람들과 유다 백성들을 대조한다. 레갑 사람들은 미디안 족속인 유목민으로 아마도 모세의 장인 이드로의 후예였을 것이라 한다. 그런데 이들은 자신들의 선조인 요나답의 명령을 순종하여 포도주도 마시지 않고 집도 짓지 않고 평생을 장막에 거했다. 이에 반해 유다 백성들은 하나님의 명령을 따르지 않고 하나님이 예레미야를 통해 주시는 모든 경고를 무시했기에 하나님은 그들에게는 심판의 재앙을 선포하시고 레갑 사람들에게는 복을 주신다. "예레미야가 레갑 사람의 가문에게 이르되 만군의 여호와 이스라엘의 하나님께서 이와 같이 말씀하시기를 너희가 너희 선조 요나답의 명령을 순종하여 그의 모든 규율을 지키며 그가 너희에게 명령한 것을 행하였도다 그러므로 만군의 여호와 이스라엘의 하나님께서 이와 같이 말씀하시니라 레갑의 아들 요나답에게서 내 앞에 설 사람이 영원히 끊어지지 아니하리라 하시니라."

예레미야 36장

요시야왕 13년에 선지자로 부름을 받은 때부터 여호야김 제4년까지 약 20여 년 동안 하나님이 예레미야에게 주신 말씀을 서기관 바룩을 통하여 두루마리에 기록하게 하시고 바룩은 이를 여호와의 성전에서 모든 백성들에게 낭독하고 또한 방백들 앞에서도 낭독한다. 방백들은 이 두루마리를 여호야김 왕에게 가지고 가는데 왕은 두루마리에 기록된 예언의 말씀을 듣고 두루마리를 모두 불태우고 바룩과 예레미야를 붙잡으려 했으나 하나님이 그들을 숨기시고 여호야김에 임할 재앙을 선포하신다. 바룩은 예레미야의 모든 말을 다시 두루마리에 기록한다.

예레미야 37장

예레미야가 시드기야에 의해 시위대 뜰에 갇힌 이야기가 나온다. 느부갓네살이 유다를 침공한 후에 여호야긴을 포로로 잡아가며 시드기야를 유다의 왕으로 대신 세웠는데 시드기야는 애굽을 의지하여 느부갓네살에 대항하려 했다. 그러나 예레미야는 시드기야에게 바벨론의 손에 유다가 멸망하는 것이 하나님의 계획임을 선포한다. 이 일로 예레미야는 고관들에 의해 옥에 갇히나 시드기야는 그를 비밀리에 불러 하나님의 뜻을 묻는다. 이는 시드기야가 하나님의 뜻에 순종하기 위해서가 아니라 혹시 하나님이 마음을 바꾸셨을까 하는 기대 때문인 듯하다.

예레미야 38장

37장에 나오는 상황과 비슷한 이야기가 반복된다. 37장에 기록된 사건과 동일한 것일 수도 있지만 등장인물들과 구체적인 상황은 좀 다르다. 몇몇 고관들이 예레미야를 잡아 감옥 뜰 안에 있는 진흙 구덩이에 가두었는데 왕궁 내시 에벳멜렉이 시드기야 왕에게 간청하여 그를 구출한다. 구출된 예레미야는 37장에서와 같이 은밀히 묻는 시드기야 왕에게 하나님의 심판의 예언을 전하는데 시드기야는 예레미야와 나눈 말을 방백들에게는 말하지 말라고 한다. 한 나라의 영적 지도자가 되기에는 너무나 부족했던 시드기야는 이렇게 바벨론에 의해 예루살렘이 함락되는 것을 지켜보는 치욕을 겪은 유다의 마지막 왕이었다.

예레미야 39장

시드기야 왕 11년, 바벨론이 예루살렘을 포위한 지 3년 만에 예루살렘이 함락되고 하나님이 예언한 대로 시드기야 왕은 눈이 뽑혀 포로로 끌려가고 그 아들들은 죽임을 당하게 된다. 그러나 감옥 뜰에 갇혀 있던 예레미야는 느부갓네살의 선대로 풀려나 백성들 가운데 살게 된다. 그리고 일전에 자신을 구해주었던 구스인 에벳멜렉에게 예레미야는 하나님의 구원의 약속을 전한다.

예레미야 40장

예레미야 40-44장에서는 유다의 멸망 후 그 땅에 포로로 남아있던 백성들에 대한 기사가 나온다. 40장은 예레미야의 석방에 대한 보충 설명과 느부갓네살이 세운 유다 총독 그다랴와 그를 죽이려는 자들에 대해 기록한다. 예레미야는 바벨론 왕이 풀어줄 것을 명했음에도 난리 통에 바벨론으로 끌려가다가 풀려나 그다랴에게 가서 그와 함께 한 백성들 가운데 살게 된다. 그러나 일부 모압과 암몬과 에돔에 살던 유다 사람들이 그다랴를 죽이려 한다.

예레미야 41장

요하난의 경고를 무시한 그다랴가 이스마엘에게 죽임을 당하고 이스마엘은 그다랴와 함께 있던 유다인들과 갈대아 군사들도 죽이는 반역을 저지른다. 그다랴는 이스마엘 일행에 음식을 대접하다가 죽임을 당했다. 이스마엘의 반역을 요하난이 일어나 제압했지만 그는 이스마엘이 바벨론 사람들을 죽인 일로 바벨론을 피해 애굽으로 가려 한다. 그러나 애굽으로 피하는 것은 하나님의 뜻이 아니었다.

예레미야 42장

요하난은 백성들과 함께 예레미야에게 나아와 기도를 청한다. 하나님은 예레미야를 통해 바벨론을 두려워하지 말며 애굽으로 내려가지 말고 유다 땅에 남아있으라 명하신다. 유다 땅에 남아있으면 하나님이 지켜 주시겠지만 하나님의 뜻을 거역하고 애굽으로 간다면 그들에게 재앙을 내리실 것이라 경고하신다.

예레미야 43장

요하난의 무리들은 자진해서 예레미야에게 나아와 하나님의 뜻을 구했으나 예레미야가 전한 하나님의 말씀이 마음에 들지 않자 예레미야가 거짓말을 한다며 예레미야를 끌고 애굽 땅으로 간다. 우리가 하나님께 기도하는 것은 하나님의 뜻을 알고 그에 순종하기 위해서 하는 것인데 이들은 자신의 욕망을 이루기 위해 하나님을 이용하려 하였다. 이에 예레미야의 애굽의 멸망에 대한 예언과 애굽으로 내려간 유다 백성에 대한 징계의 예언이 44장까지 이어진다.

예레미야 44장

예레미야는 애굽 땅에 사는 모든 유다 사람들에게 임할 심판의 경고와 그 원인에 대해 교훈하며 그들이 우상 숭배를 버리고 회개하기를 촉구하지만 그들은 오히려 우상 숭배할 때의 삶이 더 풍요로웠다 하며 앞으로도 계속 우상을 숭배하겠다고 황당한 주장을 한다. 이에 예레미야는 그들에게 임할 최후의 재난을 선포한다.

예레미야 45장

짧은 45장은 하나님이 예레미야의 조력자이자 서기관인 바룩의 믿음을 굳게 하기 위해 주신 위로와 구원의 약속이다.

예레미야 46장

예레미야 46-51장에는 열국에 대한 심판의 예언이 이어지는데 46장은 애굽의 멸망에 대한 예언이다. 동맹군을 모아 바벨론에 대항하려 했지만 애굽은 바벨론에 의해 망할 것이며 이스라엘을 법대로 징계하지만 다시 회복시키실 것이니 두려워 말라고 위로하신다.

예레미야 47장

항상 이스라엘을 괴롭히던 블레셋에 대한 예언이다. 블레셋도 바벨론에 의해 망하게 된다. 이 역시 하나님이 내리시는 심판으로 바벨론 군대의 배후에 하나님이 계신다.

예레미야 48장

모압에 대한 예언인데 그들 역시 바벨론에 의해 망할 것이다. 자신들의 업적과 보물을 의지하며 하나님 앞에 교만하며 우상 숭배를 일삼으며 이스라엘을 조롱한 죄를 지적하며 모압이 멸망하고 다시 나라를 이루지 못할 것이라 한다. 그러나 마지막 날에 모압의 포로들을 돌려보내실 것을 선포하심으로 이방 땅에 임할 구원을 암시한다.

예레미야 49장

모압에 이어서 암몬과 에돔 다메섹 게달 하솔 엘람 등 주변 국가들에 대한 심판이 기록된다. 암몬은 모압과 마찬가지로 아브라함의 조카 롯이 딸들과 근친상간 하여 생겨난 족속이다. 언약백성 이스라엘을 괴롭히고 말감(몰렉)을 숭배하던 암몬 역시 바벨론에게 침략당할 것이다. 마지막에는 암몬에게도 모압과 같이 포로에서 돌아올 것이라는 구원의 약속이 주어진다. 에돔은 모압이나 암몬보다 더 가까운 이스라엘의 친척이었지만 이스라엘에 적대적이었고 교만했기에 그들 역시 바벨론의 손에 넘겨질 것이다. 아람 왕국의 수도였던 다메섹의 멸망은 소돔과 고모라에 비유된다. 이어서 게달, 하솔, 엘람의 멸망을 예언하는데 이 모든 국가들이 바벨론에 의해 망하게 된다. 바벨론의 느부갓네살왕이 유다 뿐 아니라 모든 주변 나라들을 멸망시키는 것은 그 나라들의 패악됨으로 인해 하나님이 내리시는 심판이다. 세상의 큰 제국들이 역사 속에서 일어나고 사라지는 모든 것이 하나님의 주권 아래 있음을 생각해 본다.

예레미야 50, 51장

유다와 여러 이방 족속들을 심판하는 하나님의 도구로 사용된 바벨론의 멸망에 대한 예언이 예레미야 50장과 51장에 기록된다. 다른 나라들의 멸망은 짧게 예언되었지만 바벨론 멸망은 두 장에 걸쳐 길고 자세하게 언급하고 있다. 앗수르 제국을 멸망시키고 애굽을 침공하고 많은 열방들을 정복하여 대제국이 된 바벨론이지만 하나님 앞에 교만하게 되어 하나님의 심판을 받을 것이며 언약 백성인 이스라엘을 회복하실 것이다. 인간에게 있어 가장 큰 죄악은 교만이라는 생각을 해 본다. 아담도 하나님과 같아지려는 교만 때문에 선악과를 먹는 죄를 짓게 되었다. 창조주 하나님과 피조물인 인간의 관계를 올바로 인식하고 하나님 앞에 순종하는 삶이 하나님 앞에서 형통한 삶일 것이다. 우상 숭배도 인간이 신을 자신들이 원하는 존재로 만들고 마음대로 하려는 교만의 산물이다. 하나님은 메데 왕을 일으켜 바벨론을 황무지로 만들 것이다. 예레미야의 예언은 바벨론 멸망에 대한 선포로 51장에서 끝이 난다. "말하기를 바벨론이 나의 재난 때문에 이같이 몰락하여 다시 일어서지 못하리니 그들이 피폐하리라 하라 하니라 예레미야의 말이 이에 끝나니라."

예레미야 52장

52장은 시드기야 왕의 바벨론에 대한 배반과 죽음, 그리고 예루살렘의 멸망에 대한 기록으로 예레미야의 유다에 대한 예언의 성취를 보여주는 부록과 같다. 예레미야의 예언대로 모든 일이 이루어져서 예루살렘 성전이 파괴되고 가난한 백성을 제외한 수많은 백성들이 사로잡혀 갔다.

예레미야서는 37년간의 포로 생활 후에 여호야긴이 바벨론 왕 에윌므로닥 왕 원년에 포로의 신분에서 회복되어 다른 왕들보다 높여지고 왕과 함께 식사하는 위치가 된 것을 언급하며 유다 회복에 대해 암시하며 마친다.

예레미야애가 대선지서

예레미야애가의 히브리 이름은 역시 이 책의 첫 단어를 인용하여 '에카'라 하는데 그 어감이 애가와 비슷하다. 에카는 극도의 비통함을 표하는 감탄사라고 한다. 영어 이름 Lamentations는 70인역 희랍 성경과 라틴 불가타(Vulgate)성경에서 유래한다. 그리고 히브리 성경에서 애가는 아가, 룻기, 전도서, 에스더와 함께 다섯 두루마리라 불리는 성문서 중의 하나인데 70인역 성경부터 예레미야의 뒤에 함께 묶어 예레미야가 쓴 애가라는 표제를 붙였고 역사적으로 예레미야를 저자로 인정해 왔지만 애가에서는 저자를 밝히고 있지는 않다. 그러나 예레미야를 저자로 봐도 큰 무리는 없는 것 같다. 아마도 예루살렘이 완전히 함락된 BC 586년 직후에 기록되었을 것인데 예루살렘 성이 폐허가 되는 것을 목격하고 그 비참함과 슬픔을 다섯 편의 시로 기록한다. 그러나 비통함 속에서도 하나님의 선하심과 인자하심으로 유다가 회복되기를 소망하고 있다.

예레미야애가 1장

1장에서 시인은 본래 하나님의 영광이 거하시는 성으로 열국 중에 큰 성읍이었던 예루살렘에 닥친 파멸의 참담함 속에서 애통해하며 이는 하나님께서 이스라엘의 죄악으로 인해 공의로 심판하셨음을 인정하면서 이스라엘의 멸망을 기뻐하는 대적들의 죄악을 하나님께서 징벌해 주실 것을 구한다.

예레미야애가 2장

예루살렘을 향한 두 번째 애가인 2장에서는 이스라엘에 내린 심판은 하나님의 진노의 결과임을 고백한다. 모든 일이 하나님의 주권적 섭리와 작정으로 이루어진 것임을 받아들이며 하나님께서 유다를 감찰하셔서 진노를 거두시고 회복의 긍휼한 은혜를 베풀어 주시기를 간구한다.

예레미야애가 3장

애가 3장은 하나님 앞에 올려드리는 탄원과 고백의 기도의 내용을 담아 히브리인의 전통적인 답관체(히브리 알파벳 순서대로 각 연이 시작되는)로 지어진 애가이다. 유다의 처참한 환난으로 인한 절망 가운데에도 회개를 촉구하며 하나님의 자비와 긍휼을 바라는 희망과 믿음을 보여준다. "이것을 내가 내 마음에 담아 두었더니 그것이 오히려 나의 소망이 되었사옴은 여호와의 인자와 긍휼이 무궁하시므로 우리가 진멸되지 아니함이니이다 이것들이 아침마다 새로우니 주의 성실하심이 크시도소이다."

예레미야애가 4장

애가 4장에서는 예루살렘 성의 비참한 상황을 묘사하는데 옛 영광은 사라지고 많은 사람들이 죽고 극심한 기근에 시달리며 어미가 자식을 잡아먹는 비극적인 일까지 벌어진다. 이러한 재난의 책임이 제사장과 선지자 같은 종교지도자들에게 있음을 지적한다. 예레미야는 에돔의 멸망을 예언하면서 이스라엘은 하나님의 징계 후에 회복될 것임을 예언한다.

예레미야애가 5장

애가 5장은 이스라엘의 회복을 위한 시인의 간절한 기도이다. 하나님의 심판으로 이스라엘이 겪는 슬픔을 애절하게 노래하며 여호와께서 영원히 계시는 왕 되심을 고백하면서 하나님이 진노를 거두시고 이스라엘을 회복시켜 주시기를 간구한다. 5장 21-22절의 개역개정 번역은 문제가 있어서 여기에 현대인의 성경을 인용한다. "여호와여, 우리를 돌이키셔서 우리가 다시 주께 돌아가게 하시며 우리를 새롭게 하셔서 다시 옛날처럼 되게 하소서. 주께서 우리를 버리셨습니까? 주께서 우리에게 분노하심이 너무 심하십니다."

에스겔 대선지서

에스겔은 제사장 가문에서 태어났으나 느부갓네살의 2차 침입 때(BC 597년) 바벨론에 포로로 잡혀간다. 그는 여호야긴이 포로로 잡혀간 지 5년 후에 하나님의 소명을 받아 약 20년간 선지자로 활동했는데, 1장 1절에 언급된 30년을 그가 부름 받은 때의 나이로 생각하면 그는 30세에서 50세까지 하나님의 선지자로 활동했다고 본다. 이는 제사장으로 섬기는 기간이 30세에서 50세까지 인 것과 일치한다. 그는 포로들의 선지자, 소망의 선지자로 불린다. 에스겔은 예레미야보다 한 세대 정도 후의 사람이며 다니엘과 동시대에 살았다. 에스겔이 사역을 시작한 때는 아직 예루살렘이 완전히 함락되기 전이어서 그는 무엇보다도 회개와 심판을 선포하였고(1-24장), 예루살렘이 함락된 후에는 절망하는 이스라엘 사람들에게 위로와 구원을 선포하며 메시아 왕국과 이스라엘의 회복을 예언한다. 그가 기록한 환상과 계시는 요한의 계시록에서 다시 언급되기도 한다.

에스겔 1장

1장에서는 에스겔이 하나님의 말씀과 권능을 받고 환상을 본 것이 기록된다. 폭풍과 구름 속에서 네 생물의 형상을 보는데 이 생물은 각각 네 얼굴을 가지며 그 밑에는 네 바퀴가 있었고 이 생물들 위에 보좌에 앉으신 하나님의 영광을 본다. 그리고 보좌 형상 위에 사람 모양을 한 거룩한 존재도 본다. 이 부분은 요한계시록에 나오는 예수 그리스도의 영광스러운 모습과 연결된다. 에스겔은 이 거룩한 영광 가운데 하나님의 심판과 은혜의 말씀을 전달할 대언자로 소명을 받았는데 이에 대한 기록이 2장에 나온다.

에스겔 2장

2장에서 하나님은 에스겔을 인자(son of man)라 부르신다. '인자'라는 표현은 다니엘서에서 메시아를 가리키는 용어로 사용되었고 예수님이 자신을 칭할 때 즐겨 사용하셨지만 여기서는 그런 의미가 아닌 신과는 비교할 수 없는 연약한 인간임을 표현했을 것이다. 하나님은 에스겔을 패역한 이스라엘 자손들, 뻔뻔하고 마음이 강퍅하여 하나님을 배반한 자들에게 보내시면서 그들을 두려워하지 말고 그들이 듣든지 아니 듣든지 하나님의 말씀을 선포하라 하신다. 이런 자세는 오늘날 우리들에게도 필요한 것 같다. 두려워하지 말고 기회를 얻든지 못 얻든지 복음을 선포해야 하는 의무가 우리에게 있음을 생각해 본다.

에스겔 3장

전반부에는 2장에 이어 에스겔이 이스라엘 백성에게 하나님의 말씀을 전하도록 파송 받는 내용이 기록되었고 후반부에는 그가 하나님의 말씀을 처음으로 전한 내용이 나온다. 에스겔은 말씀 전파에 앞서 하나님의 말씀을 완전히 소화하여 자신의 것으로 만들기 위해 말씀이 쓰여진 두루마리를 먹어야 했다. 요한이 하나님의 계시를 받을 때에도 같은 일이 있었다. 그리고 에스겔이 말씀을 전파할 대상인 이스라엘 백성은 목이 곧고 무례하며 포악하며 패역한 백성이라 경고하신다. 에스겔은 의인이나 악인 모두에게 말씀을 전할 사명을 받았기에 그 사명을 게을리하면 그로 인해 죄에 빠진 자의 피 값이 그에게 전가되리라는 경고를 받는다.

에스겔 4장

에스겔은 4장에서 예루살렘이 포위당해 겪게 될 극심한 기근과 성의 함락을 상징적인 행동으로 보여주며 예언한다. 예루살렘이 포위되고 공격당하는 것은 그림으로, 이스라엘 백성들이 죄로 인해 포로가 되는 예언은 이스라엘과 유다의 죄를 진 햇수만큼의 날 동안에 모로 누워 있음으로, 예루살렘에 닥칠 기근은 매일 매우 적은 양의 음식과 물을 취함으로, 그리고 쇠똥에 떡을 구워 먹음으로 표현한다.

에스겔 5장

머리털과 수염을 깎는 행위 예언으로 유다 백성이 당할 재난을 예고한다. 머리털을 깎는 것으로 유다의 포로됨을, 머리털의 삼분의 일을 불사르고, 삼분의 일은 성읍 사방에서 칼로 치고, 삼분의 일을 바람에 흩어 버림으로 유다와 예루살렘 성이 함락되고 집들이 불살라지고 사람들이 전염병과 기근과 칼에 죽으며 포로가 되어 사방으로 흩어지게 될 것을 예언한다.

에스겔 6장

하나님이 이스라엘을 심판할 수밖에 없는 이유로 그들의 우상 숭배, 특히 곳곳에 산당을 짓고 우상에게 제사를 지내며 분향하는 실상을 지적한다. 유다 백성들은 전염병, 칼, 기근에 죽음을 당하고 그들의 땅은 황폐한 불모지가 될 것이나 다 멸하지는 않고 하나님을 섬기는 자들을 남겨두시며 이 모든 징계를 통해 하나님은 자신이 여호와인 줄을 그들이 알게 하시겠다 하신다.

에스겔 7장

7장에는 6장에 이어 이스라엘의 우상 숭배로 인해 임박한 종말의 원인과 심판의 형태와 결과가 기록된다. 계속되는 선지자의 경고에도 패역한 유다 백성들은 귀를 기울이지 않는데, 하나님은 에스겔을 통해 하나님의 징계가 먼 훗날의 일이 아니라 곧 일어날 임박한 일이라고 선포하신다. 하나님의 심판이 임하고 나서야 하나님을 찾으면 'too little too late(진작 잘 했어야지)'일 것이다.

에스겔 8, 9장

8장과 9장은 에스겔이 부름 받은 지 1년 반 후에 하나님이 보여주신 두 번째 환상으로 유다 땅에 만연한 우상 숭배를 지적한다. 질투의 우상, 장로들이 은밀한 장소에서 섬기던 우상, 담무스(바벨론 땅의 우상), 태양신 등 가증한 우상을 섬기는 이들에게 임할 하나님의 진노의 당위성을 선포한다. 8장의 우상 숭배 행위에 대한 고발에 이어 9장에서는 이에 대한 심판으로 우상 숭배자들에 대한 잔혹한 살육이 감행될 것을 예고하신다. 이러한 가증한 일에 탄식하며 슬퍼하는 의인들에게는 이마에 표를 주고, 표가 없는 자들은 형을 집행하기 위해 세운 6인의 집행자에 의해 남녀노소를 막론하고 모두 진멸될 것을 에스겔에게 보여주신다. 하나님의 심판은 공정하고 철저하다는 것을 말해준다.

에스겔 10장

그룹 사이에서 취한 숯불을 예루살렘 성읍에 뿌리는 환상과 여호와의 영광이 성전을 떠나는 환상을 통해 유다 백성에 대한 심판과 예루살렘의 멸망을 보여준다. 에스겔서 1장에서 본 네 생물의 환상이 반복되며 그 생물들을 하나님의 영광을 수행하는 그룹들이라고 말한다. 여호와의 영광이 성전 문지방을 떠나서 그룹들 위에 머무는 것은 그냥 훅 떠나가시는 것이 아니라 노하기를 더디하시는 하나님이 이스라엘 백성들이 회개하고 돌아오기를 바라는 마음으로 머뭇거리는 것 같기도 하다.

에스겔 11장

예루살렘에 남아서 불의를 행하는 백성의 고관들에 대한 심판과 포로로 잡혀가 절망하는 자들에게 위로하는 내용이다. 예루살렘 멸망 후 본토에 남은 자들은 마음이 교만해져서 끌려간 자들을 하나님께 범죄하여 저주받은 것이라 정죄하며 정작 자신들은 온갖 악행을 일삼는 자들이었다. 그러나 하나님의 계획은 포로로 잡혀간 사람들이 하나님이 보존하실 남은 자들임을 선포하시며 그들을 흩어진 여러 나라 가운데서 다시 모으실 것인데, 이는 그리스도로 말미암아 만민들 가운데 구원받는 하나님의 백성들이 있을 것을 의미한다고 볼 수 있다.

에스겔 12장

12장에서는 10, 11장에서의 말씀선포에도 불구하고 여전히 예루살렘이 멸망하지 않을 것이라 생각하는 유다 백성들에게 에스겔은 포로 행장으로 예루살렘의 멸망을, 그리고 떨면서 음식을 먹고 근심하며 물을 마심으로 이스라엘 백성들에게 임할 기근과 궁핍을 상징적 행동으로 보여준다. 그리고 하나님의 이 모든 묵시는 반드시, 그리고 속히 이루어질 것임을 선포한다.

에스겔 13장

백성들을 미혹하는 거짓 선지자들에 대한 저주와 심판이 기록된다. 어느 시대에나 하나님의 말씀이 아닌 사람들이 듣고 싶어하는 말을 하나님의 말씀으로 포장하여 자신들의 이익을 추구하는 거짓된 종교 지도자들이 있었다. 예수님 때에는 바리새인들이 그런 부류로 예수님께 회 칠한 무덤이라 책망을 받았는데, 에스겔은 백성들에게 거짓된 번영과 안전을 약속하는 거짓 선지자들을 허름한 담에 번지르르하게 회칠을 하는 자들로 비유한다.

요즘도 참복음이 아닌 번영복음(prosperity gospel)을 말하는 목사들에게 사람들이 많이 모이는 것을 본다.

에스겔 14장

백성들의 영적 어른이어야 할 장로들의 우상 숭배를 책망하며 백성들을 향해서는 회개할 것을 권면한다. 우상 숭배로 인해 반드시 심판을 받을 것을 말하며, 백성 중에 노아, 다니엘, 욥이 있을지라도 그들이 악한 백성들을 구원할 수 없고 단지 자신들의 생명만 건질 수 있음을 반복적으로 선포한다. 노아와 욥은 죄악이 만연한 세상에서 역사적으로 의인으로 인정받은 사람들이나, 다니엘은 에스겔과 동시대 사람인데 그의 이름이 노아와 욥과 함께 언급된 것으로 보아 다니엘은 바벨론에 잡혀간 유대인들 사이에서 이미 선한 하나님의 사람으로 인정받고 있었음을 알 수 있다. 죄인은 타인의 의로 절대 구원받을 수 없다. 그러나 하나님은 예수 그리스도로 우리의 죄를 담당하게 하셔서 우리는 예수님의 의를 덧입어 하나님 앞에 의롭다 하심을 받는다.

에스겔 15장

하나님은 에스겔을 통해 아무 쓸모가 없는 포도나무는 불에 던질 땔감으로밖에 사용할 수 없다며 예루살렘 주민들에 임할 징계를 선포하신다.

에스겔 16장

이스라엘 백성을 비천한 가운데 은총을 입어 아름답게 성장하여 하나님의 신부가 된 여인으로 비유하면서 그 여인이 배은망덕하게 온갖 사람들과 음행을 하는 죄가 바로 하나님이 선택한 이스라엘 백성들이 하나님을 버리고 우상 숭배를 하며 범한 죄와 같음을 말하며 방자한 음녀 예루살렘에 임할 심판을 선포한다. 유다의 영적 간음이 먼저 멸망한 북 이스라엘보다 더하다고 책망하는데,

이는 북 이스라엘의 멸망을 보고도 음행에서 돌이키지 않았기 때문이다. 유다의 패역함에 대한 심판 후에 하나님은 이스라엘 백성과 세운 언약을 기억하고 다시 영원한 언약을 세울 것을 약속하시며 이는 모든 행한 일을 용서한 후에 이스라엘 백성들이 놀라고 부끄러워서 다시는 입을 열지 못하게 하려 하심이라 하신다.

에스겔 17장

하나님은 두 독수리와 포도나무 비유를 통해 시드기야 왕과 유다에 임할 심판을 선포하신다. 하나님은 바벨론 왕 느부갓네살을 첫 독수리에 비유하며 그가 유다를 침공한 후에 시드기야를 왕으로 세워 유다가 안정을 누리면서 바벨론을 섬기게 했으나 시드기야는 하나님을 의지하는 대신 두 번째 독수리인 애굽을 의지하려 했기에 하나님의 진노와 심판을 피할 수 없었다. 그러나 17장 끝부분에서 백향목의 꼭대기의 연한 가지를 이스라엘에 옮겨 심어 아름다운 백향목이 되게 할 것이라며 다윗의 혈통에서 나올 메시아에 대한 예표를 주신다.

에스겔 18장

유다 백성이 가졌던 하나님의 공의에 대한 그릇된 이해를 당시 유대인들이 사용하던 잘못된 속담을 인용하여 바로잡는다. "아버지가 신포도를 먹었으므로 아들의 이가 시다."라는 말처럼 하나님은 아버지의 죄악을 아들이, 아들의 죄악을 아버지가 담당하게 하시는 분이 아니라 각 사람은 자신의 죄로 죽고 자신의 의로 살 것이다. 그러나 하나님은 마땅히 죽을 자가 죽는 것도 기뻐하지 않으시며 모든 죄에서 돌이키면 이전에 범죄한 것은 하나도 기억하지 않으시겠다 하시며 회개를 촉구하신다. 하나님은 공의로우신 동시에 또한 사랑이시기에 그리스도로 우리의 죄를 대속하게 하시고 우리에게 생명을 주신다.

에스겔 19장

하나님이 에스겔에게 주신 애가로 이스라엘 왕들의 죄악이 불러올 결과에 대해 사자와 포도나무를 비유하여 교훈한다. 화려하게 시작한 다윗 왕조의 마지막 왕들인 여호아하스, 여호야김, 여호야긴, 시드기야의 비참한 최후와 유다 왕국의 몰락을 슬퍼하는 애가를 지어 부르게 하셨다. 말씀으로 선포해도, 환상과 행동으로 보여줘도 깨닫지 못하는 유다 왕들과 백성들의 입에 계속 불릴 노래를 주심으로 경고하시는 하나님의 사랑을 생각해 본다.

에스겔 20장

하나님은 에스겔 앞에 하나님의 뜻을 물으려 나온 이스라엘 장로들에게 이스라엘의 불순종의 역사를 자세히 열거하신다. 하나님이 이스라엘 백성을 택한 후 아브라함과 모세를 통해 언약을 주셨음에도 이스라엘은 계속해서 하나님 앞에서 가증스러운 죄를 저질러 왔다. 그럼에도 하나님이 그들을 진멸하지 않으셨던 것은 하나님 자신의 이름을 더럽히지 아니하려 하셨기 때문이다. "또 내가 그들에게 선하지 못한 율례와 능히 지키지 못할 규례를 주었고 그들이 장자를 다 화제로 드리는 그 예물로 내가 그들을 더럽혔음은 그들을 멸망하게 하여 나를 여호와인 줄 알게 하려 하였음이라."라고 개역개정이 번역한 24-25절은 오해하기 쉽게 잘못 번역되었다. "내가 또 그들이 좋지 못한 법과 살지 못하게 하는 규정을 채택하게 하고 그들이 장남을 제물로 드려 자신을 더럽히도록 내버려 둔 것은 내가 그들을 벌하여 그들이 나를 여호와인 줄 알게 하기 위해서였다."라고 한 현대인의 성경의 번역이 더 정확하다. 하나님은 이런 이스라엘 백성의 죄악을 심판하실 것이지만 또한 자비하셔서 그들을 회복시키고 구원하실 것이다. 이스라엘이 구원받을 자격이 있기 때문이 아니라 그것이 하나님의 뜻이기 때문이다.

에스겔 21장

에스겔 20장에서는 왜 이스라엘이 심판을 받아야 하는지 그 이유를 상세히 설명하고 21장에서 하나님은 에스겔에게 이스라엘 백성들에게 임할 심판의 칼을 예언하게 하시며 그 참상에 대해 탄식하고 부르짖어 슬피 울 것을 명하신다. 바벨론의 칼이 유다를 진멸할 것과 유다의 멸망을 기뻐하며 능욕하던 암몬에게도 심판의 칼이 임할 것을 선포한다.

에스겔 22장

하나님은 예루살렘이 심판 받을 수밖에 없는 죄악상을 열거하는데 그것은 우상 숭배의 죄뿐만 아니라 모세를 통해 주신 모든 율법들을 거역하는 범죄 종합 세트이다. 백성들의 지도자들인 선지자, 제사장, 고관들부터 일반 백성에 이르기까지 총체적으로 죄악에 깊이 잠겨 있었다. 이에 하나님은 이렇게 선언하신다. "이 땅을 위하여 성을 쌓으며 성 무너진 데를 막아서서 나로 하여금 멸하지 못하게 할 사람을 내가 그 가운데에서 찾다가 찾지 못하였으므로 내가 내 분노를 그들 위에 쏟으며 내 진노의 불로 멸하여 그들 행위대로 그들 머리에 보응하였느니라."

에스겔 23장

사마리아와 예루살렘의 죄를 오홀라와 오홀리바라는 두 자매의 행음으로 비유하여 말한다. 북 이스라엘과 남 유다가 하나님을 의지하는 대신 앗수르와 바벨론과 애굽을 의지했던 죄, 그리고 온갖 우상들을 더불어 섬기며 거룩해야 할 하나님의 전을 더럽힌 죄를 적나라한 음행으로 비유하여 책망한다. 특히 오홀라로 비유되는 북 이스라엘에 대한 하나님의 심판을 지켜보고도 죄에서 돌이키지 않는 오홀리바 남 유다의 죄는 더 크다 할 수 있기에 하나님의 심판을 피할 수 없다.

에스겔 24장

예루살렘의 죄악에 대한 심판을 끓는 가마로 비유하며 또한 에스겔의 아내의 죽음으로 표징을 삼아 묘사한다. 녹이 슨 가마에 아무리 좋은 것을 넣고 끓여도 그 전체가 먹을 수 없게 되는 것 같이 유다 백성들이 하나님 앞에 회개하지 않으면 불결하여 버림받게 된다. 또한 하나님은 에스겔이 아내의 갑작스러운 죽음에도 어떤 슬픔의 표현도 하지 못하게 하심으로 이를 유다에게 임할 재앙에 표징이 되게 하신다. 즉 유다에게 닥칠 재앙이 애곡하는 사람도 없는 저주의 죽음일 것이라는 표징이다.

에스겔 25장

에스겔 2장부터 24장까지는 이스라엘과 유다에 대한 심판과 회복의 메시지인데 25장부터 32장까지는 유다 주변의 열방에 대한 심판의 예언이다. 25장은 암몬, 모압, 에돔, 블레셋에 대한 하나님의 심판에 대해 기록한다. 이방 족속들도 그들에게 임할 하나님의 심판으로 인해 하나님이 주 여호와인 줄 알게 될 것임을 선포한다.

에스겔 26장

에스겔 26장에서 28장까지 3장에 걸쳐 두로에 대한 심판이 기록된다. 두로는 유다 땅 북쪽 지중해 연안에 위치한다. 두로에 대한 심판은 이사야 23장에도 예언되었다. 두로에 대한 예언이 석장에 걸쳐 이어지는 것으로 보아 그 당시 두로의 정치 경제적, 또 종교적 위상을 짐작할 수 있다. 두로는 지중해 해상무역의 중심지로 매우 번성하였던 나라로 다윗왕과 솔로몬왕 때에는 두로 왕

히람이 그들을 도와 성전건축에 중요한 일을 했지만 그 후에는 이스라엘 사람들을 노예로 팔고 사는 일을 하였고 물질의 풍요로움으로 교만하였다. 26장은 예루살렘의 멸망을 기뻐하던 두로가 바벨론의 느부갓네살에 의해 황폐하게 될 것을 예언한다.

에스겔 27장

27장에서 하나님은 에스겔에게 두로에 대한 애가를 지어 부르라 하시는데, 두로의 찬란했던 영광과 막강했던 국력을 묘사하고 난 후에 그 성읍의 몰락을 애도하고 두로가 많은 민족의 상인들의 비웃음과 공포의 대상이 될 것을 선포한다.

에스겔 28장

28장에서는 두로 왕이 받을 심판을 선포하는데, 이는 그가 자신을 신격화했기 때문이다. 하나님의 은총을 받아 물질적인 풍요를 누렸지만 재물 때문에 마음이 하나님 앞에 교만하여 하나님 행세를 하는 그를 바다 가운데서 죽게 할 것이라 선포하며 두로 왕에 대한 애가를 지어 그에게 경고한다. 그리고 두로의 이웃인 시돈에 대한 심판과 이스라엘에 대한 회복을 예언한다.

에스겔 29장

에스겔 29-32장까지는 애굽과 바로 왕에 대한 예언이다. 애굽은 아브라함의 때부터 고대 근동지방에서 가장 영향력이 있는 강대국 중의 하나였고 야곱이 기근을 피해 70인의 가족과 이주하여 400여 년 동안 200만 가까이 되는 큰 민족을 이룬 곳이기도 하다. 그 애굽이 하나님의 심판으로 바벨론의 손에 멸망하고 다시는 큰 국가가 되지 못할 것임을 29장에서 예언한다. 하나님께서 애굽을 심판하시는 이유는 다른 나라들과 마찬가지로 스스로의 힘을 의지하며 교만했기 때문이다. 그리고 심판의 목적 역시 그들에게 하나님이 여호와인 줄 알게 하려는 것이다. 애굽은 바벨론에 의해 폐허가 된 지 40년 후에 다시 회복될 것이지만 예전의 강국이 아닌 미약한 나라로 명맥을 유지하리라 한다.

에스겔 30장

30장에서는 29장에 이어 애굽의 멸망에 대한 예언이 이어지는데 애굽뿐 아니라 애굽을 의지하던 여러 나라들에게도 애굽의 멸망의 날은 통곡하며 슬퍼할 날이 되리라 한다. 그리고 애굽의 여러 지명을 언급하며 하나님의 심판이 애굽 전역에 임할 것을 말한다.

에스겔 31장

애굽 왕 바로와 지도자들에게 주는 경고이다. 애굽의 영광과 비교될 수 있는 앗수르의 영광과 몰락을 백향목에 비유하여 말하며 애굽도 앗수르가 걸었던 멸망의 길로 가게 될 것을 경고한다. 앗수르의 멸망의 원인도 교만이었다. 하나님의 하나님 되심을 인정하지 않는 것이 교만이고 교만은 모든 죄의 뿌리임을 생각해 본다.

에스겔 32장

애굽의 멸망에 대한 두 편의 애가이다. 첫째 애가는 열두째 해 열두째 달 초하루에 에스겔에게 주어졌는데 29장과 30장에 예언된 내용을 슬픈 노래로 반복한다. 둘째 애가는 2주 후에 에스겔에게 임했는데 이미 멸망한 주위 나라들의 비참함을 보여주며 애굽도 곧 멸망하여 스올에 내려가 치욕스러운 삶을 살 것임을 노래한다. 에스겔이 4장에 걸쳐 애굽의 멸망을 예언한 이유는 애굽이 하나님을 떠나 세속적인 삶은 사는 세상의 모든 사람들을 상징하기 때문일 것이다.

에스겔 33장

에스겔 33장에서 48장까지는 예루살렘이 멸망하고 난 후 더 이상 심판에 대한 예언이 아니라 이스라엘의 회복과 구원을 선포하는 위로와 평강을 전한다. 33장에서는 하나님이 에스겔에게 주신 파수꾼으로서의 소명에 대해 말씀하신다. 파수꾼은 말을 듣는 자가 어떻게 반응하든지 상관없이 하나님이 주시는 경고의 말씀을 전해야 할 책임이 있다. 악한 자를 공의로 심판하시는 하나님이시지만 하나님은 악인이 죽는 것을 기뻐하지 않으시고 악한 길에서 돌이키는 것을 기뻐하시기에 에스겔을 파수꾼으로 부르셨다. 그러나 에스겔이 포로로 잡혀온지 12년 째에 결국 예루살렘은 함락되었다.

에스겔 34장

이스라엘 지도자들을 거짓 목자라 부르면서 그들이 자신들에게 맡겨진 양떼들을 제대로 돌보지 않고 착취하며 자신들의 배만 채운 죄를 지적하면서 그 죄 때문에 그들을 흩으신 하나님께서 한 참된 목자를 세워 하나님의 양들인 이스라엘 백성을 다시 모으시고 구원과 평안의 길로 인도하실 것이라는 메시아에 대한 약속을 선포한다.

에스겔 35장

35장에서는 이미 25장에서 언급되었던 에돔, 즉 세일 산에 대한 심판이 다시 언급된다. 이는 아마도 36장에 바로 이어질 이스라엘 산에 대한 회복의 말씀과 대비하기 위한 것 같다.

에스겔 36장

이방으로 부터 시기를 받다가 멸망한 후에는 그들의 조롱거리가 된 이스라엘을 하나님의 거룩한 이름을 위하여 회복시키고 그들에게 새 영과 새 마음을 주어 하나님의 백성으로 영적, 물질적 복을 누리게 하실 것임을 선포한다.

에스겔 37장

매우 중요한 예언들이 이어진다. 전반부에서는 유명한 마른 뼈들의 환상이 나오는데 어느 골짜기의 수많은 마른 뼈들에게 에스겔이 하나님의 말을 대언할 때 뼈들이 서로 합쳐지고 살이 붙고 생기를 받아 큰 군대가 된다. 이는 이스라엘 백성, 더 나아가 모든 하나님의 백성들이 영적으로 되살아 나서 악의 세력을 대항할 하나님의 군대가 될 것을 상징한다. 이것은 또한 그리스도로 말미암아 주어질 부활의 소망을 보여준다. 이어서 하나님은 에스겔에게 두 막대기가 하나가 되는 것을 보여주시며 북 이스라엘과 남 유다가 더 이상 분열되지 않고 하나가 될 것이라 하신다. 그리고 이렇게 통일된 나라는 다윗에 의해 영원히 통치될 것을 말씀하시는데 이는 세상 각지에 흩어져 있는 하나님의 백성들이 그리스도 안에서 한 교회가 되고 그리스도가 다스리는 하나님 나라의 하나됨을 예표한다.

에스겔 38장

에스겔 38-39장에서는 하나님을 대적하는 세력의 상징으로 마곡의 왕 곡에 대한 심판을 예언한다. 혹자들은 곡이 북쪽 끝에서부터 나온다는 말을 근거로 마곡은 아마도 현재의 러시아일 것이라 하기도 한다. 요한계시록에서는 곡과 마곡은 하나님의 백성들을 마지막으로 공격하는 모든 사탄의 족속을 가리킨다. 에스겔에서도 곡이 회복된 이스라엘을 침공하는 것이 요한계시록 20장에 언급된 내용과 일치하는 것으로 보아, 이는 마지막 때에 일어날 일로 악의 세력의 하나님의 백성들 곧 교회에 대한 핍박과 교회의 최후 승리를 예언한다고 볼 수 있다. 곡의 세력은 하나님의 도우심으로 진멸되는데 그들의 무기들은 7년 동안 땔감이 되고 그들의 시체를 묻는데 7개월이 걸릴 정도로 곡은 완전하게 멸망하게 될 것이다. 그리하여 다시는 하나님의 사랑과 은혜가 하나님의 백성들을 떠나지 않는 온전한 하나님의 나라가 도래할 것이다.

에스겔 39장

마지막 때에 곡과의 전쟁에서 승리할 것을 선포한 후에 40-48장까지 에스겔 마지막 부분은 회복된 이스라엘이 누리게 될 거룩한 삶에 대한 예언이다. 40장부터 43장 전반부까지는 에스겔이 포로로 잡혀간 지 스물 다섯째 해, 예루살렘에 멸망한 지 열 네째 해에 에스겔에게 임한 환상으로 회복될 성전에 대한 자세한 규격을 보여주심으로 이스라엘의 회복을 성전회복과 직결시킨다. 에스겔이 기록한 이 성전에 대해서는 신약시대의 교회를 상징한다고 많이들 생각한다. 그렇다면 왜 굳이 하나님은 마치 설계도면을 보여주듯 매우 자세하게 규격을 측량하게 하고 또한 모든 측량한 결과를 이스라엘 족속에게 전하라 하셨을까? 어떤 성경 학자들은 이 정방형의 성전이 그리스도의 천년 왕국 때에 실제로 이루어질 것이라 하기도 한다.

하나님께 제사 드리기 위한 성전이 새롭게 지어진다는 것은 바로 하나님과의 관계가 올바로 회복될 것, 즉 하나님의 거룩하심이 회복되고 그 앞에 제사를 올려드리는 하나님의 백성들과 하나님이 세우신 언약이 회복된다는 의미일 것이다.

에스겔 40 - 42장

40장에서 42장까지 이어지는 성전의 외양과 내부의 여러 곳의 구체적인 측량기사는 자칫 지금까지 모세 오경 이후 별 문제없이 읽어오던 성경통독에 새로운 복병을 만난 듯한 생각도 들게 한다. 41장은 성소와 지성소에 대한 상세한 설명인데 솔로몬의 성전과 비슷하지만 훨씬 더 거룩하고 완전함을 상징한다.

42장에서는 제사장들의 방들과 성전 외곽의 담을 척량한다. 제사장들은 거룩하게 구별된 제사를 드리기 위해 따로 구별된 장소가 필요할 것이다. 42장 후반부에서 성전의 외곽을 측량하는데 이는 솔로몬 성전보다 규모가 훨씬 크다. 이는 단순히 솔로몬의 성전의 회복이 아니라 더 크고 영화로운 새 성전일 것인데 이 성전은 유대인들이 바벨론 포로에서 돌아와 중수한 성전도, 그리고 수백 년 후에 헤롯이 건축한 성전도 아니니, 문자적으로 받아들이면 그리스도의 천년 왕국 때 이루어질 성전이라 볼 수도 있지만 신약 시대의 교회를 상징하는 것으로 보는 것도 타당성이 있다.

에스겔 43장

새 성전에 임할 하나님의 영광을 묘사한다. 이전에 에스겔 10장에서 하나님의 영광이 성전을 떠나는 환상을 에스겔에게 보여주셨던 하나님이 똑같은 모습으로 하나님의 영광이 새 성전에 동쪽으로부터 임하는 것을 보여주신다. 즉 예루살렘을 떠나시며 유다의 멸망을 선포하셨던 하나님이 이후에는 반드시 언약을 따라 택하신 백성을 회복시키겠다는 약속이다. 그리고 새 성전에서 하나님은 택하신 백성 가운데 영원히 사실 것이라 하신다. 이를 위해 죄를 범한 백성들이 하나님의 임재와 통치 가운데 살기 위해 필요한 회개와 용서를 위한 번제단의 봉헌 규례를 제정하신다. 이 번제단에서 단번에 우리 모두의 죄를 위한 희생제물로 드려진 예수님을 생각해 본다.

에스겔 44장

하나님은 하나님의 영광이 들어온 동문은 영원히 닫아서 아무도 들어오지 못하게 하신다. 성전에는 오직 하나님의 영광만이 충만해야 하고 그 어느 것도 하나님의 영광을 대신할 수 없음을 말한다. 이전에는 이스라엘이 온갖 더러운 것들로 하나님의 성전을 더럽혔음을 지적하는 듯하다. 이어지는 성전에서 섬기는 제사장들이 지켜야 할 규례는 모세 오경에서 이미 주신 규례와 별반 다르지 않은 것 같다. 그러나 하나님 앞에서 거룩해야 할 제사장들의 타락이 하나님의 진노를 유발했기에 하나님은 다시금 새 성전에서 섬길 제사장들이 지켜야 할 규례를 일러주신다.

에스겔 45장

성전 주위의 거룩한 땅의 분배와 지도자의 의무, 그리고 각종 절기들에 대한 규정이 나온다. 거룩한 땅의 분배는 제비를 뽑아 정한다. 그리고 제비 뽑은 땅 중에서도 하나님께 드릴 땅을 먼저 구별하고 나서 제사장과 왕에게 돌려야 할 땅도 정해 준다. 백성들은 하나님께 예물을 드리는 것에 더해 하나님으로부터 권세를 위임받아 백성들을 다스리는 왕에게도 재물을 바쳐야 하고 군주는 이스라엘 족속의 속죄를 위하여 모든 절기에 번제, 소제, 전제를 위한 제물을 갖추어야 한다.

에스겔 46장

새 성전에서 안식일마다, 또 한 달에 한 번 초하루에 드려야 하는 번제와 감사제, 그리고 매일 드려야 하는 번제와 소제에 대한 규례와 군주의 기업에 대한 원칙을 제시한다. 여기에 언급된 대로 유다 백성들이 바벨론 포로귀환 후에 제사를 드렸다는 기록은 없는 것 같다. 그리고 여기에 나오는 제사 규례들은 민수기 28장에서 모세가 기록한 제사 규례들과 일치하지 않는다. 민수기의 기록과는 달리 여기서는 군주(prince, 왕)가 제사의 주체이다. 아마도 평화의 왕(prince of peace)으로 오실 그리스도에 의해 완성될 제사를 상징하는 것이 아닐까 생각된다.

에스겔 47장

성전에서 흘러나오는 생명수에 대한 환상이 기록된다. 하나님의 보좌에서 흘러나온 물이 점점 깊어져서 강이 되고 바다가 되어 모든 생명이 충만하게 되는 것은 하나님 나라의 확장과 궁극적 완성을 상징한다. 후반부에는 이스라엘 열두 지파에게 분배할 땅의 경계를 정해 주시는데 이스라엘 족속 안에 머물러 사는 이방인들에게도 땅을 분배하라 하신다.

에스겔 48장

회복된 이스라엘 백성에게 새롭게 땅을 분배할 것을 설명하며 에스겔서가 끝난다. 새 땅은 모든 열두 지파에게 균등하게 분할되며 그 가운데에는 거룩한 땅이 있고 왕의 분깃과 가운데 위치한 성소와 성읍이 있다. 하나님의 회복 약속은 유다와 베냐민 지파뿐 아니라 이스라엘의 열두 지파 전체에 주어진다. 그리고 성읍의 이름은 '여호와 삼마'라 할 것인데 이는 '여호와께서 거기 계시다.'라는 말로 에스겔 11장에서 예루살렘과 성전을 떠나셨던 하나님이 영원히 함께 하신다는 선포로 이는 임마누엘로 오신 예수 그리스도의 교회에서 완성된다고 본다.

다니엘 대선지서

다니엘서의 중심인물이자 저자인 다니엘은 바벨론 왕 느부갓네살 원년 (BC 605 년)에 젊은 나이에 바벨론으로 포로로 잡혀가 바벨론과 바사(페르시아) 제국의 고레스왕 때(BC 536)까지 오랜 세월을 궁전에서 높은 관리로 지냈다. 그는 유다 지파 출신으로 어려서부터 용모가 뛰어나고 총명하여 느부갓네살에 의해 정부의 요직을 위해 선택된다. 다니엘서는 다른 선지서들과는 조금 다르게 전반부에서는 다니엘과 세 친구들의 바벨론에서의 삶에 대한 이야기이고, 후반부에는 예언이라기보다는 다니엘이 환상 중에 본 묵시이기에 많은 상징과 암호같은 내용을 올바로 해석하기가 쉽지 않다. 다니엘서의 주제는 역사와 제국들을 주장하시는 하나님의 주권이다. 바벨론, 페르시아, 그리스(헬라), 로마 제국의 흥망성쇠와 영원하신 하나님의 통치에 대한 예언이 담겨 있다.

다니엘 1장

다니엘이 어린 나이에 바벨론에 포로로 잡혀와서도 세 명의 친구들과 함께 하나님에 대한 믿음을 확고히 지키며 당대 가장 강대했던 제국의 궁전에서 기죽지 않는 모습이 인상적이다. 3절에서 이들은 왕족과 귀족 출신으로 용모가 아름다우며 지혜와 지식에 통달하며 학문에 익숙하여 왕궁에 설 만한 소년들이라 기록한다. 아마도 느부갓네살은 이런 장래의 뛰어난 지도자급의 이스라엘 소년들을 바벨론 사람으로 개조하고 싶었는지 모른다. 그런 다니엘과 세 친구들에게 하나님은 지식과 명철을 주시고 특별히 다니엘에게는 환상과 꿈을 깨달아 아는 능력까지 주신다. 어린 다니엘과 세 친구들은 함께 함으로 서로에게 큰 위로와 힘이 되었을 것이다. 이런 다니엘과 세 친구들은 하나님의 인도하심으로 지혜와 총명이 온 나라의 박수와 술객보다 십 배나 뛰어나므로 바벨론 왕을 섬기는 자리에 서게 된다.

다니엘 2장

느부갓네살왕의 이상한 꿈을 아무도 알아내고 해석하지 못해 바벨론의 모든 박수, 술객, 점쟁이들이 몰살될 상황에서 다니엘이 그 꿈을 왕에게 해석해주는 일이 기록된다. 다니엘은 이를 위하여 세 친구들과 힘을 합하여 하나님께 기도하니 하나님이 다니엘에게 환상으로 알려주신다. 믿음의 용사에게 기도의 동역자가 있다는 것은 하나님이 허락하신 큰 복이다. 느부갓네살의 꿈은 바벨론에 이어 페르시아, 그리스, 로마 제국이 일어났다가 사라진 후에 임하게 될 영원한 하나님의 나라에 대한 것이었는데 다니엘의 해석을 들은 느부갓네살은 하나님을 찬양하며 다니엘을 왕궁의 최고 자리로 높이고 세 친구들도 바벨론 지방 장관들로 세운다.

다니엘 3장

많은 사람들이 잘 아는 다니엘의 세 친구, 사드락, 메삭, 아벳느고의 믿음에 대한 이야기이다. 성경은 다니엘의 세 친구들을 이스라엘 이름인 하나냐, 미사엘, 아사랴로 1장에서 언급하지만 3장에서는 이들을 바벨론 이름인 사드락, 메삭, 아벳느고라고 기록한다. 느부갓네살은 앞 장에서 하나님만이 참 신이라 고백하고도 자신을 위해 금신상을 만들고 백성들에게 금신상을 경배하게 했다. 그러나 다니엘의 세 친구는 우상에게 경배하지 않아 그들을 시기하던 바벨론 사람들에 의해 고소당해 왕 앞에 서게 되는데, 그들에게 신상에 절하지 않으면 풀무불에 던지겠다 위협하는 왕 앞에서 그들은 하나님이 구해주실 것을 믿으며 하나님이 그리하지 않더라도 금신상에 절하지 않으리라 담대히 말한다. 결국 그들은 일곱 배나 더 뜨거운 풀무불에 던져졌으나 신의 아들과 같이 보이는 하나님의 사자가 풀무불 가운데 함께 하며 그들을 실오라기 하나 타지 않게 지키셨다. 이 일로 하나님의 이름이 더욱 존귀한 영광을 받게 되고 세 친구들의 지위도 더욱 높아진다. 하나님은 우리가 환란을 당할 때 우리를 그 환란에서 건져 주시기도 하시지만, 더 많은 경우 하나님은 그 환란 중에 우리와 함께 하시며 이기게 해 주신다.

다니엘 4장

느부갓네살왕의 또 하나의 꿈 이야기가 나오는데 이는 2장에 나온 꿈과는 다르다. 그러나 그때와 같이 바벨론의 모든 박사들은 그 꿈을 해석할 수 없었고 왕은 자신의 신의 이름을 좇아 벨드사살이라 이름한 다니엘을 찾는다. 느부갓네살은 다니엘을 '그의 안에 거룩한 신들의 영이 있는 자'라고 반복적으로 칭한다. 다니엘은 하나님이 왕을 낮추어 일곱 때(7년?) 동안 권좌에서 쫓겨나게 하시고 왕이 아니라 하나님이 온 땅을 다스리는 줄을 왕이 깨달은 후에야 그가 왕권을 되찾을 것이라고 꿈을 해석하면서 왕에게 공의를 행하고 가난한 자를 긍휼히 여김으로 죄악을 끊어버리면 혹시 왕의 평안함이 길 것이라는 충고를 한다. 느부갓네살은 다니엘의 해석대로 모든 일이 자기에게 일어났다고 말하며 하늘의 왕을 찬양하며 존경하며 칭송한다. 바벨론 왕의 권세도 하나님이 주신 것이고 언제든지 그것을 거두실 권세도 하나님께 있음을 알게 하신다.

다니엘 5장

느부갓네살의 아들 벨사살 왕 때 있은 일로 그가 궁중 잔치 중에 예루살렘 성전에서 가져온 금과 은 그릇으로 술을 마시며 온갖 우상들을 찬양할 때 손가락이 나타나 벽에 글을 썼는데 역시 바벨론의 어느 누구도 이 글을 해석하지 못했으나 벨사살의 어머니인 태후가 왕에게 다니엘이 해석할 수 있으리라 한다. 다니엘은 벨사살의 교만과 우상 숭배의 죄를 지적하며 바벨론이 나뉘어 메대와 바사(페르시아)에게 준 바 되었다 선포하는데 그날로 벨사살이 죽고 메대 사람 다리오가 62세에 나라를 다스리게 된다.

다니엘 6장

많은 사람들이 잘 아는 다니엘과 사자 굴 이야기이다. 다리오가 메대 바사 제국을 통치하며 다니엘을 총애하여 그를 전국을 다스리는 총리로 삼고자 했으나 다른 총리들과 고관들이 그를 모함하여 다리오왕에게 30일 동안 왕이 아닌 신에게 기도하면 사자 굴에 던져 넣는 금령을 선포하게 한다. 다니엘은 그 금령을 보고도 늘 하던 대로 하루 세 번 하나님께 기도하였고 이로 인해 사자 굴에 던져진다. 다리오왕은 심히 근심하며 다니엘에게 "네 하나님이 너를 구원하시리라." 말했지만 밤새 금식하고 날이 새자 새벽에 사자 굴로 가서 다니엘을 부른다. 다니엘은 자기 하나님을 의뢰하였으므로 몸이 조금도 상하지 않았다. 이 일로 다리오는 다니엘의 하나님의 이름을 높이는 조서를 내리고 다니엘은 바사 왕 고레스의 시대까지 형통하게 지냈다.

다니엘 7장

7장부터는 다니엘이 꾼 꿈과 본 환상을 통한 하나님의 계시가 기록된다. 7장은 다니엘이 벨사살 원년에 꿈에서 본 첫 환상에 나타난 네 짐승에 대한 기록이다. 각각 모양이 다른 네 짐승은 이 세상의 강한 나라를 상징한다. 나타난 순서대로 첫째 짐승은 바벨론, 둘째 짐승은 메대-바사, 셋째 짐승은 그리스(헬라),

넷째 짐승은 로마를 상징했다고 보는데, 이 짐승들이 나타난 후에 옛적부터 항상 계신 이(the Ancient of Day)가 보좌에 좌정하시고 심판을 베푼다. 이는 영원하신 하나님의 심판이다. 그리고 인자(son of man)같은 이가 구름을 타고 와서 하나님으로부터 모든 나라들을 다스릴 영원한 권세를 받는다. '인자'라는 명칭은 예수님이 자신을 칭하는 표현으로 가장 즐겨 사용하심으로 다니엘이 이 환상에서 본 인자가 바로 예수 그리스도임을 확실히 하셨다. 그리고 이어지는 심판에서 넷째 짐승이 하나님을 대적하며 한때와 두때와 반때 동안 성도들이 그 밑에서 괴로움을 당하게 되나, 하나님의 심판으로 그가 멸망하고 영원한 하나님의 나라가 임할 것이라 하는데 이는 장차 나타날 적그리스도가 성도들을 핍박할 것이지만 하나님의 최종심판으로 그가 멸망하고 영원한 천국이 도래한다는 뜻이다.

다니엘 8장

다니엘의 두 번째 환상으로 첫째 환상 후 삼 년 뒤에 주어졌다. 첫째 환상과 비슷한 내용이지만 좀더 자세하게 앞으로의 일들을 보여주는데, 특히 이번에는 하나님의 천사 가브리엘이 다니엘이 본 환상의 뜻을 설명해 준다. 두 뿔을 가진 숫양은 메대와 바사의 왕들이고 그후에 나타난 숫염소는 헬라 왕들인데 헬라(그리스)는 네 나라로 나뉘게 될 것이라 한다. 그리고 마지막 때에 한 왕이 일어나 만 왕의 왕이신 하나님을 대적할 것이나 그가 사람의 손을 말미암지 않고 죽을 것이라 하면서 이 일은 여러 날 후의 일이라 한다. 학자들은 이 일이 역사적으로 이미 일어났다고 하기도 하지만 종말에 일어날 일들에 대한 예언이라고 볼 수도 있다.

다니엘 9장

아하수에로의 아들 다리오 원년에 다니엘은 예루살렘의 황무함이 70년 만에 마치리라 한 예레미야의 책을 읽고 그때가 가까운 것을 깨닫고 하나님 앞에서 이스라엘 자손들의 패역함과 반역을 고백하며 하나님의 긍휼하심에 의지하여 이스라엘에게 내리신 진노의 심판을 거두어 주시기를 간구한다. 혹자들은 다리오가 바로(파라오)처럼 왕을 칭하는 말로 여기 언급된 다리오는 고레스라고 주장하기도 한다. 이어지는 10장이 바사 왕 고레스 3년에 있었던 일이기 때문이다. 그렇게 보면 5장 말미에 바벨론의 마지막 왕 벨사살에 이어 나라를 차지한 메데 사람 다리오도 고레스일 수 있다. 이스라엘의 의를 의지하지 않고 하나님의 큰 긍휼을 의지하며 "주여, 들으소서, 주여 용서하소서, 주여 들으시고 행하소서."라고 기도하는데, 혹자들은 이 부분을 인용해서 '주여 삼창'의 정당성을 주장하기도 하는데, 다니엘은 '주여 삼창'을 한 것이 아니라 주의 이름을 부르며 세 가지 기도를 드린 것이다. 기도를 마치자 가브리엘이 다시 나타나 그의 기도에 대한 응답으로 하나님이 70이레(70 주간)의 기한을 정하였고 죄가 끝나며 지극히 거룩한 자가 기름부음을 받을 것이라 한다. 70이레에 대한 해석이 쉽지 않아 여러 견해가 있지만 분명한 것은 하나님이 작정하신 때가 있고 그 기한이 차면 반드시 마지막 심판과 영원한 나라의 도래가 있다는 것이다.

다니엘 10장

바사 왕 고레스 3년에 다니엘이 본 큰 전쟁에 대한 환상이다. 이 환상은 다니엘이 슬픔 가운데 21일 동안 금식한 후에 힛데겔(티그리스) 강가에서 받았다. 세마포를 입고 정금 띠를 띠고 몸은 황옥 같고 얼굴은 번갯불 같고 눈은 횃불 같은 한 사람을 보게 되는데 이는 아마도 자신을 영광 중에 드러내신 그리스도일 것이라고 한다. 그 사람이 말을 할 때 다니엘은 몸에 힘이 빠지고 땅에 엎드려 잠이 든다. 하나님이 보내신 천사가 오랜 세월이 지난 후 이스라엘이 당할 일을 깨닫게 하려고 다니엘에게 나타나는데, 그는 다니엘을 은총을 크게 받은 사람이라고 부른다. 인자와 같은 이와 사람 모양을 한 자도 다니엘에게 와서 그에게 힘을 회복시키며 앞으로 바사 군대에 이어 헬라 군대와 있을 싸움, 즉 세상의 권세들과의 영적 전쟁에 대해 알려주신다. 인자와 같은이나 사람 모양을 한 자 모두 그리스도일 것이라 볼 수 있다.

다니엘 11장

남방 왕과 북방 왕의 전쟁에 대한 환상으로 10장 후반부에 이어서 그리스도가 주시는 예언이 이어진다. 이스라엘 주위의 제국들, 즉 메대와 바사(페르시아), 헬라(그리스) 제국의 권세와 헬라 제국의 분열을 예언하며 남방(애굽) 왕과 북방(앗수르) 왕의 화친과 전쟁 등 모든 세상의 권세들 사이에 일어날 전쟁들이 모두 하나님이 이미 작정하신 것이고 세상 권력들이 도모하는 모든 일은 헛되고 형통하지 못할 것임을 선포하신다.

다니엘 12장

앞 장에서 언급한 이방 나라들에 임할 종말적 심판에 이어 마침내 이 땅에 도래할 영원한 하나님의 나라의 영광스러운 승리의 모습을 보여준다. 마지막 때에 큰 핍박과 환란이 있은 후에 생명책에 기록된 모든 하나님의 백성들은 구원을 받고, 죄악 중에 있는 자들에게는 멸망의 심판이 있을 것이다. 마지막 때에 대해서는 한때 두때 반때를 지난 후라고 하는데 다니엘은 이 말을 듣고 깨닫지 못한다. 천이백구십 일, 천삼백삼십오 일 등의 기간이 언급됐지만 이런 날짜를 가지고 마지막 때를 계산하려는 노력은 그날과 그때는 아들도 모르고 오직 아버지만 아신다는 예수님의 말씀에 비추어 모두 부질없는 일일 것이다. 한 가지 확실한 것은 마지막 심판은 반드시 오며 끝까지 믿음을 지키는 자는 구원을 얻을 것이라는 사실이다.

호세아 소선지서

호세아는 북 왕조 이스라엘에서 활약한 선지자인데 여로보암이 이스라엘의 왕이 된 시대라고 호세아 1장 1절은 기록한다. 여기 나오는 여로보암은 북 이스라엘의 첫 왕이 아니라 여로보암 2세로 그의 통치기간은 대략 BC 793-753년으로 약 40년 간이다. 그런데 호세아가 활동하던 시대의 남 유다의 왕들이 웃시야, 요담, 아하스, 히스기야라고 하니 이 기간은(BC 790-686년) 약 100년 정도 된다. 아마도 호세아는 웃시야왕의 후반기부터 히스기야 왕의 초반기까지 약 50년 정도 (BC 760-710년)의 긴 기간동안 선지자로 사역했다고 보여지는데 유다에서 활동한 이사야와 동시대 사람이다. 호세아가 사역을 시작했던 여로보암 2세 시대의 특징은 물질적 풍요 속에 영적 빈곤의 시대였다. 현대의 상황과 비슷한 점이 있는 듯하다. 북 이스라엘에 임박한 심판과 그 후에 있을 하나님의 용서와 회복을 하나님은 호세아의 음란한 아내를 사용하셔서 선포하신다.

호세아 1장

하나님은 이스라엘이 여호와를 떠나 크게 음행 했기에 호세아에게 음란한 아내를 취하여 자식들을 낳으라 하신다. 선지자의 삶은 전적으로 하나님에 속한 것이기에 결혼도 하나님이 의도하시는 메시지를 깨닫고 선포하는 수단이 될 수 있음을 본다. 호세아와 아내 고멜 사이에서 태어난 아들들의 이름도 하나님이 전하는 메시지를 담고 있다. 이스르엘은 하나님이 흩으신다, 로루하마는 긍휼함을 못 받는 자, 로암미는 내 백성이 아니다라는 뜻이라 한다. 이렇게 이스라엘에 임할 심판을 호세아의 자식들의 이름으로 선포하신 하나님이 바로 이어서 이스라엘의 회복과 구원, 그리고 이스라엘과 유다가 한 나라로 통일될 것을 선포하신다.

호세아 2장

이스라엘의 우상 숭배를 영적 간음으로 표현하며 이로 인한 하나님의 심판을 선포하는 전반부와 그럼에도 그들을 사랑하셔서 이스라엘을 다시 회복시키실 것을 약속하시는 후반부로 구성되는데 이는 죄악에 대한 용서와 자기 백성에 대한 하나님의 은혜의 선포이다. 하나님의 이 은혜에는 하나님의 백성이 아니었던 이방인도 포함되어 그들도 하나님을 부르며 하나님의 백성이 될 것이라 하신다.

호세아 3장

음행하며 다른 사람의 아내가 된 고멜을 다시 돈을 지불하고 아내로 데려오게 하심으로 범죄한 이스라엘을 속량하시고 회복시키시며 다윗왕을 세워 여호와를 경외하게 이끄시는 하나님의 은혜와 사랑을 보여준다. 여기에서 다윗왕은 장차 오실 메시아를 의미한다.

호세아 4장

4장이 전하는 이스라엘 자손들에 대한 하나님의 판결은 진실도 없고 인애도 없고 하나님을 아는 지식도 없고 오직 저주와 속임과 살인과 도둑질과 간음과 포악뿐이라 하신다. 백성들의 영적인 지도자들이어야 할 제사장들도 백성들과 똑 같은 죄인들이었기에 하나님은 이들에게 그들의 행위대로 갚으리라 하신다. 행위대로 심판하시는 것이 바로 하나님의 공의이다. 하나님이 공의로 심판하시면 그 앞에 설 수 있는 사람은 하나도 없다. 우리를 공의가 아닌 은혜와 긍휼로 대하시는 하나님께 감사와 찬양을 올려드린다.

호세아 5장

이스라엘의 지도자들에 대한 책망이 이어진다. 에브라임은 북 이스라엘을 대표하는 지파이기에 이스라엘 전체를 칭하는 이름이다. 교만과 음행으로 하나님을 알지 못하는 그들에게서 하나님이 떠나셨음을 선포하신다. 그러나 하나님은 그들이 죄를 뉘우치고 하나님의 얼굴을 구하기까지 기다리신다.

호세아 6장

하나님께 돌아가기 위해서는 하나님을 바로 알아야 한다고 강조한다. "그러므로 우리가 여호와를 힘써 알자 그의 나타나심은 새벽 빛같이 어김없나니 비와 같이 땅을 적시는 늦은 비와 같이 우리에게 임하시리라." "나는 인애를 원하고 제사를 원하지 아니하며 번제보다 하나님을 아는 것을 원하노라." 혹자들은 하나님을 아는 지식보다 뜨거운 열심이 중요하다 한다. 그러나 성경은 분명히 말한다. 하나님은 제사보다 순종을 원하시지만, 순종에 앞서 내가 순종해야 할 하나님이 어떤 분인지 아는 것이 무엇보다 우선되어야 한다.

호세아 7장

호세아는 이스라엘의 죄악을 몇 가지 비유로 말한다. 그들은 달궈진 화덕같이 간교하게 재판장들을 삼키고 왕들을 엎드러지게 하는 등 자기들 사이에 권력투쟁을 한다. 두 번째 비유는 뒤집지 않은 전병 같은 죄로 위는 멀쩡해 보이나 밑은 까맣게 타버린 전병과 같이 겉으론 하나님을 잘 섬기는 듯 하나 속으로는 우상 숭배에 찌든 모습이 교만한 이스라엘의 실체였다. 그리고 그들은 어리석은 비둘기 같이 누군가를 찾아 가는데, 그것이 하나님을 의지하는 것이 아니라 애굽과 앗수르를 의지하려 한다.

호세아 8, 9장

다윗왕의 계보를 배반하고 따로 나라를 세운 이스라엘이 하나님의 언약을 어기고 율법을 범하며 우상 숭배의 죄를 더하므로 하나님의 진노로 멸망할 것을 경고한다. 이스라엘에 대한 경고는 9장에서도 이어지는데 애굽과 앗수르를 의지하려는 이스라엘은 이방에 포로가 되어 여호와의 절기를 지킬 수 없게 될 것을 예언한다. 또한 영적 파수꾼이어야 할 선지자들의 죄도 지적한다. 하나님이 이스라엘에게 내리실 징계는 그들에게 임신과 해산을 막으며 자녀들을 죽이며 열국 가운데 유리하게 흩으시는 것이다.

호세아 10장

하나님은 이스라엘을 열매 맺던 풍성한 포도나무였다고 하신다. 그런 이스라엘이 두 마음을 품고 우상 숭배의 죄를 지었으므로 이방인들이 사방에서 모여 그들을 칠 것을 경고한다. 하나님은 심판을 선포하시면서도 그들이 어떻게 하면 구원을 받을지에 대해서도 말씀하신다. 회개하여 의를 행하고 여호와를 찾으면 하나님이 의를 비처럼 내리실 것이라 하신다.

호세아 11장

이스라엘의 패역과 하나님의 긍휼을 아버지와 아들의 관계로 표현한다. 아버지가 아들을 돌봄 같이 하나님이 이스라엘을 사랑했음에도 타락한 아들이 아버지를 버리듯이 그들은 하나님에게서 떠났지만 하나님은 이들을 향해 "에브라임이여 내가 어찌 너를 놓겠느냐? 이스라엘이여 내가 어찌 너를 버리겠느냐?"

하시며 하나님께 돌아올 것을 강권하신다.

호세아 12장

하나님은 이스라엘이 하나님을 의지하지 않고 인간적인 방법으로 자신들을 지키려 했던 죄를 지적하면서 야곱처럼 회개하고 인애와 정의를 지키며 하나님을 바랄 것을 촉구한다. 이스라엘은 출애굽 때부터 하나님이 인도하시고 지켜주신 하나님의 백성인데 하나님을 의지하기보다 세상권세를 의지하는 것이 바로 우상 숭배이고 하나님 앞에 회개해야 할 죄이다.

호세아 13장

이스라엘이 한때 부강했으나 교만해져서 하나님을 버리고 우상을 숭배함으로써 하나님의 진노와 심판이 그들에게 임할 것임을 경고한다. 이렇게 반복적으로 경고함에도 완악해진 사람의 마음은 쉽게 돌이키지 못함을 본다. 그럼에도 하나님은 이스라엘을 다시 구원하실 것을 약속하신다.

호세아 14장

호세아는 마지막으로 이스라엘의 회개를 촉구하며 이스라엘의 죄악이 치유되고 번영과 복을 누릴 것을 예고하며 14장을 마친다. 하나님은 그들의 반역을 고치고 그들을 사랑하실 것이며, 이스라엘의 이슬과 같아서 그들이 풍성한 열매를 맺게 될 것이라 하신다. 하나님의 구원 계획은 인간의 지혜와 총명으로 깨달을 수 있는 것이 아니며 복음은 믿는 자에게는 구원의 기쁜 소식이지만 불순종하는 죄인에게는 멸망의 저주가 된다.

요엘 소선지서

요엘에 대해서는 요엘서에 기록된 것 외에는 알려진 것이 없다. 요엘이란 이름은 '여호와는 하나님이시다.'라는 뜻이라 한다. 요엘이 활동했던 시기는 많은 학자들 사이에 이견이 있는데 혹자들은 유다의 요아스왕 때라고도 하고(BC 9세기) 어떤 이들은 유다가 바벨론에 의해 멸망한 후라고도 하는데 BC 9세기를 주장하는 사람들은 메뚜기 재앙이 요아스왕 때 있었다는 사실을 들고, 바벨론 포로 이후라 주장하는 사람들은 포로 사건이 과거의 일로 언급되고 어떤 왕에 대한 언급도 없다는 점을 근거로 제시한다. 요엘서의 주제는 '여호와의 날'인데 이날은 많은 사람들에게는 심판의 날이지만 여호와의 이름을 부르며 회개하는 사람들에게는 회복과 구원의 날이다. 하나님의 언약의 신실하심은 언약백성을 지키시고 하나님의 영을 부어 주신다는 약속으로 나타난다.

요엘 1장

요엘은 앞으로 닥칠 전무후무한 메뚜기 재앙을 경고하는데 이는 제사장들과 장로들뿐 아니라 모든 백성들이 경청해야 함을 강조한다. 메뚜기 떼 같은 이방 민족들에 의한 침공과 파괴는 여호와의 날에 하나님이 행하실 심판을 예표한다. 이 심판을 극복할 수 있는 유일한 길은 회개하는 것뿐이라는 것을 선포하며 요엘은 하나님께 탄식의 기도를 드린다.

요엘 2장

2장에서는 여호와의 날에 임할 하나님의 심판을 더 자세히 묘사하며 은혜로 우시며 노하기를 더디하시는 하나님 앞으로 돌아올 것을 촉구한다. 회개하면 부어주실 하나님의 복을 언급하며 특히 하나님께서 그의 영을 남녀노소 모두에게 부어주실 것을 약속하시는데 이 약속은 오순절 성령강림으로 실현되었다. 마지막에 "남은 자 중에 나 여호와의 부름을 받을 자가 있을 것임이라."라는 구절은 정확히 번역하자면 '여호와의 부름을 받은 남은 자들이'라 해야 한다. 남은 자들은 모두 여호와께서 부른 자들이다. 새번역성경은 이를 '주님께서 부르신 사람이 살아 남아 있을 것'이라고 제대로 번역했다.

요엘 3장

마지막 날에 하나님이 만국을 심판하실 것을 예언한다. 심판의 장소로 언급된 '여호사밧 골짜기'는 어떤 특정 지역이라기보다는 심판이 행해지는 상징적인 장소로 보인다. 이스라엘은 우상 숭배 때문에 심판을 받지만 주위의 이방 나라들은 하나님의 백성을 대적하고 괴롭혔기에 심판을 받는다. 두로와 시돈, 애굽과 에돔에 대한 심판을 선포한 후에 유다와 예루살렘이 회복되어 영원할 것은 여호와께서 시온에 거하실 것임이라는 약속으로 마친다.

아모스 소선지서

아모스는 남 유다에서는 웃시야왕이, 북 이스라엘은 여로보암왕이 통치할 때 이스라엘에서 활동했던 선지자로 그는 양을 치던 목자로 살던 중에 선지자로 부름을 받았다. 그 당시(BC 760년 전후)는 오랫동안 이스라엘을 괴롭히던 수리아가 앗수르에 의해 함락되었으나 앗수르는 아직 주변국가를 넘볼 수 있는 상황이 아니어서 이스라엘과 유다가 모두 정치적으로 안정되고 특히 북 이스라엘은 경제적으로도 풍요를 누릴 때였으나 물질적 풍요에 비례하여 사치와 타락도 심해졌을 때이다. 아모스는 호세아와 동시대에 사역했다고 본다. 아모스서는 열방과 이스라엘에 대한 경고와 아모스의 환상으로 이루어진다.

아모스 1장

아모스 전체의 서론으로 이스라엘의 주변 이방 나라들의 범죄를 고발하고 하나님의 심판을 선포한다. 다메섹과 가나안 국가들, 두로와 에돔, 암몬의 죄를 지적하는데 이들은 모두 하나님의 백성을 핍박하였다. 하나님은 이들의 심판에 불을 사용하실 것이라 하시는데 최후에 있을 하나님의 불 심판이 연상된다.

아모스 2장

모압의 죄에 대한 심판에 이어 유다의 죄를 지적하시는데 유다의 죄는 이방 나라들의 죄와는 달리 여호와의 율법을 어기고 거짓 것에 미혹된 것이다. 이어서 이스라엘의 죄를 다른 나라들의 죄보다 상세하게 지적하신다. 이스라엘의 죄는 부당한 재판과 뇌물, 탐욕, 음란, 방탕 등과 하나님의 사랑을 거역한 것이었다. 그렇기에 이스라엘은 하나님의 심판을 피할 수 없다.

아모스 3장

이스라엘에 내릴 하나님의 심판을 자세히 서술한 아모스의 이스라엘 백성들을 향한 설교라 할 수 있다. "이 말씀을 들으라."라고 시작하는 이 설교에서 아모스는 이스라엘의 종교적 사회적 타락상을 구체적으로 지적하며 하나님의 심판을 피할 수 없음을 선포한다. 그러나 하나님의 긍휼로 약간의 남은 자들은 구원을 받을 것이라는 소망도 함께 전한다.

아모스 4장

이스라엘 지도층의 탐욕과 위선을 지적한다. 사마리아는 이스라엘의 수도이고 벧엘과 길갈은 이스리엘 백성의 예배 장소였다. 그들은 하나님 앞에 악을 행하면서도 위선적인 종교예식으로 하나님께 제사를 드렸기에 하나님의 심판이 임할 것이다.

아모스 5장

5장에서 아모스는 이스라엘 백성들에게 그들에게 임할 하나님의 심판을 애가로 지어 들려주면서 "여호와를 찾으라 그리하면 살리라."라는 하나님의 말씀을 선포한다. 벧엘과 길갈, 브엘세바로 가지 말라고 하는데 이 도시에서는 금송아지 등 우상들을 만들어 놓고 그것들이 하나님이라고 하던 우상 숭배가 제사의 이름으로 행해졌다. 양심도 공의도 긍휼도 없는 이스라엘이 살 길은 악을 미워하고 선을 사랑하며 공의를 세워야한다고 선포한다. "오직 정의를 물 같이, 공의를 마르지 않는 강 같이 흐르게 할지어다."

아모스 6장

4장에 이어 이스라엘 지도계층의 강포와 사치와 향락에 빠져 형제의 고난에는 무관심한 생활에 경종을 울리며 여호와 하나님께서 이들을 심판하실 것을 맹세했다고 표현하며 반드시 임할 이스라엘의 멸망을 선포하며 앗수르를 일으켜 그 일을 행할 것이라 하신다.

아모스 7장

아모스가 본 세 가지 환상이 나온다. 아모스는 이제까지 이스라엘 백성들의 죄악을 지적하며 다가올 하나님의 심판을 예언했었는데 7장에서는 메뚜기, 불 환상을 통해 하나님이 내리시려던 재앙을 아모스의 기도로 두 번이나 돌이키셨지만 세 번째 다림줄 환상을 통해서는 이스라엘을 향한 하나님의 공의의 심판을 더 이상 유보할 수 없는 상태임을 알려 주신다. 이때에는 아모스가 이스라엘을 위한 탄원을 하지 않는다. 그리고 아모스는 자신을 모함하며 입을 막으려는 제사장 아마샤의 몰락을 예언한다.

아모스 8장

하나님은 아모스에게 여름 과일 한 광주리를 보여주신다. 여름 과일은 마지막으로 수확하는 과일로 쉽게 물러지기에 빨리 먹어야 하는 과일이라는데 이처럼 이스라엘의 마지막이 가까왔다는 의미일 것이다. 이스라엘 백성의 범죄에 대한 하나님의 심판은 말씀의 기근, 영적 기근으로 나타날 것이다.

아모스 9장

마지막으로 문지방이 무너지는 환상을 통해 하나님의 이스라엘에 대한 최종적인 심판을 선포하는 한편 다윗의 무너진 장막을 일으키실 것이라며 하나님의 이름으로 일컫는 만국을 기업으로 얻게 할 것이라 하는데 이는 신약 시대의 교회에서 실현되었다.

오바댜 소선지서

오바댜라는 이름은 구약성경 여러 곳에 나오지만 소선지서 중 한 권인 오바댜서를 기록한 선지자 오바댜에 대해서는 알려진 것이 거의 없다. 오바댜는 구약성경 중 가장 짧은 책으로 에돔 족속에 대한 심판을 예언한다. 에돔(에서)은 야곱의 쌍둥이 형으로 이스라엘 백성과 형제지간이었지만 야곱에 대한 포악때문에 영원히 멸망할 것이다. 에돔은 이스라엘이 멸망하는 날에 그 성에 들어가 그들의 재물에 손을 대며 그들의 고난을 방관하며 그들의 멸망을 기뻐하는 죄를 저질렀기에 하나님은 에돔을 멸하시지만 이스라엘은 회복시키실 것을 선포하신다.

요나 소선지서

요나서는 예수님이 "요나의 표적 밖에는 보여줄 것이 없다." 하신 말씀 때문에 모든 성도들에게 매우 친숙한 선지서일 것이다. 요나는 아마도 북 이스라엘의 여로보암 2세 때 활동했을 것으로 본다. 열왕기하 14장에 요나의 이름이 짧게 언급된다. 요나는 북 이스라엘을 대적하던 이방 나라 앗수르의 수도 니느웨에 하나님의 말씀을 선포하라는 명령을 받았다. 하나님은 히브리인들만의 하나님이 아니고 이방인들도 회개하고 하나님께로 나오기를 원하시는 자비롭고 사랑이 많으신 분이심을 알 수 있다.

요나 1장

하나님의 명령을 불순종하여 다시스로 도망하는 요나의 모습이 나온다. 하나님은 니느웨가 비록 이방 나라의 수도이지만 그곳의 수많은 백성들을 긍휼히 여기셨다. 그러나 선민의식에 사로잡힌 요나는 스스로 이미 이방인 니느웨를 구원받을 수 없는 자들로 정죄해 버린다. 하나님의 낯을 피해 도망가는 요나를 하나님이 바다의 큰 폭풍으로 쫓아오셔서 그를 바다 속에 던지시고 큰 물고기를 예비하셔서 요나를 구원해 주심으로 요나로 하여금 하나님께 받은 사명을 감당하도록 주권적으로 역사하신다. 삼일 동안 그 물고기의 뱃속에 있다가 살아 돌아온 요나는 그리스도의 죽음과 부활의 예표가 된다. 혹자들은 이 이야기가 역사적 사실이 아닌 비유나 알레고리로 이해하기도 하지만 예수님은 "악한 세대가 표적을 구하되 요나의 표적 밖에는 보일 것이 없다." 하시며 요나의 사건을 사실로 언급하셨다.

요나 2장

물고기 뱃속에서 올려드린 요나의 회개와 결단의 기도이다. 그는 "주의 목전에서 쫓겨났을지라도 다시 주의 성전을 바라보겠다." 한다. 하나님의 성전은 하나님의 임재와 속죄의 긍휼이 있는 곳이다. 요나는 자신이 올려드리는 기도를 주께서 들으셨음을 감사하며 "구원은 여호와로 말미암나이다."라고 고백한다.

요나 3장

요나는 하나님의 말씀대로 니느웨에 가서 40일 후에 임할 하나님의 심판을 선포하는데, 놀랍게도 니느웨 성에서는 왕과 모든 백성들이 하나님의 말씀을 믿고 금식하며 하나님의 긍휼을 구한다. 이는 모든 선지서에서 나타나는 선지자들의 말씀 선포에 보이는 이스라엘 백성의 반응과 대조된다. 니느웨 백성들의 회개는 전적으로 하나님의 은혜의 역사이다. 이들의 회개와 구원은 하나님의 은혜가 이방 족속들에게도 똑같이 주어진다는 것을 보여주는 것으로 이스라엘의 배타적인 선민사상의 잘못을 지적하며 하나님 나라의 보편성을 나타낸다.

요나 4장

니느웨에 대한 편견과 미움을 가진 요나에게 하나님은 박넝쿨을 통해 하나님의 주권적인 긍휼과 사랑을 깨닫게 하시며 하나님께서 이방 민족을 귀하게 여기시고 구원하시는 것은 하나님의 주권적 결정이고 따라서 매우 합당한 일임을 가르쳐 주신다. 요나서는 이방인 구원과 세계복음화가 하나님의 계획임을 암시한다.

미가 소선지서

선지자 미가는 유다의 왕 요담과 아하스, 히스기야 시대에 사역했는데 이 시대는 이사야가 활동한 시대와 겹친다. 요담의 통치 말기는 BC 735년 정도이고 히스기야의 통치 기간을 BC 715-687년이라고 보면 미가는 짧게는 20년 길게는 50년 가까이 사역했을 수 있는데, 이 시기는 이스라엘과 유다가 잠시 풍요와 평안을 누리다가 북 왕조 이스라엘이 앗수르에 완전히 멸망하고 남 유다도 앗수르의 침공을 받는 어려움을 당할 때이다. 미가가 전한 하나님의 말씀은 각각 "들으라"라는 말로 시작하는 네 부분으로 나눌 수 있는데 1-3장은 비참한 최후의 날에 대한 예언이고, 이어지는 4-5장은 이스라엘과 다윗 왕국의 회복에 대한 약속이 나오고, 6-7장에서는 심판과 회복의 메시지가 반복된다.

미가 1장

미가는 이스라엘의 두 왕국 전체에 만연한 죄 때문에 하나님의 심판이 임할 것을 경고한다. 그들의 죄의 중심에는 우상 숭배가 있었다. 북 왕국 사마리아가 먼저 멸망할 것이며 사마리아의 멸망이 유다에게 교훈이 되어 예루살렘만은 멸망을 벗어나기를 바라는 마음으로 유다에게 경고한다.

미가 2장

하나님에 대한 인간의 죄악, 특히 사회적 범죄를 언급하고 있다. 종교적 타락은 사회적 범죄를 동반하는데 이는 그들이 하나님을 두려워하지 않았기 때문이다. 거짓 선지자들은 이런 상황에서 나라와 사회의 총체적인 죄악을 지적하는 올바른 예언을 금하고 거짓 평안을 전하였다. 이들에 대한 하나님의 심판과 더불어 미가는 이스라엘의 남은 자들을 통해 이루실 회복에 대한 약속을 선포한다.

미가 3장

특별히 유다와 이스라엘의 정치적, 종교적 지도자들의 죄악을 책망한다. 하나님의 공의를 무시하고 탐심에 사로잡혀 백성들을 핍박하고 착취하는 죄가 만연했기에 하나님의 진노를 피할 수 없음을 지적한다.

미가 4장

미가 1-3장이 이스라엘과 유다에 대한 책망과 심판의 메시지였다면 4장에서는 마지막 날에 이뤄질 이스라엘의 회복에 대한 예언이다. "율법이 시온에서부터 나올 것이요 여호와의 말씀이 예루살렘으로부터 나올 것임이라.' 하나님이 온 세상의 심판자이시고 심판의 결과 온 세상에 평화가 임할 것이며 이스라엘의 멸망을 바라보며 원수들이 즐거워하며 조롱할 것이지만 하나님은 이스라엘의 회복하실 것임을 선포한다.

미가 5장

5장은 잘 알려진 메시아 탄생의 예언으로 시작한다. "베들레헴 에브라다야 너는 유다 족속 중에 작을지라도 이스라엘을 다스릴 자가 네게서 내게로 나올 것이라." 이스라엘 나라는 메시아로 말미암아 회복될 것이고 메시아의 목양 범위는 온 세상에 이를 것이고 그 결과는 평강일 것이다. 이는 신약시대의 교회가 땅끝까지 복음을 전하게 될 것에 대한 예언이다.

미가 6장

미가 4-5장에서 이스라엘의 회복과 메시아의 도래에 대한 희망을 전한 미가는 6장에서는 여호와 하나님이 이스라엘 백성들과 쟁론을 통하여 하나님은 어떤 분이며 그 하나님이 백성들에게 요구하는 것이 무엇인지 일러준다. 하나님은 단지 짐승제사와 제물을 원하시는 것이 아니라 "여호와께서 네게 구하시는 것은 오직 정의를 행하며 인자를 사랑하며 겸손하게 네 하나님과 함께 행하는 것이 아니냐." 하시며 복음의 핵심인 하나님 사랑과 이웃 사랑에 대해 말씀한다.

미가 7장

7장은 미가서의 결론 부분으로 이스라엘의 죄악과 이에 따른 하나님의 심판, 그리고 장차 있을 회복에 대한 소망과 남은 자들이 구원에 대해 서술하며 미가는 긍휼하신 하나님께 감사의 기도를 드린다.

나훔 소선지서

나훔서의 내용은 앗수르와 그 나라의 수도였던 니느웨에 대한 하나님의 심판이다. 요나서에 기록된 니느웨의 회개로 긍휼하신 하나님이 그들을 향한 심판을 유보하신 후 약 100년이 지난 BC 660년에서 BC 630년 사이에 기록된 것으로 보인다. 요나에 기록된 사건 후에 앗수르는 이스라엘 북쪽의 강한 제국이 되고 하나님은 앗수르를 이스라엘을 심판하는 도구로 사용하시지만 그들의 교만과 죄악으로 주변의 메대와 바벨론을 들어 앗수르를 BC 610년에 멸망시키신다. 나훔은 앗수르가 쇠퇴하기 전 소위 그 나라가 잘 나갈 때에 하나님의 앗수르에 대한 경고를 선포한다.

나훔 1장

나훔은 니느웨에 대해 경고하면서 노하기를 더디하시지만 결코 죄인을 사하지 아니하시는 하나님의 진노의 심판을 선포하는 한편 유다에 대해서는 구원을 베푸실 것을 약속한다.

나훔 2장

니느웨가 타국의 침략으로 철저하게 멸망하는 모습을 생생하게 예언한다. 왕궁이 파괴되고 존귀한 자들이 수치를 당하며 그들의 자랑이던 젊은 용사들도 적에게 죽임을 당할 것이라 선포한다. 그러나 여호와께서는 야곱의 영광을 회복하실 것이다.

나훔 3장

니느웨와 앗수르의 멸망은 궤휼과 강포, 음행과 마술 등 그 나라에 만연한 죄 때문임을 지적하며 하나님 보시기에 악을 행하는 나라는 반드시 하나님이 심판하신다는 것을 보여준다. 북 왕국 이스라엘의 범죄를 징계하기 위해 하나님께 쓰임 받았던 앗수르였지만 그 나라도 하나님 앞에 범죄했기에 또 다른 하나님의 도구에 의해 멸망하게 될 것이다. 하나님은 만복의 근원이시지만 또한 그를 대적하는 자들을 반드시 심판하시는 공의의 하나님이심을 보여준다.

하박국 소선지서

하박국 선지자에 대해서는 하박국서에서 말고는 알려진 것이 없다. 하박국 1장에서 본인을 단지 선지자 하박국이라 하는 것으로 보아 당대에는 잘 알려져서 특별히 자기 소개가 필요 없었을 수도 있다고 생각된다. 갈대아(바벨론)를 일으켜 유다를 심판하는 도구로 사용할 것이라 하는 것으로 보아 바벨론이 앗수르를 멸망시키고 유다를 위협하던 때(BC 625-606년)가 시대적 배경이라 보인다. 남 유다의 마지막 모습을 계시받은 하박국은 신앙적 고뇌를 가지고 하나님과 대면한다. 유다에 대한 심판을 유다보다 더 악한 바벨론을 통해 이루시는 하나님에 대해 이해할 수는 없지만 하나님의 공의를 깨닫는다. "의인은 믿음으로 말미암아 살리라."라는 깨달음은 16세기 종교개혁의 기본 신조가 되었다.

하박국 1장

하박국은 유다의 심각한 죄악과 부패에 대해 하나님께 탄원하자 하나님이 답변하시기를 갈대아를 이스라엘에 대한 심판의 도구로 준비하셨다 하신다. 이에 하박국은 이스라엘보다 다 악한 바벨론으로 이스라엘을 심판하시려는 하나님에게 악인이 자기보다 더 의로운 자를 삼키는 것이 어떻게 옳은 일인지 반문한다.

하박국 2장

하나님은 하박국의 질문에 대해 답하시기를 갈대아인을 반드시 심판하겠다

하시며 "그러나 의인은 그 믿음으로 말미암아 살리라." 하신다. 이 구절은 바울이 로마서에서 인용하였고 루터가 종교개혁을 시작하게 된 구원의 진리이다. 이어서 바벨론의 죄악을 열거하시며 그들의 우상 숭배의 죄가 그들을 파멸로 이끌 것을 하박국을 통해 선포하신다. "이제는 물이 바다를 덮음 같이 여호와의 영광을 인정하는 것이 세상에 가득함이니라.""오직 여호와는 그 성전에 계시니 온 땅은 그 앞에서 잠잠할지니라."

하박국 3장

하나님이 주신 말씀으로 모든 의심을 해소한 하박국이 하나님께 올려드리는 찬양의 기도이다. 하나님의 성품과 능력과 권능을 찬양하며 주의 백성을 구원하시고 악인들을 심판하시는 하나님이시기에 비록 지금은 삶이 궁핍하고 환란 중에 있어도 하나님께서 언젠가는 구원해 주실 것을 믿기에 즐거워하며 기뻐할 수 있음을 고백한다. "비록 무화과나무가 무성하지 못하며 포도나무에 열매가 없으며 감람나무에 소출이 없으며 밭에 먹을 것이 없으며 우리에 양이 없으며 외양간에 소가 없을지라도 나는 여호와를 인하여 즐거워하며 나의 구원의 하나님으로 말미암아 기뻐하리로다."

스바냐 소선지서

스바냐 선지자는 남 유다에서 마지막으로 개혁을 시도했던 요시야왕(BC 639-608년) 때에 활동한 선지자로 히스기야 왕의 후손으로 왕족이었고 요시야와 가까운 친척 관계였기에 요시야의 개혁에 스바냐의 말씀 선포가 영향을 끼쳤다고 볼 수 있다. 아마도 스바냐의 활동 시기는 요시야의 종교개혁 이전(BC 621년)일 것이다. 스바냐의 중심 메시지는 요엘과 비슷하게 하나님의 날에 임할 심판과 구원이다.

스바냐 1장

이방 신을 섬기는 유다 백성들을 진멸하시겠다는 하나님의 심판을 선포하며 유다 백성들의 회개를 촉구하고 있다. 심판이 모든 지면에 임할 것이지만 특히 유다의 정치적 지도자들과 우상 숭배하며 하나님을 멸시하는 자들을 심판하실 것이다.

스바냐 2장

이스라엘 민족을 대적하고 하나님을 무시하고 교만했던 주위의 이방 민족들에 대한 심판이 선언된다. 선민들에게는 하나님의 분노의 날이 이르기 전에 죄악을 회개하고 돌아오라 권고하면서 블레셋, 모압 암몬, 구스와 앗수르에 대한 심판을 경고한다.

스바냐 3장

하나님의 경고를 듣지 않는 유다 백성들의 죄를 책망하며 시작하지만 동시에 열방의 입술을 깨끗하게 하여 하나님의 이름을 부르게 하시리라는 구원과 회복의 약속을 전한다. 이는 하나님의 공의와 사랑의 양면성을 잘 보여준다. 이스라엘의 남은 자들을 사랑으로 보호하시고 그들을 통해 하나님의 뜻을 이루신다 약속하신다.

학개 소선지서

선지자 학개는 바벨론에 포로로 잡혀갔던 유다 백성들이 고레스왕 원년에 총독 스룹바벨과 대제사장 여호수아의 인도로 고국으로 돌아와 성전 건축을 시작하다가 대적자들의 반대로 약 15년 이상 그 일이 중단되었을 때(다리오왕 2년, BC 520년)에 하나님의 말씀으로 이들을 독려하여 성전 건축을 이룬다. 에스라 6장 14절은 "선지자 학개와 잇도의 손자 스가랴의 권면을 따랐으므로 성전 건축하는 일이 형통한지라."라고 기록하고 있다.

학개 1장

학개는 유다 총독 스룹바벨과 대제사장 여호수아에게 성전건축에 대한 하나님의 말씀을 전한다. 유다 백성들은 아직 성전을 건축할 때가 아니라고 하지만 그들이 겪는 경제적 어려움이 하나님의 전을 세우기보다는 각각 자기 집을 먼저 세우려 했기 때문임을 일깨운다. 학개 선지자가 선포하는 하나님의 말씀을 들은 스룹바벨과 여호수아, 그리고 유다 백성들은 그 말을 청종하여 하나님의 전을 건축하는 역사에 힘을 다한다.

학개 2장

솔로몬 성전의 웅장함에 비해 새로 건축되는 스룹바벨 성전의 초라함 때문에 좌절하는 백성들을 위로하는 하나님을 본다. "이 성전의 영광이 이전 영광보다 크리라."는 하나님의 말씀은 금으로 지어진 솔로몬의 성전보다 장차 임할 메시아에 의해 세워질 신약시대의 교회가 훨씬 더 하나님의 은혜와 영광을 나타낼 것임을 암시한다.

스가랴 소선지서

스가랴 선지자는 학개와 동시대 사람으로 바벨론에서 귀환한 유다 백성들에게 하나님의 말씀을 선포했다. 학개는 성전 재건을 촉구하는 한 가지 주제였지만, 스가랴는 성전 재건뿐 아니라 여러 가지 환상을 보여주며 장차 있을 이스라엘에 대한 축복과 메시아에 대한 예언까지 다양한 하나님의 말씀을 전한다. 만군의 여호와가 내리실 심판과 회복이 주요 내용이다.

스가랴 1장

유다 백성들에게 그들의 조상의 죄에서 회개하고 "나에게 돌아오라." 명하시는 만군의 여호와의 말씀을 선포하며 이어서 붉은 말을 탄 사람의 환상을 통해 세상을 두루 감찰하시는 하나님이 예루살렘 성의 재건을 예언하며 네 뿔과 대장장이 네 명의 환상은 이스라엘 주위의 이방 나라 세력들이 이스라엘을 뿔뿔이 흩었지만 하나님은 대장장이들을 보내셔서 네 뿔을 떨어뜨려 유다를 회복시키실 것임을 보여준다.

스가랴 2장

측량줄 환상은 예루살렘의 회복과 번영을 예언하며 아직 바벨론 땅에 머물고 있던 유대인들에게 고향으로 돌아올 것을 촉구한다. "시온의 딸아 노래하고 기뻐하라 이는 내가 와서 네 가운데에 머물 것임이라 그날에 많은 나라가 여호와께 속하여 내 백성이 될 것이요 나는 네 가운데에 머물 것임이라."라는 약속을 하시며 이스라엘뿐 아니라 많은 나라들이 그날에 하나님의 백성이 될 것임을 선포하는데 이는 그리스도의 교회에서 이루어진다. "너희는 택하신 족속이요 왕 같은 제사장들이요 거룩한 나라요 그의 소유가 된 백성이니"(베드로전서 2:9).

스가랴 3장

대제사장 여호수아(이는 여호수아서에서 나오는 모세의 후계자가 아니라 스가랴 선지자 당시에 유다의 대제사장이었던 사람이다.)에게 더러운 옷을 벗기고 아름다운 옷을 입히며 면류관을 씌우는 환상을 통해서 이스라엘 백성의 죄를 사하시고 의롭게 하실 것을 보여준다.

스가랴 4장

스가랴가 본 순금 등잔대와 두 감람나무의 환상이 나온다. 스룹바벨에게 성전 건축이 사람의 힘이 아니라 성령의 역사로 이루어질 것이라 위로하며 등잔대로 기름을 흘려내는 두 감람나무(올리브 나무)는 기름부음을 받은 자라고 하신다. 하나님이 기름부어 세우시는 직분은 선지자 제사장 왕이었기에 대제사장 여호수아와 총독 스룹바벨을 말한다고 보이지만 궁극적으로는 메시아로 오실 예수님을 통한 구속을 예표한다고 볼 수 있다.

스가랴 5장

날아가는 두루마리와 에바의 환상이 기록된다. 두루마리에는 도둑질하는 자들과 하나님의 이름을 망령되이 부르는 자들에 대한 심판이 적혀 있다. 에바의 환상은 상거래에서 부당한 이익을 탐하는 죄를 가리키며 이스라엘에 만연한 죄 때문에 임할 하나님의 공의로운 심판을 말하는 것 같다.

스가랴 6장

청동 산 사이에서 나오는 네 병거의 환상과 순(가지)이라는 사람에 대해 기록한다. 변경될 수 없는 하나님의 열국을 향한 심판 계획을 보여주며 순이라는 사람은 메시아를 가리키는데 그가 여호와의 전, 즉 교회를 세우실 것을 예표한다.

스가랴 7장

3장에서 6장까지 여러 환상을 보여주신 후 수년 후에 하나님이 스가랴에게 주신 말씀으로 종교적 예식으로 행해지는 금식이 하나님을 위한 것이 아니라 금식을 하는 사람들을 위한 위선적 행위로 변질된 것을 지적하며 진실한 재판과 인애와 긍휼을 베푸는 등 하나님 말씀에 순종할 것을 촉구한다.

스가랴 8장

만군의 여호와 하나님은 시온을 위하여 크게 진노하며 질투하신다고 말한다. 이는 하나님이 이스라엘을 심판하셨지만 이스라엘을 괴롭힌 이방 나라들에 대해 분노하신다는 말이며 그로 인해 그들을 심판하시고 이스라엘과 예루살렘을 회복하실 것임을 선포한다. 그러면서 회복된 이스라엘 백성들이 행해야 할 바를 일러준다. 우리가 진실과 화평을 행하는 것이 하나님이 우리를 구원해 주신 뜻이다. 그리고 유다인 한 명에 다른 나라 백성 10명씩이 동행할 것이라는 말은 세계 만민에게 복음이 전파될 것이라는 하나님의 구원 계획을 보여준다.

스가랴 9장

불의한 이웃 나라들에 대한 심판을 경고한 후에 메시아에 대한 예언이 나온다. "시온의 딸아 크게 기뻐할지어다 예루살렘의 딸아 즐거이 부를지어다 보라 네 왕이 네게 임하시나니 그는 공의로우시며 구원을 베푸시며 겸손하여서 나귀를 타시나니 나귀의 작은 것 곧 나귀새끼니라 내가 에브라임의 병거와 예루살렘의 말을 끊겠고 전쟁하는 활도 끊으리니 그가 이방 사람에게 화평을 전할 것이요 그의 통치는 바다에서 바다까지 이르고 유브라데강에서 땅끝까지 이르리라."

스가랴 10장

하나님께서는 이스라엘 백성이 회개하고 돌아오면 비를 내리시어 밭의 소산을 먹게 하시고 번영과 승리를 주실 것을 약속하며 귀환한 유다 사람들에게 용기를 주신다.

스가랴 11장

11장은 목자들에 대한 예언인데 아마도 그리스도를 거절한 유대인들에게 내릴 하나님의 진노의 심판을 말하는 것 같다. 선한 목자이신 그리스도와 악한 목자에 대해 예언하는데 악한 목자는 마지막 때에 나타날 적 그리스도라 볼 수도 있겠다. 사람들이 은 삼십을 달아 스가랴에게 품삯으로 주는데 하나님은 이를 토기장이에게 던지라 하신다. 이는 가룟 유다가 예수님을 배반하며 유대 지도자들에게 팔아 넘길 때 이루어졌다.

스가랴 12장

12장은 유다의 회복에 대한 예언이다. 앞 장이 그리스도를 대적한 유대인들에게 내린 심판이라면 12장은 교회를 통해 회복될 영적인 이스라엘과 예루살렘을 예표하는 것으로 보인다. 오직 하나님의 긍휼과 은혜로 그리스도 안에서 성취되는 하나님의 구원사역으로 회개하고 죄사함을 받게 됨을 생각해 본다.

스가랴 13장

12장에 이어서 메시아로 말미암은 구원의 날에 일어날 일들이 예언된다. 죄를 깨끗이 씻는 샘이 주어지고 용서를 약속한다. 우상 숭배자들과 거짓 선지자들이 심판을 받게 되며 메시아의 죽음 뒤에 마지막 때에 임할 하나님의 심판으로 삼분의 이는 멸망하지만 거기서 살아남을 하나님의 백성들은 연단을 받고 하나님의 이름을 부를 것이다.

스가랴 14장

여호와가 오시는 날(마지막 날)에 임할 심판과 자비에 대해 말한다. 교회에는 자비를 베푸시고 교회를 대적하고 핍박하는 자들에게는 심판이 임할 것이다. 여호와의 날에 이루어질 새 하늘과 새 땅에는 해와 달이 아닌 하나님이 빛이 되시고 영원한 생수가 흐르며 홀로 하나이신 하나님이 통치하시는 영원하고 영광스러운 하나님의 나라가 완성될 것이다.

말라기 소선지서

구약성경의 마지막 선지자인 말라기는 아마도 바벨론 포로 귀환 후 성전이 재건된 후, BC 450-400년 사이에 활동했다고 생각된다. 하나님은 말라기의 예언으로 구약을 종결하시고 이후 400여 년 동안 침묵하셨다. 말라기의 주제는 하나님의 주권과 공의라고 할 수 있으며 이스라엘 백성들의 타락을 책망하며 회개를 촉구한다.

말라기 1장

에서가 아닌 야곱을 이스라엘 족속의 조상으로 선택하신 것을 들어 하나님의 주권적인 사랑을 증거하며 포로에서 귀환하여 성전이 재건된 후 100년 가까이 지나자 하나님께 받은 은혜에 대한 감격이 사라지고 하나님 앞에서 드리는 제사가 타락하고 불경건해진 것을 책망한다.

말라기 2장

구체적으로 두 가지 예를 들어 이스라엘의 죄악을 지적한다. 첫째는 레위에게 주신 생명과 평강의 언약을 어긴 제사장들에게 엄히 문책하기를 진리와 정의로 백성들을 인도해야 할 제사장들이 맡겨진 본분을 저버렸기에 그들이 백성들 앞에서 멸시와 천대를 받게 될 것을 선포하며 둘째는 혼인 규례를 어긴 유다백성들에 대해 책망하는데 죄를 짓고도 하나님 앞에서 우리가 무슨 죄를 지었느냐고 대드는 사악함을 지적한다.

말라기 3장

메시아의 길을 준비할 사자를 보내실 것과 메시아의 오심을 예언한다. 또한 온전한 십일조를 드리지 않는 것은 하나님의 것을 도둑질하는 것임을 지적하며 온전한 십일조를 지키며 하나님의 규례를 따르면 다시 하나님의 풍성한 복이 임할 것임을 약속한다. 하나님은 마지막 심판 날에 의인과 악인을 분별하실 것이다.

말라기 4장

구약의 마지막인 말라기 4장은 만군의 여호와가 마지막 날에 내리실 악인에 대한 심판과 의인에 대한 복을 선포하며 크고 두려운 마지막 날이 이르기 전에 선지자 엘리야, 즉 세례 요한을 보내 하나님의 백성들을 회개하게 하시겠다는 약속으로 구약이 끝을 맺는다. 이후 하나님은 400년이 넘는 기간 동안 침묵하시다가 세례 요한을 통해 그리스도가 오심을 선포하며 신약시대를 새롭게 여신다.

신구약 중간사

구약과 신약 성경 사이의 400여 년 동안을 Intertestamental Period(구약과 신약의 중간 시대)라 부르는데 이 기간 동안 바사(페르시아) 제국이 BC 430-332년 동안 유대 지방을 지배했고 이어서 헬라(그리이스) 제국이 BC 331-167년 동안 다스렸는데 그리이스의 알렉산더 대왕이 죽은 뒤 헬라 제국은 넷으로 분열된다. 이후 마카비가 일어나 유다를 독립시켰는데, 독립한 유다가 약 100년 동안(BC 167-63년) 지속되다가 BC 63년에 유다가 로마 제국의 식민지가 된다. 이두매인들의 총독이었던 안티파스의 아들인 헤롯은 로마 제국으로부터 '유대인의 왕'이라는 칭호를 받고 유대 지방을 BC 37-4년까지 통치하는데 그의 통치 말기에 예수님이 탄생하시게 된다.

신약
성경

THE NEW TESTAMENT

신약

신약의 문자적인 의미는 새 언약이다. 구약은 시내산에서 모세를 통해 주신 언약에 근거하여 하나님께서 이스라엘을 다스리시고 섭리하시는 사건들을 기록하였고 반면에 신약은 그리스도를 통하여 인간과 맺은 약속에 대해 기록한다. 그러나 구약과 신약의 주체와 내용은 동일한 것으로, 구약에서는 오실 메시아에 대해 기록했다면 신약은 구약에 약속된 메시아가 오셔서 이루신 구속사역에 대한 기록이다.

신약 27권은 사복음서, 사도행전(역사서), 서신서(바울 서신과 기타 서신), 계시록으로 이루어진다.

신약의 각 권은 기록되자마자 성경으로 인정된 것은 아니며, 초대교회들에 의해 보존되어 오며 교부들에 의해 그 권위를 인정받아 오다가 최종적으로 AD 397년 열린 칼타고 공의회에서 정경 27권을 확정하였다.

히브리어로 기록된 구약과는 달리 신약은 원본들도 헬라(그리이스)말로 기록되었는데 신약성경의 원본들은 하나도 현재까지 보존되어 있지 않지만 성경학자들에 의한 수천 가지의 다른 사본들의 비교 연구로 정확하고 믿을 만한 신약 본문을 찾을 수 있게 되었다.

마태복음 사복음서 | 공관복음

마태복음은 신약성경의 맨 처음에 나오는 책이다. 그러나 마태복음이 신약성경 중에서 가장 먼저 기록된 책은 아닐 수 있다. 다른 모든 신약성경, 특히 네 권의 복음서들 중에 마태복음을 맨 처음에 수록한 이유는 아마도 마태복음이 다른 복음서보다 구약성경을 가장 많이 인용하며 구약에 예언된 메시아가 바로 예수님이라는 사실을 증거하고 있어서 구약과 신약을 연결하는 책으로 가장 적합하기 때문이 아닐까 생각된다. 마태복음 안에서는 저자가 누구인지 밝히고 있지 않지만 초대교회 때부터 마태를 저자로 인정해왔으며 이를 반박할 합당한 이유가 없다. 사복음서의 저자 중 마태와 요한만이 예수님의 제자였고 마가와 누가는 베드로와 바울 등을 통해 전해들은 것과 본인들이 살피고 연구한 바에 기초해서 기술한 것이다.

마태복음, 마가복음, 누가복음을 공관복음(Synoptic Gospels)이라 하는데, 이는 세 복음서가 예수님의 행적과 가르침을 기술하는데 공통점이 많기 때문이다. 세 공관복음서의 저자 중에서 예수님과 함께 3년을 보낸 사람은 마태뿐이고, 세리였던 마태는 대부분 어부 출신인 다른 제자들에 비해서 예수님과 지낸 일들을 당시부터 자세히 기록해 왔을 가능성이 높다. 예수님의 행적을 기록한 네 복음서들 사이의 차이점들은 서로 모순된 것이 아니라 오히려 서로 다른 책들을 뒷받침해주며 상호 보완하는 예수 그리스도의 구속 사역에 대한 포괄적인 사중(fourfold) 증언이라 볼 수 있다.

마태복음 1장

1장은 예수님의 계보로 시작하는데 아브라함과 다윗의 자손 예수 그리스도의 계보라 하며 시작한다. 이는 예수님이 아브라함과 다윗에게 언약하신 대로 유대인의 왕으로 오심을 강조한다. 이방인들을 주 독자로 기록한 누가복음에서는 예수님의 족보가 아담과 하나님까지 이어지는 것과 비교된다. 남자들의 이름 위주로 기록된 예수님의 족보에 다말, 라합, 룻과 우리야의 아내, 네 명의 여자가 언급되는데 이들은 근친상간을 했거나 기생이었거나 과부였던 이방 여인이거나 간음한 여인들이다. 유대인들이 자랑스럽게 여길 순수혈통이 아니었다는 것을 가감없이 기록함으로 유대인뿐 아니라 이방인들에게도 그리스도는 죄인들의 구주로 오심을 드러낸다. 예수 그리스도의 동정녀 탄생을 기록하는 부분에서 내가 만약 나와 정혼한 10대의 어린 처녀가 임신했다는 소식을 접하면 어떻게 처신했을까 생각해 본다. 요셉의 인간성이 참 훌륭하다. "보라 처녀가 잉태하여 아들을 낳을 것이요 그 이름은 임마누엘이라 하리라."라는 이사야의 메시아 탄생 예언이 성취된다.

마태복음 2장

예수님의 탄생과 이에 경배하기 위해 먼 길을 찾아온 동방박사들, 그리고 그들의 방문에 놀란 헤롯 왕과 그의 주위에 있던 대제사장들과 서기관들이 등장한다. 동방박사들은 아마도 메대 바사지역(지금의 이란)에 있던 점성가들로 다니엘 등의 예언을 통해 유대인의 왕이 오실 것을 알고 있었고 어쩌면 기다리고 있었던 사람들일 것이다. 그들이 하나님이 보여주신 별의 계시를 따라 먼 길을 몇 달 아니면 길게는 1년 넘게 걸려 유대인의 왕으로 나신 이를 경배하러 찾아왔으나 유대 제사장들과 서기관들은 선지자 미가의 예언으로 베들레헴에서 메시아가 나실 것을 알았지만 찾아가 경배하려는 모습은 없고 헤롯 왕은 알량한 로마 식민지인 유대 땅의 왕의 지위를 잃을 것을 걱정하여 베들레헴의 어린 남자 아이들을 몰살하는 잔악함을 보인다. 마태는 메시아의 탄생뿐 아니라 헤롯에 의한 베들레헴의 어린 아이들의 학살, 요셉의 이집트로의 피신과 나사렛에서의 정착 등의 모든 일이 성경에 예언된 일들의 성취임을 기록한다.

마태복음 3장

3장에서 세례 요한이 등장하는데 마태는 그가 이사야가 예언한 주의 오실 길을 준비하는 광야의 외치는 소리라고 한다. 천국이 가까이 왔음을 알리고 회개의 세례를 베풀며 바리새인들과 사두개인들에게는 회개에 합당한 열매를 맺을 것을 촉구하는데 그들은 선민의식에 사로잡혀 있었으며 회개의 세례를 위해 요한에게 나온 것이 아니라 요한의 사역을 단지 지켜보려 했다. 반면 메시아로 오신 예수님은 겸손하게 요한에게 세례를 받으시는데 이는 그가 회개해야 할 죄가 있기 때문이 아니라 메시아로서의 공적인 사역을 시작하시며 모든 하나님의 사람들이 받아야 할 물세례의 모범을 보이신 것이다. 이에 하늘이 열리고 하나님의 성령이 예수님 위에 임하시며 하나님 아버지가 예수님이 자신의 아들임을 선포하며 성부 성자 성령 하나님이 함께 하심으로 메시아의 공적 사역이 시작된다.

마태복음 4장

하나님이 예수님을 하나님의 아들이라 선포하신 후에 바로 예수님은 성령에 이끌리어 마귀에게 시험을 받으시는데 마귀는 40일을 굶주린 예수님께 네가 하나님의 아들이라면 돌을 떡이 되게 하여 굶주림을 해결함으로 하나님의 아들임을 증명해 보라고 유혹한다. 사탄은 또한 성경 말씀을 인용하면서 예수님을 두 번 더 시험하지만 예수님은 모든 시험을 하나님의 말씀으로 물리치신다. 하나님의 사람이라도 마귀의 시험은 항상 우리에게 있으며 때로는 사탄이 하나님의 말씀을 인용하며 우리를 시험하기에 우리는 하나님의 말씀을 올바로 깨닫고 있어야 함을 보여준다. 마귀의 시험을 물리치신 예수님은 가버나움에서 회개와 천국복음을 전파하신다. 갈릴리 해변에서 베드로, 안드레, 야고보와 요한을 제자로 부르시고 가르치시며 전파하시고 병을 고치시는 메시아로서의 사역을 펼치신다. 마태복음에서는 하나님 나라(kingdom of God)를 천국(kingdom of heaven)이라 부른다. 하나님 나라이던 천국이던 한국어 표현에서 kingdom(왕국)이라는 개념이 확실하게 나타나지 못하는 것은 좀 안타깝다. 단순히 하나님이 계신 나라, 천국의 나라가 아니라 하나님이 왕으로 다스리시는 나라가 천국이다. 따라서 하나님 왕국이나 하늘 왕국이라고 표현하는 것이 더 정확하다고 생각한다.

마태복음 5장

마태복음 5-7장은 그 유명한 예수님의 산상 수훈, 산상 설교이다. 5장 1-16절은 팔 복에 대한 말씀으로 산상 수훈의 전체 주제이자 천국시민 헌장이라 할 수 있다. 흔히들 팔 복을 말하면서 이 복은 내게 있는데 저 복은 없다는 식으로, 일곱 개 복 중에서 한 개만 맞았다 하는 예전에 "최진사 댁 셋째 딸" 노래의 가사처럼 생각하기 쉬운데, 여기에 나오는 여덟 가지 복은 천국 시민의 요건과 특징 그리고 그에 대한 상급으로 하나님의 자녀 된 자들이 누리게 되는 총체적인 복을 의미한다. 예수님은 하나님의 자녀들이 누릴 복을 말씀하신 후에 바로 이어서 이 땅에서 하나님의 아들들이 받을 박해를 말하시며 그 박해를 기뻐하고 즐거워해야 할 이유를 말씀하신다. 세상의 소금이며 빛으로서 살아가야 할 사명감을 일깨우시며, 율법을 완전하게 하시는 것이 무슨 의미인지 십계명으로 대표되는 하나님의 율법을 온전히 지키는 것이 무슨 의미인지를 설명하신다.

모세의 율법을 문자적으로 지킨다고 자랑하는 서기관과 바리새인들보다 더 의롭지 못하면 결코 천국에 들어가지 못한다 하시며 새롭게 해석해주시는 하나님의 율법의 기준은 너무나 높고 완전하여서 죄인인 인간들이 도저히 지킬 수 없음을 깨닫게 하시고 우리의 대속자를 바라보게 하신다. "하늘에 계신 너희 아버지의 완전하심과 같이 너희도 완전하라."

마태복음 6장

6장에서 예수님은 5장에 이어서 하늘나라 백성들이 이세상을 살아가며 지켜야 할 바를 가르치신다. 특히 구제와 기도와 금식을 할 때 남들에게 보이도록 외식하지 말 것을 강조하신다. 구제할 때는 오른손이 하는 것을 왼손이 모르도록 은밀하게, 기도도 외식하며 남에게 보이려 하지 말고 골방에서 은밀한 중에 계신 하나님 아버지께, 중언부언하지 말아야 하며 금식할 때는 남들이 금식하는 것을 모르도록 해야 한다. 이 모두가 하나님만 아시면 되는 것이다. 예수님은 제자들에게 기도의 모범을 보여 주시는데 하나님을 "우리 아버지"라 부르며 기도하는 것은 그 당시 유대인들은 상상조차 하지 못했던 획기적인 가르침이다. 하나님과 재물을 동시에 섬기지 못한다 하시고 이방인들이 구하듯이 세상의 재물을 위해 기도하지 말 것을 가르치시며, "먼저 그의 나라와 그의 의를 구하라 그리하면 이 모든 것을 너희에게 더하시리라."는 하나님 나라의 원리를 가르쳐 주신다.

마태복음 7장

5장에서 시작된 예수님의 산상수훈이 7장까지 이어진다. 한 구절 한 구절이 우리가 살면서 지켜야 할 귀한 가르침인데 5-6장이 좀 원론적이었다면 7장에서는 여러 가지 상황에서의 구체적인 가르침이 나온다. 다른 사람을 비판하지 말고 거룩한 것을 개에게 주지 말며 하늘에 계신 아버지께서 좋은 것을 주실 것이라는 확신으로 기도할 것을 가르치시고, 또한 무엇이든지 남에게 대접을 받고자 하는 대로 남을 대접하는 것이 성경의 기본 가르침임을 말씀하신다. 그리고 예수님의 가르침을 듣기만 하고 행하지 않으면 아무 소용이 없다는 것을 반석 위에 집을 지은 지혜로운 자와 모래 위에 집을 지은 어리석은 자를 비교하며 산상 수훈의 결론으로 말씀하시는데, "나더러 주여 주여 하는 자마다 천국에 들어갈 것이 아니요 다만 하늘에 계신 내 아버지의 뜻대로 행하는 자라야 들어가리라 그날에 많은 사람이 나더러 이르되 주여 주여 우리가 주의 이름으로 선지자 노릇하며 주의 이름으로 귀신을 쫓아내며 주의 이름으로 많은 권능을 행하지 아니하였나이까 하리니 그때에 내가 저희에게 밝히 말하되 내가 너희를 도무지 알지 못하니 불법을 행하는 자들아 내게서 떠나가라 하리라."고 하신다. 예수님의 말씀을 듣고 그대로 행하지 않는 자들이 바로 불법을 행하는 자들이다.

마태복음 8장

산상수훈을 마치신 예수님은 8장에서 그의 사역, 특히 병든 자를 고치시는 사역을 이어 가시는데 예수님은 치유사역을 통해 메시아로서 신적 권능을 드러내신다. 7장 마지막 부분에서 예수님의 가르침이 권위가 있음을 기록했는데 8장에서는 모든 병을 다스리시는 예수님의 주권을 보여준다. 특히 백부장은 예수님께 그런 주권이 있음을 올바로 인식하였기에 예수님은 이를 놀랍게 여기시며 이스라엘에서 그만한 믿음을 보지 못하였다 하신다. 또한 바다의 바람을 명하여 잔잔하게 하심으로 자연을 다스리시는 권위를 드러내시며 귀신들린 사람들에게서 귀신들을 몰아내는 기사에서는 하나님의 아들의 권위를 귀신들도 알아보는 것을 기록한다. 그런 권세를 가지신 예수님이지만 이 세상에서 예수님을 따르는 제자의 길에는 환란과 핍박이 있을 것이며 세상 일에 얽매여서 하나님의 일이 중단되거나 지연되어서는 안될 것이다.

마태복음 9장

8장에 이어 예수님의 치유사역이 기록된다. 그런데 6절에서 예수님은 중풍병자에게 "네 죄 사함을 받았느니라." 하시며 죄를 사하시는 주님의 권세를 선포하신다. 서기관들은 그것이 무엇을 뜻하는지를 알았기에 예수님이 신성을 모독하고 있다고 생각하자 예수님은 "인자가 세상에서 죄를 사하는 권세가 있는 줄을 너희로 알게 하려 하노라." 하신다. 이 말은 그가 곧 하나님이시라는 선언이다. 예수님이 병든 자를 치유하시는 궁극적인 목적은 죄사함을 통한 인류의 구원이다. 마태복음의 저자인 세리 마태를 제자로 부르시고 죄인들과 함께 식사를 하시며 죄인들을 부르러 오신 주님의 목적을 일러주시며 혈루증을 앓던 여인을 고치시고 죽은 회당장의 딸을 살리시며 소경 된 자, 귀신들려 벙어리가 된 자를 고치시고 모든 도시들을 두루 다니시며 가르치시고(teaching), 전파하시며(preaching), 고치시는(healing) 메시아의 사역을 이어 가신다.

마태복음 10장

열두 제자를 전도 사역자로 파송하시면서 제자들에게 교훈한 내용이다. 바로 전 장에서 추수할 것은 많으나 일꾼이 적으므로 일꾼을 보내 달라는 기도를 하라고 가르치신 후에 열두 제자를 일꾼으로 세우시면서 복음 전도자가 가져야 할 자세를 가르치신다. 악한 세상에 복음을 증거함에 있어 뱀같이 지혜롭고 비둘기 같이 순결해야 하는데 그럼에도 세상에서 복음 때문에 겪게 될 고난을 일러주신다. 예수님의 제자는 자기의 십자가를 지고 예수님을 따라야 한다는 말은 복음으로 인해 친구나 가족 등 주위의 사람들의 비난을 받더라도 불평이나 후회없이 겸손히 인내하며 주님의 뜻에 순종하는 길을 말한다. 이름이 언급된 12명의 제자들 가운데 예수님을 배반한 가룟 유다도 포함되어 있다. 유다도 예수님으로부터 귀신을 쫓아내며 모든 병을 고치는 권능을 받아 다른 제자들과 함께 사역했지만 자기 십자가를 지고 예수님을 따르는 삶을 살지 못했음을 보며 주님이 주시는 능력이 아니라 겸손히 고난과 박해를 이기며 주님을 따르는 것이 참된 제자의 길임을 생각해본다.

마태복음 11장

옥에 갇혀 있던 세례 요한이 자신의 제자들을 통해 예수님께 물은 질문과 예수님의 답변이 나온다. 요단강에서 세례를 베풀며 예수님을 '세상 죄를 지고 가는 하나님의 어린 양'이라 선포했던 요한이 옥에서 그의 믿음이 잠시 흔들렸는지 예수님이 정말 메시아이신지 확인하고자 하였다. 요한은 곧 자기가 죽을 것을 알고 죽기 전에 다시 한번 확인하고 싶었는지도 모른다. 이에 예수님은 구약의 예언이 그를 통해 성취되고 있음을 말씀하며 자신이 구약에 예언된 메시아임을 확실히 하신다. 그리고 제자들에게 말씀하시기를 구약의 마지막 선지자로서 메시아를 세상에 직접 소개한 요한이기에 다른 어떤 선지자들도 누리지 못한 특권을 누린 것이지만, 메시아를 대면하며 그리스도를 믿어 천국에 가는 신약시대 성도들은 모두가 다 요한보다 복된 자라고 하신다. 이어서 예수님이 베푸신 수많은 권능에도 불구하고 믿음 없는 완고한 세상을 심판하시며 생명의 말씀을 세상의 지혜로운 자에게는 숨기시고 어린 아이와 같은 자들에게 나타내시는 것이 하나님의 뜻이라 하신다. 그리고 참된 안식은 마음이 온유하고 겸손한 예수님 안에서만 누릴 수 있는 복임을 선포하신다.

마태복음 12장

12장에는 안식일에 대한 논쟁이 나온다. 예수와 그 제자들을 주시하고 있던 바리새인들이 드디어 그들을 고소할 이유를 발견하는데 예수님의 제자들이 안식일에 밀밭 사이로 가다가 이삭을 잘라먹었다. 이에 바리새인들이 예수님의 제자들이 안식일 규정을 어겼다고 비판하니, 예수님은 다윗의 예와 제사장의 예를 드신다. 바리새인들이 주장하는 안식일 규정에 예외가 있으며 이런 예외를 허락하신 하나님은 제사보다 자비를 원하심을 지적하신다. 그러면서 인자가 안식일의 주인이라 하신다. 마가복음에서는 이 부분에 "안식일은 사람을 위해 있는 것이요 사람이 안식일을 위해 있는 것이 아니다."라고 기록하고 있다. 예수님은 또한 안식일에 손 마른 자를 비롯한 많은 병자들을 고치시는데, 완악한 바리새인들은 이를 보고 예수님을 죽이기를 모의한다. 그러면서 바리새인들은 예수님이 귀신을 쫓아내는 것은 바알세불의 힘으로 그리한다고 비방하며 이에 예수님은 성령을 모독하는 죄는 용서받지 못한다 선언하신다. 이 말씀은 예수님이 하신 말씀 중 이해하기 어려운 말씀 중 하나로 많은 견해가 있지만 확실한 것은 하나님이 택하신 사람들은 이런 용서받지 못할 죄를 짓지 않도록 하나님이 지켜 주신다는 사실이다. 표적을 구하는 서기관과 바리새인들에게 예수님은 요나의 표적 밖에는 보여줄 것이 없다 하시며 죽은 후 삼일 후에 부활하실 것의 예표로 요나를 언급하신다. 그러면서 이 악한 세대를 니느웨와 남방 여왕이 정죄할 것이라 하신다. 어머니와 동생들이 자신을 찾아온 것을 통하여 육신의 혈연관계보다 영혼의 거듭남으로 주어지는 하나님과의 영적인 가족관계가 더 중요함을 지적하신다.

마태복음 13장

배에 올라 호숫가에 모인 무리들에게 선포하시는 말씀으로 천국의 진리를 여러 가지 비유로 말씀하신다. 예수님은 바리새인들이 사사건건 예수님의 사역을 쫓아다니며 시비를 걸자 하나님 나라의 비밀을 비유로만 말씀하시게 되는데, 이는 "너희가 듣기는 들어도 깨닫지 못하며 보기는 보아도 깨닫지 못할 것이다."라는 이사야의 예언대로임을 말씀하신다. 씨뿌리는 자, 가라지, 겨자씨, 누룩, 감추인 보화, 진주, 바다에 친 그물 등의 다양한 비유를 통해 하나님 나라의 여러 가지 속성들, 즉 복음 전파에 대한 다양한 반응, 천국의 점진성과 천국 시민의 참 기쁨 등에 대해 가르치시는데 주님은 이같은 비유를 통해 준비된 자에게는 진리를 드러내시고 선택받지 못한 자들에게는 감추셨다. 씨뿌리는 비유에서는 천국은 하나님이 예비하신 좋은 땅 같이 말씀을 받아 풍성히 열매를 맺는 자들에게 주어지는 것임을, 가라지 비유에서는 예수님의 사역을 방해하기 위해 사탄도 열심이 일하지만 마지막 때에 의인과 악인에 대한 구별과 심판이 반드시 있을 것을, 겨자 씨와 누룩의 비유에서는 미약하게 시작된 복음이 온 세상에 전파될 것임을, 감추인 보화와 진주의 비유에서는 세상의 어떤 것보다 값진 천국 시민이 누릴 참 기쁨을, 바다에 친 그물에 대한 비유에서는 가라지 비유와 마찬가지로 마지막 때에 있을 악인에 대한 심판에 대한 교훈이 담겨있다. 이 비유를 마친 후 예수님은 고향에서 말씀을 전하려 하지만 육신의 생각에 얽매여 있는 고향 사람들에게 배척을 당한다.

마태복음 14장

예수님의 사역 소식을 전해 듣고는 자신이 죽인 세례 요한이 다시 살아났다고 두려워한 헤롯이 세례 요한을 죽이게 된 과정과 그 유명한 오병이어의 기적과 물 위를 걸으신 일이 기록된다. 세례 요한의 죽음은 헤로디아의 원한에 사로잡힌 사악함과 자신의 잘못에 대해 회개하지 않고 완악했던 헤롯의 경솔함과 어리석음의 합작품이었다. 세례 요한의 죽음에 대해 전해들은 예수님은 조용히 외딴 빈 들로 가고자 했으나 큰 무리가 예수를 따른다. 예수님은 이들을 보시고 불쌍해하시며 병을 고쳐주시고 저녁 때가 되자 빈 들에서 무리를 해산해서 각자 먹을 것을 해결하게 하자는 제자들의 말에 "너희가 먹을 것을 주라." 하신다. 남자만 5,000명이 넘는 무리들에게 오병이어(떡 다섯개와 물고기 두마리)로 배불리 먹이신 예수님은 그를 따르는 무리들의 영적인 필요뿐 아니라 육적인 필요, 즉 일용할 양식도 채워 주시는 분이시다. 오병이어의 기적과 이어지는 물 위를 걸으심은 예수님이 자연현상을 뛰어 넘고 자연을 다스리시는 창조주 하나님이심을 증거한다.

마태복음 15장

예수님의 제자들이 장로들의 유전(전통)을 범한 것으로 인한 바리새인들과 서기관들과의 논쟁과 가나안 여자(마가복음에서는 이 여인을 수로보니게 족속이라 한다)의 믿음, 갈릴리 호수에서 4천 명을 떡 7개와 몇 마리 생선으로 먹이신 일이 기록된다. 바리새인들이 비난한 손을 씻지 않고 음식을 먹는 행위는 하나님의 계명의 본질과는 관계없는 문제였지만 그들은 장로들의 유전을 문자적으로 따르면서도 하나님의 계명은 무시하는 위선을 범하고 있음을 예수님은 지적하신다. 하나님의 말씀만이 신앙과 행위의 절대적 기준이자 규칙이며 사람의 교훈과 전통으로 하나님의 계명을 폐해서는 안된다는 교훈을 주신다. 사람을 참으로 더럽게 하는 것은 마음 속에 있는 온갖 악한 생각이기에 외적인 성결보다 내적인 성결을 지키기를 힘써야 한다. 가나안 여인과의 대화와 그의 딸을 고쳐주시는 대목에서 예수님은 그 이방 여인의 믿음이 크다고 감탄하신다. 이는 자주 예수님이 그의 제자들의 믿음이 작은 것을 지적하신 것과 비교된다. 갈릴리 호숫가에서 수많은 무리들의 병을 고쳐주시는데 이를 보고 무리들이 이스라엘의 하나님께 영광을 돌린다. 예수님의 치유사역의 목적은 자신의 신성을 드러내심으로 하나님께 영광을 돌려드리는데 있다. 이어지는 4천 명을 떡 일곱 덩이와 물고기 몇 마리로 먹이시는 이적은 이전의 오병이어 사건에 이어 두 번째로 예수님이 그에게 모인 수천 명의 무리들에게 일용할 양식을 주신 기록이다.

마태복음 16장

16장에서는 바리새인들과 사두개인들이 연합하여 예수님을 대적한다. 바리새인들은 보수적이지만 위선적인 율법주의자들이었고 사두개인들은 자유적 신앙을 가지고 부활도 믿지 않으며 세속적인 것에 관심을 쏟던 당시의 유대교 지도자들이었다. 서로가 적대적이었던 이들은 연합하여 공동의 적인 예수님을 시험하는데, 예수님의 권위가 하늘로부터 왔다는 표적을 구한다. 이에 예수님은 이전에 마태복음 12장에서 언급한대로 요나의 표적, 곧 부활의 표적 밖에는 더 보여줄 표적이 없다 하신다. 그리고 그 자리를 떠나 호수 반대편으로 가시며 제자들에게 바리새인들과 사두개인들의 교훈을 주의하라는 경고를 주시며 먹을 떡이 없어 걱정하는 제자들에게 두번에 걸쳐 수많은 무리들을 먹이신 것을 상기시키신다. 이어서 유명한 베드로의 "주는 그리스도시요 살아계신 하나님의 아들"이라는 고백을 통해 그 위에 교회를 세우실 것을 선포하시며 교회에 천국 사역의 열쇠를 부여하신다. 오늘의 교회가 진정으로 그리스도로 말미암는 구원의 복음을 올바로 선포하는 천국 열쇠의 역할을 충실히 감당하고 있는지 돌아본다. 그때서부터 비로소 예수님은 고난과 십자가 죽음과 부활에 대해, 즉 예수님이 메시아로 오셔서 이루어야 할 사역에 대해 말씀하시는데 베드로를 비롯한 제자들은 이를 심히 반대하며 예수님을 이 일로 책망하기까지 한다. 이에 예수님은 믿음의 반석이라고 이름을 베드로라고 지어 주신 요나의 아들 시몬에게 "사탄아 물러가라."고 책망하신다. 우리에게 하나님의 일이 아니라 사람의 일을 생각하게 하는 것이 사탄의 계략이다. 자기를 부인하고 자기 십자가를 지고 예수님을 따라야 한다는 참 제자의 길을 가르쳐 주시면서 마지막 날에 행위에 따른 심판이 있을 것을 말씀하신다. 성도가 예수님의 고난에 동참하는 것은 선택 사항이 아니라 필수 사항이다.

마태복음 17장

예수님의 변화산 사건이 기록된다. 혹자들은 바로 이전 16장에 "여기 섰는 사람 중에 죽기 전에 인자가 그의 왕권을 가지고 오는 것을 볼 자들도 있느니라." 하신 말씀이 이 변화산 사건을 말한다고 보기도 한다. 예수님은 베드로와 야고보와 요한을 데리고 높은 산에 오르셔서 영광스러운 모습으로 변화하여 모세와 엘리야와 대화하시는데 하늘에서는 하나님의 음성이 예수님은 사랑하는 아들이고 기뻐하는 자니 너희는 그의 말을 들으라 하신다. 예수님의 변화산 사건은 주님의 탄생과 십자가 수난 사이에 위치하여 예수님의 메시아 되심과 현재 그리고 장차 재림하실 때 나타날 그의 영광을 계시한 것이다. 변화산에서 내려오신 주님은 제자들이 고치지 못한 간질병 환자를 고쳐 주시며 제자들이 고치지 못한 이유는 그들의 믿음이 작기 때문이라 하시는데 이는 제자들이 아직도 육신을 섬기는 패역한 세계로부터 떠나지 못했기 때문이다.

마태복음 18장

제자들 사이에서 천국에서는 누가 더 크냐는 논쟁이 일어난다. 예수님은 그들을 섬기는 자들로 부르셨으나 그들은 섬김 받기를 원했다. 이에 예수님은 교만하지 않고 자기를 어린 아이같이 낮추는 사람이어야 하고 어린 아이 하나라도 잘못 가르쳐 실족하게 하면 안된다는 것을 일깨우시며 또한 죄에 대해 단호한 교훈을 주신다. 하나님은 잃어버린 한 영혼의 구원을 얼마나 원하시는 지를 백마리의 양 중에 잃어버린 한 마리의 양을 찾아 나서는 목자의 심정으로 비유하신다. 그리고 범죄한 형제를 어떻게 대할 지에 대해 교훈하시며 교회 공동체에서의 치리의 원리를 세우신다. 교회에 죄를 범한 회원에 대한 치리권이 있음을 확실히 하시며 "두세 사람이 내 이름으로 모인 곳에는 나도 그들 중에 있느니라." 하신다. 이 말을 많은 사람들이 전후 문맥과 상관없이 인용하곤 하는데 예수님은 교회 안에서 죄를 범한 사람들을 권징하는 교회의 권위를 세우시는 말씀으로 주셨다. 이어서 예수님은 개인적으로는 주 안에서 형제에 대해 무한히 용서해야 함을 말씀하시며 임금으로부터 1만 달란트의 빚을 탕감 받은 자가 자신에게 100데나리온을 빚진 자에게 한 행동을 대조하신다. 한 달란트가 육천 데나리온이므로 일만 달란트는 100데나리온의 60만 배가 되는 어마어마한 돈이다. 이는 우리가 하나님께 받은 용서가 얼마나 큰 것인지 바로 이해하고 우리에게 짓는 형제들의 죄가 상대적으로 얼마나 사소한 것인지를 깨닫고 용서해야 함을 가르쳐 준다.

마태복음 19장

바리새인들의 예수님에 대한 집요한 시험이 나온다. 이혼 문제로 시험하며 모세의 율법 조항을 인용한다. 이에 예수님은 하나님이 세우신 결혼 규례를 언급하시며 하나님이 짝지어 주신 것을 사람이 나누지 못한다 하시며 결혼이 누구에게나 필수인 것은 아니며 천국의 일을 위해 독신으로 부름을 받을 수도 있다 하신다. 이어서 한 부자 청년과의 대화가 나오는데 그 청년은 예수님께 자신의 행위를 인정받고 싶은 마음에 예수님을 '선한 선생님'(마태복음에는 '선한'이란 말이 없지만)이라 부르며 무슨 선행을 해야 영생을 얻는지를 묻는다. 율법 조문들을 말씀하시는 예수님께 자신은 모든 율법을 지켜왔다고 대답하자 그의 삶에서 여전히 재물이 그의 우상임을, 즉 제 일계명부터 제대로 지키지 못했음을 일깨워 주시려고 소유를 팔아 가난한 자들에게 주라는 말씀을 하시니 그 청년은 자신의 재물이 많음으로 인해 근심하며 돌아간다. "낙타가 바늘귀로 들어가는 것이 부자가 하나님의 나라에 들어가는 것보다 쉬우니라." 하시는 예수님의 말씀은 그 당시의 사람들이 가지고 있던 재물은 하나님이 주시는 복이라는 개념과 충돌하기에 제자들이 놀라며 그럼 도대체 누가 구원을 얻나요? 하며 질문한다. 예수님의 대답인 "사람으로는 할 수 없으되 하나님으로서는 다 할 수 있느니라."라는 말은 부자뿐 아니라 모든 사람들의 구원은 오직 하나님만이 하시는 일임을 의미한다.

마태복음 20장

포도원 품꾼들의 비유가 나온다. 포도원 주인이 이른 아침부터 몇시간 간격으로 오후 다섯시까지 계속 장터에서 놀고 있는 사람들을 포도원으로 불러 일을 시킨 후에 날이 저물어 그들에게 품삯을 주는데 한 시간 일한 사람이나 하루 종일 일한 사람이나 동일하게 한 데나리온을 준다. 이에 종일 일한 사람들이 불평하자 주인은 그들에게 처음에 약속한 대로 주었으니 불평하지 말라 하며 모든 사람에게 똑같이 주는 것이 자신의 뜻이라 한다. 예수님은 이 비유를 천국에 들어가는 자들에 대한 비유로 말씀하셨는데 이 비유를 제대로 이해하려면 온종일 일한 사람이 한 데나리온을 받는 것이 정당한지를 살펴야 한다. 흔히들 이 당시의 하루 일당이 한 데나리온이라 해서 그들에게 약속하고 준 품삯이 정당하다고들 생각한다. 그러나 그 당시에 로마의 정규군의 하루 일당이 한 데나리온이었다 한다. 일용직 단순 노무자들에게는 하루 일해서 한 데나리온을 받는다는 것은 기대보다 훨씬 후한 일당이었을 것이다. 그래서 한 데나리온의 일당을 약속 받은 사람들은 매우 감사하는 마음으로 아침부터 일했을 것이다. 아침부터 일한 사람이나 한 시간만 일한 사람이나 다 분에 넘치는 일당을 받은 것이다. 예수님은 이 비유로 구원받는 모든 사람들은 다 은혜로 구원받는다는 천국의 비밀을 알려주셨다. 이 비유 전후로 하신 "나중 된 자가 먼저 되고 먼저 된 자가 나중 된다."는 말씀이 바로 모든 사람들은 동일하게 은혜로 구원받는다는 천국의 비밀을 말한다. 이어지는 야고보와 요한의 어머니가 예수님께 부탁하는 이야기에서는 그 당시의 유대 땅에도 어머니들의 치맛바람이 있음을 본다. 자신의 자식이 남들보다 잘되기를 바라는 세상적 욕심에서 자유로운 부모들, 특히 어머니들은 별로 없을 것이다. 이에 예수님께서는 자신도 섬기기 위해, 또 자신의 목숨을 많은 사람들의 대속물로 주시려고 오셨음을 가르치시며 낮아지고 섬기는 자들을 하나님이 높이실 것을 말씀하신다. 예수님은 많은 무리와 더불어 길을 가시다가 "우리를 불쌍히 여기소서 다윗의 자손이여." 하며 계속 소리 높여 부르짖는 두 소경을 불쌍히 여기시고 고쳐 주신다.

마태복음 21장

예수님이 나귀새끼를 타고 예루살렘에 입성하셔서서 성전을 깨끗하게 하시고 성전에서 가르치시는데 예수님의 권위에 대한 대제사장들과 장로들의 논박에 예수님은 천국에 대한 두 가지 비유로 이들을 책망하신다.

예수님이 나귀 새끼를 타고 입성하신 것은 "네 왕이 네게 임하나니 그는 겸손하여 나귀, 곧 멍에 메는 짐승의 새끼를 탔도다." 하는 스가랴 선지자의 예언의 성취임을 기록한다. 하나님을 예배하는 성전이 제사장들이 불의한 이익을 취하는 강도의 굴혈이 된 것을 질타하시며 한편으로는 소외되어 성전 출입이 자유롭지 못했던 불구자들을 고치신다. 성전에서 가르치시는 예수님께 대제사장들과 장로들이 무슨 권세로 그리하냐 도전하자 예수님은 세례 요한의 권세는 어디서 왔느냐는 질문으로 그들이 입을 막는다. 이어서 포도원 주인의 두 아들의 상반된 행동을 비유로 말씀하시며 말만 하는 유대 지도자들보다 그들이 죄인들이라 멸시하는 세리와 창기들이 믿고 회개함으로 그들보다 먼저 하나님 나라에 들어갈 것이라 선포하신다. 타국에 간 포도원 주인과 악한 농부들의 비유는 하나님께서 보내신 의로운 선지자들을 죽인 유대인들에 대한 정죄로 이를 들은 대제사장들과 바리새인들은 이 비유가 자신들을 가리켜 한 말이라는 것을 알아듣고 예수를 잡고자 하나 모인 무리를 무서워하여 실행하지 못한다.

마태복음 22장

왕의 아들의 혼인 잔치 비유와 네 가지의 논쟁이 기록된다. 14절에 나오는 "청함을 받은 자는 많되 택함을 입은 자는 적으니라."는 말씀이 이 비유의 핵심 교훈이다. 이 비유에서 하나님의 천국에 처음 초대받은 유대인들이 이 초대를 무시함으로 이방인들이 천국으로 초대될 것이며, 아무 자격이 없음에도 천국에 초대된 우리는 천국 잔치에 참여하기에 합당한 예복, 즉 그리스도의 십자가를 믿음으로 그리스도의 의를 덧입어야 함을 보여준다. 이어서 바리새인들과 사두개인들과 율법학자들과의 네 가지 논쟁이 나오는데 이들은 진리를 배우기 위해서가 아니라 예수를 시험하여 올무에 걸리게 하기 위해서 나름대로 머리를 짜서 예수님을 곤란케 할 질문들을 들고 나온다. 바리새인들이 던진 가이사에게 세금을 바치는 것이 가하냐는 질문에는 데나리온에 새겨진 형상과 글을 보여주시며 "가이사의 것은 가이사에게 하나님의 것은 하나님께 바치라"는 놀라운 지혜의 답을 하신다. 부활이 없다고 믿는 사두개인들이 들고 나온 일곱 형제와 모두 결혼한 가상의 여인이 부활하면 누구의 아내인가 하는 질문에는 부활 때에는 장가도 시집도 가지 않는 하늘의 천사와 같다 하시면서 그들이 하나님을 아브라함의 하나님, 이삭의 하나님, 야곱의 하나님이라 칭하는 말 속에 이미 아브라함과 이삭과 야곱이 하늘에 부활해 있다는 사실을 고백하는 것임을 일깨우신다. 나름 율법에 정통하다고 생각하는 율법학자는 예수님을 율법으로 시험하는데 예수님은 율법의 강령이 하나님 사랑과 이웃 사랑임을 설파하시고 그리스도가 다윗의 자손이라 생각하는 그들에게 다윗 자신이 메시아를 주라고 고백하는 시편 말씀으로 그들의 잘못된 메시아관을 지적하신다. 이 네 가지 논쟁 후에 그들은 예수님의 가르침에 놀랄 뿐 한마디도 반박할 수 없었고 이후로는 감히 그에게 묻는 자가 없었다고 기록한다.

마태복음 23장

이어지는 마태복음 23장에서는 예수님이 무리와 제자들에게 서기관들과 바리새인들을 반면교사로 교훈하시고 서기관들과 바리새인들의 죄를 조목조목 지적하시며 그들에게 임할 일곱 가지 화를 말씀하신다. 바리새인들과 서기관들의 위선과 교만을 따르지 말 것을 가르치시며 "누구든지 자기를 높이는 자는 낮아지고 낮추는 자는 높아지리라." 하신다. 서기관들과 바리새인들의 첫째 잘못은 그들의 외식으로 천국으로 가는 문을 막아버리는 죄이고, 둘째는 교인들을 잘못 인도하여 자신들보다 더한 지옥의 자식이 되게 하는 것이며, 셋째는 하나님께 맹세하는 자의 올바른 자세보다 제단에 바치는 헌금과 예물의 가치로 맹세의 경중을 판단했으며, 넷째는 하나님께 바치는 십일조의 정신을 왜곡했고, 다섯째는 안은 더러우면서 외관만 깨끗하게 하는 외식이며, 여섯째는 회칠한 무덤같이 온갖 죄악과 불법이 가득하지만 겉으로 옳게 보이려는 그들의 삶이며, 일곱째는 그들의 조상들이 선지자들을 박해한 것과 똑같이 행동하면서도 자신들은 선지자들이 흘린 피에 대해 무죄하다고 주장하는 죄이다. 이러한 그들의 죄를 지적하신 후에 예수님은 예루살렘의 완악함을 탄식하시며 그들이 피할 수 없는 심판을 경고하신다.

마태복음 24장

마태복음 24-25장은 마태가 기록하고 있는 예수님의 다섯 가지 설교 중 마지막인 감람산 강론(Olivet Discourse)으로 예수님이 잡히시기 전에 감람산에서 제자들에게 말씀하신 예루살렘의 멸망과 그리스도의 재림에 대한 종말론적인 예언과 가르침이다. 24장에서는 앞서 23장 끝에서 잠깐 언급했던 예루살렘의 멸망과 마지막 때에 임할 재난에 대해 자세히 말씀하시는데, 여기에 기록된 종말론적 예언은 일차적으로는 예루살렘의 멸망과 성전의 파괴에 대한 것이고 궁극적으로는 인류의 종말과 그리스도의 재림에 대한 것으로 복합적으로 이해해야 한다. 실제로 예루살렘 성전이 돌 위에 돌 하나도 남지 않게 파괴되는 것은 AD 70년에 일어났고 주님의 재림은 장차 일어날 일이다. 그때는 오직 하나님 아버지만 아시지만 예수님은 "이 천국 복음이 모든 민족에게 증언되기 위하여 온 세상에 전파되리니 그제야 끝이 오리라."고 말씀하신다. 무화과 나무의 비유와 주인의 집을 맡아 지키는 종의 비유를 통해 마지막 때가 가까운 징후를 깨닫고 항상 준비하여야 함을 가르치신다. "그러므로 너희도 준비하고 있으라 생각하지 않은 때에 인자가 오리라."

마태복음 25장

예수님은 24장에서 직설적으로 경고한 마지막 때에 일어날 일들에 대해 교훈하신 후에 세 가지의 비유를 들어 종말을 대비하는 성도들의 자세에 대해 교훈하신다. 열 처녀의 비유에서는 사람들 생각에는 더디 온다고 생각될 지 모르나 항상 주님이 오실 날을 대비해야 한다는 것을 가르치시고, 달란트 비유에서는 주님이 오실 때까지 맡겨 주신 일에 충성해야 함을, 그리고 양과 염소의 비유에서는 그리스도의 재림은 심판주로 오심이며 의인과 악인을 구별하여 하나님과 함께 하는 복과 영원한 불의 형벌로 심판하실 것임을 선포하신다. 특히 양과 염소의 비유에서 주님의 판단의 기준은 불쌍한 이웃들을 돌보고 사랑을 베풀었느냐 하는 것으로 그것을 바로 하나님께 한 일로 여기신다는 교훈으로 하나님 사랑과 이웃 사랑이 분리될 수 없는 것임을 확실히 보여주신다.

마태복음 26장

예수님이 제자들에게 네 번째로 자신이 받을 수난을 예고하고 한 여인이 옥합에 들어있는 값비싼 향유를 예수님의 머리에 붓는다. 제자들은 (요한복음에 의하면 특히 가룟 유다) 그 비싼 것을 허비하였다 하며 여인을 책망하지만 예수님은 그 여인의 행동이 자신의 장례를 준비한 것이라 하시며 어디서든지 복음이 전파되는 곳에는 이 여인이 행한 일도 기억하리라 하신다. 예수님의 말처럼 이 여인의 기사는 마태, 마가, 요한복음에 기록되었는데 요한은 이 여인이 마르다의 동생인 마리아라고 밝히고 있다. 이 일 후에 바로 가룟 유다는 대제사장들에게 은 삼십을 받고 예수를 배반한 것을 마태는 기록하는데 종 한 사람의 몸값인 은 삼십은 120데나리온이라 하니 그 돈을 받고 3년간 따라다니던 예수님을 배반한 가룟 유다의 행위와 300데나리온의 가치가 있는 향유를 아낌없이 주님의 머리에 부어 그의 죽음을 준비한 이 여인의 행위가 너무 대조가 된다. 제자들과 유월절 저녁식사를 하시며 예수님은 가룟 유다에게 돌이킬 기회를 주지만 유다는 돌아서지 않는다. 혹자들은 예수님의 십자가 죽음이 하나님의 뜻이라면 그 뜻을 이루는 도구였던 가룟 유다를 정죄할 수 있을까 하기도 하는데 예수님은 "인자는 자기에게 기록된 대로 가거니와 인자를 파는 그 사람에게는 화가 있으리로다. 그 사람은 차라리 나지 아니하였더면 좋을 뻔하였느니라."고 하신다. 저녁식사를 하시며 예수님은 제자들에게 성찬식을 제정하시고 첫 성찬을 베푸신다. 그런데 이 첫 성찬식에는 가룟 유다도 함께 했다. 천주교에서 말하는 성찬예식이 거듭남의 도구적 원인(instrumental cause)이 아님을 알 수 있다. 베드로에게 닭이 울기 전에 그가 세 번 예수님을 부인할 것을 예언하시고 겟세마네 동산에서 "나의 원대로 마옵시고 아버지의 원대로 하옵소서."라고 기도하신 후에 잡히셔서 대제사장 가야바의 집에서 공회원들에게 심문과 조롱과 모욕을 당하시는데 베드로는 그 자리에서 예수님의 예언대로 주님을 세 번 부인한다.

마태복음 27장

가룻 유다의 자살과 예수님의 빌라도 법정에서의 재판이 기록된다. 빌라도는 아내의 권고로 예수님을 풀어주려 했지만 대제사장들과 장로들의 조정을 받은 무리들의 요구로 흉악범 바라바를 풀어주고 예수님은 십자가에 못 박도록 내어준다. 예수님은 가시 면류관을 쓰시고 온갖 조롱을 당하시며 강도 둘과 함께 골고다 언덕에서 십자가에 못 박히신다. 많은 성경학자들은 이 골고다 언덕이 아브라함이 이삭을 바치려 했던 모리아 산이라고 한다. 예수님은 십자가에 달리셔서 많은 조롱을 당하시고 한 낮에(정오부터 오후 세시까지) 온 땅에 어두움이 임한 후에 예수님이 숨을 거두시는데 이때 성소의 휘장이 찢어지고 무덤들이 열리며 자던 성도들의 몸이 일어나 예수님의 부활 후에 많은 사람에게 보였다고 기록하는데 이는 그리스도의 대속사역으로 성도들이 장차 부활할 것을 예시한 것으로 본다. 아리마대의 부자 요셉이 그가 준비한 무덤에 예수님의 시체를 세마포로 싸서 넣어 두는데 대제사장들과 바리새인들은 빌라도에게 말하여 무덤의 돌을 봉하고 경비병을 세워 지킨다.

마태복음 28장

마태복음의 마지막 장인 28장은 예수님의 부활과 부활하신 예수님이 제자들을 세상에 보내며 하신 지상명령으로 마무리된다. 안식 후 첫날 새벽에 막달라 마라아와 다른 마리아가 무덤을 찾아가자 천사가 그들에게 예수님의 부활소식을 전한다. 또한 예수님이 그들에게 나타나신다. 부활하신 예수님을 처음본 사람들은 예수님의 제자들이 아니라 이 여인들이었다. 예수님의 부활 소식을 접한 대제사장들과 장로들은 그들의 죄를 회개하는 것이 아니라 거짓 소문을 퍼뜨려 진실을 은폐하려 하였다. 자신들의 기득권을 지키려는 욕심에 그들은 하나님의 부활의 영광도 거짓과 속임수로 덮을 수 있다고 생각했다. 갈릴리에서 제자들을 만난 예수님은 제자들에게 "모든 족속으로 제자를 삼아 아버지와 아들과 성령의 이름으로 세례를 주고 내가 너희에게 분부한 모든 것을 가르쳐 지키게 하라."는 사명을 주시고 제자들을 사도로 세상에 파송하신다. 예수님은 유월절 만찬에서 제정한 성찬식과 함께 삼위일체 하나님의 이름으로 베풀어야 할 세례식을 제정하셨다. 모든 민족에게 복음을 전하고 그리스도의 제자를 삼는 사역은 세례를 주고 예수님의 모든 가르침을 전하여 지키게 하는 것이다. 하늘과 땅의 모든 권세를 받으신 예수님께서 제자들과 세상 끝 날까지 항상 함께 하실 것이기에 제자들은 이 사명을 감당하고 이루어 갈 것이다.

마가복음 사복음서 | 공관복음

마가복음은 그 안에서 저자가 누구라고 밝히지는 않지만 초대교회 때부터 마가가 저술한 것으로 인정되어 왔다. 예수님의 제자가 아닌 마가는 사도 베드로를 가깝게 보좌했던 인물로 바나바와 친척이었고 바울의 1차 전도여행 때 바나바와 함께 동행했다가 중간에 돌아오며 바울과 바나바가 갈라서는 빌미를 제공한 인물이기도 하지만 후에는 바울도 그를 좋은 동역자로 인정한다. 베드로가 헤롯왕에게 잡혀 투옥되었을 때 마가의 어머니 마리아의 집에서 여러 명이 모여 기도하고 있었다는 사도행전 12장의 기록을 들어 혹자들은 오순절 성령 강림 때 120 문도가 모여 기도하던 곳도 마가의 다락방이라 하나 성경에는 그곳이 마가의 다락방이라는 언급은 없다. 마가는 부유한 가정에서 태어나 젊은 시절에 어려움을 모르고 자라서 바울의 1차 전도여행에서 낙오했을 수도 있다. 그러나 그는 후에 바울과 특히 베드로에게 매우 유익한 동역자가 되어 베드로는 그를 자신의 아들이라 부른다. 바울과 디모데의 관계와 비슷하다. 마가는 마가복음을 기록함에 있어 베드로에게 들은 증언을 토대로 했을 것이다. 네 복음서 중에서 가장 짧지만 매우 역동성이 있게 다큐멘터리 영화처럼 예수님의 행적을 중심으로 진행된다. 여러 군데에서 유대인들의 관습에 대해 부연 설명이 있다는 점과 아람어 표현을 헬라어로 번역한 부분들은 마가복음의 처음 독자들이 이방인 기독교인들이었다고 짐작하게 한다. 이방인 교인들에게 예수님을 따르는 제자도가 무엇인지를 강조한다.

마가복음 1장

"하나님의 아들 예수 그리스도의 복음의 시작이라." 하며 시작한다. 예수님의 출생에 대한 기록은 없고 세례 요한에게 세례를 받으시고 사역을 시작하시는 예수님을 기록한다. 갈릴리에서 복음을 전파하시며 베드로를 비롯한 어부들을 '사람을 낚는 어부'로 부르신다. 이야기의 전개가 1장부터, 곧, 곧바로, 즉시 등의 부사를 사용하여 빨리 진행된다. 회당에서 가르치시는데 그의 가르침의 권세에 모두가 놀라고 귀신들린 사람을 고치는데 귀신이 예수님을 하나님의 거룩한 자라고 고백한다. 이 귀신뿐 아니라 수많은 귀신들린 사람들을 고치시며 귀신들이 자신이 누구임을 밝히는 것을 허락치 않으신다. 한 나병환자를 고치시는 기사에서는 예수님이 친히 그 나병환자에게 손을 대셔서 고치신다. 단지 말로만 하여도 고치실 수 있는 권능을 가지셨지만 누구도 만지지 않던 문둥병자를 긍휼히 여기시고 쓰다듬어 주신다. 그에게 아무에게도 말을 하지 말라 엄히 경고하셨지만 그는 나가서 이 일을 널리 전파한다. 널리 전파하라는 명령을 받았음에도 아무에게도 전하지 않고 있는 우리와 비교할 때 너무 상반됨을 돌아본다.

마가복음 2장

지붕을 뜯고 중풍병자를 내려 보내는 친구들의 믿음을 보고 죄사함을 선포하신다. 그 자리에 있던 서기관들은 이 말의 의미를 파악하고 예수님이 신성모독을 했다고 생각하는데 예수님은 인자가 땅에서 죄사함의 권세가 있음을, 즉 자신이 하나님임을 선포하신다. 이 일 후에 유대교 지도자들이 먹는 문제로 예수님과 세 가지의 논쟁을 한다. 왜 죄인들과 먹느냐, 왜 금식을 하지 않느냐, 왜 안식일에 먹느냐 하며 정죄하는 이들에게 예수님은 죄인들을 부르려고 오셨기에 죄인들과 함께 먹으며, 예수님의 제자들은 신랑 되신 예수님과 함께 있기에 금식을 하지 않지만 신랑을 빼앗기면 금식할 것이라는 대답은 바리새인들의 외식적인 금식을 비판함과 동시에 자신의 십자가 죽음을 암시하신다. 안식일에 제자들이 밀밭을 지나며 이삭을 자른 일에 대해서 정죄하려는 바리새인들에게 안식일의 참 의미와 예수님이 인식일의 주인이신 하나님이심을 선언하신다.

마가복음 3장

안식일에 예수님이 병자를 고치심을 보고 바리새인들과 헤롯 당원들이 예수를 죽이려고 함께 모의한다. 이들은 서로 적대적이었으나 예수를 공공의 적으로 생각하여 하나가 된다. 수많은 병자들이 예수님께 몰려옴으로 예수님은 열두 제자를 세워 그들에게 전도하고 병을 고치며 귀신을 쫓는 권세를 주시고 동역자들로 세우신다. 예수님의 귀신을 내어 쫓는 이적을 서기관들은 사탄의 힘이라 비하하는데 예수님은 이들을 향해 성령을 훼방하는 죄는 사함을 받지 못함을 경고한다. 예수님의 육신의 어머니와 형제들이 예수님을 찾아오자 예수님은 혈육보다 하나님의 가족이 되어 하나님의 뜻을 행하는 것이 우선임을 말씀하신다. 천주교에서는 예수님의 어머니 마리아는 계속 처녀로 있었다 가르치지만 성경은 예수님 밑으로 형제들이 있었음을 확실히 한다.

마가복음 4장

예수님의 씨 뿌리는 비유와 등경 위의 등불 비유, 저절로 자라는 씨의 비유와 겨자 씨 비유가 나온다. 씨 뿌리는 비유를 제자들에게 설명하시며 이를 제자들에게만 알려주는 '하나님 나라의 비밀'이라 하신다. 믿음이 있는 자에게는 더 밝히 알리시고 믿음이 없는 자에게는 감추시기 위해 비유로 말씀하셨다. 마태복음에 보다 자세히 기술되었듯이 바리새인들이 예수님의 사역을 사탄의 힘이라고 주장한 일 이후에 예수님은 공적인 가르침은 비유로만 하시고 제자들에게는 그 모든 비유들을 해석해 주신다. 이 비유들은 모두 하나님 나라의 신비로운 비밀을 알려 주는데 씨 뿌리는 자의 비유에서는 하나님이 예비하신 좋은 땅 같은 사람들이 하나님을 말씀을 듣고 순종하여 풍성한 열매를 맺는 하나님 나라의 백성이라는 것이고, 등불의 비유에서는 복음의 빛을 가진 사람들은 그 빛을 주위에 비추어야 함을, 저절로 자라는 씨의 비유는 믿는 자들에게 심겨진 하나님의 복음은 복음 자체의 능력으로 점차 세상에 퍼져 나가며 마지막 추수 때, 즉 하나님의 최후 심판 때에 풍성한 수확이 있을 것을, 겨자씨의 비유는 미약하게 시작된 교회가 점점 성장하여 많은 사람들에게 안식처가 될 것을 의미한다. 그리고 바람과 파도를 잠잠하게 하시는 예수님을 통해 자연계를 말씀으로 다스리시는 창조주 하나님의 권위가 예수님께 있음을 나타낸다. 마태복음에서는 천국이라 하지만 마가복음에서는 하나님 나라라고 한다. 마태복음 부분에서 언급했듯이 이는 하나님 왕국이라 표현해야 하나님이 왕으로 다스리는 나라(kingdom of God)라는 개념이 확실하게 들어올 것 같다.

마가복음 5장

마귀와 병과 죽음을 주관하시는 예수님의 권세가 많은 사람들에게 드러난다. 거라사의 군대 귀신들 사건은 귀신들은 처음부터 예수님이 누구이신지를 확실히 알고 있었음을 보여준다. 귀신들렸던 자는 예수님을 따르기를 원했으나 예수님의 뜻에 따라 예수님이 자신에게 행한 일들을 많은 사람들에게 간증하지만, 그 일을 목격한 사람들은 예수님의 권세를 확실히 보고도 경제적 손실에 영적인 눈이 가려져 예수님을 배척한다. 12년 혈루병을 앓던 여인은 예수님의 옷자락만 만지면 자신의 병이 낫겠다는 믿음으로 병고침뿐 아니라 구원을 받는다. 회당장 야이로의 죽은 딸을 '달리다굼' 한마디로 살리시고는 그 일을 아무에게도 알리지 말라 하신다. 이는 아마도 예수님은 육체적으로 죽은 자를 살리시는 권능이 있으신 분이시지만 그가 이 땅에 오신 목적은 영적으로 죽은 자들을 살리시고 영생을 주시려는 것이기 때문일 것이다.

마가복음 6장

예수님이 고향에서 배척당하신 일과 열두 제자들을 둘씩 전도하러 보내신 일과 세례 요한의 죽음, 그리고 오병이어의 기적과 바다 위를 걸으신 사건이 기록된다. 이 내용들은 다 마태복음에도 기록되어 있다. 마가복음의 기록들이 90% 이상 마태복음에도 나오는데, 이를 두고 마가가 마태를 참조했는지 아니면 마태가 마가를 참조했는지 하는 논의는 크게 의미가 없어 보인다. 성경에서는 어떤 증언이 유효하려면 두세 사람의 일치하는 증언이 있어야함을 말하고 있는데, 마태와 마가의 증언이 일치하고 있음은 이 두 복음서의 신뢰성을 더 높이고 있다고 생각한다.

마가복음 7장

예수님의 제자들의 식사 전에 손을 씻지 않는 '부정한' 행위를 문제 삼는 바리새인들과 서기관들에게 '고르반'이란 전통을 만들어 부모를 공경하라는 하나님의 계명을 피해가는 그들의 위선을 지적하시는데, 마가는 '고르반'이란 말 뜻을 '하나님께 드림이 되었다."라고 풀어 설명하고 있다. 아마도 이 용어가 생소한 이방인 독자들에 대한 배려일 것이다. 사람은 음식으로 부정해지는 것이 아니며 따라서 모든 음식은 깨끗하다고 하시며 사람을 부정하게 하는 것은 마음에 있는 온갖 더러운 생각임을 일깨우신다. 수로보니게 이방 여인의 믿음을 보시고 그의 딸을 고치시고 귀 먹고 말 더듬는 자를 고치신다. 이 사람은 주위의 사람들이 예수님께 데리고 와서 예수님이 안수하여 주시기를 간청했다. 예수님께 고침을 받기 위해 나오는 사람들은 스스로 나오기도 하고 부모가 데리고 오기도 하고 친구나 주위 사람들이 인도해 나오기도 하는데 예수님은 그 앞에 나온 모든 사람들을 고쳐 주신다.

마가복음 8장

적은 떡으로 수많은 사람을 먹이신 두 번째 기적인 떡 일곱 덩이와 몇 마리 생선으로 장정 4,000명을 먹이신 일과 제자들에게 바리새인들과 헤롯의 누룩 즉 거짓된 종교적 교훈과 세속주의를 주의하고 미혹되지 말라는 가르침이 기록된다. 예수님을 그리스도라고 고백하는 베드로가 바로 얼마 후에 예수님이 고난을 받고 십자가에 죽으실 것과 부활하실 것, 즉 그리스도로서 이루실 사역에 대해 말씀하시자 곧바로 예수님을 책망하는 것으로 보아 베드로는 입으로는 예수님이 그리스도라고 고백은 했지만 그리스도로 오신 예수님이 감당하실 사역에 대해서는 제대로 인식하지 못했던 것 같다. 이에 예수님은 제자가 되는 길은 자기를 부인하고 자기 십자가를 지고 예수님을 쫓는 길임을 말씀하시는데, 십자가는 사형 중에서도 가장 처참한 방법이었기에 제자들은 그 당시에 이 말씀의 참 의미를 깨닫지 못했을 것이다. 이에 예수님은 제 목숨을 구하고자 하면 잃을 것이고 예수님과 복음을 위해 자기 목숨을 잃는 사람은 구원을 받으리라고 보충 설명을 해 주시며 십자가에 달리실 예수님을 부끄러워하는 사람은 예수님이 영광 중에 재림하실 때 그 영광에 참여하지 못하리라 하신다.

마가복음 9장

9장에서 예수님은 제자들에게 "여기 섰는 사람 중에 죽기 전에 하나님의 나라가 권능으로 임하는 것을 볼 자도 있느니라." 하시는데 이는 예수님의 재림을 말하는 것이 아니라 바로 이어지는 변화산 사건 아니면 오순절 성령 강림 사건을 말하는 것으로 이해된다. 이 말씀을 하신 후 엿새 후에 예수님은 베드로,

야고보, 요한을 데리고 산에 오르셔서 하나님의 영광의 광체로 변화되며 모세와 엘리야와 함께 말씀을 나누시며 하늘에서 하나님의 음성이 제자들에게 예수님은 하나님의 아들이니 너희는 그의 말을 들으라고 명령하신다. 하나님의 아들을 믿는다는 것은 그의 말을 순종하는 것이다. 변화산에서 내려오셔서 남아있던 제자들이 능히 쫓아내지 못한 귀신들린 아이의 아버지가 예수님께 할 수 있으시다면 불쌍히 여겨 도와 달라 하는데 예수님은 믿는 자에게는 능히 하지 못할 일이 없느니라 하시며 귀신에게 명령하여 그 아이에게서 쫓아내신다. 왜 자신들은 이 일을 할 수 없었는지를 묻는 제자들에게 기도가 아니면 이런 일을 할 수 없음을 말씀하신다. 즉 영적인 귀신들과의 싸움은 전적으로 하나님을 의지하지 않으면 인간의 힘으로는 되지 않음을 말씀하신다.

마가복음 10장

예수님이 갈릴리 지방을 떠나 유대 땅 예루살렘을 향해 가시며 일어난 일들을 기록하는데 이 역시 마태복음에도 나오는 내용이다. 바리새인들이 이혼 문제로 예수님을 시험하며 모세를 인용하는데 예수님은 하나님이 짝지어 주신 것을 사람이 나누지 못한다는 대 원칙을 확인시켜 주신다. 어린 아이들이 예수님 앞으로 나오는 것을 용납하고 금하지 말 것을 말씀하시며 어린 아이들을 안고 안수하고 축복하신다. 이어서 모든 율법을 지켰다고 생각하는 부자 청년에게 그가 하나님보다 재물을 더 사랑하고 있음을 일깨우시며 구원은 오직 하나님이 하시는 일임을 부자와 낙타가 바늘귀로 들어가기가 불가능한 것으로 비유하여 말씀하시고, 자신이 당할 십자가 죽음과 부활에 대해 세 번째로 제자들에게 이르시는데 제자들은 아직도 자신들의 지위에 대한 생각뿐이다. 마태복음에서는 야고보와 요한의 어머니가 예수님께 부탁했다고 기록하는데 마가는 야고보와 요한이 직접 예수님께 주님의 영광의 보좌 우편과 좌편에 앉게 하여 주시기를 부탁한 것으로 기록한다. 여리고에 이르러서는 다윗의 자손 예수를 부르며 보게 되기를 간청하는 맹인 바디매오에게 보는 것에 더해 구원을 선포하신다. 항상 우리가 구하는 것보다 더 좋은 것으로 응답하시는 하나님이시다.

마가복음 11장

예수님이 나귀를 타고 예루살렘에 입성하신다. 예수님이 일러주신 대로 제자들이 나귀 주인에게 가서 "주가 쓰시겠다." 하여 나귀를 끌고 오는데, 새번역 성경에서는 '주님께서 쓰시고 나면 지체없이 돌려보내실 것'이라고 제대로 번역하고 있다. 예루살렘에 입성하실 때 예언의 말씀을 이루기 위해 잠시 쓰고 바로 돌려주겠다는 말이다. 오늘날 일부 교회에서 "주가 쓰시겠다." 하며 교회에 헌물을 바칠 것을 과도하게 요구하는 것은 예수님이 기뻐하시지 않을 것이다. 다음날 잎만 무성하고 열매가 없는 무화과 나무를 저주하시며 열매 맺지 못하는 삶에 대해 경고하시고 예루살렘 성전을 깨끗하게 하시며 "내 집은 만민의 기도하는 집이라."는 말씀으로 자신이 하나님임을 선포하시는데 이 일로 대제사장들과 서기관들은 예수를 죽이기를 꾀하게 된다. 다음 날 아침에 자신이 저주한 무화과 나무가 마른 것을 놀라워하는 제자들에게 기도 응답의 약속과 기도하는 자세, 특히 상대의 허물을 용서하는 마음이 있어야 함을 가르치신다. 다시 성전에 들어가셔서 대제사장들과 서기관들의 예수님의 권위에 대한 도전을 세례 요한의 권위에 대한 역질문으로 봉쇄하신다.

마가복음 12장

이런 바리새인들과 서기관들을 포도원 주인과 농부들의 비유로 정죄하니 그들이 예수님을 잡고자 하지만 모인 무리들을 두려워하여 그리하지 못하는데 포기하지 않고 이번에는 헤롯 당원들을 동원해서 가이사에게 세금을 바치는 문제로 예수님의 말씀을 책잡으려 하나 예수님은 가이사의 것은 가이사에게 하나님의 것은 하나님에게 바치라 하시니 그들이 오히려 그 대답에 매우 놀란다. 이어서 부활이 없다 하는 사두개인들이 제기한 가상의 시나리오에 대해서는 부활도 천사도 믿지 않는 사두개인들은 성경도 하나님의 능력도 알지 못함을 지적하신다. 율법으로 예수님을 시험하러 나온 한 서기관, 즉 율법학자와의 대화에서는 그 율법학자가 예수님이 율법의 정수를 하나님 사랑과 이웃 사랑으로 정리하시자 이에 전적으로 동의하는데 그런 서기관에게 예수님은 그가 하늘 나라에서 멀지 않다 하시는데 이는 칭찬 같지만 사실은 아직 하나님 나라에 들어간 것이 아님을 분명히 하신 것이다. 아는 것에서 그치지 말고 그대로 행할 것을 이르시고 있다. 그리스도와 다윗의 관계에 대한 잘못된 생각을 바로잡으시며 과부의 가산을 삼키며 외식하는 서기관들을 조심하라는 경고를 하시고 바로 이어서 성전 헌금함에 두 렙돈의 전 재산을 넣은 가난한 과부에 대한 이야기가 나오는데 여기서 예수님이 이 가난한 과부의 희생적인 헌금 생활을 칭찬하신 것은 아니다. 바로 앞에 언급하신 과부의 가산을 삼키는 성전의 지도자들에 대한 경고와 연관해서 또 바로 뒤에 이어지는 성전 파괴의 예언과 연관해서 구제의 대상인 가난한 과부의 전재산까지 취하는 성전 지도자들의 타락과 외식은 하나님의 피할 수 없는 심판을 부를 것임을 언급하신 것으로 이해하는 것이 더 타당해 보인다.

마가복음 13장

예수님은 성전의 웅장함에 감탄하는 제자들에게 성전의 철저한 파괴를 예언하시고 그때가 언제 일지를 묻는 제자들에게 세상의 종말과 주님이 영광 중에 다시 오실 것을 예언하신다. 이 내용은 예루살렘 멸망과 세상의 종말에 대한 이중적인 예언으로 이해해야 함을 알 수 있다. 각 처에서 거짓 선지자들이 일어나고 전쟁과 지진이 나며 복음이 만국에 전파되고 해와 달과 별의 권능이 흔들릴 때 인자가 구름을 타고 영광 중에 오실 것인데 그때에 대해서는 하나님 아버지만이 아시지만 무화과 나무 비유를 통해 대략적인 때를 헤아리고 항상 깨어 있으라 하신다.

마가복음 14장

예수를 죽이려 모의하는 대제사장들과 서기관들의 음모와 예수님의 머리에 값비싼 향유를 부어 예수님의 장례를 준비한 여인과 돈을 받고 예수님을 배반한 가룟 유다가 대조되며 등장한다. 그리고 예수님은 잡히시기 전날(목요일) 저녁에 제자들과 최후의 유월절 음식을 함께 드시며 성찬식을 제정하신다. 유월절 어린 양으로 십자가에 달리실 예수님이 유월절에 제자들과 함께 유월절 만찬을 하시며 유월절 만찬을 성찬예식으로 새롭게 대체하시기 위해서는 유월절 만찬이 금요일 하루가 아닌 목요일과 금요일 양일에 걸쳐 이루어져야 가능한 일이었는데 그 당시에는 금요일 저녁에는 예루살렘 거주인들이, 목요일에는 타지에서 유월절을 지키려고 예루살렘에 올라온 사람들이 유월절 만찬을 하는 관례가 수백 년에 걸쳐 자리를 잡았다는 설명을 읽은 적이 있다. 만찬 후에 제자들과 감람산으로 올라가시며 베드로가 세 번 자신을 부인할 것을 예언하시고 겟세마네에서 기도하신 후에 잡히시는데 제자들이 다 예수님을 버리고 도망한다. 이 상황에서 마가복음에만 한 청년이 홑이불을 두르고 예수님을 따라 가다가 무리에게 잡혀 알몸으로 도망간 것이 기록된다. 별로 중요하지 않고 자랑스럽지도 않은 내용이 유독 마가복음에만 기록된 것으로 보아 아마 이 청년이 마가라고 생각하기도 한다. 예수님은 한 밤중에 대제사장들과 공회 앞에서 심문을 받으시는데 이 모습을 뜰에서 지켜보던 베드로는 대제사장의 여종 하나의 추궁에 맥없이 예수님을 세 번 부인하고 닭이 울자 정신을 차리고 회개의 눈물을 흘린다.

마가복음 15장

대제사장들에게서 예수님을 넘겨받은 빌라도가 예수님을 심문한다. 그는 몇 마디 해보고는 유대 지도자들이 시기하여 죄 없는 예수님을 정죄하는 것을 알았지만 소리지르며 예수님을 십자가에 못 박으라고 외치는 무리에게 만족을 주고자 바라바를 놓아주고 예수님은 채찍질하고 십자가에 못 박게 넘겨준다. 로마 군인들에게 희롱을 당하시며 골고다로 가시는데 우연히 거기 있다가 예수님의 십자가를 지고 가게 된 구레네 사람 시몬을 언급하면서 알렉산더와 루포의 아버지라고 마가복음은 밝히고 있는데 아마 이들은 초대교회에서 잘 알려진 인물들이었을 것으로 추측된다. 십자가에 달리셔서 수많은 조롱을 당하시는데 그의 머리 위의 죄목을 쓴 패에는 '유대인의 왕'이라 씌어 있는데 요한복음에서는 대제사장들의 반대에도 빌라도가 그렇게 적었다고 기록하고 있다. 예수님의 죽음을 지켜보던 백부장은 "이 사람은 진실로 하나님의 아들이었도다." 고백한다. 공회원이자 하나님 나라를 기다리던 아리마대 사람 요셉이 예수님의 시체를 받아 자신의 무덤에 넣어 두는데 막달라 마리아와 다른 여인이 예수님이 장사된 곳을 확인한다.

마가복음 16장

마가복음 마지막 장인 16장에서는 안식 후 첫날 새벽에 예수님의 시신에 향품을 바르려 예수님의 무덤에 간 여인들이 예수님의 부활의 첫 증인이 되는 것이 기록된다. 그러나 예수님의 제자들은 여인들의 증언을 믿지 못했고 시골로 내려가던 두 제자들이 부활하신 주님을 만난 증언도 믿지 않았다. 그 후에 예수님은 열한 제자에게 나타나셔서 그들의 믿음 없는 것과 마음이 완악함을 꾸짓으시고 온 천하에 다니며 만민에게 복음을 전하라는 사도로서의 사명을 주신다. 예수님은 하늘에 오르사 하나님의 우편에 앉으시고 제자들은 이에 순종하여 두루 다니며 복음을 전파하고 주님께서 그들과 함께 역사하심으로 표적으로 말씀을 확실하게 증거하신다.

누가복음 사복음서 | 공관복음

제3복음서인 누가복음은 헬라인 의사이자 바울의 선교여행의 동반자이던 누가가 기록한 것이라고 초대교회 때부터 인정되어 왔다. 누가복음과 사도행전은 동일한 저자가 데오빌로라고 하는 일차 수신인에게 보낸 글이다. 데오빌로라는 인물에 대해 자세히 알려진 바는 없지만 상당한 지위에 있던 로마인으로 기독교로 개종한 후 더 자세한 것을 알기 원하는 초신자였다고 생각되며 누가복음과 사도행전은 이런 사람들에게 더 자세하게 예수 그리스도의 복음과 그 복음이 어떻게 이방인들에게 전파되었는지를 가르치기 위해 기록되었다. 누가복음은 예수님의 일생을 가장 완벽하게 계보로부터 탄생과 사역과 수난과 부활에 이르기까지 생생하게 묘사한 이방인에 의한 이방인들을 위한 복음서이며 예수님의 인성에 대해 강조하며 약자인 여인들과 어린이들에게 관심이 많으며 그리스도를 이방을 비추는 빛으로 묘사하며 그의 족보는 아담에까지 이르는 등 유대를 넘어 세계적으로 퍼질 복음임을 나타낸다. 누가복음의 초반에 기록된 마리아의 찬가, 사가랴의 축복송, 천사들의 영광송, 시므온의 고별송은 누가복음에만 기록된 아름다운 찬송시이다.

누가복음 1장

누가는 자신이 이 복음을 기록하게 된 동기와 목적을 이방인 초신자인 데오빌로가 그 배운 바의 확실함을 알게 하기 위해 예수님에 관한 모든 일을 근원부터 자세히 살펴서 기록한 것이라 하고 있다. 예수님의 길을 예비하는 목소리로 구약에 예언된 세례 요한의 출생부터 하나님의 계획임을 기록하고 요한의 잉태를 예고한 가브리엘이 동정녀인 마리아에게 메시아의 잉태를 예언한다. 예수님을 잉태한 마리아가 엘리사벳을 방문할 때 그녀의 태중에 있던 요한이 기뻐했다고 기록한다. 이어지는 마리아의 찬가(Magnificat)는 마리아가 성령의 감동으로 올려드린 놀라운 신앙고백이자 찬송이다. 천주교에서 마리아를 신격화하는 것에 대한 반대 반응으로 개신교에서는 마리아의 신앙에 대해 강조하지 않는 경향이 있는데 10대의 어린 소녀였던 마리아의 신앙고백은 매우 놀라운 것이다. 세례 요한이 출생하고 닫혔던 말문이 열린 요한의 아버지 사가랴가 성령이 충만하여 찬송하며 메시아와 요한의 사역에 대해 예언한다. "이 아이여 네가 지극히 높으신 이의 선지자라 일컬음을 받고 주 앞에 앞서 가서 그 길을 준비하여 주의 백성에게 그 죄 사함으로 말미암는 구원을 알게 하리니."

누가복음 2장

예수님의 탄생과 어린 시절에 대해 기록한다. 당시의 시대적 배경이 로마의 황제 가이사 아구스도가 로마뿐 아니라 모든 식민지의 인구조사를 명하였고 구레뇨가 수리아 총독이었을 때 이스라엘 지방에서 호적 등록을 시행한다. 요셉과 마리아는 살고 있던 갈릴리 나사렛을 떠나 조상인 다윗 족속의 본거지인 베들레헴으로 호적하러 올라간다. 예수님의 탄생 소식은 밤에 양을 치던 당시 사회에서 소외된 목자들에게 처음 전해진다. 출생 후 8일 만에 할례를 받으시고 정결예식을 위해 예루살렘 성전을 방문했을 때 평생을 메시아를 기다려온 시므온은 아기 예수님을 팔에 안고 하나님을 찬송하며 메시아의 일생에 대한 예언을 요셉과 마리아에게 들려주고, 나이 많은 여선지자 안나도 예루살렘의 구원에 대해 말하는데 시므온과 안나는 종교적으로 심히 타락한 그 당시에도 신실하게 하나님이 약속한 구원자를 바라는 사람들이 있었음을 보여준다. 예수님은 나사렛으로 돌아가 하나님의 은혜 안에서 육신이 성장하며 지혜가 충만하게 되신다. 이어지는 열두 살 시절 예수님이 성전 방문 때 있었던 이야기는 예수님의 사역에 대한 전주곡 같다. 예수님은 공생애를 시작하시기까지 30년 동안 육신의 부모님께 순종하시며 하나님과 사람에게 더욱 사랑스러워 가신다. 예수님의 어린 시절을 기록하며 예수님의 인성을 보여준다.

누가복음 3장

세례 요한의 활동이 소개된다. 요단강에서 회개의 세례를 베풀며 회개에 합당한 열매를 맺기를 촉구하며 자신은 그리스도가 아니며 그리스도는 불과 성령의 세례를 베푸실 것을 증거한다. 헤롯의 불륜을 책망하다가 요한은 옥에 갇히게 되는데 그 전에 예수님은 요한에게 세례를 받으시고 성령이 비둘기 같이 임함으로 공생애를 30세쯤에 시작하신다. 네 복음서 중에서 누가복음만이 예수님이 사역을 시작하실 때의 나이를 언급한다. 30세는 구약에서 제사장 직분을 시작하는 나이였다(민수기 4장). 누가는 예수님의 족보를 다윗을 넘어 아담과 하나님까지 연결하며 하나님의 아들로 온 인류를 위해 오신 메시아이심을 나타낸다.

누가복음 4장

예수님은 40일 동안 광야에서 마귀에게 시험을 당하시는데 누가는 예수님이 성령의 충만함을 입어 성령에게 이끌리시는 가운데 마귀의 시험을 받았다고 한다. 우리는 흔히 성령이 충만한 사람에게는 마귀의 시험이 없을 것이라 착각한다. 그러나 성령은 우리에게 마귀의 시험을 없게 하시는 것이 아니라 그 시험을 하나님의 말씀으로 이길 수 있게 하신다. 예수님은 마귀의 세 가지 시험을 모두 하나님의 말씀으로 물리치시고 갈릴리로 돌아가셔서 회당에서 가르치시며 고향 나사렛에서 이사야 선지자의 글을 읽으시고 이사야의 예언이 성취되었음을 선포하시지만 고향사람들로부터 배척을 당하신다. 가버나움으로 옮겨서 귀신들린 사람을 고치시니 그의 소문이 사방에 퍼지고 베드로의 장모를 비롯한 온갖 병자들을 고치신다. 예수님의 이름이 유명해져서 많은 사람들이 모이자 예수님은 다른 동네들로 가서 복음을 전하신다.

누가복음 5장

예수님이 게네사렛 호숫가에서 베드로의 배에 올라 무리들을 가르치시고, 베드로와 야고보, 요한을 제자로 부르신다. 어부인 베드로가 밤새 수고했어도 물고기를 잡지 못했는데 깊은 곳에 그물을 던지라는 예수님의 명령에 순종했더니 배 두 척이 잠길 정도의 많은 물고기를 잡게 된다. 이에 베드로는 자신이 죄인임을 고백하고 예수님은 그가 앞으로 물고기가 아닌 사람을 잡게 될 것이라 하시니 그들은 생업의 터전이었던 배들을 버려 두고 예수님을 따른다. 그 후에 나병환자와 중풍병자를 고치시는데 중풍병자에게 "네 죄 사함을 받았다." 선포하시며 그 자리에 있던 바리새인들과 율법교사들을 비롯한 모든 사람들에게 인자가 땅에서 죄를 사하는 권세가 있음을 알게 하신다. 이 후에 세리 레위(마태)를 제자로 부르시고 레위가 베푼 잔치에서 바리새인들이 예수님이 세리와 죄인들과 어울리는 것을 비판하자 예수님은 자신이 죄인을 불러 회개시키려 오셨다 하신다. 또 예수님의 제자들이 금식을 하지 않는 것을 비판하자 혼인 잔치 동안에는 손님들이 금식하지 않지만 신랑을 빼앗기면 그날에 금식할 것이라며 예수님이 장차 십자가에서 죽으실 것을 언급하신다. 새 옷과 낡은 옷, 새 포도주와 새 부대에 대한 비유는 예수님이 이루실 신약의 복음은 구약의 율법의 그릇에 담을 수 없음을 가르쳐 주신다.

누가복음 6장

예수님의 제자들이 안식일에 밀이삭을 잘라먹음으로 안식일 규정을 어겼다 비난하는 바리새인들에게 인자가 안식일의 주인임을 선포하시고 안식일에 손 마른 사람을 고치심으로 안식일의 참 의미를 일깨우신다. '인자'라는 표현은 예수님이 자신을 칭하는 호칭으로 즐겨 사용하셨는데 이는 구약의 다니엘 선지자가 인자를 세계 통치권을 넘겨 받으실 초인적인 하늘의 존재로 언급한 것과 같은 맥락이고 하나님이 에스겔에게 '인자'라고 부른 맥락은 아닐 것이다. 예수님은 밤을 새워 기도하신 후에 열두 제자를 사도로 세우신다. 교회의 일꾼들을 세우는 것이 얼마나 중요한 일인지 생각해 본다. 그리고 제자들에게 복과 화를 선포하시는데 마태복음의 산상수훈의 내용과 비슷하나 누가는 복에 더해 화를 받을 사람들에 대해서도 기록하고 있다. 부요한 자들, 배부른 자들, 칭찬받는 자들이 받을 화에 대해 경고하신다. 이어서 사랑에 대하여, 사람을 판단하지 말 것과, 사람을 인도하는 자의 자세에 대하여, 마음과 행위에 대하여, 그리고 말씀을 듣고 행하는 자와 행치 않는 자에 대한 비유 등 여러 교훈을 가르치신다.

누가복음 7장

예수님은 한 백부장의 종을 고쳐 주시며 그의 믿음에 놀라셨다. 이방인 백부장은 예수님은 말씀만으로 병을 다스리는 권세가 있는 분임을 믿었다. 나인성 과부의 아들을 살리심으로 죽음의 문제도 해결하시는 분임을 나타내시는데 갇혀 있던 세례 요한은 제자들을 보내 예수님이 메시아인지 확인하고 싶어한다. 옥에 갇혀 일시적으로 요한의 믿음이 흔들렸는지 모른다. 예수님은 요한의 제자들에게 그들이 본 것, 즉 메시아의 사역이 이루어지는 현장을 그대로 요한에게 전하라 하신다. 요한은 선지자 중 가장 큰 자이지만 그리스도의 몸인 신약 교회의 지극히 작은 성도들이라도 그리스도에 대한 확실한 지식과 믿음이 있기에 요한보다 큰 자라고 말씀하신다. 그러면서 많은 이적을 행하시는 예수님을 보고도 믿지 않는 악한 세대를 질책하신다. 한 바리새인의 집에서 식사하실 때 한 여인(막달라 마리아)이 예수님의 발에 향유를 붓고 눈물로 예수님의 발을 적시고 머리털로 닦는데 바리새인은 이를 보고 못마땅하게 생각한다. 이에 예수님은 많은 빚을 탕감 받은 자가 더 고마워하는 것을 비유로 말씀하시며 이 여인에게 죄사함을 선포하신다. "그의 많은 죄가 사하여졌도다 이는 그의 사랑함이 많음이라 사함을 받은 일이 적은 자는 적게 사랑하느니라."

누가복음 8장

예수님은 열두 제자와 함께 갈릴리 지방을 두루 다니시며 복음을 전하시는데 예수님께서 악귀를 쫓아내시고 병을 고쳐 주신 여자들, 막달라 마리아와 요안나, 수산나 등이 예수님의 사역을 돕는다. 예수님은 씨 뿌리는 자 비유와 등불 비유로 가르치시고 예수님의 육신의 어머니와 형제들이 그를 찾을 때 예수님은 육신적 가족 관계보다 하나님의 가족인 것이 더 중요함을 일깨우셨다. 풍랑을 꾸짖어 잠잠하게 하시고 거라사 지방에서는 군대 귀신 들린 자를 회복시키시는데 귀신들은 예수를 지극히 높으신 하나님의 아들이라고 시인하지만 그 지방 사람들은 큰 재물의 손실에 영적인 눈이 어두워져 예수님을 거부한다. 열두 해 동안 혈루병을 앓던 여인이 믿음으로 예수님의 옷자락을 만져서 치유 받고 회당장 야이로의 열두 살 딸을 죽음에서 살리시는 등 예수님이 보여주신 여러 가지 메시아의 권세가 기록된다.

누가복음 9장

예수님이 열두 제자를 하나님 나라(하나님 왕국, kingdom of God)를 전파하며 앓는 자들을 고치시려고 내보내신다. 하나님 나라를 전파하는 일은 모든 그리스도인들에게 주어진 임무이다. 오병이어의 기적이 나오고 베드로의 고백에 이어 예수님이 당하실 십자가 죽음과 부활을 제자들에게 이르시며 참 제자의 길은 자기를 부인하고 날마다 자신들의 십자가를 지고 예수님을 따라야 하는 자기 희생과 고난의 길임을 일러주신다. 이러한 고난 후에 받게 될 영광에 대해 제자들에게 하나님 나라의 영광을 변화산 사건을 통해 보여주신다. 내려오셔서 제자들이 못 고치고 있던 귀신들린 아이를 고치시고 두 번째로 예수님이 당할 고난을 말씀하시는데 제자들은 그 말 뜻은 모르고 그들 중에 누가 크냐는 한심한 논쟁을 한다. 이에 하나님 나라에서는 가장 작은 자가 큰 자임을 가르치시며 예수님을 좇는 참 제자가 되는 바른 자세에 대해 교훈하신다.

누가복음 10장

열두 제자 이외에 따로 70명(어떤 사본에는 72명)의 제자들을 둘 씩 짝지어 보내시며 말씀을 전하고 병을 고치는 사역을 감당하게 하신다. 아마도 오늘날 몰몬 교도들이 이를 본 따 두 명씩 다니는지도 모른다. 예수님은 그들이 어떻게 행해야 하는지를 일러주시는데 그들이 당할 어려움에 대해 어린 양을 이리 가운데로 보냄 같다고 하신다. 그리고 수많은 예수님의 이적을 목격하고도 회개하지 않고 믿지 않는 고라신, 벳새다, 가버나움 사람들에 대해 화가 있을 것을 선포하신다. 이 70인은 예수님께 돌아와 주의 이름으로 행해진 놀라운 일들을 보고한다. 어떤 율법교사가 예수님을 시험하기를 "내가 무엇을 하여야 영생을 얻으리이까." 하는데 사랑해야 할 이웃에 대한 그의 질문의 대답으로 예수님은 유명한 '선한 사마리아인'의 비유를 드시며 그 율법교사에게 "너도 이와 같이 하라."고 하셨는데 이는 주 안에서 영생을 얻은 자들이 마땅히 해야 할 일을 말씀하신 것이지 영생을 얻는 길을 물은 율법학자에게 이같이 하면 영생을 얻을 것이라 하신 것이 아니다. 이는 예수님이 앞서 21절에서 말씀하신 대로 하나님 나라의 비밀을 그 율법학자에게 숨기신 것 같다. 이 율법학자가 예수를 시험하며 자신을 옳게 보이려 했기 때문이다. 요한복음에서 예수님께 밤에 은밀히 나온 니고데모에게는 중생하여야 영생을 얻을 수 있음을 밝게 말씀하신 것과 비교된다. 이어서 나오는 마르다와 마리아의 이야기는 우리의 삶의 우선 순위에 대해 교훈한다.

누가복음 11장

제자들의 요청에 기도의 모범을 보여주시며 기도하는 자들이 가져야 할 자세에 대해 가르치신다. 우리들이 하나님께 나아가 담대히, 간절하게, 끈질기게 기도할 수 있는 이유는 하늘에 계신 하나님이 우리들의 아버지이시기 때문이다. "악한 아버지도 자식에게 좋은 것을 줄줄 알거든 하물며 너희 하늘 아버지께서 구하는 자에게 성령을 주시지 않겠느냐."라는 말씀은 하나님에 대해서, 우리의 기도의 궁극적 목적에 대해서, 그리고 성령에 대해서 귀한 깨달음을 준다. 기도는 하나님의 자녀가 된 자들이 갖는 특권이며 하나님은 자녀인 우리에게 좋은 것을 항상 주시는데 그중에 제일은 성령의 충만한 은혜이며 우리는 마땅히 이를 위해 구해야 한다. 예수님이 귀신들린 벙어리를 치유하시자 어떤 이들은 예수님이 사탄을 의지하여 귀신을 쫓아낸다 비방하며 또 어떤 이들은 다른 표적을 구하자 예수님은 사탄을 의지하는 자가 아니라 사탄의 세력을 몰아내시는 분임을 명확하게 하시고 요나의 표적을 언급하시며 메시아가 이루실 죽음과 부활을 예표하신다. 바리새인들과 서기관들의 외식하는 죄를 정죄하시며 그들에게 임할 화를 경고하신다.

누가복음 12장

12장은 수만 명이 모여 서로 밟힐 지경이었다고 묘사하며 복음서에 기록된 가장 많은 무리가 예수님께 모인다. 11장에서 바리새인들의 면전에서 그들에게 화가 있을 것을 경고하신 예수님은 수많은 무리들에게 말씀하시기에 앞서 제자들에게 바리새인들의 외식을 피하고 진리를 전파할 때 두려워하지 말 것을 가르치시며 사람의 생명이 소유의 넉넉함에 있지 않음을 큰 곳간을 세우고 그날 밤에 죽는 어리석은 부자의 비유로 가르치시고 이 땅의 물질을 위해 염려하지 말고 하나님 나라를 구할 것과 구제할 것을 가르치시며 "너희 보물이 있는 곳에 너희 마음도 있다." 하신다. 청지기로서 항상 준비되어 있어서 자신의 직무를 잘 살펴야 함과 예수를 따르므로 올 수 있는 세상에 속한 사람들과의 대립과 분쟁에 대해 경고하시며 시대를 분별하는 지혜와 화해의 중요성을 가르치신다.

누가복음 13장

그 당시에 일어났던 두 가지 사건에서 억울하게, 아니면 사고로 죽은 자들에 대한 잘못된 생각을 고쳐 주시며 그들의 재난이 그들이 더 죄가 많기 때문이 아니고 그런 일을 보며 자신의 죄를 돌아보고 회개하는 기회로 삼아야 함을 가르치시며 열매 맺지 못하는 무화과 나무의 비유를 말씀하신다. 안식일에 18년 동안 귀신 들려 고생하던 여인을 치유해 주시며 하나님 나라를 겨자씨와 누룩으로 비유하시며 지극히 작게 시작된 복음은 지속적으로, 또한 급속하게 성장하여 만민에게 전파됨을 가르치신다. 그러나 구원에 이르는 문은 좁은 문이라 하시는 데 이는 오직 예수 그리스도를 통해서만 구원이 있음을 말한 것이다. 집주인이 한 번 문을 닫으면 아무도 들어갈 수 없으며 행악자들은 못 들어 가고 슬피 울며 이를 갈 것이다. 어떤 바리새인들이 갈릴리 분봉왕 헤롯이 예수님을 죽이려 한다며 갈릴리를 떠날 것을 권하자 예수님은 자신이 갈릴리가 아닌 예루살렘에서 죽게 될 것을 아시고 헤롯의 위협에도 그의 갈 길을 가시겠다 하시며 자신을 죽이기까지 배척할 예루살렘을 위해 탄식하신다.

누가복음 14장

예수님은 안식일에 한 바리새인 지도자의 집에서 수종병(고창병) 들린 환자를 치유하신다. 아마도 이 병자는 그 바리새인이 예수님이 안식일에 병을 고치는지 시험해 보기 위해서 자기 집에 데려온 것 같다. 그런 궤계에도 예수님은 이 병자를 고치시고 바리새인들의 완악함을 책망하신다. 그리고 초청받은 사람들이 서로 높은 자리에 앉으려는 것을 보시고 자신을 스스로 낮추면 남들이 높여줄 것을 교훈하신다. 이어서 큰 잔치에 초대된 사람들이 초대를 외면하자 초대받지 않았던 사람들을 길과 산에서 강권하여 자리를 채우는 비유로 천국 잔치에 참여할 사람들에 대해 가르치신다. 예수님을 따르는 허다한 무리를 향해 진정으로 예수님의 제자가 되는 길은 자기를 부인하고 희생하며 예수님의 본을 따르는 것임을 말씀하시며 그런 희생을 감수할 수 있는지 잘 생각해보라는 권면을 망대를 지으려는 자와 싸움을 앞둔 임금의 비유로 가르치시며 예수님의 제자가 되는 길은 자신의 모든 소유를 버리는 길임을 이르신다. 소금이 짠 맛을 잃으면 아무 소용이 없듯이 예수님의 제자라 하면서 참 제자의 삶을 살지 못하면 아무 소용없는 존재가 된다.

누가복음 15장

많은 죄인들과 세리들이 예수님과 함께 하는 것을 비난하는 바리새인들에게 세 가지 비유로 죄인들이 회개하는 것을 기뻐하시는 하나님의 마음을 가르치신다. 잃었던 양(백 마리 양 중의 한 마리), 잃었던 드라크마(열 드라크마 중 한 드라크마), 그리고 돌아온 탕자(두 아들 중 한 아들)의 비유를 통해 한 영혼을 사랑하시고 그 영혼이 구원받는 것을 크게 기뻐하시는 하나님 아버지의 마음을 깨닫게 하신다. 누가복음에만 나오는 돌아온 탕자의 비유는 예수님이 드신 비유 중에 제일 자세한 비유이기에 많은 사람들이 다양하게 해석한다. 아버지와 큰 아들, 작은 아들의 관점에서 다양한 교훈을 끌어낼 수 있다. 그러나 앞서 나온 다른 두 비유와 함께 예수님이 이 비유를 말씀하신 맥락에서 보면, 돌아온 탕자의 비유도 회개하고 하나님께 돌아오는 죄인을 기뻐하시는 하나님의 마음이 주제이다.

누가복음 16장

불의한 청지기 비유가 나온다. 주인의 재산을 낭비하는 청지기를 해고하자 그 청지기는 주인에게 빚진 자들에게 임의로 탕감해주며 환심을 사며 그의 미래를 도모한다. 예수님은 이 불의한 청지기의 행동을 주인이 칭찬했다며 이 세대의 아들들이 자기 세대에 있어서는 빛의 아들들보다 더 지혜롭다 하신다. 이는 이 불의한 청지기의 부정직함을 칭찬한 것이 아니라 이 세상에 속한 자들도 나름대로 미래를 위해 머리를 쓴다는 뜻이다. 그리고 이어서 불의한 재물로 친구를 사귀라 하신다. 우리가 이 세상에 사는 동안 허락된 시간과 재물을 미래를 위해 지혜롭게 사용하여 궁핍한 자들을 구제하면 그 성도들이 천국에서 우리를 기쁘게 영접할 것이다. 이러한 재물에 대한 교훈을 비웃는 바리새인들에게 그들의 위선을 지적하시며 세례 요한의 때로 구약 시대가 끝이 나고 그 이후로는 하나님 나라의 복음이 전파되는 신약시대가 도래함을 선포하신다. 이어서 부자와 거지 나사로의 비유를 통해 천국과 지옥의 실체와 이 세상 사는 동안 어떻게 살아야 하는 지를 교훈하신다. 어떤 이들은 자신의 부모님은 예수를 믿지 않았으므로 지옥에 갔을 것인데 어떻게 자기만 예수 믿고 천국에 갈 수 있겠느냐 질문하기도 한다. 그러나 이 비유에서는 지옥에 간 부자가 자신의 형제들이 자신처럼 지옥에 오지 않도록 죽은 나사로를 살려 보내서라도 자기 형제들에게 복음을 증거해 달라고 간청한다. 그러나 예수님은 이미 성경 (모세와 선지자)을 우리의 구원을 위해 주셨고 성경을 믿지 않는 자는 죽은 자가 살아와서 증언해도 믿지 않는다 하신다. 성경은 사람을 구원하기에 충분한 하나님의 말씀이다. 불의한 청지기 비유와 부자와 거지 나사로의 비유는 누가복음에만 나온다.

누가복음 17장

성도들이 이웃과의 관계에서 서로를 용납하고 죄를 멀리 해야 함과 오직 하나님만을 의지하는 믿음으로 충성하는 무익한 종의 자세에 대해 가르치신다. 나병 환자 열 명을 고쳐 주시는데 오직 사마리아 사람 한 사람 만이 돌아와서 예수님께 감사하며 하나님께 영광을 올려드린다. 하나님의 백성이라 하면서도 하나님께 받은 은혜를 감사하지 않는 유대인들의 완악함을 보여준다. 하나님의 때가 언제 올지를 묻는 바리새인들에게 하나님의 나라는 이미 우리 안에 시작되었음을 언급하시며 인자가 다시 오시기 전에 반드시 고난 받고 버림받으실 것이며 마지막 때는 노아의 때나 롯의 때처럼 예상치 못한 때에 한순간에 임하지만 그때에는 모든 사람들이 인자가 오시는 것을 확실히 볼 것이다.

누가복음 18장

18장에 나오는 불의한 재판장과 과부의 비유, 그리고 바리새인과 세리의 기도도 누가복음에만 기록되었다. 항상 기도하고 낙심하지 말아야 할 것을 불의한 재판장 비유로 가르치시고 바리새인과 세리의 기도를 통해서는 하나님께 응답 받는 올바른 기도는 자신의 죄를 통회하며 회개하는 기도임을 말씀하신다. 어린 아이들이 그에게 나오는 것을 용납하고 금하지 말라고 제자들에게 말씀하시며 하나님의 나라는 어린아이들 같은 단순하고 순진한 믿음이 있어야 들어갈 수 있음을 교훈하신다. 이어 나오는 부자 청년과의 대화는 마태와 마가도 기록하고 있다. 무엇을 행해야 영생을 얻을 지를 묻는 이 청년에게 예수님은 그가 아직도 하나님보다 재물을 더 사랑하고 있음을 깨닫게 하기 위해 그가 가지고 있는 것을 다 팔아서 가난한 자에게 주라고 하신다. 이에 그 청년은 근심하며 떠나고 예수님은 제자들에게 나귀가 바늘귀로 들어가는 것이 부자가 하나님 나라에 들어가는 것보다 쉬우나 하나님에게는 모든 것이 가능함을 말씀하신다. 이어서 예루살렘으로 제자들과 함께 올라가는 길에 제자들에게 자신이 당할 고난과 십자가 죽음과 부활을 다시 언급하시고 여리고에 가까이 가셨을 때 그곳에서 예수님에게 다윗의 자손이여 나를 불쌍히 여기소서 하며 큰 소리로 부르짖는 맹인을 고치시고 그에게 구원을 선포하신다.

누가복음 19장

예수님이 여리고성에서 만난 세리장 삭개오의 이야기와 므나의 비유가 나오는데 이 두 가지는 누가복음에만 기록되었다. 세리장 삭개오는 부자였는데 예수님을 보기 위해서 위험과 체면을 무릅쓰고 돌무화과나무(개역 성경에서는 뽕나무, sycamore fig tree)에 올라간다. 그런데 예수님은 마치 일부러 삭개오를 찾아오신 것처럼 그의 이름을 부르며 그의 집에 묵겠다 하시고 이에 삭개오가 자기의 죄를 회개하자 예수님은 그의 집에 구원이 임했음을 선포하신다. 그리고는 하나님의 나라가 당장에 나타날 것으로 생각하는 사람들에게 열 므나의 비유를 말씀하신다. 마태복음에 나오는 달란트 비유와 비슷하지만 다른 점도 있기에 달란트 비유와 므나 비유는 예수님이 하신 각기 다른 비유일 것이다. 한 므나는 달란트의 60분의 1로 100데나리온이라 한다. 한 귀인이 왕위를 받으러면 길을 떠나며 종 10명에게 각기 한 므나씩을 주며 주인이 돌아올 때까지 장사하라 한다. 그가 왕위를 받고 돌아와서 종들이 각각 어떻게 장사하였는지를 살펴 10배 이익을 남긴 종에게는 열 고을의 권세를, 다섯 배 남긴 종에게는 다섯 고을의 권세를 주지만 한 므나를 수건으로 싸 두었던 종에게는 심히 질책하며 그 한 므나도 빼앗아 열 므나 가진 종에게 주고 그가 왕이 되는 것을 원하지 않아 방해했던 원수들을 죽인다. 주님께서는 우리 모두에게 똑같이 맡기신 사명이 있고 다시 오실 때에 그에 대한 정산을 하시며 심판 주로 다시 오실 주님은 모든 원수들을 멸하실 것이다. 이 말씀을 하시고 나귀 타고 예루살렘에 입성하시며 성전을 깨끗이 하시는 데 이 일들은 마태와 마가도 기록하고 있다.

누가복음 20장

예수님이 성전에서 가르치시며 대제사장들과 서기관들, 그리고 사두개인들과 행한 논쟁들이 기록되는 데 이 사건들 역시 마태복음과 마가복음에도 나온다. 예수님이 무슨 권세로 가르치는가 하는 도전에는 세례 요한의 사역에 대한 역질문으로 그들의 입을 막으시고 포도원 농부의 비유로 메시아를 배척하는 유대지도자들을 책망하시며 건축자들의 버린 돌이 모퉁이의 머릿돌이 되었다는 시편의 말씀이 자신을 두고 하신 말씀임을 일러주신다. 가이사에게 세금을 바쳐야 하는 문제로 예수님을 옭아매려는 술수를 데나리온 동전으로 무력화시키시고 사두개인들과의 부활 논쟁에서는 부활한 자들은 천사 같이 되어 결혼하지 않는다는 가르침을 주신다. 그리스도가 다윗의 자손이라 하는 자들에게는 다윗이 그리스도를 주라고 부른 것을 상기시키신다.

누가복음 21장

가난한 과부가 가지고 있는 전 재산인 두 렙돈을 성전 헌금함에 넣은 사건이 기록되는데 이는 마가복음 12장에도 나온다. 그때 살펴보았듯이 예수님은 이 과부의 헌신적인 헌금 자세를 칭찬한 것이 아니라 구제의 대상인 가난한 과부의 하찮은 재산도 착취의 대상으로 삼는 당시의 타락한 성전 종교지도자들에 대한 언급이며 이 기사의 앞 뒤로 예수님은 과부의 가산을 삼키며 외식하는 종교지도자들을 조심할 것을 경고하시고 성전이 장차 철저히 파괴될 것을 예언하신다. 이어서 말세에 일어날 여러 징조를 말씀하시는데 이는 AD 70년에 일어난 예루살렘과 성전의 멸망과 장차 심판주로 재림하실 때 있을 최후의 심판에 대한 이중적 예언으로 이해해야 한다. 무화과 나무의 비유로 종말의 징조를 통해 하나님의 나라가 가까이 왔음을 분별하고 절제하며 기도하고 깨어 있을 것을 가르치신다.

누가복음 22장

누가복음 22-24장에 기록된 마지막 만찬 후 잡히시던 날부터 십자가 죽음과 부활과 승천의 이야기는 다른 세 복음서에서도 거의 모두 기록하고 있다. 유월절 양을 잡는 무교절 날에 가룟 유다에게 사탄이 들어가 예수님을 배반하기로 마음을 먹는다. 마지막 만찬에서 유월절 어린 양이 되실 자신의 몸과 피를 기념할 성찬식을 제정하시고 제자들 중에 자신을 배반할 자가 있음을 말씀하신다. 그 와중에도 서로 누가 더 큰 자인가 다툼을 하는 제자들에게 자신은 섬기는 자로 왔음을 상기시키시며 제자들도 섬기는 자리에 있어야 함과 장차 하늘나라에서 그들이 받을 권세를 일러주신다. 그리고 시몬 베드로에게 "사단이 너희를 밀 까부르듯 하려고 요구하였으나 그러나 내가 너를 위하여 네 믿음이 떨어지지 않기를 기도하였노니 너는 돌이킨 후에 네 형제를 굳게 하라." 하시며 그가 예수님을 세번 부인할 것을 경고하신다. 감람산에서 마지막 기도를 하실 때 천사가 하늘로부터 예수께 나타나 더욱 힘을 더하며 예수님이 힘쓰고 간절히 기도하니 땀이 핏방울같이 되었다고 누가는 기록한다. 예수님이 잡히셔서 대제사장의 집으로 끌려 가고 거기서 베드로는 예수님을 세 번 부인하며 새벽에 공회 앞에서 1차로 심문을 받으신다.

누가복음 23장

예수님이 빌라도의 법정에서 심문을 당한 후에 십자가에 못박혀 죽으신 것을 기록한다. 빌라도는 예수님에게 죄가 없다는 것을 알았지만 예수님에 대한 결정을 헤롯과 서로 미루는데 누가는 그날에 서로 원수였던 헤롯과 빌라도가 친구가 되었다고 기록한다. 정의보다는 민중의 지지를 더 중요하게 생각했던 빌라도는 예수님을 십자가에 못 박히게 내어준다. 예수님과 함께 못 박혔던 행악자 한 사람은 예수님을 향해 "당신의 나라에 임하실 때 나를 기억하소서."라는 회개와 믿음의 간구를 하며 이에 예수님은 "오늘 네가 나와 함께 낙원에 있으리라." 하시며 그의 구원을 선포하신다. 사형 받아 마땅한 이 행악자의 구원은 사람이 행위로 구원받는 것이 아님을 잘 보여준다. 한 낮에 온 땅에 어둠이 세시간 계속된 후에 성소의 휘장이 찢어지고 예수님이 죽으신다. 예수님의 죽음을 목격한 십자가 처형의 총지휘관인 백부장은 "이 사람은 정녕 의인이었다 (마가복음에서는 하나님의 아들이었다.)."라고 고백한다. 공회원인 아리마대 사람 요셉이 예수님의 시체를 달라 하여 바위에 판 무덤에 장사 지낸다.

누가복음 24장

예수님의 부활과 승천이 기록된다. 안식 후 첫 날에 향품과 향유를 준비하여 무덤에 찾아간 여인들(막달라 마리아와 요안나와 야고보의 모친 마리아)에게 천사가 예수님의 부활 소식을 알리고 여인들은 그 길로 열한 제자와 다른 모든 이들에게 알린다. 이 후에 엠마오로 내려가던 두 제자에게 부활하신 예수님이 나타나셔서 모세와 모든 선지자의 글로 시작하여 모든 성경에 쓴 바 자기에 관한 것을 자세히 설명해 주시니 이 두 제자는 예루살렘에 돌아가 제자들에게 자신들에게 나타나신 예수님에 대해 말을 하는데 이때 예수님이 그들 가운데 오셔서 그들에게 손과 발을 보이시고 생선을 함께 잡수심으로 자신의 부활을 제자들에게 확실히 각인시키신다. 그들의 마음을 열어 성경을 깨닫게 하시고 예수님의 이름으로 죄사함을 얻게 하는 회개가 예루살렘에서 시작하여 모든 족속에게 전파되어야 한다고 하시며 제자들에게 성령을 보내주실 것을 약속하신다. 제자들에게 손을 들어 축복하시며 승천하시니 제자들은 큰 기쁨으로 늘 성전에서 하나님을 찬송하며 예수님이 약속하신 성령을 기다린다.

요한복음 <small>사복음서</small>

요한복음은 사도 요한이 기록한 것으로 초대교회 때부터 인정되었다. 본서에서 저자 자신의 이름을 밝히지 않고 '주의 사랑하는 제자'라는 표현을 자주 쓴다. 다른 세 복음서에 따르면 예수님이 자주 구별하여 불렀던 세 명의 제자 중 한 명이었던 요한은 다른 사도들보다 오래 살면서, 이미 널리 읽히던 세 복음서의 내용을 보충하며 예루살렘의 멸망 이후에 거짓 교사들에 의해 그리스도의 신성을 부정하는 이단적 교리들이 교회를 위협하는 상황에서 그리스도의 성육신, 참된 인성과 신성, 대속의 죽음과 영광스러운 부활과 약속된 재림 등의 복음의 진리를 명확하게 하기 위해 이 복음을 기록했을 것이다. 내용적으로는 세 복음서에 나오지 않은 예수님의 초기 사역들, 특히 네 번의 유월절 기사를 통해 예수님의 사역이 갈릴리뿐 아니라 예루살렘 지역에서도 만 삼 년 동안 이루어졌음을 기록한다. AD 85-90년경에 기록된 것으로 생각되는 요한복음은 다른 복음서들과는 달리 비유의 가르침이 없고 예수님이 행한 기적을 표적(sign)이라 기록하며 예수님의 "나는 …이다."라는 선언이 여러 번 나온다. 요한복음의 마지막 부분에서 이 복음을 기록한 목적을 언급한다. "예수께서 제자들 앞에서 이 책에 기록되지 아니한 다른 표적도 많이 행하셨으나 오직 이것을 기록함은 너희로 예수께서 하나님의 아들 그리스도이심을 믿게 하려 함이요 또 너희로 믿고 그 이름을 힘입어 생명을 얻게 하려 함이니라." 이는 넓게 보면 성경 전체가 기록된 일차적 목적이기도 하다.

요한복음 1장

1장은 요한복음 전체의 서론이다. "태초에 말씀이 계시니라."는 말은 창세기 1장 1절의 "태초에 하나님이 천지를 창조하시니라."라는 말씀을 보충 설명한다. 태초부터 계시며 모든 만물을 창조하신 말씀이 육신이 되어 이 땅에 오신 그리스도의 성육신을 선포하며 그를 믿고 영접하는 자에게 주어지는 중생을 통해 아버지의 독생자의 영광이 은혜와 진리의 충만함으로 나타남을 기록한다. 빛으로 오신 예수님을 세상에 소개하고 증거하기 위해 보냄을 받은 세례 요한은 예수님을 '세상 죄를 지고 가는 어린 양'이라고 그의 메시아 되심을 증거한다. 이에 요한의 제자 중 두 사람이 예수를 따르는데 그중의 한 명인 안드레가 그의 형제 시몬 베드로를 예수께 데려오고 예수님은 그에게 게바(베드로)라는 새 이름을 주신다. 이어서 빌립과 나다나엘을 제자로 부르시는 데 특히 나다나엘에 대해서는 "참 이스라엘 사람이니 그 안에 간사함이 없다."라는 칭찬을 하시며 예수님을 "하나님의 아들이요 이스라엘의 임금"이라고 고백하는 나다나엘에게 앞으로 제자들이 목격할 그리스도의 큰 일들에 대해 예언하신다.

요한복음 2장

가나의 혼인 잔치에서 행한 예수님의 첫 표적과 성전 청결사건을 기록한다. 이 두 사건 모두 예수님이 메시아이심을 증거한다. 가나의 혼인 잔치에 참여한 예수님은 제자들을 부르셨지만 아직 메시아로서의 공사역을 시작하기 전이였다고 생각하면 예수님이 어머니께 "내 때가 아직 이르지 못하였나이다."라 하신 말씀을 이해할 수 있다. 예수님의 어머니 마리아는 그때까지 예수님이 어떤 표적도 공적인 사역도 시작하기 전이었지만 그가 결혼식에서의 어려운 상황을 해결할 수 있으리라는 믿음이 있어서 하인들에게 예수님이 말씀하는 대로 따르라 했을 것이다. 물로 포도주를 만든 표적으로 예수님은 그의 신적인 영광을 나타내시고 제자들이 그를 믿게 된다. 그 후 예수님은 예루살렘으로 올라가셔서 성전을 깨끗하게 하시는데 이는 공관복음서들이 기록하고 있는 예수님의 마지막 유월절 성전 청결사건과 같은 일이 아니라 예수님의 사역 초기에 일어난 일이다. 유월절 기간 동안에 예수님이 예루살렘에 계시며 행하시는 여러 표적들을 보고 많은 사람들이 예수님을 믿었지만 예수님은 사람들의 연약함을 아시기에 사람에게 의탁하지 않으셨다.

요한복음 3장

밤중에 그리스도를 찾아온 니고데모와 예수님 간의 대화가 기록된다. 바리새인이자 유대 관원이었던 니고데모는 사람들의 눈을 피해 밤에 예수님을 찾았다. 예수님은 그에게 바로 중생해야만 하나님 나라를 볼 수 있다는 복음의 진수를 일러 주시는데 난생 처음 들어보는 거듭남에 대해 그는 전혀 이해하지 못한다. 이에 예수님은 육으로 난 것은 육이요 성령으로 난 것은 영이라며 거듭남은 성령의 역사임을 말씀하시며 중생한 자들의 구원을 위해서 모세가 뱀을 든 것 같이 예수님도 달리셔야 한다며 십자가 죽음을 암시하신다. 이어서 유명한 "하나님이 세상을 이처럼 사랑하사 독생자를 주셨으니 이는 저를 믿는 자마다 멸망치 않고 영생을 얻게 하심이라."는 말을 하신다. 많은 기도교인들이 이 말씀을 문맥과 상관없이 세상의 모든 사람들이 믿기만 하면 영생을 얻는다는 말씀으로 오해하고 그렇게 전한다. 그러나 예수님은 이 말씀을 하시기 전에 중생을 하여야 영생을 얻고 중생은 오직 성령의 역사임을 밝히 말씀하셨다. 즉 하나님이 중생하게 하신 자들은 반드시 독생자이신 예수님을 믿어 영생을 얻을 것이라는 확실한 약속이다. 또한 예수님을 믿지 않는 사람들은 벌써 심판을 받은 자들이라 하신다. 그들의 죄는 빛이신 그리스도가 세상에 왔으나 그들의 악한 행실이 빛 가운데 들어날까 봐 어두움을 더 사랑한 것이다. 세례 요한은 예수님의 제자들이 많아지는 것을 보고 기뻐하며 "그는 흥하여야 하고 나는 쇠하여야 하리라." 하며 그리스도의 길을 예비하는 자신의 사역을 충실하게 감당한다.

요한복음 4장

예수님과 사마리아 수가 성 여인의 이야기가 나온다. 예수님은 예루살렘에서 갈릴리로 가시면서 의도적으로 사마리아를 지나서 가셨다. 당시 유대인들은 거리는 좀 멀어도 사마리아를 우회하여 다녔다고 한다. 예수님은 사마리아 사람 그것도 남자 관계가 복잡하여 많은 남자들에게 버림받고 동네에서 멸시받던 여인에게 하나님이 원하시는 참 예배가 무엇인지와 자신이 메시아이며 영원한 생수이심을 가르치신다. 이 여인은 동네에 들어가 사람들에게 자신이 만난 예수를 증거하며 와 보라(Come and see)는 초청을 한다. 그들과 이틀 동안 거하시며 말씀을 가르치시니 동네 사람들이 예수님을 세상의 구주로 믿는다. 이스라엘 사람들이 수많은 예수님의 표적을 보고도 믿지 않을 때에 이방 사마리아인들은 예수님의 가르침만 듣고도 그가 그리스도임을 믿는다. 갈릴리에 가셔서 예수님은 두 번째 표적으로 왕의 신하의 병을 고쳐 주셔서 그 신하와 온 집안이 예수님을 믿게 된다. 표적을 보고도 믿지 않는 사람들이 대부분인 당시에 이 신하와 가족들은 예수님의 능력을 체험하고 믿게 되었다. 이 믿음도 귀하지만 예수님의 가르침을 듣고 믿었던 사마리아인들의 믿음은 더욱 귀하다.

요한복음 3장과 4장에는 매우 대조되는 두 사람이 등장한다. 3장에는 바리새인이자 공회원인 니고데모가 나오고, 4장에는 수가성의 이름없는 한 사마리아 여인이 나온다. 유대인의 지도자인 니고데모는 밤에 조용히 예수님을 찾아오고 수가성 여인에게는 예수님이 한낮에 직접 찾아 갔다. 니고데모는 바리새인이자 유대인들 중에 선생의 지위를 누리며 나름대로 경건하게 살던 사람이지만 이 사마리아 여인은 다섯 명의 남편들과 이혼 후에 다른 남자와 동거하였기에 자신의 동족 사이에서도 따돌림을 당하던 여인이었다. 그러나 이 두 사람에게 공통점이 하나 있는데 그들은 모두 복음이 필요한 죄인이라는 것이다. 예수님은 이들 모두에게 복음을 증거하는데 배경과 처한 상황이 너무나도 다른 두 사람에게 복음을 증거하는 방식이 달랐다.

예수님에게 랍비라 하며 밤에 조용히 찾아온 니고데모에게는 성경(구약)을 연구하는 이스라엘의 선생으로서 마땅히 알아야 하는 중생에 대한 깊이 있는 신학적 주제를 담론하며 그가 성령으로 거듭나야 함을 깨우치신다. 그러나 사마리아 여인에게는 직접 찾아가셔서 그가 죄인인 것을 깨닫게 하시며 영원히 목마르지 않는 생수가 되시는 자신을 드러내신다. 예수님의 수가성 여인에 대한 접근과 대화는 좋은 전도방식의 예로 많이 사용된다. 예수님으로부터 중생에 대한 깨우침을 받은 니고데모는 당장에는 조용히 물러나지만 요한복음 7장에서 그는 예수님을 체포하려는 대제사장들 앞에서 예수님에 대해 변론하며 요한복음 19장에서는 그가 아리마데 요셉과 함께 예수님의 시신을 장례하였음을 기록한다. 자신의 신분 때문에 드러내어 예수님을 따르지는 못했지만 그의 변화된 모습을 보여준다. 반면 예수님이 그리스도임을 깨달은 수가성 여인은 그 길로 동네로 들어가 자기가 만난 예수님을 증거하였다.

예수님은 이렇게 처한 상황이 상이한 이 두 사람에게 각각에게 딱 맞는 방식으로 복음을 전하셨다. 우리도 여러 가지 상황에 맞게 다양한 방법으로 복음을 증거할 준비를 해야 한다. "너희 마음에 그리스도를 주로 삼아 거룩하게 하고 너희 속에 있는 소망에 관한 이유를 묻는 자에게는 대답할 것을 항상 준비하되 온유와 두려움으로 하고"(베드로전서 3:15).

요한복음 5장

유대인의 명절에 다시 예루살렘에 가신 예수님이 행하신 일들이 기록된다. 이 명절이 유월절이라면 이는 요한복음에 기록된 두 번째 유월절이다. 베데스다 연못에서 38년 된 병자를 고치시는 데 그때가 마침 안식일이어서 유대인들이 예수님을 핍박한다. "내 아버지가 일하시니 나도 일한다."라는 예수님의 대답에 유대인들은 예수님이 안식일을 범할 뿐 아니라 자신을 하나님과 동등하게 여기는 신성모독죄를 지었다고 분개한다. 그러나 예수님은 "내 말을 듣고 나를 보내신 이를 믿는 자는 영생을 얻었고 심판에 이르지 아니하나니 사망에서 생명으로 옮겼느니라." 하시며 자신이 그리스도임과 이를 믿는 자에게 주시는 죄사함을 선포한다. 자신이 그리스도라는 증거는 세례 요한의 사역과 성경의 모든 내용을 통해 하나님이 친히 증거하시며 성경의 예언을 성취하시는 예수님의 일들이 또한 그 증거라 하시며 예수님을 믿지 않는 자들은 그들이 믿고 있던 모세에게 고발을 당하리라 하신다.

요한복음 6장

예수님이 갈릴리로 돌아와 그들을 따르는 큰 무리들을 오병이어로 먹이신 표적이 기록된다. 요한은 다른 복음서에서 밝히지 않은 오병이어의 출처가 한 아이였음을 기록한다. 모인 무리에는 성인 남자 5천 명 이외에도 아이들과 여자들도 많이 있었음을 알 수 있고 오병이어가 한 아이의 요기거리 밖에 안되는 작은 것이라고 짐작할 수 있는 대목이다. 이렇게 육의 양식을 공급받은 사람들은 예수님을 임금 삼으려 하지만 예수님은 혼자 이들을 떠나 산으로 가신다. 그리고 그를 찾아 갈릴리 호수를 건너온 무리들에게 "썩는 양식이 아니라 영원토록 있는 인자가 주는 양식을 위해 일하라."고 하시며 그 일은 바로 하나님의 보내신 자를 믿는 것이라 하신다. "내가 곧 생명의 떡이니 내게 오는 자는 결코 주리지 아니할 것이요 나를 믿는 자는 영원히 목마르지 아니하리라." "아버지께서 내게 주시는 자는 다 내게로 올 것이요 내게 오는 자는 내가 결코 내어 쫓지 아니하리라." "내 아버지의 뜻은 아들을 보고 믿는 자마다 영생을 얻는 것이니 마지막 날에 내가 이를 다시 살리리라."는 말씀으로 하나님이 주권적으로 그리스도를 통해 주시는 구원에 대해 가르치신다. 그리고 "내 살을 먹고 내 피를 마시는 자는 영생을 가졌고 마지막 날에 내가 그를 다시 살리리니 내 살은 참된 양식이요 내 피는 참된 음료로다."라는 예수님의 가르침의 참 뜻을 이해하지 못한 많은 무리들이 다시는 예수님을 따르지 않는다. 예수님이 열두 제자를 친히 택하셨지만 그 중에 한 명인 가룟 유다가 예수님을 배반할 것을 예수님은 처음부터 아셨다고 요한은 기록한다.

요한복음 7장

사람들이 예수님을 믿지 않고 배척하는 일련의 사건들이 기록된다. 예수님을 죽이려 하는 자들 때문에 갈릴리에 돌아와 복음을 전하던 예수님에게 그의 형제들이 스스로 이름을 내려면 유대로 올라가라 하는데, 요한은 예수님의 형제들도 그를 믿지 않았기 때문이라 한다. 초막절을 맞아 형제들을 먼저 예루살렘으로 올려보내시고 자신은 며칠 후에 드러내지 않고 성전에 올라가서 가르치시자 사람들이 그의 교훈의 범상함을 이상히 여기는데 그들을 향하여 예수님은 자신의 가르침은 자신을 보내신 하나님의 교훈임과 자신이 메시아임을 말씀하지만 대제사장들과 바리새인들이 예수님을 잡으려고 하속들을 보낸다. 이에 예수님은 자신의 부활과 승천을 말씀하시지만 아무도 그 말을 알아듣지 못한다. 초막절 마지막 거룩한 대회로 모이는 날에 예수님은 목마른 자에게 주시는 생수인 성령을 부어주실 것을 예언하지만 유대 지도자들의 예수님에 대한 그릇된 판단에 공회원들 중 한 명인 니고데모는 예수님을 변호하려 했지만 다른 지도

자들은 여전히 예수님을 정죄한다.

요한복음 8장

바리새인들과 서기관들이 예수님을 고소하기 위해서 간음하다 잡힌 여인의 처리 문제를 예수님께 제기했지만 예수님은 신령한 지혜로 그들의 계획을 무산시키시고 그 여인의 죄를 용서하여 주시며 다시는 죄를 짓지 말라 하신다. "너희 중에 죄 없는 자가 먼저 돌로 치라." 하신 예수님의 말씀을 곡해하여 마땅히 교회에서 치리해야 할 상황에서 우리가 다 죄인이니 정죄할 수 없다는 논리를 펴는 사람들도 있다. 그러나 예수님은 교회 공동체에서 어떻게 치리가 이루어져야 하는지를 마태복음 18장에서 명확히 말씀하셨다. 예수님은 자신이 세상의 빛이심을 선포하시며 자신을 증거하시는 이는 바로 하나님이심을 말씀하신다. 그리고 "진리를 알지니 진리가 너희를 자유하게 하리라."는 말씀으로 진리이신 예수님 자신을 통해서만 죄로부터 자유하게 되는 구원이 있음을 선포하신다. 이에 반발하는 유대인들의 그릇된 선민의식을 깨뜨리며 하나님의 아들을 배척하는 자들은 마귀의 자식들임을 경고하신다.

요한복음 9장

안식일에 날 때부터 소경이던 자를 예수님이 고쳐주신 일이 기록되는데 이 일로 억지 트집 잡는 바리새인들이 바로 영적인 소경임이 대조된다. 소경으로 태어난 자에 대해 누구의 죄 때문인지를 묻는 제자들을 보면 그 당시에는 이런 무서운 병은 죄 때문에 겪는 하나님의 저주라고 생각했음을 알 수 있다. 그러나 예수님은 누구의 죄 때문이 아니라 그를 통해 하나님의 하시는 일이 나타나고 영광 받으시기 위함임을 알려주신다. 바리새인들은 소경이었던 자의 부모를 불러 확인하려 하지만 그들은 출교를 당할 것이 두려워 담대히 증거하지 못한다. 그러나 소경이었던 사람은 "창세 이후로 소경으로 난 자의 눈을 뜨게 하였다 함을 듣지 못하였으니 이 사람이 하나님께로부터 오지 아니하였으면 아무 일도 할 수 없으리라."는 신앙고백을 한다. 그가 다시 예수님을 만났을 때 그는 예수님이 인자이심을 믿게 된다. 예수님이 세상에 오신 것은 영적인 소경들의 눈을 뜨게 해주시기 위함이었다.

요한복음 10장

예수님은 자신을 양의 문, 또 선한 목자라 하시며 하나님의 백성들과 그리스도의 관계를 양과 목자로 비유하신다. 자신을 양의 문이라 하시며 누구든지 예수님을 통해 들어가면 구원을 얻으며 자칭 구원의 길이라 하는 다른 모든 사람들은 절도요 강도라 하신다. 선한 목자이신 예수님은 양을 위하여 목숨을 버리신다고 그의 십자가 사역을 예고하신다. 선한 목자가 아닌 삯꾼 목자들은 자기의 이익이 없으면 언제든지 양을 버리고 떠날 것이다. 예수님은 또한 우리에 들지 아니한 다른 양들도 인도하여 한 무리가 되게 하려는 전도의 사명도 언급하신다. 예루살렘 성전에서 유대인들에게 그들이 예수님을 믿지 않는 이유는 그들이 자신의 양이 아니기 때문이며 예수님의 양들은 자신의 음성을 듣고 따르며 그들에게는 예수님이 영생을 주시어 영원히 멸망하지 않을 것이고 예수님과 하나님은 하나이다라고 하시니 유대인들이 그를 돌로 치려 한다. 예수님은 이들에게 자신이 하나님의 일을 행하지 않으면 자신을 믿지 말고 하나님의 일을 행하면 그 일을 믿으라 하신다.

요한복음 11장

마르다와 마리아의 오라버니인 나사로를 죽은 지 사흘 만에 살리시는 일이 기록된다. 예수님은 자신이 사랑하는 나사로가 병들었다는 소식을 듣고는 이

병은 죽을 병이 아니라 하나님의 영광을 위한 것이라 하시면서 계시던 곳에 이틀을 더 머무신 후에 나사로의 집으로 향하신다. 나사로의 집에 도착했을 때는 이미 그를 장사한 지 나흘째 되는 날이었다. 예수님이 일찍 오셨으면 나사로가 죽지 않았을 것이라는 마르다에게 예수님은 "나는 부활이요 생명이니 나를 믿는 자는 죽어도 살겠고 살아서 나를 믿는 자는 영원히 죽지 아니하리라." 하시며 이를 믿을 것을 말씀하시니 마르다는 예수님이 그리스도시요 하나님의 아들임을 믿는다는 신앙고백을 한다. 나사로의 무덤 앞에서 예수님이 눈물을 흘리셨다. 예수님은 하늘을 우러러 하나님께 "내 말을 들으신 것을 감사하나이다 항상 내 말을 들으시는 줄을 내가 알았나이다 그러나 이 말씀을 하는 것은 둘러선 무리를 위함이니 곧 아버지께서 나를 보내신 것을 저희로 믿게 하려 함이니이다." 하시고 죽은 나사로에게 "나사로야 나오너라." 하고 부르시니 나사로가 걸어 나온다. 이는 예수님이 죽은 나사로를 살리시고 그에게 나오라고 부른 것이지 죽은 나사로가 예수님의 부르는 소리에 나가면 살겠다 생각하여 나온 것이 아니다. 영적으로 죽었던 우리도 하나님이 먼저 중생시키시고 우리를 불려주실 때 우리가 그 부르심에 응답할 수 있다. 나사로의 죽음은 예수님이 부활과 생명의 주가 되심을 증거하는 사건이었으나 이를 보고도 예수님을 믿는 것이 아니라 오히려 그를 죽이려는 자들도 있었다. 대제사장 가야바는 한 사람이 죽어 온 백성이 망하지 않게 되는 것이 유익하다 하며 부지불식 중에 예수님의 대속의 죽음에 대해 증거하게 된다.

요한복음 12장

요한복음 12장에서 19장까지는 예수님의 마지막 일주일 동안의 일이 기록된다. 12장에서는 죽었다가 살아난 나사로의 여동생 마리아가 예수님께 지극히 비싼 나드 향유를 부어 그의 장사를 예비하고 가룟 유다는 이를 두고 가난한 자를 구제하지 않고 허비했냐 하며 비난하는데 요한은 가룟 유다는 도적이어서 제자들의 돈궤를 맡았으나 거기 넣는 것을 훔쳐가곤 했다고 기록한다. 죽었다가 살아난 나사로 때문에 예수께 나오는 사람들이 많아지자 대제사장들은 예수님뿐 아니라 나사로까지 죽이려 모의한다. 자신들의 기득권을 지키기 위해 살인 죄까지 마다하지 않는 종교지도자들의 완악함을 본다. 이런 비슷한 모습을 작금의 교회에서도 볼 수 있는 것은 매우 불행한 일이다. 이튿날 예수님이 어린 나귀를 타시고 예루살렘 성에 입성하신다. 명절에 성전을 찾은 헬라인 몇 명을 안드레와 빌립이 예수님께 데려오자 예수님은 밀알이 썩어서 열매를 맺는 원리를 말씀하시며 예수님을 섬기려는 자는 자신과 같이 생명을 버려야 영생을 얻게 됨을 교훈하신다. 그리고 아버지의 이름이 영광스럽게 되기를 기도하시니 하늘에서 하나님이 이미 아들로 인해 영광받으셨다는 소리가 들린다. 이어서 십자가의 죽음을 예언하시며 많은 표적을 행하심에도 사람들이 그를 믿지 않는 것은 이사야의 예언의 말씀의 성취임을 일깨우신다. 예수님은 세상을 심판하러 오신 것이 아니고 세상을 구원하려고 오셨음을 선포하시며 그러나 예수님의 말씀을 믿지 않는 자들은 마지막 날에 그 말씀이, 즉 심판주로 재림하실 그리스도께서 심판하실 것을 또한 선포하신다.

요한복음 13장

마지막 유월절 저녁 식사 중에 예수님이 제자들의 발을 씻기신 일이 기록된다. 세 공관복음에는 최후의 만찬 때 예수님이 성찬식을 제정하신 것이 나오는데 요한은 그 이야기는 생략하고 제자들의 발을 씻기신 일만 기록한다. 이 당시 관습은 주인이 외출 후 집에 오면 종이 주인의 발을 씻겼다. 베드로가 처음에 예수님이 자신의 발을 씻기는 것을 반대한 이유일 것이다. 그러나 예수님은 주와 선생인 자신이 제자들의 발을 씻긴 것을 본받아 제자들도 겸손히 서로 섬겨야 함을 몸소 보여주신다. 요한은 계속해서 가룟 유다의 배반을 언급하는데, 예수님은 가룟 유다가 자신을 배반할 것을 아시면서도 그의 발도 씻어 주신다. 예수님은 제자들 중 하나가 자신을 배반하고 팔 것을 예언하시고 그가 누구인지 알기 원하는 제자들 앞에서 가룟 유다에게 떡 한 조각을 주심으로 대답을 대신한다. 그리고는 유다에게 "네 하는 일을 속히 하라." 하시니 유다가 그 자리에서 나가는데 요한은 그때가 밤이었다고 기록한다. 예수님은 이어 "내가 너희를 사랑한 것 같이 너희도 사랑하라."는 새 계명을 주시며 제자들이 따라올 수 없는 곳으로 가실 것을 말씀하시자 베드로는 자신의 목숨을 버리고라도 예수님을 따르겠다 하나 예수님을 베드로에게 닭 울기 전에 그가 세 번 예수님을 부인할 것을 예언하신다. 예수님을 배반할 유다에게는 네가 하려는 일을 속히 하라 시며 유기하시고, 예수님을 세 번 부인할 베드로에게는 예수님이 그의 믿음이 떨어지지 않기를 기도하시고 그가 회복되어 제자의 길을 갈 것을 말씀하신 것 (누가복음 22장)은 하나님이 선택하신 자와 유기하신 자의 차이를 보여준다.

요한복음 14장

제자들에게 천국에 그들을 위한 처소를 마련한 후에 다시 오실 것을 약속하시며 "내가 곧 길이요 진리요 생명이니 나로 말미암지 않고는 아버지께로 올 자가 없느니라." 하시며 자신이 천국에 이르는 유일한 길임을 다시 강조하신다. 빌립이 예수님께 아버지를 보여달라고 하자 예수님은 자신이 아버지의 온전한 형상이며 아버지와 자신이 하나임을 선포하신다. 그리고는 자신의 이름으로 무엇이든지 구하면 자신이 이를 시행할 것이고 이는 아버지께 영광이 되는 것이라 하신다. 14절에서 "내 이름으로 무엇이든지 내게 구하면 내가 행하리라." 하시는 말씀을 성자의 이름으로 성부께 구하면 성령이 행하신다."라고 이해하면 여기에서 예수님이 삼위일체의 신비를 말하고 계심을 알 수 있다. 성령(또 다른 보혜사)을 제자들에게 보내주실 것을 약속하며 자신은 제자들의 곁을 떠나지만 진리의 영이신 성령께서 그들 속에 항상 거하실 것을 약속하신다. 이 성령께서 예수님이 가르치신 모든 것을 생각나게 하심으로 제자들을 가르치실 것이다. 예수님은 제자들에게 세상이 줄 수 없는 평안을 주시겠다 하시며 제자들을 위로하신다.

요한복음 15장

요한복음 15장과 16장은 예수님이 잡히시기 전에 제자들에게 주신 마지막 교훈이다. 15장은 포도나무와 가지의 비유로 예수님과 성도들의 관계를 설명하시고 서로 사랑하라는 새 계명을 주신다. 예수님은 자신을 포도나무로, 아버지를 포도원 농부로, 성도들은 포도나무 가지로 비유하시며 가지가 열매를 맺을 수 있는 유일한 길은 포도나무에 붙어있어야 하며 열매 맺지 못하는 가지는 하나님께서 제거해 버리시고 열매를 맺는 가지는 더 많은 열매를 맺게 하려 하여 깨끗하게 하시는 원리를 알려주신다. 제자들이 예수님 안에 거하고 예수님 말씀이 그들 안에 거하면 무엇이든지 원하는 대로 구하면 이루리라 하시는 말씀은 응답 받는 기도의 비밀을 알려주시는 복된 약속이다. "너희가 나를 택한 것이 아니요 내가 너희를 택하여 세웠나니 이는 너희로 가서 열매를 맺게 하고 또 너희 열매가 항상 있게 하여 내 이름으로 아버지께 무엇을 구하든지 다 받게 하려 함이라 내가 이것을 너희에게 명함은 너희로 서로 사랑하게 하려 함이라." 예수님께서 우리를 택하여 구원하신 목적은 서로 사랑하는 선한 행실의 열매를 맺게 하기 위해서이다. 세상은 예수님을 미워한 것 같이 예수님의 참된 제자들을 미워하고 핍박할 것이지만 보혜사 성령님이 오셔서 그리스도에 대해 증거하심과 같이 우리들도 예수님을 증거하며 살아야 한다.

요한복음 16장

예수님의 수난과 핍박 예고에 근심하는 제자들에게 다시 한번 보혜사 성령을 보내 주시겠다는 약속을 하신다. 예수님이 그들을 떠나는 것이 그들에게 유익한 것은 보혜사 성령님이 그들에게 오셔서 죄와 의와 심판에 대해 세상을 깨우치실 것이기 때문이다. 죄인들을 깨우치셔서 주 예수 그리스도의 이름으로 구원받게 하시는 것이 성령님의 사역이다. 진리의 영이신 성령은 우리를 모든 진리 가운데로 인도하시며 그리스도를 증거하시며 그를 높이고 영화롭게 하시며 구원의 복음을 우리에게 증거하시고 적용하시며 열매를 맺게 하신다. 이어서 예수님은 자신의 십자가 죽음과 부활과 승천과 성령 강림을 예고하시며 근심이 변하여 기쁨이 될 것을 해산의 고통과 생명 탄생의 기쁨에 빗대어 말씀하신다. 아버지께로 나와서 다시 아버지께로 돌아가실 것을 확실히 제자들에게 일러주시며 세상에 남은 제자들은 환란을 당할 것이나 이미 예수님이 세상을 이기셨으므로 그 환란을 담대히 견디라고 권면하신다.

요한복음 17장

예수님이 십자가 죽음을 앞두고 제자들과 모든 믿는 자들과 장차 믿을 사람들을 위하여 대제사장으로 드린 중보기도이다. 예수님은 이 기도에서 하나님과 예수님이 하나인 것을 명확하게 드러내시고 제자들도 복음 안에서 사랑으로 하나가 되기를 기도하시며 또한 하나님 아버지가 자신을 이 세상에 보낸 것 같이 제자들을 세상에 보내어 복음을 증거하게 하여 하나님이 택하신 모든 하나님의 자녀들이 이를 믿고 임마누엘의 복을 누리게 하기를 원하신다. 예수님은 세상에서 하나님이 그에게 주신 사람들에게 하나님의 말씀을 전했고 멸망의 자식인 가룟 유다 말고는 하나님이 예수님께 주신 모든 자들을 보전하셨다. 예수님은 제자들을 위해 기도하면서 그들을 세상에서 데려가시기를 구하는 것이 아니라 이 세상 속에서 오직 악에 빠지지 않게 지켜 주시기를 기도하시며 이를 위해 진리인 하나님의 말씀으로 그들을 거룩하게 해 주시기를 기도하신다. 또한 예수님과 함께 했던 제자들뿐 아니라 장차 그들이 전도할 미래의 성도들, 즉 모든 교회들도 하나님 아버지와 예수님이 하나이듯이 하나가 되어 아버지와 아들 안에 거하며 예수님을 믿게 해 달라는 기도를 하신다. 우리들 한 사람 한 사람이 예수님의 이 중보기도에 포함되어 있다. 하나님께서 창세 전부터 예수님을 사랑하사 그에게 주었던 영광을 모든 믿는 자들로 보게 해 주시기를 간구하며 그 하나님의 사랑이 교회 안에 있고 그리스도도 교회 안에 있기를 기도하신다.

요한복음 18장

17장의 기도를 마치신 예수님이 제자들과 늘 기도하던 동산(겟세마네)에서 유다를 앞세운 군대와 대제사장들과 바리새인들의 하속들에게 잡히셔서 대제사장의 집으로 끌려가 심문을 당하신다. 이곳에서 베드로가 예수님을 부인하자 곧 닭이 운다. 빌라도의 법정으로 끌려가서서 빌라도에게 심문을 당하시는데 빌라도는 예수님을 재판하기를 꺼려하며 그를 놓아주려 했지만 이스라엘 군중들이 소리를 지르며 예수가 아닌 바라바라는 강도를 놓아주기를 요구한다. 빌라도가 예수님을 심문한 내용은 그가 유대인의 왕이냐 하는 것이었는데 빌라도는 종교적인 문제로 유대지도자들이 예수님을 고소하는 것이며 예수님에게 사형에 해당하는 범죄가 없다는 것을 이성적으로 또 양심적으로 알았다. 그러나 그는 공의를 행하라고 자신에게 위임된 권력을 제대로 사용하지 못한 죄를 범하게 된다.

요한복음 19장

예수님은 십자가에 못박히신다. 빌라도는 예수님이 무죄인 것을 알고 또한 그가 하나님의 아들일 수 있다는 사실에 두려워했지만 결국 유대 군중의 압력에 밀려 십자가 처형을 허락한다. 하나님의 선택된 민족임을 내세우는 유대인들의 최고의 종교지도자인 대제사장들이 자신들에게는 가이사 외에는 왕이 없다 하며 예수님을 반역죄로 십자가 처형을 해야 한다고 주장한다. 빌라도는 예수님의 십자가 위에 붙이는 죄패로 '나사렛 예수 유대인의 왕'이라고 히브리, 로마, 헬라 말로 기록한다. 대제사장들이 이 패의 문구에 이의를 제기하지만 빌라도는 자신이 써야 할 것을 썼다고 대답한다. 예수님은 십자가에서 그의 사랑하는 제자 요한에게 자신의 육신의 어머니 마리아를 부탁한다. 이로 보아 예수님의 육신의 아버지 요셉은 이전에 죽었던 것으로 생각된다. 예수님이 십자가에서 하신 마지막 말씀인 "다 이루었다."는 '테텔레스타이'인데 이는 paid in full, 완불했다는 뜻으로 사용되던 상업적 용어로 예수님이 우리의 모든 죄값을 치르셨다는 뜻이다. 특별한 안식일인 다음 날까지 시체를 십가가에 두지 않으려고 유대인들은 십자가에 달린 사람들의 다리를 꺾어 빨리 죽도록 해 달라고 빌라도에게 요청하는데 예수님은 이미 돌아가셔서 한 군병이 예수님의 옆구리를 창으로 찌른다. 이 모든 일은 성경이 예수님에 대해 예언한 것이고 요한이 직접 십자가 아래에서 목격한 것임을 기록한다. 아리마대 요셉과 공회원 니고데모가 예수님의 시신을 유대인의 장례법에 따라 몰약과 침향으로 장사한다.

요한복음 20장

예수님의 부활이 기록된다. 예수님은 이미 예언하신대로 삼일 만에 무덤에서 부활하신다. 안식 후 첫 날 이른 아침에 예수님의 무덤을 찾아간 막달라 마리아는 빈 무덤을 발견하고 베드로와 요한에게 알리고 이들은 예수님의 무덤이 비어 있는 것을 확인한다. 무덤 밖에 서서 울던 마리아에게 예수님이 나타나셔서 제자들에게 가서 "내 아버지 곧 너희 아버지, 내 하나님 곧 너희 하나님께로 올라간다."고 말하라 하신다. 이날 저녁에 예수님이 제자들이 모인 가운데 오셔서 평강을 선포하시고 손과 옆구리를 보이니 제자들이 기뻐하고 예수님은 제자들을 세상에 사도로 파송하며 성령을 주실 것을 약속하신다. 그 자리에 없었던 도마는 자신이 직접 예수님의 손과 옆구리를 만져보지 않고는 믿지 못하겠다 하는데 이로 인해 도마에게는 '의심하는 도마'라는 수식어가 따라다니게 되었다. 그러나 사실 예수님의 제자들 중에 부활하신 예수님을 직접 만나보지 않고 믿은 사람은 한 사람도 없었다. 일 주일 후에 예수님은 도마를 비롯한 모든 제자들이 모인 자리에 다시 오셔서 도마에게 믿음 없는 자가 되지 말고 믿는 자가 되라 하신다. 이에 도마는 예수님의 손과 옆구리를 만져보지 않고도 "나의 주이며 나의 하나님이시니이다."라는 놀라운 신앙고백을 하고 이에 예수님은 보지 못하고 믿는 자들은 복되다 하신다. 당시 예수님의 제자들은 누구도 부활하신 예수님을 보기 전에는 믿지 못했지만 예수님의 부활을 직접 목격하지 않았음에도 이를 믿는 우리들이 제자들보다 더 복이 있다. 요한은 예수님이 자신이 기록하지 않은 다른 표적도 많이 행하셨으나 요한복음을 기록한 목적은 예수께서 하나님의 아들 그리스도임을 믿고 생명을 얻게 하기 위함이라 한다. 즉 성경은 우리가 그리스도 예수를 믿어 영생을 얻기 위한 유일하고도 충분한 기록이다.

요한복음 21장

예수님이 승천하시기에 앞서 디베랴 바닷가의 제자들에게 나타나신다. 이 이야기는 예수님이 공생애를 시작하시면서 베드로, 안드레, 야고보와 요한 등을 사람을 낚는 어부로 부르시는 장면이 연상된다. 제자들이 자신들의 이전의 생업으로 돌아가려 하여 고기를 잡으려 했지만 밤이 새도록 아무것도 잡지 못한다. 예수님이 제자들에게 사도의 사명을 주셨지만 이들은 그 사명을 제대로 깨닫지 못하고 예전으로 돌아가려 했다. 예수님께서 나타나셔서 그물을 배 오른 편에 던지라 하시고 이에 순종하였더니 그물을 들 수 없을 만큼의 물고기가 잡힌다. 이에 제자들이 그가 예수님인 것을 알아보는데 예수님은 제자들에게 구운 물고기와 떡을 먹이시며 베드로에게 세 번 반복해서 나를 사랑하느냐 물으시며 내 양을 먹이라는 사명을 회복시키신다. 예수님이 세 번에 걸쳐 베드로에게 반복하여 물으신 것은 아마도 베드로가 예수님을 세 번 부인한 것 때문일 것이다. 이로서 예수님은 베드로의 잘못을 깨끗하게 용서하셨음을 베드로가 깨닫게 하시고 그가 앞으로 어떤 죽음을 당할 지 알려주신다. 성도들은 예수님의 양이기에 목자로 부름 받은 사람들은 자신들에게 위임 된 성도들을 하나님의 말씀으로 양육하여야 할 책임이 있다. 마지막으로 요한은 요한복음의 기록자인 자신이 예수님의 사랑하는 제자임을 밝히고 자신이 증거한 복음이 확실한 것임을 강조한다.

사도행전 역사서

사도행전은 누가에 의해 기록되어 데오빌로에게 헌정된 누가복음의 후편으로 누가복음이 예수님이 지상에서 그리스도로 이루신 사역과 승천에 대한 기록이라면 사도행전은 그리스도의 교회가 예루살렘에서 시작하여 유대와 사마리아와 땅끝까지 퍼져 나가는 성령의 역사를 기록한다. 이런 이유로 사도행전은 성령행전이라 불릴 수 있다. 신약성경의 복음서들과 서신서 사이의 가교 역할을 하는 유일한 역사서인 사도행전은 그리스도의 승천 후에 성령 강림으로 예루살렘에 교회가 세워지며 이어진 박해를 피해 흩어진 성도들에 의해 이방 안디옥에 교회가 세워지고 안디옥 교회가 바울과 바나바를 최초로 선교사를 파송하게 되는 전반부와 바울 일행에 의해 소아시아와 그리스, 그리고 로마에까지 복음이 전파되는 후반부로 나눌 수 있다. 특히 복음서에는 등장하지 않았던 바울이 사도행전 후반부의 주요 인물로 등장하여 이후에 수록된 바울의 13개 서신서에 사도적 권위를 부여한다.

사도행전 1장

본서의 수신자, 기록 목적과 이 책이 누가복음의 후속서라는 것을 밝히는 서문과 예수님이 승천하시기에 앞서 제자들에게 주신 성령강림 약속과 복음 전파 명령으로 시작한다. "오직 성령이 너희에게 임하시면 너희가 권능을 받고 예루살렘과 온 유대와 사마리아와 땅끝까지 이르러 내 증인이 되리라." 성령께서 우리에게 오신 목적은 복음을 깨달아 믿게 하심으로 우리를 구원하시고 구원받은 자를 통해서 온 세상에 구원의 기쁜 소식을 증거하게 하기 위함이다. 제자들을 비롯한 120명의 무리가 다락방에 모여 예수님이 약속한 성령을 받기 위해 마음을 같이 하여 기도에 힘쓰는데 이 무리들 중에는 예수님의 어머니와 아우들도 있었다. 이는 성경에서 마리아에 대해 마지막으로 언급한 것이다. 예수님의 공생애 사역 동안에는 예수님을 믿지 않던 그의 동생들도 부활하신 예수님을 만나고 믿게 되었음을 알 수 있다. 이들 중에는 예루살렘 교회에서 중요한 인물이 된 야고보도 있었을 것이다. 가룟 유다의 자리를 대신할 사도로 무리들이 추천한 두 사람 중에 맛디아를 제비 뽑아 세우는데 이후로는 신약성경 어디에서도 맛디아에 대한 언급은 없다.

사도행전 2장

예수님이 약속하신 성령이 오순절에 임한 사건과 제자들이 성령이 충만하여 본격적으로 복음을 증거하는 일이 기록된다. 예수님이 유월절에 돌아가시고 삼일 만에 부활하셔서 40일을 이 땅에 계시다가 승천하셨으므로, 오순절 성령 강림은 예수님이 승천하시고 일 주일 되는 날이었을 것이다. 오순절은 세계 각처에 흩어져 있던 유대인들과 유대교로 개종한 이방인들이 예루살렘을 순례하는 세 가지 절기 중 하나로 많은 순례자들이 예루살렘으로 몰려왔을 것이다. 이 날, 한곳에 모여 있던 사람들에게 하나님의 성령이 바람과 불과 함께 각 사람에게 임함에 성령 충만을 받은 사람들이 다른 나라 말로 말하기 시작했다. 세계 각처에서 모인 사람들이 각각 자기 나라 말로 하나님의 큰 일을 말하는 것을 듣게 된다. 이 사건은 바벨탑 사건에서 온 땅의 언어를 혼잡하게 하여 사람들을 온 지면에 흩으셨던 하나님이 복음의 전파를 위해 다른 언어를 사용하는 사람들이 서로 소통할 수 있게 하시는, 새로운 역사의 시작을 알리는 사건이다. 이 오순절 방언의 은사는 일회성 사건으로 이후 고린도 교회에서 행해지던 방언과는 본질적으로 다른 것이었다. 이어지는 베드로의 설교는 방언하는 제자들을 술 취했다고 비방하는 자들에게 이는 요엘 선지자의 예언의 성취이며 그들이 못 박아 죽인 메시아이자 구주이신 예수님이 하늘에 올라가시며 약속하신 성령을 부어 주신 것이라고 담대히 증거하고 마음에 찔림을 받은 사람들에게 회개하고 예수님의 이름으로 세례를 받고 죄사함을 받으면 그들도 성령을 선물로 받을 것이라 선포한다. 이에 그날 하루에 삼천 명이 세례를 받고 예루살렘 교회 공동체의 일원이 된다. 이들은 날마다 성전에 모이기를 힘쓰며 각 집에서 떡을 떼며 하나님을 찬송하며 온 백성에게 칭송을 받으니 주께서 구원받는 사람을 날마다 더하신다.

사도행전 3장

성전 미문(Beautiful Gate)에서 구걸하던, 나면서부터 40년 넘도록 걷지 못하는 자를 고치는 베드로의 이적과 이를 놀랍게 여기는 백성들에게 행한 베드로의 설교가 기록된다. 오후의 정해진 기도시간에 성전으로 올라가던 베드로와 요한의 눈에 들어온 이 병자를 베드로는 나사렛 예수 그리스도의 이름으로 치유하고 이어지는 설교에서 그리스도에게 영광을 돌리며 예수를 부인하고 그를 십자에게 죽인 것은 이스라엘 백성들과 그들의 관원들이 모르고 한 일이나 이제 회개하여 죄사함을 받을 것을 권면하며 예수님이 모세와 선지자들이 예언한 바로 그 메시아임을 선포한다.

사도행전 4장

3장에 기록된 대로 베드로가 백성들에게 예수 그리스도의 부활의 복음을 선포하자 유대교 지도자들은 사도들을 가두고 다음날 공회 앞에서 사도들을 심문하는데 베드로는 성령이 충만하여 나사렛 예수 그리스도 말고는 천하의 다른 어떤 이름으로도 구원을 얻을 수 없음을 기탄없이 선포한다. 유대 지도자들은 사도들이 행한 표적이 모든 예루살렘 사람들에게 알려져 그들도 이를 부인할 수 없으므로 다른 방법이 없어 사도들에게 예수의 이름을 전파하지 말라고 명하지만 베드로와 요한은 "하나님 앞에서 너희 말 듣는 것이 하나님 말씀을 듣는 것보다 옳은가."라고 그들에게 되묻는다. 공회에서 풀려난 사도들은 교회에 모여 하나님을 찬양하고 기도하니 모인 곳이 진동하고 무리가 다 성령이 충만하여 담대히 하나님의 말씀을 전한다. 그들은 한 마음과 한 뜻으로 모든 물건을 함께 나누며 사도들은 큰 권능으로 예수의 부활을 증거하고 모든 무리 가운데 가난한 사람이 없었다. 구브로 출신인 바나바(위로의 아들)라고도 하는 레위 족인 요셉은 그의 밭을 팔아 사도들 앞에 내어 놓는다.

사도행전 5장

초대교회에서 첫 번째 위기가 될 수 있었던 사건이 기록된다. 앞 장에서 성도들이 서로의 필요를 채우며 그중에 가난한 사람들이 없었다 하는데 아나니아와 삽비라 부부도 자신들의 소유를 팔아 교회에 내어 놓는다. 문제는 그들이 일부는 자신들을 위해 남겨놓고도 전 재산 모두를 하나님께 바치는 척했던 것이다. 아나니아와 삽비라는 이 죄로 인해 즉사하는데, 베드로의 말처럼 그들이 하나님께 거짓말을 했기 때문이다. 교회 공동체를 거짓과 탐욕으로 오염시킬 수도 있는 죄였기에 하나님은 이 죄를 심판하셨고 이 일로 모든 사람들이 하나님에 대한 경외심을 갖게 된다. 사도들의 많은 표적과 기사로 믿는 자들이 더욱 많아지고 허다한 사람들이 병과 더러운 귀신으로부터 나음을 얻는다. 이에 대제사장과 사두개파 사람들이 다시 사도들을 옥에 가두지만 하나님이 천사를 보내 그들을 인도하여 내셔서 새벽부터 성전에서 말씀을 가르치게 하신다. 사도들이 다시 공회 앞에 섰을 때 베드로와 사도들은 담대히 복음을 그들 앞에서 선포하고 이에 진노한 유대 지도자들은 사도들을 죽이려 하지만 바리새인 율법 교사로서 존경받는 가말리엘의 설득으로 사도들은 채찍을 맞고 풀려난다. 이 가멜리엘의 문하생 중에 한 명이 바로 바울이었다(사도행전 22:3).

사도행전 6장

초대교회가 급성장하면서 사도들이 기도와 말씀을 전하는데 전념하기 위해 구제와 공궤 사역 전담자가 필요하게 되어 교인들 중에 성령과 지혜가 충만하여 칭찬 듣는 일곱 집사를 택하여 안수하고 교회의 일꾼들로 세운다. 이들 중에 특히 스데반은 은혜와 권능이 충만하여 큰 기사와 표적을 행하자, 거짓 증인들을 내세워 스데반이 율법을 거스려 말한다고 모함하며 공회 앞에 세우는데, 성경은 공회 앞에 선 스데반의 얼굴이 천사의 얼굴 같았다고 기록한다.

사도행전 7장

공회 앞에서의 스데반의 변론과 그의 순교가 기록된다. 스데반의 변론은 구약의 역사를 요약한 한편의 매우 훌륭한 구원론적인 설교로 아브라함으로부터, 모세, 다윗과 솔로몬 그리고 그 후의 여러 선지자들을 통해 예언된 메시아를 이스라엘 사람들이 죽인 사실을 역설하자 이를 들은 공회원들은 마음이 찔렸지만 회개하는 대신 이를 갈며 스데반을 죽이려 한다. 스데반은 성령이 충만하여 하늘을 보고 하나님의 영광과 예수께서 하나님 우편에 서신 것을 본다. 신약성경의 많은 곳에서 예수님이 하나님 우편에 앉아 계신 것으로 묘사되는데 여기에서는 예수님이 하나님 우편에 서 계신 것은 순교하며 하늘 나라에 입성하는 스데반을 영접하려고 친히 일어서신 것으로 볼 수 있다. 이스라엘의 최고 기관인 공회원들이 폭도로 변하여 스데반을 성 밖으로 끌어내 돌로 쳐 죽이는데 증인들이 겉옷을 벗어 사울이라는 청년에게 맡긴다. 바울이라는 사울이 사도행전에 처음 등장하는 장면이다. 돌에 맞아 죽어가면서 스데반은 주 예수께 자신의 영혼을 의탁하며 죄를 저들에게 돌리지 말 것을 기도하며 순교한다.

사도행전 8장

스데반의 순교 이후에 예루살렘 교회에 큰 핍박이 있어 사도들 외에는 다 유대와 사마리아 땅으로 흩어지고 스데반의 죽음을 마땅히 여긴 사울이 교회 핍박의 전면에 등장한다. 빌립 집사는 사마리아 성에 가서 복음을 전하고 귀신들린 자들과 병자들을 치료한다. 예루살렘 교회가 사마리아 소식을 듣고 베드로와 요한을 보내 사마리아 성도들에게 안수하여 그들도 성령을 받게 되는데 마술장이 시몬이 돈을 주고 성령을 받게 하는 권능 얻기를 구하자 베드로가 그의 악함을 책망하며 회개할 것을 촉구한다. 빌립은 성령의 인도하심을 따라 에디오피아 내시에게 복음을 전하고 그에게 세례를 베푼다. 스데반이나 빌립은 사도가 아닌 집사였으나 스데반은 복음을 전하다가 첫 순교자가 되었고 빌립은 사마리아와 여러 이방 성에 다니며 복음을 전하고 세례를 베풀기도 한다.

사도행전 9장

다메섹까지 가서 믿는 자들을 잡아오려던 사울을 찾아오신 예수님을 기록한다. 홀연히 빛으로 사울에게 나타나신 예수님은 사울에게 "네가 어찌하여 나를 핍박하느냐." 하시며 교회와 자신이 하나임을 선언하신다. 아나니아라는 제자를 통해 사울에게 안수하며 예수님은 사울에게 이방인과 임금들과 이스라엘 자손들에게 복음을 전할 사명을 주신다. 사울은 아나니아의 안수로 다시 앞을 보게 된 며칠 후 즉시 각 회당을 다니며 예수가 하나님의 아들이심을 전파한다. 이를 본 유대인들은 그와 논쟁하려 했지만 사울은 더욱 강하게 예수를 그리스도라 증명하며 그들을 굴복시킨다. 여러 날 후(시간이 좀 흘렀을 수도 있어 보임.)

유대인들이 사울을 죽이려 하지만 사울은 제자들의 도움으로 다메섹 성에서 빠져나와 예루살렘으로 간다. 예루살렘에서 사울이 제자들과 사귀려 하지만 제자들이 그의 옛 악명 때문에 그를 두려워하는데 이때 바나바가 그를 제자들 앞에 데리고 가서 그에게 일어난 모든 일을 증언하며 제자들과 교류하며 복음을 증거하자 예루살렘의 유대인들이 그를 죽이려 하여 사울은 다소로 보내진다. 온 유대와 갈릴리와 사마리아의 교회들이 평안히 서 가고 성령이 함께 하여 수가 더 많아진다. 베드로가 사방으로 다니며 복음을 전하다가 룻다에 이르러 애니아라는 중풍병자를 고치고 욥바에서는 죽었던 여제자 다비다(도르가)를 살린다.

사도행전 10장

이방인 백부장 고넬료와 그의 가족이 구원받는 기사가 나온다. 가이사랴의 이달리아 부대 백부장인 고넬료는 기도하던 중에 베드로를 불러 가르침을 받으라는 환상을 받고 같은 때에 베드로는 하나님에게서 "내가 깨끗하게 한 것을 네가 속되다 하지 말라."는 환상을 받는다. 이 환상으로 깨달음을 받은 베드로는 고넬료에게 가게 되고 베드로의 설교를 듣던 중에 고넬료의 집에 모인 이방인들에게 성령이 임하시고 이를 본 베드로는 그들에게 세례를 준다. 성령을 받기 위해 세례가 꼭 선행되어야 하는 것이 아니고 성령을 받은 증거로 세례를 베풀기도 한다는 것과 할례 받지 못한 이방인들에게도 동일한 성령의 역사가 임한다는 것을 보여준다.

사도행전 11장

베드로가 고넬료에게 세례를 베푼 것을 문제 삼는 할례자들이 예루살렘 교회에 있었음을 기록한다. 그리스도인이 되고도 선민의식을 버리지 못한 연약한 인간의 모습을 보여준다. 이들에게 베드로는 자신이 고넬료의 집에서 겪은 일을 차례로 설명하며 이방인들에게도 생명 얻는 회개를 주셨다는 것을 깨닫게 한다. 안디옥에 복음이 증거되었다는 소식을 듣고 예루살렘 교회가 바나바를 안디옥에 파송하고, 착한 사람이요 성령이 충만한 자인 바나바는 안디옥 사람들에게 굳은 마음으로 주께 붙어 있으라 권하며 안디옥 교회가 크게 성장한다. 동역자에 대한 필요를 느낀 바나바는 다소에 가서 사울을 찾아 둘이 동역하며 1년 동안 큰 무리를 가르쳤고 안디옥에서 비로소 교회의 무리가 그리스도인이라 불리게 된다. 바나바에 의해 사울이 다시 등장하는 것은 사울이 회심한 후 약 10년 뒤라고 한다. 안디옥 교회는 흉년이 들어 어려워진 유대교회를 위해 부조를 걷어 바나바와 사울을 통해 예루살렘 교회의 장로들에게 전달한다. 사울이 회심한 후 두 번째 예루살렘 방문이다.

사도행전 12장

교회에 대한 정치적 핍박이 기록된다. 헤롯은 요한의 형제 야고보 사도를 죽이고 유대인들이 이를 기뻐하자 이어서 베드로도 죽이려고 잡아들인다. 야고보는 사도들 중에서 최초의 순교자이다. 베드로는 천사의 인도로 옥에서 걸어 나와 그를 위해 마가의 어머니 마리아의 집에 모여 간절히 기도하던 교인들에게 가서 자신이 옥에서 나온 것을 교회의 지도자인 야고보(예수님의 동생)와 형제들에게 전하라 하고 다른 곳으로 피신한다. 헤롯은 가이사랴에서 자신을 신격화하는 교만 때문에 벌레 먹어 죽는다. 이런 상황에도 하나님의 말씀은 흥왕하고 바나바와 사울은 마가를 데리고 예루살렘에서 안디옥으로 돌아온다.

사도행전 13장

안디옥 교회가 바나바와 사울을 최초의 선교사로 파송한다. 안디옥 교회에는 바나바와 사울 외에 선지자와 교사들이 있었는데 교회가 금식하는 가운데 성령이 바나바와 사울을 따로 세우라 하시니 안디옥 교회가 금식하며 기도하고 안디옥 교회의 초대 공동 목회자였던 바나바와 사울을 안수하여 파송한다. 이 때 젊은 마가 요한이 수종자로 동행한다. 구브로 섬의 바보에 이르러 그 지방 총독인 서기오 바울이 바나바와 사울에게 하나님의 말씀을 듣고자 하나 마술사 엘루마가 훼방하는데 이때 '바울'이라 하는 사울이 이 마술사를 마귀의 자식이라 정죄하며 그의 눈이 멀게 된다. 이때부터 사도행전은 사울을 바울이라 기록한다. 어떤 사람들은 사울이 다메섹에서 예수님을 만나고 회심한 후에 이름을 바울로 바꾸었다고 생각하는데, 사도행전은 그렇게 기록하지 않는다. 사울이 회심한 때와 바울의 1차 전도여행이 기록된 사도행전 13장 사이에는 적어도 10년 이상이 흘렀다고 본다. 사울은 그의 유대식의 이름이고 바울은 그의 로마식 이름으로 사도행전을 기록한 누가는 의도적으로 처음에는 사울이라는 이름으로 기록하고 본격적으로 이방 전도사역을 시작한 후에는 바울로 기록했을 것으로 생각된다. 일행이 바보에서 배를 타고 버가로 가는데 마가 요한은 그들을 떠나 예루살렘으로 돌아가는데 이는 나중에 바나바와 바울이 갈라서는 이유가 된다. 바울과 바나바는 비시디아 안디옥에 이르러 안식일에 회당에서 복음을 전하니 이방인들이 듣고 하나님의 말씀을 찬송하며 영생을 주시기로 작정된 자는 다 믿게 된다. 그러나 그들을 반대하는 자들의 핍박으로 그곳을 떠나며 그들을 향해 발의 티끌을 떨어 버리고 기쁨과 성령이 충만하여 이고니온으로 향한다.

사도행전 14장

바울과 바나바가 이고니온과 루스드라, 다베에서 복음을 전하고 안디옥으로 복귀하여 1차 전도여행을 마무리 하는 것이 기록된다. 누가는 14장에서 바울과 바나바를 사도라고 기록하고 있다. 사도들은 이고니온에서도 유대인의 회당에서 먼저 복음을 전하는데 항상 같은 복음을 들어도 믿는 자들과 배척하는 자들로 나누어진다. 누가는 전 장에서 하나님이 영생을 주시기로 작정한 자들은 모두 복음을 듣고 믿게 된다고 기록하고 있다. 이고니온에서도 사도들을 돌로 치려는 자들이 있어 사도들은 루스드라와 더베와 인근 지방에서 복음을 전한다. 루스드라에서는 걷지 못하는 사람의 믿음을 보고 그를 고치자 바울과 바나바를 신으로 여겨 그들에게 제사를 드리려는 사람들에게 자신들은 신이 아니며 그들에게 복음을 전하는 것은 그들이 살아 계신 하나님께 돌아오게 하려 함임을 강변한다. 안디옥과 이고니온에서 온 유대인들이 무리를 충동하여 바울을 돌로 치고 죽은 줄 알고 성밖으로 버리지만 바울은 일어나 바나바와 함께 더베와 루스드라, 이고니온, 안디옥으로 돌아다니며 제자들의 마음을 굳게 하고 제자들에게 이 땅에서 겪어야 할 많은 환란이 있음을 상기시키고 각 교회에서 장로들을 세우고 그들을 파송한 안디옥 교회로 돌아가 선교 보고를 하며 하나님이 행하신 모든 일과 이방인들에게 믿음의 문을 여신 것을 그들과 나눈다.

사도행전 15장

할례에 관해 논의한 예루살렘 공의회와 바울의 2차 전도여행이 기록된다. 유대로부터 안디옥에 할례파들이 내려와 할례를 받지 않으면 구원을 받지 못한다고 주장하여 바울과 바나바가 이들과 변론하다가 예루살렘 교회의 사도들과 장로들에게 간다. 예루살렘 교회에서 베드로가 이방인 고넬료의 집이 복음을 받았던 일을 상기시키고 바울과 바나바도 그들의 전도여행에 대해 간증한다. 이에 야고보의 결론은 이방인 개종자에게 할례나 다른 유대인의 관습을 부과하려는 모든 시도를 금하는 것이었다. 다만 유대 그리스도인들의 입장도 고려해야 했기에 그들의 양심에 꺼리는 우상에게 바쳤던 짐승의 고기나 피를 완전히 빼지 않은 고기 등을 삼갈 것을 요구했다. 이것이 예루살렘 공회의 공식 입장으로 편지로 작성되어 예루살렘 교회는 유다와 실라를 대표로 선택하여 안디옥 교회에 바울과 바나바와 함께 보내고 예루살렘 교회의 결정을 안디옥 성도들은 기쁘게 받는다. 바울과 바나바는 제2차 전도여행을 계획하며 마가를 데려갈 것인지를 놓고 심히 다투어 바나바는 마가를 데리고 구브로로 가고 바울은 실라와 함께 수리아와 갈라디아로 가게 된다.

사도행전 16장

사도행전 16-17장은 바울의 제2차 전도여행에서 복음이 소아시아를 넘어 지중해를 건너 유럽에 전파되는 것을 기록한다. 루스드라에서 디모데를 만난 바울은 그를 전도여행에 합류시키기 위해 그에게 할례를 행한다. 할례가 구원에 필요한 것이 아님을 예루살렘 공회에서 확정했지만 아버지가 이방인인 무할례자 디모데와 함께 하는 것을 꺼려했던 유대인들을 고려한 처사였다. 성령께서 바울 일행을 아시아를 떠나 마게도냐로 인도하신다. 누가는 이때부터 바울 일행의 행적을 기록하면서 '우리'라는 표현을 사용하는 것으로 보아 이때부터 누가가 바울과 실라와 동행한 것으로 본다. 마게도냐의 빌립보에서 자주장사 루디아가 개종하게 되고 바울 일행은 그녀의 집에 머문다. 점쟁이 여종에 붙은 귀신을 쫓아 낸 일로 인해 그 여종의 주인들이 고발하여 바울과 실라는 옥에 갇히게 되지만 그 일로 인해 간수의 집 온 식구들이 복음을 듣고 구원을 받게 된다. "선생들이여 내가 어떻게 하여야 구원을 받으리이까."라고 질문하는 간수에게 바울은 "주 예수를 믿으라 그리하면 너와 네 집이 구원을 받으리라."라고 하며 간수와 그 집에 있는 모든 사람에게 주님의 말씀을 전한다. 바울은 여기서 어떤 사람들이 오해하는 것처럼 가장이 대표로 믿으면 가족 모두가 구원을 받는다고 말한 것이 아니다. 너와 네 집의 모든 식구들이 주 예수를 믿으면 구원을 받는다고 한 것이다.

사도행전 17장

바울 일행의 데살로니가, 베뢰아, 아덴으로 이어지는 전도여행 기록이다. 복음이 전파되는 곳에서는 성령의 역사로 구원받는 자들도 있지만 또한 이를 시기하는 사탄의 방해공작과 박해도 있음을 본다. 데살로니가 유대인 회당에서 안식일에 바울이 복음을 전하자 헬라인들 큰 무리와 귀부인들이 믿게 되는데 유대인들이 이를 시기하며 소동을 일으키고 거짓 고소를 한다. 이에 바울과 실라는 베뢰아에 가서 복음을 전하는데 베뢰아 사람들은 더 신사적이어서 간절한 마음으로 말씀을 받고 날마다 성경을 상고하며 많은 사람들이 믿게 된다. 데살로니가에서 소동을 일으키던 유대인들이 베뢰아까지 와서 소동함으로 바울은 배를 타고 아덴으로 간다. 바울은 아덴의 철학자들 앞에서 우주의 창조주이신 하나님과 부활하신 그리스도를 전한다.

사도행전 18장

바울은 아덴을 떠나 고린도로 간다. 그곳에서 바울은 로마에서 온 아굴라와 브리스길라를 만난다. 그들은 바울과 같은 직업을 가진 복음의 동역자가 된다. 또한 실라와 디모데도 마게도냐에서 내려와 바울과 합류한다. 바울이 회당에서 유대인들에게 예수가 그리스도라고 밝히 증거하나 그들이 대적하고 훼방하므로 바울은 그들 앞에서 옷을 떨고 이후에는 이방인들에게 증거할 것을 선포한다. 밤에 주님이 환상 중에 바울에게 "두려워하지 말며 잠잠하지 말고 말하라 내가 너와 함께 있으매 아무 사람도 너를 대적하여 해롭게 할 자가 없을 것이니 이 성중에 내 백성이 많음이라." 하시며 위로하시고 힘을 주신다. 바울은 고린도에 1년 6개월 머무르며 하나님의 말씀을 가르친다. 이후에 바울 일행은 에베소에 이르고 바울은 에베소를 떠나 예루살렘으로 돌아가는 길에 가이사랴, 안디옥, 갈라디아, 브루기아 땅을 차례로 다니며 제자들을 굳게 한다. 한편 아볼로가 에베소에 와서 주의 도를 열심히 가르치나 요한의 세례만 알고 있어서 브리스길라와 아굴라가 하나님의 도를 자세히 풀어 그에게 전하고 아볼로는 에베소 형제들의 추천으로 아가야에 가서 성경으로 예수가 그리스도임을 증거하며 많은 믿는 자들에게 유익을 준다.

사도행전 19장

사도행전 19-20장에는 바울의 3차 전도여행이 기록된다. 바울은 2차 전도여행의 마지막에 에베소를 지나가면서 다시 오겠다 했던 대로 3차 전도여행에서는 3년 가까이 에베소에서 가르친다. 에베소에서 세례 요한의 세례만 알던 제자들에게 주 예수의 이름으로 세례를 주어 그들에게 성령이 임하였고 석 달 동안 유대인의 회당에서 강론했는데 마음이 굳어 순종하지 않는 자들의 비방에 장소를 두란노 서원으로 옮겨 2년 동안 매일 말씀을 강론하고 병자를 고치고 악령을 쫓는 기적들을 많이 행한다. 이에 마술하는 유대인들이 바울을 흉내내려 하다가 오히려 악귀에게 봉변을 당하고 이 일로 사람들이 주 예수의 이름을 높이고 마술을 행하던 사람들은 수많은 마술 책들을 불사른다. 이후에 바울은 마게도냐와 아가야를 거쳐 예루살렘으로 가려 한다. 에베소에서 데메드리오라는 은장색이 아데미 신을 빙자하여 큰 소동을 일으키고 바울 일행을 잡아 연극장으로 끌고 갔으나 서기장이 소요를 진정시킨다. 아마도 이 서기장은 하나님이 예비하셨을 것이다.

사도행전 20장

바울이 그동안 전도한 교회들을 두루 다니며 그들을 권면하는 내용이 나온다. 많은 학자들은 바울의 위대한 네 편의 편지인 고린도전후서, 갈라디아서, 로마서가 바울의 3차 전도여행 중 헬라 지방을 두루 다닐 때 기록했을 것이라 추측한다. 드로아에서 바울은 자신에게 주어진 시간이 많지 않음을 알고 밤중까지 말씀을 전하고 말씀을 듣다가 졸면서 삼층에서 떨어져 죽은 유두고를 살린다. 바울은 아시아에서의 마지막 체류지인 밀레도에서 에베소 장로들에게 고별설교를 통해 자신이 선교를 위해 얼마나 희생적인 삶을 살았는지 역설하며 자신을 본받아 맡겨진 양 떼를 잘 돌볼 것을 권면하며 그들을 주와 그 은혜의 말씀에 부탁하고 예루살렘으로 향한다.

사도행전 21장

예루살렘으로 올라가는 길에 가이사랴에서 전도자 빌립의 집에 들렀을 때 바울이 예루살렘에 가면 붙잡힐 것이라고 선지자 아가보가 예언하지만 바울은 예루살렘에서 주 예수의 이름을 위하여 죽을 것도 각오하였다 하며 예루살렘으로 올라간다. 예루살렘 교회가 바울을 영접하는데 야고보와 장로들은 유대 그리스도인들의 바울을 향한 근거 없는 비난 때문에 성전에서 정결예식을 행할 것을 바울에게 권한다. 바울이 결례를 마치는 7일째 되는 날 유대인들이 바울을 잡아 죽이려 하나 천부장의 개입으로 바울은 군중들에게 말할 기회를 얻게 된다.

사도행전 22장

체포당한 바울이 군중들 앞에서 행한 변론과 자신의 회심에 대한 간증이 기록된다. 열심이 있는 유대인으로 그리스도의 도를 핍박하던 자신이 어떻게 살아 계신 예수 그리스도를 만났고 어떻게 이방인들의 사도로 세워졌는지를 간증하자 무리들은 바울을 죽이라고 소동을 벌인다. 이에 천부장이 바울을 채찍질하여 심문하려 하는데 바울은 천부장에게 자신이 로마 시민임을 밝히고 천부장은 바울을 공회 앞에 세워 심판을 받게 한다.

사도행전 23장

산헤드린 공회 앞에서 행한 바울의 변론이 나온다. 바울이 자신은 양심에 따라 하나님을 섬긴다고 하자 대제사장 아나니아가 그의 입을 치라고 명하고 바울은 공회에 부활을 믿는 바리새인들과 이를 부인하는 사두개인들이 있는 것을 보고 바리새인인 자신은 죽은 자의 소망인 부활 때문에 심문을 받고 있다고 하자 바리새인들과 사두개인들 사이에 큰 다툼이 일어나 천부장이 바울을 병영 안으로 옮긴다. 그날 밤 주께서 바울에게 나타나셔서 그가 로마에서도 증거해야 할 것이라며 담대하라 하신다. 유대인 40여 명이 바울을 죽일 음모를 꾸미는 것을 들은 천부장은 바울을 가이사랴에 있는 총독 벨릭스에게 호송한다.

사도행전 24장

벨릭스 총독 앞에서 변론하는 바울에 대해 기록한다. 유대 지도자들이 변호사 더둘로와 함께 벨릭스에게 와서 바울을 고소하는데 바울을 전염병 같은 자요 나사렛 이단의 우두머리이며 성전을 더럽게 한 자라고 주장한다. 이어지는 변론에서 바울은 더둘로의 고소를 조목조목 반박하면서 단지 자신은 유대인들이 이단이라 주장하는 도를 따라 유대인의 하나님을 섬기며 율법과 선지자의 글을 믿으며 부활의 소망을 가지고 양심에 거리낌 없기를 힘쓰는 자이며 그가 예루살렘을 방문한 것은 민족을 구제할 연보를 전하기 위해서라고 한다. 아내가 유대인이었던 벨릭스는 바울이 전하는 기독교에 대해 어느정도 알고 있었기에 재판을 연기하고 아내와 함께 바울에게서 예수 믿는 도를 개인적으로 듣기도 하며 바울에게 어느 정도 자유를 허락한다. 그러나 그는 유대인의 환심을 얻고자 2년 동안이나 바울을 가두어 둔다.

사도행전 25장

벨릭스의 후임으로 유대 총독으로 온 베스도 앞에서 재개된 바울의 재판과 바울이 가이사에게 상소한 일이 기록된다. 베스도 앞에서의 재판에서도 유대인들은 바울의 유죄를 증명하지 못하고 베스도가 바울에게 예루살렘에 가서 재판 받을 것을 제안하자 바울은 가이사에게 상소한다. 베스도를 방문한 아그립바 왕에게 베스도는 유대인들이 고소하는 바울에게는 그들의 종교적인 문제 말고는 다른 죽일 죄가 없다 하며 황제에게 적어 보낼 죄목을 위해 아그립바 왕 앞에 바울을 세운다.

사도행전 26장

아그립바 왕 앞에서의 바울의 변론이 나오는데 바울은 단순히 자신의 무죄함을 주장하는 것을 넘어 유대교에 대해 알고 있던 아그립바 왕에게 복음을 증거한다. 여기에 나오는 아그립바는 헤롯 아그립바 2세로 그의 아버지 아그립바 1세는 사도 야고보를 죽였고 그의 할아버지 헤롯 안디바스는 세례 요한을 죽였고 증조 할아버지 헤롯 대왕은 베들레헴의 어린 아이들을 죽였다. 그런 아그립바 앞에서 바울은 자신의 생명을 건 변론을 담대하게 행하며 아그립바의 영혼 구원을 위한 전도를 한다. 자신의 과거 행적과 다메섹에서 부활하신 예수님을 만나 이방인의 사도로 부름 받은 일을 전하자 베스도는 바울이 많은 지식으로 인해 미쳤다 하나 바울은 아그립바 왕이 자신처럼 복음을 믿기를 간절히 원한다 한다. 바울의 변론을 들은 아그립바 왕과 베스도는 바울이 가이사에게 호소하지 않았으면 당장 풀려날 수 있었다고 그의 무죄를 인정한다.

사도행전 27장

바울은 가이사 앞에 서기 위하여 로마로 호송된다. 사도행전 27장은 바울이 가이사랴를 떠나 로마로 가는 여정 중 멜리데(Malta) 섬에 도착하기 까지의 순탄하지 않았던 항해에 대해 기록한다. 누가는 이 항해 과정을 자세히 기록하면서 '우리'의 행적을 언급하는 것으로 보아 누가는 바울과 함께 로마까지 동행한 것을 알 수 있다. 누가는 아리스다고도 함께 동행했다고 기록한다. 항해 도중에 유라굴로 태풍을 만나 배가 파선되며 선원들과 승객들 모두에게 소망이 없어졌지만 바울은 자신이 받은 하나님의 말씀으로 모두를 위로하며 안심시키고 모든 사람들이 멜리데 섬에 상륙하여 구조된다.

사도행전 28장

바울 일행은 멜리데 섬에서 겨울 석 달을 보내고 로마로 향한다. 멜리데 섬에서 바울이 많은 병자들을 고치며 환대를 받고 알렉산드리아 배를 타고 로마에 도착한다. 로마로 가는 길에 보디올에서 바울 일행의 소식을 전해 듣고 그들을 기다리던 로마의 그리스도인 형제들과 만나 교제하고 로마로 들어간 바울은 그를 지키는 군인 한 명과 따로 있도록 배려된다. 바울은 로마에 있는 유대 지도자들을 청하여 자신이 로마에 오게 된 이유를 설명하고 그들에게 아침부터 저녁까지 복음을 전하는데 믿는 자들과 믿지 않는 자들로 나뉘게 된다. 이에 바울은 이사야 선지자의 말씀을 인용하며 믿지 않는 유대인들에 대한 정죄를 선포하며 이후로는 구원의 복음이 이방인에게 전해질 것을 선언한다. 바울은 2년 동안 자기 셋집에 머물면서 자기에게 오는 모든 사람들에게 주 예수 그리스도의 복음을 담대하고 거침없이 가르쳤다는 말로 사도행전은 끝을 맺는다. 죄수의 신분이었지만 간수와 함께 빌린 집에 살면서 그리스도를 전파하는 것이 허락되었던 바울은 아마도 이 셋집에 사는 동안 에베소서, 빌립보서, 골로새서, 빌레몬서를 기록했을 것이다.

로마서 서신서 | 바울 서신

사도행전에 이어 21권의 서신서가 나온다. 이 서신서들은 대부분 편지 형식으로 수신자와 발신자를 밝히고 있다. 로마서는 사도 바울이 로마에 있는 그리스도인들에게 쓴 편지로 바울의 13권(히브리서를 포함한다면 14권)의 서신서 중에 신약성경에서 가장 먼저 나오지만 가장 먼저 쓴 서신은 아니라고 본다. 많은 성경학자들은 바울의 서신 중 갈라디아서가 AD 48년경 기록된 바울의 첫 서신으로 보며 로마서는 AD 57년경에 기록되었다고 본다. 로마서를 쓸 당시는 아직 바울이 로마를 방문하기 전으로 로마에 어떻게 교회가 세워졌는지에 대해서는 여러가지 설이 있는데, 오순절 성령 강림 사건 때에 예루살렘에 방문 중이던 사람들이 그리스도를 믿고 로마로 돌아가서 교회를 세웠거나 아시아와 그리스 여러 지역에서 바울이나 다른 제자들에 의해 그리스도를 믿게 된 사람들이 로마에 이주하여 살면서 교회가 시작되었을 것으로 본다. 로마 교회에는 유대인들도 있었지만 대부분은 이방인이었을 것이다. 로마서는 바울이 고린도에 머물고 있을 때 쓴 것으로 생각되는데, 바울은 로마 교회에 방문하기를 원하는 마음과 로마 교회의 도움을 받아 스페인까지 가서 복음을 전하려는 계획을 알려주며 로마 교회를 방문하기에 앞서 그들에게 그리스도인의 구원과 삶에 관한 기본 진리를 가르치려 했다. 1장에서 11장까지는 하나님이 주시는 구원의 이치에 대해 설명하고 12장에서 16장까지는 구원받은 자들의 삶에 대해 교훈한다. 로마서는 믿음으로 의롭게 되는 기독교 교리를 가장 잘 표현한 짜임새 있는 교리서로서, 자연계시, 죄의 보편성, 칭의, 화목제물, 믿음, 원죄, 그리스도와의 연합, 선택과 유기, 영적 은사, 권위에 대한 순복 등의 주제를 다룬다.

로마서 1장

　바울의 다른 서신서처럼 수신자인 로마 교회에 대한 인사로 시작하는데 자신을 그리스도의 종이라고 하는 동시에 사도로 부름 받은 권위에 대해 기술하며 이 서신이 개인적인 통신이 아닌 로마 교회에 하나님의 대리인으로 말씀을 증거하고 있음을 밝힌다. 자신의 사도로서의 사명과 로마를 방문하기를 원하는 목적이 그들에게 하나님의 은혜를 나누며 그들의 도움으로 스페인까지 복음을 전하려 함이라고 한다. 바울은 복음의 진수를 그들에게 알려주기를 원하는데 이 복음은 모든 믿는 자에게 구원을 주시는 하나님의 능력이며 오직 의인은 믿음으로 말미암아 살게 됨을 선언한다. 사람들에게 이 구원이 필요한 것은 모든 사람들이 죄를 지어 하나님의 진노의 심판을 피할 수 없기 때문인데, 창세로부터 하나님이 지으신 모든 피조물을 통해 하나님의 능력과 신성이 분명하게 나타나서 누구도 하나님의 존재를 부인할 핑계가 없음에도 하나님께 영광을 돌리는 대신 우상을 섬기며 정욕을 좇아 살아가기에 하나님이 그들을 죄 가운데 내버려 두셨고, 사람들은 자신들이 죽어 마땅한 죄인이라는 것을 하나님이 주신 양심으로는 알고 있지만 죄를 죄가 아니라고 하는 완악함과 뻔뻔함에 빠져 있음을 지적한다.

로마서 2장

　1장에서 세상 사람들의 죄악에 대해 언급한 바울은 2장에서 종교적 교만에 빠져 남들을 판단하는 유대인들의 죄를 책망하며 종교적으로 강퍅한 자들에게 임할 하나님의 심판을 선언한다. 율법을 받은 유대인이나 율법이 없는 이방인이나 다 자신들의 행위에 따라 심판을 받을 것인데, 율법을 듣고 행하지 않으면 의롭다 함을 받지 못할 것이라 유대인들에게 선포하고, 율법을 받지 않은 이방인들도 그들의 본성과 양심에 하나님이 심어 주신 도덕적 분별력이 그들을 송사하는 증거가 됨을 일깨운다. 육체의 할례자가 하나님의 백성이 아니라 마음으로 할례를 받은 영적 이스라엘 백성이 진정한 하나님의 백성임을 밝힌다.

로마서 3장

바울은 유대인들에게 하나님의 말씀을 맡은 특권이 주어졌지만 그들이 율법을 지키지 않아서 하나님의 심판을 받게 된 것과 하나님께서 율법을 주신 의도는 구원의 계시를 주시려는 선한 의도였기에 율법은 하나님의 거룩하심을 증거한다고 말한다. 그러나 인간은 유대인이나 이방인이나 다 하나님 앞에 죄인이며 율법은 죄인들에게 하나님의 거룩하심을 증거함으로 사람들이 자신의 죄를 알고 인간 스스로 구원에 이를 수 없음을 깨닫고 하나님의 긍휼하심과 은혜를 구하게 하기 위해 주신 것임을 일깨운다. 율법 외에 하나님의 의가 되시는 예수 그리스도를 믿는 믿음으로 얻게 되는 의를 제시하며 "모든 사람이 죄를 범하였으매 하나님의 영광에 이르지 못하더니 그리스도 예수 안에 있는 속량으로 말미암아 하나님의 은혜로 값없이 의롭다 하심을 얻는 자 되었느니라."라는 복음의 핵심을 선포한다.

로마서 4장

바울은 창세기 15장에 기록된 아브라함이 할례 받기 이전에 하나님을 믿음으로 하나님이 그를 의롭게 여기신 것을 예로 들어 행위나 할례가 아닌 오직 믿음으로 의롭게 되는 은혜에 대해 설명하며 이 사건으로 아브라함은 할례자나 무할례자를 막론하고 모든 믿는 사람들의 조상이 되었다고 설파한다. 아브라함에게 주어진 하나님의 언약은 그가 아직 할례 받지 않았을 때 그의 믿음 위에 주어졌다. 아브라함에게 주어진 의가 예수님을 죽은 자 가운데 살리신 하나님을 믿는 우리 모두에게도 주어지는 것이라는 이신칭의의 원리를 설명한다.

로마서 5장

믿음으로 의롭다고 인정받은 결과 누리게 되는 영적인 복에 대해 언급한다. 죄로 인해 하나님과 단절되었던 우리는 예수 그리스도로 말미암아 하나님과 화평을 누리게 되었다. 또한 성도들이 환란 중에도 즐거워할 수 있는 것은 환란은 인내를, 인내는 연단을, 연단은 소망을 이루기 때문이다. 우리가 아직 죄인되었을 때 그리스도께서 우리를 위하여 죽으심으로 하나님께서 우리에 대한 자기의 사랑을 확증하셨으며 이로 인해 하나님과 화목하게 되고 하나님 안에서 즐거워하는 자들이 되었다. 아담 한 사람의 죄로 모든 사람에게 사망이 왔고 예수 그리스도 한 분으로 말미암아 의와 생명이 그를 믿는 많은 사람에게 주어졌는데, 이는 하나님과 예수 그리스도의 은혜로 말미암은 선물이다.

로마서 6장

바울은 하나님의 은혜로 구원받은 자들은 죄에 대하여 죽고 의에 대하여 살아야 한다는 성화의 삶을 교훈한다. 성도가 그리스도를 믿고 세례를 받은 것은 옛 사람이 그리스도와 함께 죽고 새 사람으로 다시 태어난 것임을 밝히면서 더 이상 죄의 종이 아니라 그리스도의 거룩한 종으로 살아야 함을 강조한다. "그러나 이제는 너희가 죄로부터 해방되고 하나님께 종이 되어 거룩함에 이르는 열매를 맺었으니 그 마지막은 영생이라 죄의 삯은 사망이요 하나님의 은사는 그리스도 예수 우리 주 안에 있는 영생이니라."

로마서 7장

바울은 육신의 법과 성령의 법을 비교한다. 육신의 법은 육신이 살아 있을 동안에만 효력이 있다며 바울은 우리가 그리스도의 몸으로 말미암아 율법에 대하여 죽었음으로 더 이상 율법에 얽매이지 않고 하나님을 위하여 열매 맺는 삶을 살아야 함을 역설한다. 그러나 율법은 죄가 아니며 율법을 주신 이유는 율법을 통해서 우리의 죄성을 깨닫고 회개하여 하나님이 주시는 구원의 필요성을 인식하게 하기 위함이다. 부패한 인간의 본성 때문에 인간이 율법을 잘못 사용함으로써 생명으로 인도해야 할 계명이 도리어 사망에 이르게 하기에 바울은 자신의 육신이 자신이 원하지 않는 악행을 행하는 것을 탄식한다. "오호라 나는 곤고한 사람이로다 이 사망의 몸에서 누가 나를 건져내랴." 그러나 이런 탄식 속에서 바울은 이 문제의 해결은 오직 그리스도 안에 있음을 강조하며 하나님께 감사를 드린다.

로마서 8장

많은 신학자들이 성경 66권, 1189장 중에서 가장 중요한 장이라고 말한다. 그리스도가 이루신 구원사역으로 어떻게 성도들이 성령 안에서 새로운 삶을 누리게 되는가에 대해, 그리고 하나님이 예정한 우리의 구원의 영원성에 대해 확증한다. 그리스도 안에 있는 생명의 성령의 법이 죄와 사망의 법에서 우리를 해방했기에 예수 그리스도 안에 있는 자에게는 결코 정죄함이 없다. 이는 율법의 요구를 그리스도께서 다 이루셨기 때문이며 우리 안에 거하시는 성령이 인도하셔서 하나님의 아들이 된 우리로 성화의 삶을 살게 하신다. 종의 영이 아닌 양자의 영을 받은 우리들은 하나님을 아버지라 부르게 되었으며 하나님의 상속자로서 이 세상에서의 고난도 함께 받게 될 것이다. 그러나 장차 우리가 받을 영광은 현재 우리가 받는 고난을 훨씬 능가할 것이며 다른 모든 피조물들도 우리가 현재 겪고 있는 고통에 함께 탄식하며 우리가 장차 영화롭게 될 것을 기다린다. 성령님도 또한 성도들의 연약함을 도우시며 우리 안에서 탄식하며 간구하시기에 하나님을 사랑하는 자들에게는 모든 것이 합력하여 하나님의 선하신 뜻을 이루신다. 하나님은 미리 예정하여 택하신 자들을 반드시 의롭다 하시고 궁극적으로 영화롭게 하실 것이다. "사망이나 생명이나 천사들이나 권세자들이나 현재 일이나 장래 일이나 능력이나 높음이나 깊음이나 다른 아무 피조물이라도 우리를 우리 주 그리스도 예수 안에 있는 하나님의 사랑에서 끊을 수 없으리라." 이는 성경 전체에서 가장 강력한 구원의 확신에 대한 구절이다.

로마서 9장

로마서 9장에서 11장까지에서 바울은 이스라엘 백성의 구원 문제를 다루면서 하나님의 예정에 대해 증거한다. 바울은 이방인에게 복음을 전하는 사도로 부름을 받았지만 동족인 이스라엘 사람의 구원을 간절히 바라는 자신의 마음을 그들을 위해 자신이 저주를 받아 끊어질지라도 원하는 바라고 표현한다. 바울은 예수님이 정말 유대인들에게 주어진 성경에 예언된 메시아라면 어떻게 하나님의 백성인 유대인들이 그를 배척할 수 있을까 하는 질문에 대해 11장까지에 걸쳐 답을 제시한다. 유대인들은 자신들이 아브라함의 자손임을 자랑하며 그 이유만으로 구원을 받을 줄로 생각했지만 바울은 아브라함의 자손이라고 다 구원받는 것이 아니라 그리스도 안에서 택함을 받은 자들만 진정한 하나님의 자녀임을 증거한다. 이는 하나님이 주권적으로 긍휼히 여기실 자들과 강퍅하게 하실 자들을 선택하시기 때문이다. 피조물인 인간이 창조주 하나님의 주권적인 뜻에 반문할 수 없음은 토기가 토기장이에게 반문할 수 없음과 같다. 하나님이 아브라함에게 주신 약속은 민족과 혈통을 초월한 하나님의 주권적인 선택이었기에 아무 자격 없는 우리에게 구원을 베푸신 하나님의 은혜에 감사할 수밖에 없다.

로마서 10장

바울은 이스라엘 사람들이 종교적 열심은 있으나 하나님의 의에 대한 바른 지식이 없고 자기의 의를 내세우기에 구원받지 못하는 것을 지적하며 그리스도 께서 모든 믿는 자에게 의를 이루기 위하여 온전히 율법을 지키셨음을 밝힌다. 그 예수 그리스도를 주로 시인하고 하나님이 그를 죽은 자 가운데서 살리신 것 을 믿으면 헬라인이나 유대인이나 차별 없이 구원을 얻게 되는 은혜의 복음을 전한다. 누구든지 주의 이름을 부르는 자는 구원을 얻을 것인데, 이를 위해서 는 이 복음을 위해 보내심을 받고 전파하는 자가 있어야 하며 하나님께서는 택 하신 자들의 구원을 위해서 전도의 미련한 방법을 사용하신다. 하나님의 말씀 은 이스라엘에게 먼저 전해졌고 하나님께서는 그들이 돌아오기를 기다리셨지 만 그들은 돌아오지 않았고 하나님은 이방인들을 불러 이스라엘 백성이 시기하 게 하셨다.

로마서 11장

바울은 그러면 하나님이 자기 백성 이스라엘을 버리셨는가라고 질문하는 사 람들에게 하나님의 구원 계획을 일러준다. 이스라엘 사람들은 선지자들을 통해 말씀을 받았지만 그들이 순종하지 않아서 복음이 이방 사람들에게 전파되었는 데 엘리야 시대에 바알에게 무릎 꿇지 않은 사람 7,000명을 남겨두었던 하나 님은 이스라엘의 남은 자들을 구원하실 계획이 있으시다. 돌 감람나무였던 로 마교인들이 잘려 나간 참 감람나무 가지인 이스라엘을 대신하여 좋은 감람나무 에 접붙여져서 구원을 받았음을 상기시키며 원래 참 감람나무 가지였던 이스라 엘 사람들을 다시 접붙여 구원하실 능력이 하나님께 있음을 이방 그리스도인인 로마 교회에 일깨운다. 하나님의 구원 계획의 비밀은 이방인의 충만한 수가 들 어오기까지 이스라엘을 더러는 완악하게 하시지만 그 후에는 온 이스라엘이 구 원을 얻게 되는 것임을 언급하며 하나님의 우리를 향한 긍휼하신 구원의 경륜 안에 있는 지혜와 지식의 부요함을 사람이 다 알 수 없음을 고백하면서 바울은 하나님을 찬양한다.

로마서 12장

12장부터 바울은 그리스도인들의 실천적인 삶에 대해 언급한다. 우리의 몸을 하나님이 기뻐하시는 거룩한 산 제물로 드려야 하며 마음을 새롭게 함으로 하나님의 선하시고 기뻐하시고 온전하신 뜻을 분별하여 순종해야 한다. 그리스도 안에서 한 몸의 지체가 되어 각각 받은 은사대로, 믿음의 분량 대로 서로 사랑하며 존경하고 대접하며, 부지런하고 열심을 가지고 주를 섬겨야 한다고 바울은 로마 교회에 교훈한다. 환란 중에도 소망을 가지고 항상 기도하며 서로의 필요를 채우며 선으로 악을 이기며 모든 사람들과 더불어 화목할 것을 권면한다.

로마서 13장

바울은 믿는 자들의 사회적 의무와 이웃 사랑과 빛이 되는 생활에 대해 언급한다. 성도가 세상 나라의 법을 지키며 사는 것이 하나님의 뜻이기에 세상 권세자들의 요구가 하나님의 명령에 배치되지 않는다면 그 권세를 인정하고 복종할 것을 권면한다. 성도들 사이에서는 피차 사랑의 빚 말고는 지지 말아야 하는 것은 하나님의 모든 계명이 이웃을 자신의 몸과 같이 사랑하라는 말씀에 다 포함되기 때문이며 사랑은 율법의 완성이기 때문이다. 마지막 때가 가까이 왔으므로 어두움의 일을 벗고 빛의 갑옷, 즉 예수 그리스도의 옷을 입고 빛의 자녀로서 세상을 밝히는 사명을 감당하며 정욕을 위하여 육신의 일을 도모하지 말 것을 바울은 로마교인들에게 권면한다.

로마서 14장

바울은 교회 안에서 성도들은 자신들이 복음 안에서 누리는 자유로 인해 믿음이 연약한 다른 사람들을 실족하게 해서는 안된다고 교훈한다. 우상에게 바쳐진 제물을 먹는 문제에 있어 모든 것은 그 자체로 부정한 것이 없지만 연약한 자에게는 신앙의 걸림돌이 될 수 있으니 먹을 수 있더라도 스스로 절제하며 남을 판단하지 말아야 하는 성도의 삶의 원리를 제시한다. 또한 종교적인 절기를 지키는 것도 각자의 양심에 맡겨 자유롭게 하고 서로 비판하지 말아야 한다. 하나님 나라는 먹는 것과 마시는 것이 아니라 오직 성령 안에 있는 의와 평강과 희락이기에 서로 화평하는 일과 덕을 세우는 일에 힘써야 한다고 권면한다.

로마서 15장

14장에 이어서 그리스도를 본받아 서로 용납하는 성도의 삶에 대한 교훈이 이어진다. 성도가 누리는 자유는 방종이 아니라 교회의 덕을 세우는 것이어야 한다. 그리스도께서 우리를 용납하셔서서 하나님께 영광을 돌리심과 같이 우리도 서로 받아 한 마음으로 하나님께 영광을 돌려야 함을 교훈한다. 이어서 바울은 자신이 받은 이방인을 위한 복음의 제사장의 직분으로 로마 교인들에게 복음에 대해 편지하고 있음을 상기시키며 자신의 지금까지의 사역은 모두 이방인들을 성령 안에서 거룩하게 하나님이 받으실 만한 제물이 되게 하는 사역이었음을 밝힌다. 로마를 방문하기를 여러 번 원했던 바울은 자신이 이제는 마게도니야 교인들의 연보를 가지고 예루살렘으로 가는 길이지만 이 후에 로마에 들러 스페인까지 가려는 자신의 계획을 알리고 로마 교인들에게 이를 위해 함께 기도해 줄 것을 부탁한다.

로마서 16장

바울이 로마에 보내는 서신을 마치며 자신의 동역자들을 소개하며 서로 문안할 것을 전하는 인사이다. 바울은 자신의 복음의 동역자들과 선교사역을 위해 도왔던 많은 성도들을 일일이 나열하면서 문안한다. 여기에 열거된 사람들 중에 뵈뵈, 브리스가, 마리아, 루포의 어머니, 올름바 등 여성들이 많이 있다. 당시의 사회에서의 여성들의 위치를 생각할 때 초대교회에서 여성들이 복음을 위해 크게 쓰임 받은 것은 놀라운 일이다. 특별히 뵈뵈는 바울의 보호자였으며 바울이 부탁한 일로 로마로 가고 있었는데 아마도 그녀가 로마서를 로마 교회에 전했을 것으로 추정한다. 바울은 이들을 열거하면서 주 안에서, 그리스도 안에서, 그리스도 예수 안에서 라는 말을 반복한다. 모든 성도들은 주 예수 그리스도 안에서 그리스도와 연합되어 있는 형제자매들이다. 바울은 여기에서 '문안하라'는 말을 17번 반복하며 성도들은 서로 영접하고 문안함으로 서로 교제해야 함을 일깨운다. 그러나 바른 교훈을 버리고 분쟁을 일으키는 자들은 교활한 말과 아첨하는 말로 순진한 자들을 미혹하는 자들이므로 그들에게서 떠나라고 바울은 가르친다. 끝으로 바울은 자기와 함께 있는 동역자들의 로마 교회에 대한 문안을 전하고 구속의 역사를 주관하시는 하나님의 지혜를 찬양하며 예수 그리스도로 말미암아 하나님께 영광이 세세 무궁토록 있기를 기원한다.

고린도전서 서신서 | 바울 서신

고린도는 헬라(그리스)의 상업 중심지이자 항구 도시로 로마 제국에서 가장 부유한 성읍 중 하나였다. 항구를 통해 서방과 동방의 문물뿐 아니라 죄악들도 교차되는 곳이라 사치와 향락과 도덕적 타락이 심했던 곳이라 한다. 바울은 그의 두 번째 전도여행 중에 고린도에서 1년 반 동안 머물며 고린도 교회를 세웠다. 그리고 수년 뒤에 바울이 에베소에 있을 때 고린도 교회의 분쟁과 여러 가지 신학적 논쟁에 대해 전해 듣고 이 문제들을 해결하기 위해 고린도전서를 썼다. 바울이 고린도 교회에 쓴 편지는 적어도 4편이나 성경으로 보전된 것은 고린도전서와 후서 2편이다. 고린도 교회에 있던 많은 문제들은 여전히 현대의 교회에서도 나타나는 문제이기에 고린도전서는 바로 우리들에게 주는 실천신학의 진수이다.

고린도전서 1장

바울은 고린도 교회의 성도들과 각 처에서 주 예수 그리스도의 이름을 부르는 모든 자들에게 문안을 전하며 편지를 시작한다. 교회는 예수를 주님으로, 그리고 그리스도로 고백하는 신앙 공동체이다. 바울은 고린도전서에서 예수님을 68회에 걸쳐 '주'라고 부르는데 예수님을 주님이라 부르는 것은 우리가 그의 종인 것과 그에 대한 복종을 고백하는 것이다. 문안 인사에 이어 바울은 먼저 고린도 교회 성도들로 인해 하나님께 감사한다. 그들이 그리스도 안에서 모든 언변과 지식에 풍족하여 그리스도의 증거가 그들 가운데 견고하고 은사가 넘치며 그리스도의 재림을 기다리기 때문이다. 그러나 그들 가운데 바울파, 아볼로

파, 게바파. 그리스도파라며 서로 분쟁하는 문제를 언급하며 그들이 한마음으로 온전히 합하라고 그리스도의 이름으로 명한다. 그리스도로 말미암는 십자가의 도의 참 의미를 증거하며 복음의 정수를 성도들에게 다시 상기시킨다. 세상에서 저주받는 상징이었던 십자가를 통해 구원을 이루시고 이 복음을 세상에 증거함에 있어서도 전도의 미련한 방법을 사용하시는 하나님의 주권적인 능력을 선포하며 바울은 성도들이 오직 그리스도 안에서 자랑해야 함을 강조한다.

고린도전서 2장

바울은 인간의 지혜가 아닌 성령으로 말미암는 하나님의 지혜를 강조한다. 당시 그리스 철학의 중심지 아덴에서 멀지 않았던 고린도에도 세상 철학 사조가 만연하였었는데, 바울은 이들과의 세상적인 변론에서 능히 밀리지 않는 학식이 있었지만 복음을 전하는데 있어 그는 사람의 지혜가 가르친 말로 하지 않고 오직 성령께서 가르치신 것을 전했다. 이는 영적인 일은 영적인 것으로 분별해야 하기 때문이다.

고린도전서 3장

바울은 고린도 교회가 바울, 아볼로 등을 따른다 하며 파당을 지어 나뉘어지는 문제를 언급하며 이 분쟁이 신앙의 미성숙과 세상 지혜를 자랑하는 인간적 교만 때문임을 지적한다. 바울이나 아볼로는 각각 주께서 주신 사역을 감당하는 사역자들에 지나지 않는다. "나는 심었고 아볼로는 물을 주었으되 오직 하나님이 자라게 하셨나니." 또한 바울은 자신의 사역이 하나님의 은혜를 따라 지혜로운 건축자같이 터를 닦은 것인데 그 터는 곧 예수 그리스도라고 진술한다. 모든 성도들은 하나님의 성전이며 그 안에 하나님의 성령이 거하시기에 모든 성도들은 자신을 더럽히지 말고 거룩하게 지켜야 함을 강권한다. 누구든지 사람을 자랑하지 말 것을 권면하면서 바울은 "바울이나 아볼로나 게바나 세계나 생명이나 사망이나 지금 것이나 장래 것이나 다 너희의 것이요 너희는 그리스도의 것이요 그리스도는 하나님의 것이니라."라고 선포한다.

고린도전서 4장

바울은 고린도 교인들에게 자신이나 다른 사도들 모두 하나님의 비밀을 맡은 일꾼이고 맡은 자에게 필요한 것은 충성이라 하면서 복음 사역자들은 오직 하나님의 종으로서의 자신의 위치를 지켜야 하며 성도들은 사역자들을 판단하거나 파당을 짓는 일을 하지 말 것을 교훈한다. 사역자들에 대한 충성 여부의 판단은 하나님께서 하실 것이다. 성도들이 교만하지 말 것은 그들의 구원이 그들에게서 난 것이 아니라 하나님께 받은 것이기 때문이라고 하면서 바울은 사도들이 복음을 위하여 고난 받는 것을 언급하며 교만한 성도들의 행위를 질타하고 그들도 사도들의 본을 따라 복음을 위하여 고난을 받아야 함을 교훈한다. 바울은 성도들을 향한 훈계를 아버지가 자녀들에게 하는 사랑의 훈계에 비교하면서 그들을 복음으로 낳은 바울 자신을 본받으라 권면하며 주 안에서 사랑하고 신실한 아들 디모데를 고린도 교회에 보내어 바울의 가르침을 그들에게 상기시키겠다 한다.

고린도전서 5장

바울은 고린도 교회 안에 만연한 음행하는 자들에 대한 권징을 명한다. 교회 안에서 행해지는 음행을 묵인하는 것은 성도들의 마음이 교만해졌기 때문이라며 이런 자들을 교회에서 출교해야 하는 이유는 그들이 죄를 회개하고 구원을 얻게 하려는 것임을 밝힌다. 또한 적은 누룩이 온 덩어리에 퍼지는 것에 비유하여 교회 공동체의 순결을 위해서 악을 제거해야 하는 필요성을 강조한다. 교회

밖에 있는 악은 하나님이 심판하실 것이지만 교회 공동체 안에 있는 악에 대해서는 누룩을 제거하듯이 올바른 권징이 있어야 한다. 안타깝게도 현대의 교회에서는 올바른 교회의 지표 중의 하나인 성경적인 권징을 찾아보기 어렵다.

고린도전서 6장

바울은 음행에 이어 성도 간의 송사 문제를 다룬다. 그는 교회 내에서 발생하는 분쟁은 세상 법정의 판결이 아니라 하나님의 말씀에 입각해서 신앙적으로 해결해야 함을 지적한다. 세상 법정에서 믿음의 형제를 송사하느니 차라리 불의를 당하며 속는 것이 낫다고 한다. 불의한 자들은 하나님의 나라를 유업으로 받지 못함을 상기시키면서 음행, 우상 숭배, 간음, 탐색, 남색, 도적, 탐욕, 술 취함, 속임 등의 죄를 구체적으로 나열하는데, 이런 것들은 하나님의 유업을 받지 못하는 죄이지만 이 죄들을 회개하면 주 예수 그리스도의 이름과 성령 안에서 죄사함 받고 의롭다 하심을 받는다는 사실을 바울은 명확히 선포한다. 성도들의 몸은 성령이 거하시는 전이므로 몸을 음행으로부터 거룩하게 하여 몸으로 하나님께 영광을 돌릴 것을 강권한다.

고린도전서 7장

고린도전서 7장부터는 고린도 교회가 바울에게 편지로 질문했던 여러 가지에 대한 바울의 답변이 기록된다. 7장은 혼인에 대한 바울의 권면이다. 바울은 자신처럼 독신으로 지내는 것이 더 좋으나 모든 사람이 그런 은사를 받은 것이 아니며 독신 생활이 그리스도인의 필수 조건이 아니기에 성욕으로 인해 범죄하지 않도록 결혼할 것을 권한다. 그리고 결혼을 하면 이혼하지 말 것을 명하며 배우자가 불신자일 경우에도 그것이 이혼의 사유가 될 수 없으며 누구든지 부르심을 받을 당시의 상황 그대로 지내는 것이 합당함을 교훈한다. 할례자나 무할례자나 종이나 상전이나, 그리스도 안에서는 모든 성도가 육체적인 것에서는 자유로우나 모두가 그리스도의 종임을 상기시킨다. 종말을 살아가는 성도들의 삶의 중심이 항상 하나님이어야 하기에 처녀나 과부가 혼자 사는 것이 좋으나 주 안에서 결혼을 하는 것도 가하다는 자신의 생각을 전한다.

고린도전서 8장

고린도 전서 8-10장은 우상에게 바쳐진 제물에 대해 다룬다. 당시 고린도에는 우상 숭배가 만연하였고 우상에게 바쳐진 제물의 고기들이 시장에서 널리 유통되었다 한다. 8장에서 바울은 우상은 존재하지 않는다는 지식이 확고한 사람은 우상에게 바쳐진 고기를 아무 거리낌 없이 먹을 수 있지만 이로 인해 믿음이 약한 성도들이 실족할 수 있으므로 사랑을 따라 행하며 덕을 세워야 하는 원칙을 언급하며 바울은 자신 같으면 형제를 실족하지 않게 하기 위해서라면 평생 고기를 먹지 않겠다며 성도들이 따를 기준을 제시한다.

고린도전서 9장

바울은 복음 전파를 위해 자신이 마땅히 행할 수 있는 자유와 권리를 절제한 예를 제시하며 고린도 성도들이 자신을 본받아 그리스도 안에서 복음을 위해 자신들의 자유와 권리를 절제하고 종의 자세를 취할 것을 교훈한다. 자신의 사도권에 이의를 제기하는 사람들에게 하나님으로부터 받은 자신의 사도권을 변호하며 자신이 사도로서 누릴 수 있는 권리를 사용하지 않은 것은 여러 사람들에게 여러 모양으로 그들과 같은 입장에서 복음을 효과적으로 전하기 위함이었다고 밝힌다. 경기장에서 상을 받기 위해 경주하는 사람들을 예로 들면서 하늘의 상급을 받기 위해서 절제하며 신앙의 경주에 최선을 다할 것을 권면한다.

고린도전서 10장

앞서 8장에서 언급했던 우상에 바친 제물에 관한 교훈을 이스라엘 민족의 출애굽과 광야 생활 역사를 들어 다시 설명한다. 이스라엘 백성이 모두 홍해를 건너며 만나를 먹고 반석의 물을 마신 것은 신약시대의 성도들이 세상으로부터 구별되어 세례를 받고 그리스도와 연합되는 것을 예표한다. 출애굽한 많은 이스라엘 사람들이 우상 숭배와 간음과 하나님을 시험하는 죄 때문에 광야에서 죽은 것은 우리에게 거울이 되고 경고가 되는 것이라 하면서 우상 숭배에 대해 경고한다. 바울은 성도들의 행동 기준이 자신의 유익이 아닌 남의 유익을 구하는 것임을 밝히며, 모든 것이 가하지만 모든 것이 유익하거나 덕을 세우는 것은 아니라 한다. 먹는 것과 마시는 것으로 다른 사람의 양심을 시험 들게 하지 말고 모든 것을 다 하나님의 영광을 위해서 해야 함을 강조한다.

고린도전서 11장

공중 예배와 성찬에 대해 교훈한다. 공중 예배에 참여하는 남자와 여자의 두발 상태에 대해 언급하면서 바울은 하나님의 창조질서를 들어 하나님이 그리스도의 머리이고 그리스도가 남자의 머리이고 남자가 여자의 머리됨을 언급한다. 이는 남자가 여자보다 더 월등하다는 것이 아니라 하나님이 위임한 권위라고 바울은 설명한다. "주 안에는 남자 없이 여자만 있지 않고 여자 없이 남자만 있지 아니하니라. 여자가 남자에게서 난 것같이 남자도 여자로 말미암아 났으나 모든 것이 하나님에게서 났느니라." 남녀 사이에 지위와 역할에 차이가 있지만 영적으로 동등한 하나님의 자녀이다. 고린도 교회에서 잘못 행해지고 있던 성찬에 대해 지적하며 그리스도께서 제정하신 성찬의 의미를 제대로 알지 못하고 성찬에 참여하면 자신들의 죄를 먹고 마시는 것임을 경고한다. 바울은 고린도 교회 안에 병들고 죽는 자가 적지 않은 것은 성찬에 잘못 참여한 것에 대한 하나님의 징계임을 지적하면서 성찬에 참여하기 위해 자신이 주의 몸과 피를 범하는 죄가 있는지를 살펴야 하는 중요성을 강조한다.

고린도전서 12장

고린도 교회 안에서 성령의 은사에 대해 잘못 이해하여 일어나는 사건들을 다룬다. 오늘날의 교회에서도 성령의 은사에 대한 오해가 많기에 여기에 나오는 바울의 교훈은 현대의 교회에서도 숙지해야 할 부분이다. 성령님은 교회와 성도들의 유익을 위해 각 사람에게 다양한 은사를 주시는데 모든 사람이 같은 은사를 받아야 하는 것도 아니고 은사에 우열이 있는 것도 아니다. 수많은 은사들 중에 바울은 지혜의 말씀, 지식의 말씀, 믿음, 병 고치는 은사, 능력 행함, 예언함, 영 분별함, 방언, 방언 통역 등을 나열하며 이 은사들이 모든 사람에게 다 주어지는 것이 아님을 강조하는데 이런 은사의 유무가 우리 안에 성령이 임재하시는 증거는 아니다. "하나님의 영으로 말하는 자는 누구든지 예수를 저주할 자라 하지 않고 또 성령으로 아니하고는 누구든지 예수를 주시라 할 수 없느니라."라고 하면서 우리 안에 성령이 계시는 증거는 우리가 예수를 주라고 시인하는 고백임을 바울은 확언한다. 한 몸에 여러 지체들이 있음을 예로 들며 각종 은사와 교회의 여러 직분들은 그리스도의 몸인 교회를 세우기 위해 주신 것임을 일깨우면서 모든 성도들에게 주시는 더 큰 은사인 사랑을 사모할 것을 권면한다.

고린도전서 13장

사랑장으로 잘 알려진 중요한 장이다. 12장에서 각종 은사의 종류와 은사를 주시는 목적을 설명한 바울은 이어서 은사 중에서 가장 크고 모든 성도들이 사모해야 할 은사인 사랑에 대해 언급하며 다른 어떤 은사도 사랑하는 마음이 없으면 교회에 덕을 세우지 못하는 공허한 것임을 강조한다. 고린도 교회가 서로 자기들이 받은 은사들로 이웃을 섬기는 것이 아니라 우열을 가리며 자랑하며 분쟁하던 것을 책망하며 사랑으로 하나가 되기를 권면한다. "사랑은 언제까지나 떨어지지 아니하되 예언도 폐하고 방언도 그치고 지식도 폐하리라." "믿음, 소망, 사랑, 이 세 가지는 항상 있을 것인데 그중의 제일은 사랑이라." 바울은 사랑이 영원히 있는 최고의 가치임을 선포한다.

고린도전서 14장

바울은 방언과 예언을 비교하며 모든 은사는 교회 전체의 덕을 위해 주어진 것이기에 방언보다는 예언이 더 사모해야 할 은사라고 말한다. 특별히 방언은 통역하지 않으면 공동체에 아무 유익이 없으므로 방언하는 자들은 통역의 은사를 위해 기도해야 하며 통역하는 자가 없으면 교회에서는 잠잠하고 혼자 있을 때 할 것을 권면하면서 교회에서는 일만 마디의 방언 보다 남을 가르치기 위한 다섯 마디 말이 더 소중하다 한다. 방언뿐 아니라 교회 공동체에 덕을 세우는 예언도 순서를 따라 질서 있게 해야 하는데 이는 예언이나 방언을 주신 하나님은 어지러운 무질서의 하나님이 아니라 화평의 하나님이시기 때문이다. 바울은 예언하기를 사모하며 방언 말하기를 금하지 말고 모든 것을 품위 있고 질서 있게 하라고 권면한다. 그러나 개혁 신학의 입장은 하나님의 특별계시가 신약 성경으로 완성되었기에 성경 66권이 확립된 뒤에는 예언과 방언의 은사도 그쳤다고 본다. 그 당시 고린도 교회 성도들에게 방언보다 예언을 더 사모하라고 했던 바울의 권면에 비추어 볼 때 현재 일부 교계에서 예언이 아닌 방언을 성령 충만의 중요한 증거로 주장하는 것은 성경적이라 할 수 없다.

고린도전서 15장

바울은 일부 고린도 교인들이 성도의 부활을 부인하는 잘못에 대해, 그리스도 부활 사건의 역사성과 성도들의 부활의 필연성과 확실성을 강조하면서 부활 소망이 복음의 핵심임을 설파한다. "만일 죽은 자가 다시 살아나는 일이 없으면 그리스도도 다시 살아나신 일이 없었을 터이요 그리스도께서 다시 살아나신 일이 없으면 너희의 믿음도 헛되고 너희가 여전히 죄 가운데 있을 것이요 또한 그리스도 안에서 잠자는 자도 망하였으리니 만일 그리스도 안에서 우리의 바라는 것이 다만 이 세상의 삶뿐이면 모든 사람 가운데 우리가 더욱 불쌍한 자이리라." "그러나 이제 그리스도께서 죽은 자 가운데서 다시 살아나사 잠자는 자들의 첫 열매가 되셨도다 사망이 한 사람으로 말미암았으니 죽은 자의 부활도 한 사람으로 말미암는도다." 바울은 그리스도께서 재림하실 때 성도들이 변화되어 썩지 않을 영광스러운 몸으로 부활하여 그리스도로 말미암아 사망 권세를 이기고 승리할 것을 선포하며 하나님께 감사를 드린다.

고린도전서 16장

성도들의 연보에 대해 교훈하며 자신의 앞으로의 계획을 고린도 교회에 알리며 믿음의 동역자 디모데, 아볼로, 스데바나에 관한 추천과 마지막 인사와 축도로 마무리한다. 갈라디아 교회와 고린도 교회에게 주일에 공예배로 모일 때 마다 자신의 수입에 따라 전도와 구제를 위해 헌금 하라는 연보에 대한 바울의 가르침은 현대의 교회에도 적용된다. 예루살렘 교회가 경제적인 어려움을 당했을 때 이방 교회들이 예루살렘 교회를 위해 연보를 보내는 것은 궁핍한 자들에 대한 구제의 성격에 더해 이방 교회에 복음을 전해준 예루살렘 교회에 보답하는 영적인 의미도 있었을 것이다. 바울은 주께서 허락하시면 고린도 교회를 방문하여 얼마 동안 유하기를 원한다고 밝히며 그에 앞서 디모데를 그들에게 보내면서 나이 어린 디모데를 그들이 멸시하지 말고 잘 대해줄 것을 부탁한다. 또한 성도를 섬기는 일에 수고하는 스데바나에게도 순종할 것을 부탁하며 믿음에 굳게 서서 모든 일을 사랑으로 행할 것을 권면한다. 마지막으로 바울과 함께 있는 동역자들이 고린도 성도들에게 문안함을 전하며 그리스도의 은혜와 사랑이 그들과 함께 할 것을 축원한다. 편지 끝에 바울은 "우리 주여 오시옵소서."라 하는데 이는 요한이 요한계시록을 마치며 기록한 "주 예수여 오시옵소서."라고 한 '마라나타'이다. 바울은 바로 앞 15장에서 그리스도의 재림에 대한 희망을 언급하였듯이 이를 간절히 기다리는 말로 끝을 맺는다.

고린도후서 서신서 | 바울 서신

고린도후서는 바울이 고린도전서 이후에 고린도 교회에 보낸 편지인데 고린도 전후서의 내용을 보면 바울은 고린도 교회에 적어도 네 편의 편지를 보낸 것으로 보인다. 바울이 고린도 교회의 문제점들에 대해 고린도전서를 써 보낸 후에 고린도 교회에서 바울을 비판하는 거짓 사도들이 나타났고 바울은 고린도에 잠시 방문했지만 거짓 사도들의 문제가 해결되지 않아 고린도에 애통과 눈물의 편지를 디도 편에 고린도에 보냈던 것 같다(고후 2:4에 언급된 편지). 그 후에 바울은 마게도냐에서 디도를 만나 문제의 고린도 교인들이 회개하고 돌아왔다는 기쁜 소식을 들었으나 또한 거짓 사도들의 계속되는 공격에 대응하여 자신의 사도 직분에 대한 변론이 필요하다는 생각에서 고린도후서를 기록한 것으로 보인다. 이 서신에는 바울이 자신과 고린도 교회의 관계를 중심으로 자신의 사도직을 변증하는 개인적인 내용이 많이 나온다.

고린도후서 1장

바울과 디모데가 고린도와 아가야 지방에 있는 성도들에게 하나님 아버지와 예수 그리스도가 주시는 은혜와 평강을 구하는 인사로 시작하며 복음을 증거하며 받는 환난 중에도 하나님의 넘치는 위로가 바울뿐 아니라 고린도 성도들에게도 함께 하심을 찬양한다. 바울은 복음 전파를 위해 받는 고난을 그리스도의 십자가 고난에 비교하며 그 고난에 동참하는 제자들이 그리스도의 부활의 영광에도 동참하게 될 것이라는 소망 때문에 위로가 됨을 고린도 교인들에게 일깨운다. 그들을 방문하려던 계획이 연기된 것은 자신이 경솔히 결정한 것이 아니라 하나님의 인도하심을 따라 고린도 교인들을 위한 결정이었고 그들의 믿음을 주관하지 않고 그들이 스스로 믿음에 굳게 설 수 있게 돕기 위함이었다고 밝힌다.

고린도후서 2장

바울은 자신이 이전에 고린도를 방문하여 그들의 잘못을 책망했던 것을 되풀이하지 않기 위해 고린도 방문을 연기한 것은 그들을 사랑한 배려였음을 고린도 교인들에게 알리며 이미 징계를 받은 성도들을 이제는 사랑으로 용서하며 위로하여 그들을 회복시킬 것을 권면한다. 성도들은 그리스도의 향기인데 이 향기를 널리 풍겨서 구원받는 자들에게는 이것이 생명에 이르는 냄새가 되고 멸망 받는 자들에게는 사망의 냄새가 되도록 복음을 증거하는 전도자의 사역을 감당해야 함을 말하며 말씀을 혼잡하게 하는 수많은 사람들과는 다르게 바울과 동역자들은 순전한 마음으로 복음을 전한다고 한다. 개역성경은 이 구절을 "말씀을 혼잡하게 한다."고 잘못 번역했지만 이는 말씀을 사사로운 이익의 수단으로 사용하는 거짓 사도들을 칭하는 것으로 새번역에서는 '말씀을 팔아먹고 사는 장사꾼'이라고 정확하게 번역하였다.

고린도후서 3장

바울은 일부 고린도 교인들이 자신의 사도권을 부인하는 것에 대한 변론을 기록한다. 새 언약의 일꾼이 된 자신의 사도직에 대해 고린도 교회에나 다른 어떤 교회로부터 추천서가 필요하지 않는 것은 고린도 교인들이 바로 하나님이 그들의 마음 판에 영으로 쓴 그리스도의 편지이자 바울의 사도권을 인증하는 추천서이기 때문임을 강변한다. 구약의 율법이 아닌 생명을 주는 새 언약의 일꾼인 바울이 받은 영의 직분은 구약 율법 아래에 주어진 장차 없어질 직분보다 더욱 영광스럽고 영원한 것이며 장차 우리가 함께 할 주의 영이 계신 곳에는 자유함과 영광이 있을 것임을 선포한다.

고린도후서 4장

3장에 이은 바울 자신의 사도권에 대한 변론으로 자신이 온갖 고난을 무릅쓰고 지금까지 성실하게 복음만을 증거하였음을 토로한다. 복음을 전하는 일을 방해하는 사탄이 영광의 복음의 광채를 가리려 하지만 바울은 오직 그리스도 예수의 주 되신 것을 증거하기 위해 교인들을 섬기는 종이 되었다 하면서 성도들을 보배로운 복음의 진리를 가진 질그릇에 비유한다. 우리는 연약하지만 복음의 능력으로 하나님이 우리와 함께 하시기에 우리는 사방으로 우겨 쌈을 당해도 부서지거나 낙심하지 않으며 겉사람은 낡아지나 우리의 속은 날로 새롭다고 바울은 고백한다. 바울은 일시적인 이 세상에서의 영광을 구하지 않고 영원한 영광을 위해 잠시의 고난을 인내하는 자신의 삶을 천국 소망을 가진 모든 성도들이 따를 본으로 제시한다.

고린도후서 5장

바울은 땅에 있는 장막 집과 하늘에 있는 영원한 집을 비교하며 천국 소망을 가진 성도의 미래에 대해 교훈한다. 성도들이 이 땅에서 탄식하는 것은 현실의 고통스러운 삶을 벗어나고자 하는 것이 아니라 영원한 생명으로 덧입기를 바라는 것으로 하나님은 성령을 우리에게 주셔서 장차 누릴 영원한 생명에 대한 확신을 주신다고 바울은 강조하며 그렇기에 성도들은 살든지 죽든지 하나님만을 기쁘시게 하는 자가 되어야 한다고 권면한다. 하나님께서 그리스도를 자신과 우리의 화목을 위한 도구로 주셨으므로 성도들도 그리스도 안에서 새로운 피조물이 되었으며 화목하게 하는 직분을 받은 그리스도의 사신으로 화목의 복음을

증거하여 죄인들이 하나님과 더불어 화목함으로 하나님의 의가 드러나게 해야
하는 사명이 있다고 바울은 선포한다.

고린도후서 6장

복음의 동역자인 성도들에게 하나님의 은혜를 헛되이 받지 말라고 권면하
면서 바울 자신이 복음을 위해 받은 수많은 고난을 열거하며 고린도 교회를 향
한 바울의 마음을 이해하지 못했던 일부 고린도 교인들에게 마음을 넓혀 바울
의 진심을 이해하고 편견을 버릴 것을 아버지의 심정으로 권면한다. 이어서 믿
지 않는 자들과 멍에를 함께 메지 말라고 권면하는 것으로 미루어 보아 고린도
교회에 있던 많은 문제들이 교회 안에 누룩과 같이 침투한 불신자들 때문이라
짐작할 수 있다. 이는 불신자들과의 모든 친교를 하지 말라는 것이 아니라 그
들을 수용하기 위해 죄를 용납하며 복음의 본질을 타협해서는 안된다는 교훈
이다. "하나님을 두려워하는 가운데서 거룩함을 온전히 이루어 육과 영의 온갖
더러운 것에서 자신을 깨끗하게 하자."

고린도후서 7장

바울은 자신이 써 보낸 편지를 받은 고린도 교인들 대부분이 자신의 권면을
받아들여 회개한 사실을 디도에게서 전해 듣고 이에 대한 넘치는 기쁨을 고린
도 성도들에게 전한다. 바울은 마게도냐에서 극심한 고난을 겪으며 육체가 편
치 못하고 사방으로 환난을 당하여 밖으로는 다툼이요 안으로는 두려움으로 가
득 찼으나 디도를 통해 들은 고린도 교회 소식은 바울에게 큰 기쁨이 되고 새로
운 힘을 주었다. 바울이 디도 편에 보낸 편지가 고린도 교인들을 근심하게 한
것은 바울이 교회가 범한 죄악을 지적하고 꾸짖었기 때문일 것이다. 그러나 바
울은 "하나님의 뜻대로 하는 근심은 후회할 것 없는 구원에 이르게 하는 회개

를 이루는 것이요 세상 근심은 사망을 이루는 것"이라 한다. 성도들이 잘못된 길로 갈 때 교회의 영적 지도자들은 하나님의 말씀으로 죄를 지적하고 회개를 촉구하여 범죄한 영혼들이 구원받게 해야 한다.

고린도후서 8, 9장

고린도후서 8, 9장에서 바울은 예루살렘 교회를 위한 마게도냐 교회의 구제 헌금을 모범으로 소개하면서 고린도 교회도 1년 전에 작정한 이 연보에 적극 동참할 것을 요청한다. 이 두 장에서 바울은 당시의 고린도 교회뿐 아니라 신약 시대의 모든 교회에서 행할 헌금에 대해 가장 완전한 교훈을 준다. "각각 그 마음에 정한 대로 할 것이요 인색함으로나 억지로 하지 말지니 하나님은 즐겨 내는 자를 사랑하시느니라." 자발적으로 수입에 따라 미리 준비하여 상부 상조 하는 자세로 할 때 서로에 대한 사랑의 진실함이 증명되며 하나님께 영광을 돌 리게 되고 "많이 거둔 자도 남지 아니하였고 적게 거둔 자도 모자라지 아니하 게 하는" 하나님의 섭리가 이루어진다. 또한 연보의 관리도 한두 사람에 의존 하는 것이 아니라 여러 성도들이 함께 해야 함을 보게 된다.

고린도후서 10장

고린도후서 10장에서 12장까지 바울은 다시 자신의 사도직에 대해 변론한 다. 10장은 바울의 편지는 권위 있어 보이나 실제로 대면하면 보잘 것 없다고 그를 비난하는 일부 사람들에 대한 바울의 반론이다. 바울이 자신을 대적하는 자들을 육신적으로 대응하지 않고 하나님께 받은 사도의 권위가 그에게 있지만 그를 거스르는 자들이 복종할 때까지 기다리는 이유는 하나님께서 주신 사도직 의 영적 권세는 성도들을 허물기 위함이 아니라 세우기 위하여 주셨기 때문이 다. 바울은 또한 자신은 편지로나 직접 대면하여 말할 때에나 모두 똑같은 복음을 증거하였으며 거짓 사도들처럼 스스로를 자랑하지 않음은 오직 자신에게 주어진 직분에 최선을 다할 때 하나님께서 칭찬하실 것이기 때문이라 한다.

고린도후서 11장

바울은 거짓 사도들에 의한 참 복음의 변질과 부패를 교회 안에 용납하는 고린도 교인들의 어리석음을 책망한다. 다른 사도들과 비교하여 바울의 사도성을 폄하하며 비난하는 자들을 향해 바울은 고린도에서 아무 대가 없이 복음을 전한 것은 바울이 다른 사도들보다 부족해서 그렇게 한 것이 아니라 거짓 사도들이 그를 비난할 여지를 주지 않기 위함이었으며 고린도 교인들을 사랑하기 때문임을 강변하며 거짓 사도요 속이는 일꾼들의 결국은 사탄의 하수인들로서 행한 대로 징벌을 받을 것을 경고한다. 이어서 바울은 자신이 육으로는 유대인 중의 유대인이지만 복음 전파를 위해 누구보다도 더 극심한 환란을 겪고 수고하였으나 하나님 앞에서 자신의 연약함, 즉 자신이 당한 고난을 자랑하겠다 한다.

고린도후서 12장

바울은 자신이 받은 신비한 환상과 계시에 대해 언급하는데 이는 자신의 신령한 경험을 단순히 자랑하기 위해서가 아니라 고린도 교인들에게 자신의 사도직을 변호하기 위함이다. 바울이 14년 전에 하나님께 받은 특별한 계시가 바울의 사도직을 증거한다. 바울은 자신이 받은 계시가 지극히 큰 것이기에 자고하지 않도록 하나님이 자신의 육체에 가시를 주셨고 이를 통해 바울은 자신의 약함 가운데 강하게 역사하시는 그리스도의 능력을 깨달았다고 고백한다. 이어서 바울 자신이 고린도 성도들에게 행한 모든 참음과 표적과 기사와 능력이 참 사도의 표라고 말하면서 자칭 사도라 하는 거짓 사도들과 자신을 구별한다. 또한 사도의 권위로 교회 위에 군림하며 이득을 취하지 않고 성도들의 영혼 구원을 위해 오히려 자신의 재물을 사용하는 바울과 그의 동역자들이 진정한 하나님의 사역자임을 밝히며 다시 바울이 고린도를 방문할 때 하나님 앞에서 책망받는 자들이 되지 않도록 교회 안에 있는 죄인들의 회개를 촉구한다.

고린도후서 13장

고린도 교인들이 자신의 충고를 받아들여 모든 문제를 해결할 것을 권면하며 회개하지 않는 자들에 대해서는 권징이 있을 것을 엄히 경고한다. 성도들은 항상 믿음 안에 있는가 자신들을 시험하고 확증해야 하며 악을 멀리하고 선을 행함으로 온전하게 성장할 것을 부탁하며 성도들 사이에서 거룩한 입맞춤으로 서로 문안하며 마음을 같이하여 평안을 추구하라 하며 성부 성자 성령의 이름으로 축복하며 편지를 마친다. "주 예수 그리스도의 은혜와 하나님의 사랑과 성령의 교통하심이 너희 무리와 함께 있을지어다." 이 구절은 교회에서 목회자들이 예배 마지막에 행하는 축도로 많이 사용된다.

갈라디아서 서신서 | 바울 서신

갈라디아서는 바울이 갈라디아에 있는 여러 교회에게 보낸 편지이다. 바울 서신 중에 유일하게 특정 지역의 한 교회가 아닌 여러 교회를 수신자로 밝힌다. 바울의 다른 편지들도 수신자 교회 주위의 다른 교회들에게도 회람되었겠지만 갈라디아 지방에는 그 당시에도 이미 여러 교회가 있었음을 알 수 있다. 이 갈라디아 지방이 어디인지에 대해서는 크게 두 가지 견해가 있다. 첫째는 소아시아(지금의 튀르키예) 북쪽 지방에 있던 갈라디아로 바울은 그의 2차 전도여행 중에 이 지방에 교회를 세운다. 두 번째 견해는 튀르키예 남부 지역에 있던 갈라디아 지역으로 이는 당시 로마의 행정구역이었다고 하는데 바울의 1차 전도여행 중에 이 지역의 루스드라와 더베 등에 교회가 세워졌다. 갈라디아서의 중심 주제 중의 하나가 이방 그리스도인들도 할례를 받아야 한다고 주장하는 할례파 율법주의에 대한 반론인데 바울은 갈라디아서에서 이에 대해 논증하면서 예루살렘 공의회의 결정(사도행전 15장)을 언급하지 않고 있고 2차 전도여행부터는 바울과 동행하지 않는 바나바를 편지에 언급하고 있는 점등으로 볼 때 바울은 예루살렘 공의회가 있기 전, 따라서 그의 2차 전도 여행 전에 소아시아 남부 지역에 있는 갈라디아 지방의 교회들에게 이 편지를 썼다고 보는 것이 더 타당해 보인다. 또한 바울의 많은 서신들은 다른 사람들이 대필하고 마지막에 바울이 친필 인사를 적곤 했는데 갈라디아서는 처음부터 끝까지 바울 자신이 기록한 것으로 보이기에 바울의 건강(시력)이 나빠지기 전, 비교적 바울의 사역 초기(AD 48년경)에 갈라디아서를 썼을 것으로 추정할 수 있다. 갈라디아서의 주요한 주제는 율법이 아닌 믿음으로 받는 은혜의 구원 교리와 그리스도인의 자유이다.

갈라디아서 1장

바울은 갈라디아 교인들이 바울이 전한 복음을 빨리 버리고 다른 복음을 좇는 잘못을 지적하면서 자신의 사도직과 자신이 받은 계시가 바울보다 먼저 사도가 된 예수님의 제자들을 포함한 사람들로부터 나온 것이 아니라 하나님과 예수 그리스도로부터 직접 받은 것이라고 강조하며 비록 천사라도 자신이 전한 복음과 배치되는 다른 말을 전하면 저주를 받을 것임을 반복하여 선포한다. 바울이 복음을 전한 뒤에 예루살렘의 소위 할례파 교인들이 갈라디아에 와서 이방 교인들에게 바울의 복음으로는 충분하지 않고 할례를 받아야 구원을 받는다고 미혹했을 것인데 바울은 자신이 전하는 복음은 예수님으로부터 직접 받은 것으로 이는 예루살렘 교회의 사도들도 인정한 유일한 복음임을 강조한다.

갈라디아서 2장

1장에서 자신의 회심 과정과 초기 행적을 언급한 바울은 갈라디아서 2장에서 그가 바나바와 함께 디도를 데리고 예루살렘을 방문했을 때 이방인 디도에게 할례를 행하지 않았고 예루살렘 교회의 지도자들도 베드로를 유대인의 사도로 바울을 이방인의 사도로 삼으신 하나님의 뜻을 따라 모두가 동일한 복음을 전하는 동역자임을 인정한 사실과 오히려 베드로가 안디옥을 방문했을 때 그가 복음의 진리를 따라 행하지 않고 할례파들의 눈을 의식해서 이방인들과 함께 식사하는 자리를 피하는 외식으로 많은 사람을 실족하게 하는 실수를 범했을 때 게바(베드로)를 책망했던 일화를 들어 자신의 사도권에 대한 권위를 나타낸다. 이어서 율법의 행위가 아닌 그리스도를 믿는 믿음으로 의롭게 되는 복음의 핵심을 다시 강조한다. 율법에 대해 죽고 하나님을 향하여 사는 성도의 삶에 대해 "내가 그리스도와 함께 십자가에 못박혔나니 그런 즉 이제는 내가 사는 것이 아니요 오직 내 안에 그리스도께서 사시는 것이라 이제 내가 육체 가운데 사는 것은 나를 사랑하사 나를 위하여 자기 몸을 버리신 하나님의 아들을 믿는 믿음 안에서 사는 것이라."라고 선언한다.

갈라디아서 3장

은혜의 복음을 받고도 율법의 족쇄로 돌아가려는 어리석은 갈라디아 교인들을 책망하면서 율법과 복음의 관계, 율법의 역할과 기능에 대해 설명한다. 그들이 성령의 선물을 받은 것은 율법의 행위가 아닌 믿음으로 받은 은혜임을 상기시키면서 아브라함에게 주신 언약도 믿음으로 말미암는 아브라함의 자손들에게 주시는 복이라 한다. 그리스도의 십자가는 우리를 율법의 저주에서 속량하셨고 그리스도 안에서 아브라함의 복이 이방인들에게도 주어지는 것과 믿음으로 성령의 약속을 받게 하시는 하나님의 은혜를 선포한다. 아브라함에게 주신 은혜의 약속은 율법을 주시기 430년 전에 주셨기에 후에 생긴 율법이 그 언약을 폐기할 수 없으며 그리스도가 오시기까지 율법은 우리를 그리스도에게 인도하는 초등교사(몽학선생)일 뿐이다. 신약시대에는 더 이상 성도들이 율법 아래 있지 않고 그리스도께 속한 자라면 아브라함의 언약의 자손이며 하나님 나라의 상속자들이라 선언한다.

갈라디아서 4장

바울은 3장에서의 논증을 이어가며 하나님의 아들로서 누리는 자유에 대해 설명한다. 당시 로마 사회에서는 아들이 어릴 때에는 후견인과 청지기 아래서 지내다가 성인이 된 후에 비로소 아들로서 자유와 특권을 누리게 되는 것에 비유하여, 그리스도가 오시기 전에는 모두가 율법 아래 있었으나 그의 속량함을 받은 성도들은 더 이상 율법에 종 노릇하지 않고 하나님의 아들의 영을 받아 하나님을 아바 아버지라 부르는 자가 되었음에도 율법주의자들에 미혹되어 다시 율법의 종으로 돌아가려는 어리석음을 책망한다. 종의 아들 이스마엘과 자유한 여자의 아들 이삭을 언급하며 하나님의 언약을 따라 난 이삭과 같이 하나님의 구원의 언약을 좇아 새롭게 거듭난 자들은 율법에 종 노릇하지 않고 하나님 나라를 유업으로 받을 수 있음을 일깨운다.

갈라디아서 5장

바울은 그리스도께서 주신 자유를 누리고 사는 자들은 다시는 종의 멍에를 매지 말고 성령 안에서 믿음을 좇아 살며 이웃을 사랑함으로 성령의 열매를 맺을 것을 강권한다. 또한 할례주의자들의 주장은 그리스도의 십자가를 부인하는 것이라고 하면서 성도들을 미혹하는 할례주의자들을 향해 단순히 할례만 하지 말고 차라리 스스로 거세하기를 바란다고 정죄한다. 하나님의 사람들은 율법에서 자유하다는 것을 육체의 욕심을 이루는 핑계로 삼지 말고 오직 사랑으로 서로 종 노릇하며 성령을 좇아 행할 것을 권면한다. 육체의 소욕과 성령의 소욕은 우리 안에 서로 대적하지만 성령을 따라 사는 삶에 나타나는 열매(사랑, 희락, 화평, 오래 참음, 자비, 양선, 충성, 온유, 절제)는 율법에 반대되는 것이 아니라 율법의 성취임을 교훈한다. 성령의 열매는 단수 명사이기에 아홉 가지의 각종 열매들을 말하는 것이 아니라 한 열매 안에 있는 여러 측면과 요소라고 이해해야 한다.

갈라디아서 6장

6장은 본 서신의 결론 부분으로 성도로서의 바람직한 삶의 자세에 대해 구체적으로 교훈하고 있다. 형제의 범죄에 대해서는 온유한 마음으로 권계하고 항상 자신을 돌아보며 서로의 짐을 나누어 질 것과 말씀을 가르치는 자들을 물질적으로 후원하고 기회가 있는 대로 모든 사람들에게 선을 행할 것을 권면한다.

마지막으로 할례파들의 주장에 대해 다시 한번 반박하면서 그들의 주장은 진리인 십자가 복음으로 인해 받을 핍박을 면하려는 것일 뿐이지만 바울 자신은 그리스도의 십자가만 자랑하므로 진리로 인해 십자가에 못 박히는 것과 같은 고난을 받았기에 그의 몸에 예수의 흔적을 지니고 있음을 고백하며 갈라디아 성도들에게 그리스도가 주시는 은혜와 평강과 긍휼이 있기를 축원하며 끝마친다.

에베소서 서신서 | 바울 서신

에베소서는 바울이 로마에 갇혀 있을 때 쓴 옥중서신(에베소서, 빌립보서, 골로새서, 빌레몬서)의 하나로 알려져 있다. 바울은 로마 감옥에 2년 정도 감금되었다가 잠시 풀려났으나 2차로 감금되어 로마에서 순교했다고 알려졌다. 바울의 옥중서신들은 그가 감금 중에도 비교적 자유롭게 사람들을 만나고 복음을 전할 수 있었던 1차 감옥생활기(AD 60-62년경)에 기록된 것으로 보이며 에베소서는 골로새서와 빌레몬서와 함께 두기고를 통해 전달되었다. 에베소서는 많은 바울의 서신서들과는 달리 수신 교회의 문제점들이나 특정한 상황에 대한 언급이 없고 복음과 교회의 본질, 그리고 성도들의 부르심에 합당한 삶에 대한 교훈이 담겨있는 구원론에 입각한 교회론의 정수이다. 에베소 교회는 바울이 세운 교회들 중에서 가장 많은 시간을 보내면서 2년 넘게 매일 강론하며 제자들을 훈련시켰던 교회로 사도행전의 기록과 당시의 에베소의 지정학적인 상황으로 미루어 보아 초대교회에서의 에베소 교회의 중요성을 짐작할 수 있다. 1-3장에서는 구원의 비밀을 위임받은 교회의 위치에 대한 교리가, 4-6장은 거룩한 성도들의 영적 승리를 위한 삶의 윤리에 대한 교훈이 나오는데 전체를 아우르는 중심 사상은 그리스도 안에서의 통일이다.

에베소서 1장

바울의 에베소 교인들에 대한 문안 인사에 이어 하나님의 구원 계획을 찬미하며 하나님의 계획 안에서 이루어지는 그리스도의 영광과 우월성을 선포한다. 창세 전에 하나님이 그리스도 안에서 성도들을 예정하사 자기의 자녀가 되게 하신 것은 값없이 주시는 구원의 은혜의 영광을 찬미하게 하려는 것이다. 그리스도의 피로 말미암는 구원 복음의 비밀을 알려주신 것은 만물이 그리스도 안에서 통일되게 하시려는 하나님의 예정된 경륜임을 밝히며 하나님께서 에베소 교인들의 마음의 눈을 여사 복음의 진수와 그리스도께서 만물 위에 충만한 교회의 머리가 되시는 것을 깨닫게 해주시기를 기도한다. 우리의 구원은 태초에 하나님 아버지가 예정하시고 성자 그리스도가 십자가에서 죽으심으로 우리의 구속을 이루시고 성령께서 인을 치셔서 우리가 받는 하늘 기업을 보증하시는 성삼위 일체의 사역이다.

에베소서 2장

죄와 허물로 인해 하나님과 단절되었던 인간이 그리스도의 공로로 하나님과 화해되었다며 은혜로 구원받은 자들로 이루어지는 교회의 구성원을 정의한다. 모든 성도들이 구원받기 이전에는 본질 상 진노의 자녀였으나 하나님이 크신 사랑으로 그리스도와 함께 허물로 죽었던 우리를 살리시고 그리스도 예수 안에서 하늘에 앉히셨다고 선포하며 장차 이루어질 미래가 아닌 이미 이루어진 구원임을 명백하게 밝힌다. 이 구원은 전적으로 하나님의 은혜의 선물이며 우리의 행위에서 난 것이 아니기에 누구도 자랑할 수 없다. 예수 그리스도는 우리의 화평이 되시며 율법이 세운 유대인과 이방인 사이의 막힌 담을 허시고 이 둘이 한 몸을 이루어 한 성령 안에서 하나님의 거하실 처소로 함께 지어져 가는 교회가 되게 하셨음을 강조한다.

에베소서 3장

바울은 자신에게 주어진 이방인에게 복음을 증거하는 사명에 대해 언급하며 이 사명을 담대하고 당당하게 감당하기 때문에 당하는 바울의 고난에 에베소 교인들이 낙심하지 말라고 권면한다. 바울은 성도 중에 지극히 작은 자보다도 작은 자신을 들어 이방인에게 복음을 증거하게 하신 것은 창조하신 만물에 감춰졌던 하나님의 비밀스러운 경륜을 온 교회를 통해 하늘의 권세들에게까지 알리는 사역이며 이는 주 예수 그리스도 안에서 영원부터 예정하신 뜻에 따른 하나님의 풍성한 은혜이기에 그는 모든 환란을 이기며 측량할 수 없는 그리스도의 풍성함을 이방인들에게 전한다고 고백한다. 바울은 에베소 교인들을 위해 하나님 아버지께 무릎을 꿇고 간구하기를 성도들이 하나님의 성령으로 말미암아 속사람이 능력으로 강건하여지고 그리스도와 동행하며 그리스도의 사랑의 한량없음을 깨달아 하나님의 충만한 사랑이 넘치는 사람들이 되기를 기도하며 영원 무궁하신 하나님의 영광을 찬양한다.

에베소서 4장

1-3장에서 예정과 구속의 교리와 교회론을 다루고 나서 바울은 4장부터 이러한 내용들을 어떻게 성도들의 삶에 적용할 것인지에 대해 교훈한다.

4장에서는 만유를 그리스도 안에서 하나 되게 하시려는 하나님의 구원 계획에 따라 부르심을 받은 성도들에게 그 부르심에 합당한 삶과 그리스도 안에서의 연합, 교회에 주어진 각양 은사의 목적과 그리스도 안에서의 새로운 생활의 법칙에 대해 교훈한다. 교회에 사도, 선지자, 복음 전하는 자, 목사와 교사의 직분을 주신 것은 성도들을 서로 섬기는 일을 통하여 그리스도의 몸인 교회를 세우기 위함이다. 성도들은 교회의 머리 되신 그리스도에게까지 자라야 하며 거짓을 버리고 의와 진리와 거룩함으로 지으심을 받은 새 사람을 입어 지체들 사이에 덕을 세우는 선한 언행으로 서로 용서할 것을 강권한다.

에베소서 5장

앞에서 언급한 그리스도인의 행동규범을 더 자세히 설명한다. 그리스도인들이 따라야 할 도덕적 표준인 하나님을 본받고 그리스도의 사랑으로 서로를 사랑하며 성결하게 구별된 언행을 할 것을 강조한다. 빛의 아들로서, 지혜 있는 자로서, 성령이 충만한 자로서의 삶이 어떠해야 하는지 구체적으로 제시하는데 그것은 그리스도의 사랑을 본받아 실천하고 거룩하신 하나님을 따라 온갖 음행과 더러운 것과 탐욕으로부터 자신을 지키는 삶이다. 술에 취하지 말고 성령의 충만함을 받아서 성령의 열매를 맺으며 하나님께 감사와 찬양을 올려드리고 그리스도를 경외함으로 피차 복종하는 삶을 살 것을 권면한다. 아내와 남편의 관계를 교회와 그리스도의 관계를 들어 설명하면서 아내는 교회가 그리스도에게 하듯 범사에 남편에게 복종하고 남편은 그리스도께서 교회를 위하여 자신을 주심 같이 희생적으로 아내를 사랑할 것을 명하면서 아담과 하와에게 주신 결혼 규례가 교회와 그리스도의 관계에 대한 모형임을 교훈한다.

에베소서 6장

앞 장에서의 부부관계에 이어 부모 자식 관계, 주인과 종의 관계에서도 피차 그리스도 안에서 복종해야 하는 원리를 적용한다. 그 당시에 당연히 받아들여졌던 상명하복의 관계를 넘어 부모가 자식에게, 주인이 종에게 가져야 하는 마음 자세는 당시 사람들에게는 혁명적인 교훈이었을 것이다. 마지막으로 바울은 성도들이 세상에 살면서 사탄의 무리들을 대항하여 영적인 전투를 위해 어떻게 준비하고 임해야 하는지를 교훈한다. 그리스도의 십자가 죽음과 부활로 사탄의 권세를 꺾으셨지만 성도들이 이 땅에 살면서 감당해야 할 싸움이 있는데 이는 어둠의 세상 주관자들과 악한 영들을 대항하는 영적 전투이기에 하나님의 전신갑주를 입어야 승리할 수 있다. 바울은 로마 병사의 무장을 연상시키며 진리의 허리 띠, 의의 호심경, 복음의 신, 믿음의 방패, 구원의 투구, 성령의 검 등으로 하나님의 전신갑주를 설명한다. 그리스도의 이름을 의지하고 하나님의 말씀을 따르며 항상 깨어 기도할 때 성도와 교회는 악한 날에 사탄을 능히 대적하고 굳건하게 설 수 있다. 마지막으로 복음 때문에 사슬에 매인 바 된 바울은 자신의 안위가 아닌 복음의 지속적인 선포를 위한 기도를 에베소 교인들에게 부탁하며 자신의 사정을 알리기 위해 두기고를 그들에게 보낸 이유를 설명하고 에베소 교인들에게 하나님 아버지와 예수 그리스도가 주시는 평안과 믿음과 사랑과 은혜가 있기를 축원한다.

빌립보서 서신서 | 바울 서신

빌립보서는 바울이 빌립보 교회의 성도들과 지도자들(감독, 집사)에게 보낸 편지이다. 빌립보는 유럽의 동남부 그리스의 북쪽에 위치한 마게도냐 지방에 있는 도시로 바울의 2차 전도여행의 초기에 유럽의 첫 교회가 세워진 곳으로 자주장사 루디아와 간수의 가정이 빌립보에서 신자가 되었다(사도행전 16장). 특히 빌립보 교회는 바울의 사역을 위해 적어도 두 번 이상 그를 재정적으로 후원했고 바울이 로마에 감금되었을 때에도 에바브로디도를 통해 다시 그를 도왔다. 빌립보서는 바울이 교회에 보낸 편지 중 가장 개인적인 성격의 편지로 에바브로디도가 로마에서 병이 걸려 죽게 되었다가 회복된 후 에바브로디도를 다시 빌립보로 돌려보내며 빌립보 교인들에게 감사한 마음을 표하고 그 기회에 빌립보 교회 안에 있는 일부 성도들 사이의 다툼과 허영의 문제, 유대주의자들의 율법주의 등을 경계하게 하여 온 교회가 한 마음으로 연합할 것을 권면하려 이 편지를 썼다. 다른 옥중 서신들인 에베소서, 골로새서, 빌레몬서보다는 1, 2년 후에 작성된 것으로 본다. 빌립보서의 주제는 기쁨과 감사라 할 수 있다.

빌립보서 1장

바울은 자신과 디모데가 빌립보 교회에 전하는 인사와 감사로 시작하는데, 디모데는 바울을 도와 빌립보 교회를 개척할 때 함께 했던 동역자로 바울이 로마에 갇혀 있을 때 그와 함께 했고 빌립보서를 바울에게서 받아 썼을 것으로 짐작되며 빌립보 교회는 감독들과 집사들이 이미 세워진 든든한 교회임을 알 수 있다. 자신의 복음 사역을 위해 협력했던 빌립보 교회에 감사를 표하고 그리스도의 사랑으로 그들을 사랑하는 마음을 전하며 그들 가운데 그리스도로 말미암는 의의 열매가 가득하여 하나님께 영광과 찬송이 되기를 기도한다. 빌립보 교인들에게 자신이 사슬에 매인 것이 오히려 복음의 진보가 되었음을 간증하며 죽든지 살든지 그리스도가 자신의 몸에서 존귀하게 되려 하는 것이 바울의 삶의 목적임을 밝히며 빌립보 교인들도 복음에 합당하게 살 것을 권면하며 그리스도가 은혜를 주신 것은 그를 믿을 뿐 아니라 그의 고난에도 동참하게 하시려는 것임을 상기시킨다.

빌립보서 2장

바울은 성도들이 공유해야 할 겸손의 모범으로 그리스도의 낮아지심을 제시한다. 성도들이 한 마음을 품고 다툼이나 허영이 아닌 겸손한 마음으로 각각 자기보다 남을 낮게 여겨야 하는 이유는 하나님이신 그리스도 예수께서 우리를 위하여 종의 형체로 낮아지시고 십자가에 죽기까지 복종하셨기 때문이며 하나님은 그리스도를 지극히 높여 모든 권세가 그에게 무릎 꿇고 모든 입들이 그리스도를 주라 시인하여 하나님께 영광을 돌리게 하셨다. "두렵고 떨림으로 너희 구원을 이루라."라는 바울의 권면은 성도들이 그리스도를 믿음으로 이미 구원을 받았지만 삶에서 그리스도의 겸손을 본받아 순종함으로 성화되어 가야 함을 말한다. 바울은 성도들이 하나님의 자녀로 성숙한 신앙 생활을 통해 하나님께 영광 돌리는 것이 자신의 자랑이요 기쁨이라 고백하며 디모데와 에바브로디도, 그리고 자신의 계획을 알린다.

빌립보서 3장

복음을 혼란하게 하는 대적자들에 대해 경고하면서 그들을 '개들, 행악하는 자들, 손할례당'이라고 표현한다. 손할례당이라는 말에서 초대교회에 만연했던 율법주의자들이 빌립보 교회에도 있었음을 알 수 있다. 육체를 자랑하는 율법주의자들에 대해 경고하며 바울은 자신이 유대교의 율법으로는 누구 못지않은 정통 바리새파였지만 그리스도를 위하여 그 모든 육신의 자랑을 배설물로 여기게 된 것은 참된 의는 율법이 아니라 오직 그리스도를 믿는 믿음으로 주어지는 하나님의 의이기 때문임을 설파한다. 그리고 바울이 그의 삶에서 추구하는 것은 그리스도의 부활에 이르기까지 구원의 완성을 위해 푯대를 향해 달려가는 삶이고 이는 모든 성도가 싸워야 하는 영적 싸움이기에 그리스도 안에서 하나님의 은혜로 부르심을 받은 그 부르심에 합당하게 살아야 함을 강조하면서 유대주의자들에 현혹되지 말고 자신을 본받아 그리스도의 복음을 좇는 하늘의 시민권자가 될 것을 권면한다.

빌립보서 4장

바울은 빌립보 교인들의 영적 성장을 위한 몇 가지 충고와 함께 사랑과 감사의 마음을 전하는데 빌립보 성도들을 "사랑하고 사모하는 형제들, 나의 기쁨이요 면류관인 사랑하는 자들"이라 부르며 그들에 대한 사랑을 표현하고 빌립보 교회의 중추적인 여성도들이라 생각되는 유오디아와 순두게에게 주 안에서 한 마음을 품으라 권면하며 교회도 이 여인들과 다른 복음의 동역자들을 도울 것을 권면한다. 성도들에게 주 안에서 항상 기뻐하며 모든 이들에게 관용을 베풀 것을 권면하며 아무 것도 염려하지 말고 오직 기도와 간구로 구할 것을 감사함으로 하나님께 아뢰면 하나님께서 세상이 이해할 수 없는 평강으로 채워 주실 것임을 약속하며 바울은 빌립보 교인들이 바울에게 배우고 받고 듣고 본 바를 온전히 행하면 평강의 하나님이 함께 계실 것이라 선언한다. 바울은 자신이 어떤 형편이든지 자족하기를 배웠고 자기에게 능력 주시는 자 안에서 모든 것을 할 수 있지만 빌립보 교인들이 바울을 물질적으로 도운 것에 대해서 감사의 마음을 전하며 그들이 보낸 물질은 하나님께서 기쁘게 받으실 향기로운 제물이라고 한다. 하나님이 그리스도 안에서 풍성하게 빌립보 성도들의 모든 필요를 채워 주실 것이라 확신하며 그들에게 주 예수 그리스도의 은혜가 있기를 축원하며 편지를 마친다.

골로새서 서신서 | 바울 서신

골로새서는 바울이 골로새 교인들에게 로마의 옥 중에서 쓴 편지로 다른 옥중 서신인 에베소서와 빌레몬서와 함께 두기고에 의해 전달된 것으로 보인다. 골로새는 에베소에서 동쪽 내륙 방향으로 약 150 km떨어진 곳으로 라오디게아와 인접한 곳이었고 이 도시들은 모두 현재의 튀르키예 지방에 있다. 골로새 교회는 아마도 바울이 에베소에서 3년 가까이 가르칠 때(3차 전도여행 중) 에베소에서 복음을 접한 에바브라가 골로새로 돌아가 세웠을 것이다. 따라서 바울은 골로새 교회를 개인적으로 알지는 못했지만 로마에 있던 바울을 찾아온 에바브라에게서 골로새 교회에 대해 전해 듣고, 특별히 율법주의, 영지주의, 헬라 철학의 영향을 받은 예식주의, 금욕주의, 천사숭배등의 이단적 혼합주의 사상들이 골로새 교회에 침투한 문제를 해결하기 위해서 그리고 골로새 교인들이 그리스도 안에서 깊이 뿌리를 내리고 믿음에 굳게 서게 하기 위해 기록했다고 본다. 같은 시기에 기록된 에베소서와 비슷한 내용이 많은데 에베소서가 교회론을 중심으로 했다면 골로새서는 기독론이 중심 주제라 할 수 있으며 특별히 그리스도의 탁월성을 명백하게 서술하기에 바울의 어떤 서신서보다 뛰어난 기독론을 펼친다.

골로새서 1장

골로새 교회를 향한 바울의 문안과 감사에 이어 골로새 교인들이 확실히 알아야 하는 그리스도의 인격과 사역에 대해 교훈한다. 먼저 바울은 골로새 교인들이 그리스도 안에서 가진 믿음과 사랑과 소망에 대해 에바브라에게 전해 들고서 하나님께 감사드리며 그들이 모든 신령한 지혜와 총명으로 하나님의 뜻을 알고 범사에 선한 열매를 맺으며 복음에 합당한 삶을 살기를 기도한다. 이어서 바울은 바로 그리스도가 누구인지, 또 그가 어떤 일을 하시는지에 대해 설명하면서 그리스도의 탁월성을 열 가지로 증거한다. 보이지 않는 하나님의 형상, 모든 창조물보다 먼저이심, 만물이 다 그에 의해, 그로 말미암아 그를 위하여 창조되었고, 만물보다 먼저 계시고 만물이 그 안에 있고, 교회의 머리이며, 근본이요 죽은 자들 가운데 먼저 나심으로 만물의 으뜸이 되시며 하나님의 모든 신성이 충만하신 분이다. 이런 그리스도께서 우리를 위하여 십자가에 죽으심으로 만물과 하나님의 화평을 이루시고 하나님과 원수 되었던 우리를 거룩하고 흠 없는 자로 하나님과 화목하게 하셨다고 설파하며 만민에게 전파된 이 복음을 믿고 소망에 굳게 설 것을 권면하며 바울은 이 복음을 위한 일꾼으로 그 비밀스러운 영광을 이방인에게 선포하며 고난을 기쁘게 감당한다고 고백한다.

골로새서 2장

바울은 골로새와 이웃 도시 라오디게아 성도들에게 비록 바울이 그들을 대면하여 보지는 못했지만 늘 그들을 생각하며 힘쓰는 것은 그들이 그리스도의 복음의 비밀을 깨달아 사랑 안에서 하나가 되어 승리하기를 위함이라 하면서 그리스도 안에 감추어진 보화 같은 지식과 지혜로 예수 그리스도 안에서 행하며 흔들리지 말 것을 권면한다. 유대주의자들의 주장과 영지주의 이단들의 가르침을 사람의 유전과 초등학문이라 칭하면서 이같은 세상의 철학과 헛된 속임수를 경계할 것을 명한다. 그리스도 안에서 받은 세례의 영적 의미를 그리스도와 함께 장사되어 모든 죄를 사함 받고 그리스도와 함께 영원한 새 생명으로 부활한 것이라 일깨우며 율법주의자들의 주장처럼 의식법에 얽매이지 말고 헛된 것을 자랑하며 천사 숭배를 요구하는 거짓 가르침에 미혹되지 말 것을 경고한다.

골로새서 3장

골로새서 2장에서 그리스도인은 율법으로부터 해방된 자임을 강조하는 교리적 가르침을 전한 바울은 3장에서는 영적으로 그리스도와 연합한 성도들이 버려야 할 옛 사람의 행실과 추구해야 할 새 사람의 성품에 대해 가르친다. 땅에 속한 지체의 소욕인 음란, 부정, 사욕, 악한 정욕, 탐심을 버리고 사람을 창조하신 하나님의 형상을 좇아 긍휼, 자비, 겸손, 온유, 오래 참음의 새 옷을 입고 서로 용납하고 용서하고 사랑함으로 그리스도의 평강이 각자의 마음을 주장하게 하고 감사하는 자가 되라고 강권한다. 또한 그리스도의 말씀이 성도 속에 풍성하여 피차 모든 지혜로 가르치고 권면하며 하나님께 감사와 찬양을 올려드리며 모든 일을 주 예수의 이름으로 하며 하나님 아버지께 감사하는 삶을 살 것을 권면한다. 아내들은 남편에게 복종하며 남편들은 아내를 사랑할 것이며, 자녀들은 부모에게 순종하며 부모들은 자녀를 격노케 하지 말 것이며, 종들은 상전 대하기를 주께 하듯 하며 상전들은 종들에게 의와 공평을 베풀며 자신들도 하늘에 상전이 있음을 기억하라고 권면하는데 이 부분은 에베소 교인들에게 준 교훈과 동일하다.

골로새서 4장

편지를 마치며 성도들에게 항상 기도하며 감사할 것과 바울 자신과 동역자들의 복음 전도를 위해 기도를 부탁하며 불신자들을 대할 때에는 지혜롭게 시간을 선용할 것을 교훈한다. 사랑받는 형제이자 신실한 동역자인 두기고를 골로새 교회에 보내어 자신의 사정을 전하며 그들을 위로하게 하려는 바울의 의도를 전하며 골로새의 빌레몬에게서 도망쳐 왔으나 바울을 만나 회개하고 신실한 사랑을 받는 자로 거듭난 오네시모를 다시 골로새로 돌려보내며 바울과 함께 있는 마가와 유스도의 문안을 그들에게 전한다. 마가는 바울의 1차 전도여행 때 중도 이탈하여 바울과 바나바가 갈라서게 되는 빌미가 되었지만 이제는 성숙한 바울의 조역자가 되었다. 골로새 교회의 개척자 에바브라가 항상 그들을 위해 애써 기도하고 있음을 전하며 바울과 2차 전도여행부터 계속 함께 한 의원 누가와 데마의 문안도 전한다. 그리고 골로새 교인들에게 보내는 이 편지를 인근의 라오디게아 교회에서도 회람하고 그들에게 보낸 편지도 골로새 교회도 읽어 볼 것을 권면하며 그들에게 은혜가 있기를 구하며 편지를 맺는다.

데살로니가전서 서신서 | 바울 서신

데살로니가 전서는 바울이 데살로니가 교회에 쓴 첫 편지이다. 데살로니가는 빌립보와 베뢰아와 더불어 그리스 북쪽 마게도냐 지방에 위치한 항구 도시이며 마게도냐의 수도였다. 바울은 2차 전도여행 때 마게도냐 사람의 환상으로 아시아로 가려던 계획을 바꾸어 유럽으로 건너가 빌립보와 데살로니가에서 복음을 전하게 되는데 그곳에서 유대인들이 불량배를 동원하여 소동을 일으켜 베뢰아로 가게 되고 실라와 디모데를 남겨두고 바울은 아덴을 거처 고린도에서 사역을 하게 된다. 이때 디모데를 데살로니가 교회로 보내 사역하게 하였고 얼마 후 고린도에서 디모데를 통해서 데살로니가 교회의 좋은 소식과 나쁜 소식을 듣고 데살로니가 교회에 편지를 쓴다. 좋은 소식은 데살로니가 성도들의 믿음이 굳건하다는 것이고 나쁜 소식은 예수님의 재림에 대한 올바른 지식이 없어 이를 기다리다가 죽은 자들 때문에 낙심하는 사람들이 있다는 것이었다. 바울은 이들에게 보내는 편지에서 그리스도의 재림에 대해 확실히 교훈하며 이 사실에 기초한 하나님 나라의 성도들의 삶에 대해 권면하기에 이 서신의 주요 내용은 종말론에 관한 것으로 교회가 들림을 받을 것과 주님의 날 즉 마지막에 일어날 일들을 가르치고 있다. 이 편지는 대략 AD 50~51년경에 기록된 것으로 본다.

데살로니가전서 1장

바울이 동역자인 실루아노(실라)와 디모데와 함께 데살로니가 성도들에게 문안을 전하면서 그들의 믿음의 역사와 사랑의 수고와 그리스도에 대한 소망의 인내를 칭찬하며 그들이 마게도냐와 아가야 지방의 교회들에게 본이 되는 것을 하나님께 감사를 드린다. 그들은 우상을 버리고 그리스도의 죽으심과 부활하심과 재림하실 것을 소망하는 믿음을 가지고 있었다.

데살로니가전서 2장

전반부에서 바울은 빌립보와 데살로니가에서 바울 일행이 고난 중에도 복음을 담대히 전했으며 탐심으로 자신의 유익을 구하지 않고 진실과 거짓을 구별할 줄 아는 지혜를 가지고 복음을 증거한 결과 데살로니가 교회 성도들이 바울과 복음 사역자들을 본받아 환란 가운데서도 믿음을 굳게 지키며 그리스도 예수 안에서 하나님의 교회를 본받게 되었음을 하나님께 감사한다. 예수와 선지자들을 죽인 유대인들이 바울 일행도 박해하고 복음을 믿는 성도들을 핍박했는데 데살로니가 교인들이 그러한 핍박을 인내한 것은 참으로 영광스러운 일이라 칭찬하면서 그들이 바울의 자랑의 면류관이며 영광과 기쁨이라고 고백한다.

데살로니가전서 3장

바울은 환란에 처한 데살로니가 교회에 대해 걱정하며 디모데를 그들에게 보내 그들을 격려하고자 했음과 디모데가 돌아와 바울에게 전한 데살로니가 성도들이 주 안에서 굳게 서 있음과 바울이 그들을 보고 싶어 하는 것과 같이 그들도 바울을 다시 보기를 간절히 바란다는 소식을 듣고 기뻐하며 하나님께 감사를 드리며 주 예수께서 바울의 길을 데살로니가로 인도해 주시기를 간구한다.

데살로니가전서 4장

데살로니가 교회 성도들에게 하나님이 거룩하시므로 성도들도 거룩한 행실로 서로 사랑함으로 하나님을 기쁘시게 할 것을 교훈하며 데살로니가 교인들의 재림과 종말에 대한 그릇된 인식을 바로잡아 주며 올바른 종말관을 가지고 그리스도가 재림할 때까지 각자에게 맡겨진 일을 성실히 수행하며 재림에 대한 소망을 잃지 말라고 권면한다. 특히 그리스도의 재림 이전에 죽은 자들이 그리스도의 재림 때에 먼저 부활하게 되고 산 자들도 하늘로 올려져서 산 자나 죽은 자나 동일하게 다 그리스도와 연합하게 된다고 가르치면서 이 영원한 천국 소망을 소유한 성도들이 서로를 위로하며 고난을 이길 것을 권면한다.

데살로니가전서 5장

바울은 그리스도의 재림은 예기치 못한 때에 이뤄질 것이므로 성도들은 항상 영적으로 깨어 대비하는 삶을 살아야 함을 교훈한다. 마지막 권면과 인사로 마치는데 '항상 기뻐하고, 쉬지 말고 기도하며, 범사에 감사하는 삶'이 그리스도 예수 안에서 성도들을 향하신 하나님의 뜻임을 일깨운다. 또한 성령을 소멸하지 말고 예언을 멸시하지 말며 악은 어떤 모양이라도 버릴 것을 권면하며 평강의 하나님이 그들을 온전히 거룩하게 하시고 그리스도의 재림 때까지 그들을 지켜 주시며 은혜로 함께 하실 것을 축원한다.

데살로니가후서 서신서 | 바울 서신

데살로니가후서는 데살로니가전서와 발신자와 수신자가 동일하다. 바울은 데살로니가전서를 써 보낸 후 오래지 않아(아마도 수개월 후) 다시 그들에게 편지를 쓸 필요가 있다고 생각한 것 같다. 처음 편지에 쓴 그리스도의 재림과 종말에 대한 내용을 오해했거나 더욱 심해진 교회에 대한 박해 때문에 낙심하고 도피주의, 체념주의에 빠지거나 무위도식하며 오직 그리스도가 빨리 재림하시기를 바라는 사람들이 생긴 것 때문에 그리스도의 재림의 때에 대해 보다 확실하게 가르치며 종말 시대에 가져야 할 참 신앙의 자세에 대해 훈계한다.

데살로니가후서 1장

핍박과 환란 중에 있는 데살로니가 성도들의 믿음의 인내와 사랑에 대해 하나님께 감사하며 격려하는 말로 시작한다. 바울은 주님이 공의로운 심판자로 재림하셔서 복종치 않는 자들에게는 영원한 멸망의 형벌을 내리시고 성도들에게서 영광을 얻으실 것을 선포한다.

데살로니가후서 2장

바울은 주님의 재림의 날이 임박했다는 잘못된 가르침으로 데살로니가 성도들이 동요하고 무위도식하는 사람들이 있는 문제에 대해, 그리스도의 재림 전에 나타날 징조들을 교훈한다. 먼저 배도하는 자들이 나타날 것이고 또한 불법의 사람 곧 멸망의 아들(적그리스도)이 나타나 사탄의 역사를 따라 모든 능력과 표적과 기적과 불의의 속임으로 멸망하는 자들에게 임할 것이라 일러준다. 이는 예수님이 마태복음 24장에서 언급하신 마지막 때에 나타날 징조들과 일치한다. 바울은 그러나 주의 사랑하는 형제들은 하나님께서 택하여 부르셨고 성령으로 거룩하게 지키시고 그리스도의 영광을 얻게 하실 것이기에 하나님께 감사를 드리며 하나님의 교훈을 지키는 삶을 살라고 권면한다.

데살로니가후서 3장

바울은 먼저 성도들에게 자신의 복음을 전하는 일을 위하여 기도를 부탁하며 그들을 굳세게 지켜 주시기를 기도하며 성도 간의 기도의 교제의 본을 제시한다. 또한 그들 가운데 무질서하고 규모 없이 행하는 자들에게 바울 자신이 그들에게 보여준 모본을 따라 행할 것을 지시하며 성도는 누구든지 열심히 일하여 자기 양식을 먹으며 정직한 노동을 통해 자신과 가족을 돌볼 뿐 아니라 주위의 어려운 형제도 돌아보는 사랑의 삶을 실천해야 함을 교훈한다. 성도들이 선을 행하다가 낙심하지 말고 핍박 속에서도 끝까지 믿음을 지키기를 권면하며 교회 안에서 불순종하는 사람들에 대한 올바른 치리 방법과 목적을 제시하고 주 예수 그리스도가 주시는 평강과 은혜를 구하며 편지를 마친다.

디모데전서 서신서 | 바울 서신

디모데전후서와 디도서는 바울이 동역자인 디모데와 디도에게 보낸 개인적인 서신이기에 '목회서신'이라고 불린다. 그러나 이 서신들은 목회자들뿐 아니라 모든 성도들에게 필요한 진리와 교훈을 담고 있다. 디모데전서는 바울이 그의 신앙적인 아들인 디모데가 에베소에서 목회하고 있을 때에 쉽지 않은 그의 사역을 격려하고 교훈하기 위해 썼는데, 교회의 도덕과 조직, 교리, 이단에 대한 경계, 성도들의 윤리적인 삶 등 오늘날의 성도들에게도 유익한 권면을 담고 있다. 혹자들은 이 서신의 배경이 사도행전의 기록과 일치하지 않는 점을 들어 바울의 서신이 아닐 것으로 주장하기도 하지만, 바울은 사도행전 마지막에 기록된 1차 로마 감금 이후에 풀려나 사역을 하다가 2차로 감금되어 네로 황제 때에 순교한 것으로 여겨지며 본 서신은 바울이 1차 감옥생활 후 AD 63-64년경에 쓴 것으로 본다.

디모데전서 1장

바울은 에베소 교회의 사역을 감당하는 그의 믿음의 아들인 디모데에게 편지하면서 다른 교훈을 가르치는 자들로부터 교회와 진리를 지킬 것을 강권한다. 어느 시대에나 복음이 전파되는 곳에는 사탄에 의한 거짓 교훈이 일어나 진리를 대적한다. 목회자들은 하나님의 말씀 전체를 깊이 살펴서 말씀을 왜곡하는 이단으로부터 성도들을 지켜야 할 책임이 있다. 바울은 죄인 중의 괴수였던 자신에게 하나님께서 긍휼을 베푸시고 이방인의 사도로 직분을 주신 것은 자신과 같은 죄인도 그리스도께서 구원하신다는 사실이 복음을 믿는 모든 자들에게 본이 되게 하려 하심이라 증거하며 디모데에게 착한 양심을 가지고 선한 싸움을 싸워 성도들을 지킬 것을 권면한다.

디모데전서 2장

선한 싸움을 싸우기 위한 실제적인 교훈을 준다. 첫째로 목회자는 모든 성도들뿐 아니라 모든 사람들을 위해 간구하며 감사하는 도고의 기도를 해야 한다. 위정자들을 위해서도 기도할 것을 권면하며 하나님은 모든 사람들이 구원에 이르기를 원하시기 때문이라 하는데 이는 하나님은 악인들이 죽는 것을 기뻐하지 않으신다는 에스겔서 33장 11절 말씀과 일치하지만 모든 사람들을 구원하시는 것이 하나님의 뜻이라는 말은 아니다. 유일한 중보자는 그리스도 예수 한 분이심을 강조하고 이 복음을 이방인들에게 선포하는 자신의 사명을 다시 언급한다. 교회에서의 남자와 여자의 위치와 역할에 대해 남자들은 서로 다투지 말고 서로를 위해 기도할 것을, 여자들에게는 사치와 허영을 버리고 단정하게 선을 행하며 순종할 것을 명한다. 남자나 여자나 하나님의 영광과 교회의 유익을 위하여 절제하며 거룩하게 행해야 한다. 여자들이 교회에서 가르치거나 남자를 주장하지 말라고 교훈하면서 창조질서와 선악과 범죄를 언급하는데 이는 바울의 이 가르침이 단지 그 시대의 관습을 넘어 하나님의 뜻임을 의미하나 현대에는 많은 논란이 되는 부분이다.

디모데전서 3장

바울은 자신이 에베소로 바로 가서 목회 전반에 대해 디모데에게 교훈하고 싶지만 자신의 방문이 늦어지더라도 디모데가 목회를 잘 감당하도록 하기 위하여 교회의 직분자들을 잘 세우라 권면하면서 감독과 집사의 자격에 대해 교훈한다. 바울이 여기에 제시하는 직분자의 자격은 오늘의 교회에서도 준수되어야 하는 규칙이다. 감독은 오늘날의 목사와 치리 장로를 포함한다. 감독의 자격으로 15가지를 열거하는데 이는 일반적인 그리스도인의 인격적 기준에 모범이 되며 교회 안과 밖에서 모두 칭찬받는 자여야 하며 가르치기를 잘하고 경건한 가정을 이끌어야 하며 신앙의 연륜이 짧은 자가 지도자의 위치에 서서 교만하게 되지 않도록 새로 입교한 자를 감독에 세우지 말라 한다. 집사의 자격으로 8가지를 언급하는데 집사의 직분이 교회의 재정 지출과 가난한 자들을 돌보는 일이기에 더러운 이익을 탐하지 않고 깨끗한 양심이 있어야 한다고 하면서 먼저 집사 후보자들을 시험하여 볼 것을 권면한다. 이어서 직분자들의 아내들에 대해서도 단정함과 절제, 충성 등의 성품이 있어야 한다고 교훈한다. 직분자들을 잘 세워 교회를 경건하게 세워야 하는 이유는 하나님께서 진리의 기둥이자 터가 되는 교회에 맡기신 경건의 비밀이 크기 때문이다.

디모데전서 4장

바울은 성령께서 앞으로 나타날 거짓 교사들에 대해 예언했음을 상기시키며 혼인과 음식을 금하는 금욕주의를 경계하며 결혼은 창조질서 속에 하나님이 주신 것이고 모든 음식은 하나님께서 사람을 위해 주신 것으로 감사함으로 받으면 버릴 것이 없다고 교훈한다. 말씀과 기도로 모든 것이 하나님 앞에서 거룩하게 되기에 망령되고 허탄한 신화를 버리고 오직 경건에 이르기를 연습하라고 디모데에게 명한다. 이는 목회자들뿐 아니라 모든 성도들이 받아야 할 말씀이다. 디모데에게 목회자로서의 영적 권위를 세우고 말과 행실과 사랑과 믿음과 정절에서 믿는 자들에게 본이 되어 누구든지 그의 연소함을 업신여기지 못하게 하라고 권면한다. 바울은 또한 디모데가 성령의 가르침으로 성숙한 목회자가 되어 성도들을 진리로 가르칠 것을 강권한다. 목회자들은 늘 성경 말씀을 연구하며 자신이 먼저 영적으로 성장하여야 맡겨진 성도들을 올바로 가르칠 수 있다.

디모데전서 5장

4장에서 목회자의 기본 자세를 논한 바울은 5장에서는 목회의 실제적인 문제인 신분과 연령이 다른 다양한 성도들을 어떻게 대할 것인지에 대해 교훈한다. 이는 교회의 질서에 대한 권고로 먼저 모든 성도들을 자신의 가족처럼 대해야 함을 전제한 후에 과부들과 장로들에 대해서 교훈한다. 과부라 하더라도 가족이 있으면 가족들이 우선적으로 돌보아야 한다는 원칙을 제시하고 젊은 과부들에게는 결혼할 것을 권하며 교회에 헌신할 과부들의 조건을 60세 이상 되고 행실이 복음의 열매를 맺는 자로 할 것을 말한다. 장로들을 존경하되 말씀과 가르침에 수고하는 자들을 더욱 그리하라고 하는데 이로 미루어 디모데 이외에도 말씀 사역을 담당하는 장로들이 에베소 교회에 있었음을 알 수 있다. 두세 사람의 증인이 있어야 장로에 대한 고소가 성립된다는 것은 교회 지도자의 위치를 보호하는 배려이지만 잘못했을 때에는 모든 사람 앞에 꾸짖어 성도들이 두려워하게 하며 이런 치리를 행함에 아무 편견 없이 하고 경솔히 안수하지 않음으로 교회를 정결하고 건강하게 세워가는 목회를 하라고 훈계한다.

디모데전서 6장

교회 안에 있는 종과 상전에 대해 교훈하는데 이는 에베소서 6장에 나오는 상호 복종과 사랑의 정신과 상통한다. 이어서 경건에 유익이 되는 자족하는 마음을 가져야 함을 일깨우며 돈을 사랑함이 모든 악의 뿌리이며 사람들이 이로 말미암아 미혹되어 멸망에 빠지게 됨을 경고하며 이를 멀리하고 의와 경건과 믿음과 사랑과 인내와 온유를 좇아 믿음의 선한 싸움을 싸워 영생을 취할 것을 명령한다. 교회의 부유한 자들에게 재물에 소망을 두지 말고 하나님께 소망을 두어 허락하신 재물로 선한 일을 행하며 이웃과 함께 나누는 삶을 살도록 권하여 그들이 영생을 취하게 할 것을 명하며 거짓된 지식으로 헛된 변론을 일삼는 자들을 피하고 바울 자신이 교훈한 모든 것을 잘 지킬 것을 부탁하며 서신을 마친다.

디모데후서 서신서 | 바울 서신

디모데후서는 바울이 디모데에게 보낸 두 번째 편지로 바울이 처음 로마에서 갇혔다가 석방된 후 네로 황제의 기독교 박해 때에 다시 투옥되어 사형을 기다리면서 쓴 마지막 유언 같은 서신으로 바울의 13 서신서 중에서 제일 나중에(AD 66-67년쯤) 기록되었다고 본다. 본 서신에서 바울은 사랑하는 아들 디모데에 대한 개인적인 권면과 자신의 간증 등 매우 개인적인 내용을 기록한다. 교리보다는 디모데가 겪게 될 핍박과 고난을 예고하며 복음과 함께 고난을 받으라고 권면하며 그에 대한 애틋한 사랑을 전한다.

디모데후서 1장

바울은 할머니와 어머니에게서 모태로부터 이어받은 디모데의 거짓없는 진실한 믿음을 하나님께 감사하며 복음 때문에 고난 받음을 부끄러워하지 말 것을 권면한다. 바울은 하나님이 자신들을 불러 구원하신 것은 그리스도 안에서 예정하신 하나님의 뜻이며 그 복음을 위하여 갇힌 것을 부끄러워하지 않음을 고백하면서 디모데에게 자신을 본받아 믿음 가운데 성령이 디모데에게 맡긴 아름다운 사명을 지킬 것을 명한다. 죽음을 앞둔 바울은 아시아의 많은 자들이 박해가 두려워 자신을 버렸으나 오네시보로와 그의 가족을 통해 위로 받고 있음을 밝힌다.

디모데후서 2장

충성스러운 사역자의 마땅한 자세와 그에게 주어질 상급에 대해 군사, 경주자, 농부, 그릇의 비유를 통해 디모데에게 교훈한다. 주님의 충성된 일꾼들을 양성하고 그리스도만을 기쁘게 하는 좋은 군사가 되며 하나님 앞에 부끄러울 것이 없는 일꾼으로 인정되기를 권면하며 그렇게 쓰임 받기 위해 먼저 자신을 깨끗하게 하여 하나님이 쓰시기에 합당한 그릇으로 헌신할 것을 교훈한다. 거짓 교훈과 어리석고 무식한 변론에 대해서는 온유하게 가르치고 잘 참으며 거역하는 자들의 징계도 온유한 마음으로 하여 그들이 회개하여 마귀의 올무에서 벗어나게 하는 것이 목회자의 책무임을 일깨운다.

디모데후서 3장

말세에 일어날 현상들에 대해 언급하는데 구체적으로 열 아홉 가지의 내용을 열거한 후에 디모데에게 이런 자들에게서 돌아서라고 교훈한다. 이런 말세의 추세에 휘말리지 않고 그리스도 안에서 경건하게 살고자 하는 자는 바울이 당한 것 같은 핍박을 받을 것이지만 바울을 모든 핍박에서 건지신 하나님의 말씀인 성경이 능히 디모데에게 그리스도 예수 안에 있는 믿음으로 말미암아 구원에 이르는 지혜를 주실 것을 확신한다. 모든 성경은 하나님의 감동으로 된 것으로 교훈과 책망과 바르게 함과 의로 교육하기에 유익하여 성도들을 온전하고 모든 선한 일을 행하기에 부족함없이 준비시킨다고 설파한다.

디모데후서 4장

바울은 편지를 마치며 디모데에게 언제나 말씀 전파하기를 힘쓰며 성도들을 향해 오래 참음과 가르침으로 경책하며 권할 것을 엄히 명하면서 유언과 같은 간증을 한다. 자신이 죽을 날이 가까웠으며 선한 싸움을 끝까지 싸워 승리한 자신에게 의의 면류관이 예비되었다 하며 디모데도 소망 가운데 복음 사역에 최선을 다할 것을 강권한다. 죽음을 앞두고 믿음의 아들인 디모데를 다시 한번 보고 싶은 간절한 소망을 전하며 마가도 함께 오기를 바라며 가죽에 쓴 성경도 가져올 것을 부탁한다. 죽음을 앞두고도 성경말씀을 읽는 일에 관심이 있는 모습이다. 많은 사람들이 바울을 떠났지만 바울의 2차 전도여행 때부터 바울과 동행한 누가는 바울의 마지막 때에도 그의 곁을 지켰음을 알 수 있다. 주께서 자신을 천국으로 인도하실 것을 확신하며 주님께 영광을 돌리며 편지를 맺는다.

디도서 서신서 | 바울 서신

디도서는 바울이 그의 믿음의 아들 디도에게 보낸 개인 서신으로 역시 바울의 믿음의 아들인 디모데에게 보낸 디모데 전 후서와 함께 목회서신으로 분류된다. 사도행전은 디도를 언급하지 않지만 바울은 다른 서신서들에서 디도를 열 번 넘게 언급했다. 헬라인이었던 그는 바울과 바나바와 함께 예루살렘을 방문했지만 바울은 그에게 할례를 행하지 않았던 것을 갈라디아서에서 언급하고 있고 고린도 후서에는 그의 이름이 아홉 번 언급되는데 바울의 편지를 고린도 교회에 전하고 고린도 교회의 소식을 바울에게 알려주는 등 바울의 3차 전도여행에 함께하며 바울을 도왔음을 알 수 있다. 바울의 마지막 서신인 디모데후서는 디도가 달마디아 (지금의 유고슬라비아 지방)로 갔다고 기록한다. 바울은 그레데 섬(그리스와 튀르키예 사이의 에게해에 있는 섬)에 남겨둔 디도에게 편지를 하고 있는데 바울은 1차 로마 감금에서 풀려나 마게도냐 지방의 교회들에서 사역할 때 그레데 섬에도 갔다가 디도를 그곳에 머물게 했고 고린도나 니고볼리에서 AD 63-64년경에 디도에게 편지를 보냈을 것으로 본다. 디모데가 사역하던 에베소 교회와 비교하면 그레데 교회의 상황은 훨씬 열악했음을 짐작할 수 있는데 바울은 서신을 통하여 교회의 질서를 바로 세우고 올바른 신앙관을 확립하고자 했을 것이다. 그렇기에 디도서는 행정적인 지침들에 더해 교리적인 부분도 강조하고 있다.

디도서 1장

바울은 디도에게 문안인사를 전하며 바울이 하나님께로부터 사명을 받았듯이 디도도 동일한 명령을 받은 자임을 일깨우며 그레데 각 성에 디도가 세워야

할 장로들의 자격에 대해 언급하는데 장로(프레스뷔테로스)와 감독(에피스코포스)이라는 직분을 구별하고 있지 않음을 본다. 말 뜻으로는 장로는 어른이라는 말이고 감독은 돌아보는 자 또는 살피는 자라는 말이다. 이들은 모두 교인들을 돌아보고 교회를 인도하는 직분으로 책망할 것이 없는 인격자여야 하고 신앙적으로도 성숙하여 다른 이들을 하나님의 말씀으로 권면하며 말씀을 거스르는 자들을 책망할 수 있어야 한다. 바울이 여기에서 나열하는 자격은 디모데 전서 3장에 기록된 감독의 자격과 거의 같다. 할례당을 비롯한 거짓 교사들에 대해 경고하며 사악하고 게으른 자들을 엄히 꾸짖어 허탄하고 진리를 배반하는 무리들을 쫓지 않도록 성도들을 보호할 것을 명한다.

디도서 2장

바울은 교회 내의 남녀노소 여러 부류의 성도들을 어떻게 양육할 것인가에 대해 교훈하는데 나이 든 여자들이 교회의 젊은 여자들에게 선한 것을 가르칠 것을 명하는 것은 여자들이 교회에서 가르치는 것을 전적으로 금하는 것이 아님을 알 수 있다. 또한 목회자는 모든 면에서 성도들에게 본이 되어야 함을 상기시킨다. 성도들을 구원하시는 하나님의 목적은 그들이 경건한 삶으로 하나님과 그리스도의 영광을 드러내게 하는 것이라고 하면서 이 복음을 증거하며 권면하며 책망함에 있어 누구에게든지 업신여김을 받지 말라고 명한다.

디도서 3장

성도들이 국가 위정자들과 불신자들에게 취할 태도와 시민으로서의 의무에 대해 훈계하며 하나님의 자비와 사랑으로 구원을 받아 그리스도의 은혜 안에서 누리는 영생의 소망에 대해, 즉 복음의 진리에 대해 굳세게 증거하여 믿는 자들로 선한 일에 힘쓰게 할 것이며 어리석은 변론과 족보 율법 등에 대한 헛된 분쟁과 다툼은 피할 것을 권면한다. 마지막으로 바울은 디도에게 니고볼리로 급히 와서 자기와 함께 겨울을 보내기를 원하는 자신의 바램을 전하며 하나님의 은혜를 빌며 편지를 마친다.

빌레몬서 서신서 | 바울 서신

빌레몬서는 바울이 로마 감옥에서 골로새의 유력한 사람이었던 빌레몬에게 보낸 편지이다. 빌레몬은 아마도 바울이 에베소의 두란노 서원에서 전도할 때 회심한 것으로 생각되며 골로새 교회가 그의 집에서 모였던 것 같다. 빌레몬의 종이었던 오네시모는 빌레몬의 돈을 훔쳐 로마로 도망갔고 하나님의 섭리로 바울을 만나 회심하고 옥에 갇힌 바울을 섬기며 자신의 정체를 고백했을 것이다. 당시에는 도 망친 종은 사형을 당해야 하지만 바울은 그를 설득해서 빌레몬에게 보내며 빌레 몬에게 이 편지를 썼는데, 오네시모를 단순히 용서하는 것을 넘어 종이 아닌 사 랑받는 형제로 여기며 마치 바울을 영접하듯 영접하라고 부탁한다. 바울은 오네 시모가 갇힌 자신에게 매우 중요한 심장과 같은 존재가 되었기에 그를 옆에 두 고 싶지만 빌레몬의 허락 없이는 그렇게 하지 않겠다고 말한 것으로 미루어 보아 빌레몬은 오네시모를 영접한 후에 로마에 있는 바울에게 돌려보냈을 것으로 추 정할 수 있다. 골로새 교회의 지도자인 에바브라와 마가, 누가도 바울과 함께 로 마에 있었음을 알 수 있다.

히브리서 서신서 | 공동 서신

히브리서는 신약의 서신서들 중에 매우 특이한 성경이다. 발신자와 수신자를 밝히지 않았고 당시의 일반적인 편지의 구성을 따르지 않기에 편지 형식으로 기록한 한편의 권면의 설교라고 볼 수 있다. '히브리서'라는 책 이름은 초대교회들의 전승에 이 책을 '히브리인들에게'라고 부른 것이 유래가 되었지만 히브리서 자체의 내용에는 수신자를 밝히지 않는다. 또한 초대교회에서는 이 서신을 바울의 것으로 생각했으나 이후에는 아볼로, 바나바, 누가 등이 저자일 것이라는 주장이 있어 왔다. 히브리서 기자는 그가 증거하는 구원의 말씀은 주님이 전한 바를 들은 자들(사도들)이 '우리'들에게 확증한 것이라(히브리서 2:3) 표현하고 있어 바울이 자신의 서신서에서 자신은 그리스도로부터 직접 계시를 받은 사도라는 주장과 배치되기에 바울이 히브리서의 저자가 아니라고 보는 것이 더 타당할 것이다. 이 책의 저자는 하나님 만이 알고 계시며, 수신자도 예루살렘 교회라는 설과 다른 지방의 유대 그리스도인들의 집단이라고 보는 주장이 있다. 유대인들에게 익숙한 많은 문제들을 별도의 설명 없이 다루고 수많은 구약성경 구절들을 인용하고 있는 것으로 보아 유대인들이 주된 수신자일 것으로 생각되며 구약의 각종 제사 제도를 현재형으로 언급하고 있기에 예루살렘 성전이 파괴된 AD 70년 이전에 기록되었을 것으로 본다. 주요 주제는 레위기의 모든 제사 제도보다 우월한 완전한 대제사장이신 그리스도의 탁월성이다.

히브리서 1장

히브리서 기자는 옛적에는 하나님께서 선지자들을 통하여 말씀을 선포하게 하셨으나 마지막 때(신약시대)에는 하나님의 본체의 형상이신 아들을 보내셔서 그를 통해 말씀을 선포하셨다고 하면서 구약성경 일곱 부분을 인용하여 천사와 예수 그리스도를 비교하며 모든 천사들보다 뛰어나신 그리스도의 신성을 강조함으로 독자들에게 확실한 기독론을 증거한다. 창조사역과 구속 계획에서 하나님과 함께 하신 그리스도가 곧 하나님이심을 밝히며 이에 비해 천사들은 천국을 기업으로 얻을 구원받은 성도들을 섬기기 위한 존재이지 성도들의 섬김의 대상이 아님을 확실히 한다.

히브리서 2장

그리스도를 통해 주시는 구원의 복음을 힘써 지킬 것을 권면하며 예수 그리스도께서 육신을 입고 잠깐 동안 천사보다 못하게 오신 것은 사람들의 모든 죄를 해결하심으로 인간들도 천사보다 높은 지위에 이르게 하시고 성도들을 한 하나님에게서 난 그리스도의 형제로 삼으시려는 하나님의 계획이었음을 설명하며 자비하고 충성된 대제사장이 되어 자기 백성을 죄에서 구속하시며 시험받는 자들을 능히 도우시는 그리스도의 사역을 설파한다.

히브리서 3장

히브리서 1,2장에서 천사보다 탁월하신 그리스도에 대해 논증했다면 3장에서는 모세와 비교하여 그리스도의 뛰어나심을 역설한다. 히브리서 기자는 예수 그리스도를 사도이며 대제사장이라 표현한다. 성부로부터 보내심을 받았기에 그리스도는 최초의, 그리고 가장 탁월한 사도라고 할 수 있고 자신을 세상 죄를 지고 가는 어린 양으로 화목제물로 드렸기에 가장 뛰어난 대제사장이시다. 모세는 장래의 말할 것을 위한 그림자였고 하나님의 종으로 신실했지만 그리스도는 하나님의 집을 맡은 아들로서 모세가 증언한 실체이기에 성도들이 소망의 확신과 자랑을 끝까지 굳게 잡으면 바로 그들이 하나님이 거하시는 집이라고 논증한다. 모세를 따라 출애굽한 이스라엘이 광야에서 범죄함으로 가나안 땅에 들어가지 못한 것을 상기시키며 믿음을 지키고 끝까지 견고히 잡고 있으면 그리스도와 함께 참 안식에 들어갈 것이라 강조한다.

히브리서 4장

3장에 이어서 누구든지 하나님이 베푸시는 영원한 안식에 참여하기 위해서는 그리스도를 믿고 그분께 순종해야 함을 교훈한다. 여호수아가 이스라엘 백성을 가나안 땅으로 인도했으나 참된 안식으로의 인도는 아니었고 하나님의 백성들이 누릴 참 안식의 때가 남아 있으며 성도들이 이 안식에 들어가기를 힘써야 하는 이유는 우리의 숨은 생각과 뜻을 꿰뚫어 보는 하나님의 말씀 앞에 우리의 참 모습이 적나라하게 드러나기 때문이다. 그러나 큰 대제사장이 되시는 예수 그리스도는 성도들의 연약함을 아시는 긍휼하신 분이시기에 성도들이 비록 죄인일지라도 그리스도의 은혜의 보좌 앞에 담대히 나갈 수 있다고 선포한다.

히브리서 5장

그리스도를 대제사장 아론보다 뛰어나며 멜기세덱 같은 대제사장으로 표현한다. 그리스도는 죄가 없으시기에 자신을 위한 속죄와 희생제물이 필요하지 않으며 하나님이 아들이신 그리스도를 제사장으로 친히 임명하셔서 십자가에 죽기까지 온전히 순종하셨기에 멜기세덱의 계통을 따르는 그리스도의 제사장직은 아론의 제사장 직분보다 훨씬 뛰어남을 논증한다. 멜기세덱에 대해 더 설명하기 전에 히브리서 독자들이 신앙적으로 더 성숙하여야 기독교의 진리인 그리스도의 대제사장직을 완전히 이해할 수 있을 것이라 하며 6장으로 이어진다.

히브리서 6장

히브리서 기자는 멜기세덱과 그리스도의 관계를 더 설명하기에 앞서 기독교의 기본 원리들인 회개와 믿음과 세례와 부활과 영원한 심판에 대한 교훈을 기초로 하여 완전한 데까지 이르는 영적 성숙의 필요성을 언급하며 참된 신앙의 성장은 오직 하나님의 은혜로만 가능하다고 말한다. 6장 4-6절 말씀은 구원받은 성도가 타락하여 배교하면 다시는 회개할 수 없다는 것을 말하고 있다고 잘못 생각하기 쉬운 구절이지만 그런 해석은 성경의 다른 부분에서 밝히 말하고 있는(요한복음 10:28; 빌립보서 1:6) '성도의 견인(堅忍)' 교리와 상충된다. 히브리서 기자는 이어지는 9-12절에서 하나님께서 성도들을 구원하실 것을 확신하고 있다. 즉 영적 미성숙을 책망하며 배교를 경고했지만 그들을 하나님이 기억하시고 지켜 주실 것을 확신하며 성도들이 끝까지 인내하며 소망의 풍성함 속에서 게으르지 않고 믿음과 오래 참음으로 약속한 기업을 받게 될 것은 그리스도가 우리를 위하여 대제사장의 임무를 완성하셨기 때문임을 논증한다.

히브리서 7장

아론의 계통을 따르는 땅의 제사장과 멜기세덱 계통의 하늘의 제사장을 비교한다. 아론의 조상인 레위도 아브라함이 멜기세덱에게 십일조를 바치고 그로부터 축복을 받았을 때 아브라함의 허리 안에 있었기에 아론보다 멜기세덱이 훨씬 뛰어남을 논증한다. 평화의 왕이자 지극히 높으신 하나님의 제사장인 멜기세덱은 아버지도 없고 어머니도 없고 족보도 없고 시작과 끝이 없는 영원한 대제사장이시며 이는 바로 예수 그리스도의 예표임을 설파한다. 율법 아래 있는 땅의 제사장들은 우리에게 영원한 구원을 줄 수 없지만 하나님의 맹세로 세워진 영원한 대제사장이신 그리스도는 우리에게 율법보다 더 좋은 언약의 보증이시고 우리를 위한 유일한 중보자이며 우리를 위해 단번에 자기를 드려 우리의 구원을 이루셨음을 선포한다.

히브리서 8장

하늘에 있는 것의 그림자인 모세의 성막과 그 성막에서 제사를 드리던 제사
장들을 하늘에 있는 참 성막과 예수님과 비교하면서, 모세를 통해 이스라엘 백
성들에게 주셨던 첫 언약이 흠이 있는 불완전한 언약이기에 새 언약의 대제사
장이신 그리스도를 보내셨다고 논증한다. 새 언약을 주심으로 옛 언약은 폐기
되었다. 새 언약은 돌판이 아니라 사람의 생각과 마음에 기록하셨고 그 언약을
믿으면 유대인뿐 아니라 모든 믿는 자들이 하나님의 자녀가 되며 하나님을 아
는 지식이 충만하게 되며 하나님은 그들의 죄를 다시는 기억하지 않으시는 완
전하고 영원한 죄사함을 받는다고 선언한다.

히브리서 9장

8장에 이어 옛 언약 아래 있던 성소와 불완전한 희생을 예수 그리스도의 영
원한 속죄와 완전한 희생과 비교하며 예수님의 대제사장으로서의 사역의 우월
성을 설명한다. 동물의 피가 아닌 흠 없는 예수님 자신의 피흘림으로 영원한
속죄를 이루시고 단번에 하늘에 있는 참 성소에 들어가셨고 새 언약의 중보가
되셔서 부르신 자들에게 영원한 기업의 약속을 주셨음을 논증한다. "한번 죽는
것은 사람에게 정해진 것이요 그 후에는 심판이 있으리니 이와 같이 그리스도
도 많은 사람의 죄를 담당하시려고 단번에 드리신 바 되셨고 구원에 이르게 하
기 위하여 죄와 상관없이 자기를 바라는 자들에게 두 번째 나타나시리라." 초
림하셔서 우리의 죄를 담당하신 그리스도는 세상을 심판하실 심판주로 재림하
실 것을 선언한다.

히브리서 10장

그리스도의 속죄 제사의 우월성을 다시 한번 강조한 후에 그리스도께서 지금도 하나님 우편에 앉으사 성도들을 위해 중보하시기에 성도들은 그리스도의 피를 힘입어 찢긴 휘장인 그리스도의 육체를 지나 새롭고 살아 있는 길로 지성소에 담대히 들어갈 것, 즉 참 마음과 온전한 믿음으로 하나님께 나아갈 것을 강권한다. 소망을 굳게 잡고 서로 사랑하며 선행을 격려하며 모이기를 힘쓰라고 권면하면서 배교의 위험성을 다시 한번 경고하고 담대한 확신을 가지고 인내하며 주님의 재림을 기다리라 명한다.

히브리서 11장

11장은 '믿음 장'이라고 널리 알려졌는데 인류 역사 초기부터 이스라엘의 역사에 이르기까지 믿음의 선조들을 예로 들며 격려한다. 믿음을 '바라는 것의 실상이며 보지 못하는 것의 증거'라고 정의하는데 세상 만물을 하나님이 창조하셨다는 것을 믿을 수 있는 것은 오직 성경의 증거와 성령의 역사로 가능하다. 이어서 믿음의 선진들이 열거되는데 아담이 아닌 그의 아들 아벨로부터 시작한다. 에녹, 노아를 언급한 후에 아브라함의 믿음을 자세히 설명하고 있다. 아브라함과 사라는 믿음으로 살다가 죽었으나 그들에게 약속한 기업을 받지는 못했고 그것을 멀리서 보고 참 본향인 천국을 사모했다 하는데 아브라함이 약속의 아들 이삭을 바치려 했던 것에서 그의 부활 신앙을 엿볼 수 있다. 모세와 함께 믿음으로 홍해를 건너 출애굽한 이스라엘 백성들이 광야에서 다 죽은 것을 보면 히브리서 기자가 말하는 믿음은 바울이 말하는 구원을 얻는 믿음과는 조금 다른 것 같기도 하다. 라합은 언급되었지만 여호수아의 언급은 없고 언급된 사사들은 믿음의 모범이라 보기에 부적합해 보이기도 한다. 히브리서 기자는 믿음의 선진들이 큰 일들을 이루기도 했지만 여러 가지 환란과 시험을 견디었음을 상기시키며 이들이 믿음의 증거를 받았으나 하나님의 약속의 성취는 보지 못했는데 이 성취는 우리를 위해 예비하신 그리스도로 말미암는 구원임을 설명한다.

히브리서 12장

11장에 나열했던 믿음의 선진들을 본받아 소망을 품고 우리의 구원을 이루신 그리스도를 바라보며 믿음의 경주를 할 것을 강권한다. 우리의 믿음의 창시자요 완성자이신 예수님(개역 개정의 믿음의 주요 온전하게 하시는 이라는 표현은 원문의 뜻을 충분히 전하지 못한다)과 그의 십자가를 생각하고 고난을 이기며 우리가 당하는 징계를 하나님 아버지의 사랑의 징계로 달게 받으며 인내로 순종함으로 하나님의 거룩하심에 참여할 것을 권면한다. 모든 사람과 화목하고 거룩함을 좇으며 하나님의 은혜로 구원받은 자들로서 하나님의 말씀을 거역하지 말고 경건함과 두려움으로 하나님을 기쁘게 섬길 것을 강권한다.

히브리서 13장

히브리서 기자는 편지(설교)를 마치며 신앙의 실천적 열매를 강조한다. 형제를 사랑하고 나그네를 대접하며 결박당한 자를 돌보며 음행을 삼가고 결혼을 소중이 여길 것과 돈을 사랑하지 말고 교회 지도자들의 믿음을 본받을 것을 교훈한다. 예수님은 언제나 동일하신 분이시기에 세상의 헛된 교훈을 따르지 말고 우리를 위해 성문 밖에서 십자가를 지신 예수님을 생각하며 고난을 각오하고 그를 따르며 항상 하나님께 찬미의 제사를 드리며 서로 선을 행하라 권면하며 교회의 지도자들에게 순종하며 그들을 위해 기도할 것을 요구한다. 끝으로 양의 큰 목자이신 예수님을 죽은 자 가운데서 살리신 평강의 하나님의 이름으로 성도들을 축복하며 하나님께 영원토록 영광을 돌리며 편지를 마친다.

야고보서 서신서 | 공동 서신

야고보서, 베드로전후서, 요한 일, 이, 삼서, 유다서는 신약성경의 마지막 일곱 서신서로 전통적으로 일반서신 혹은 공동서신으로 불린다. 수신자가 특정인이나 특정 지방 교회가 아니기 때문이다. 야고보서는 흩어져 있는 열두 지파의 유대인들에게 쓴 편지이다. 야고보라는 이름을 가진 사람이 복음서와 사도행전에 세 명이 나오는데 예수님의 열두 제자 중에 요한의 형제인 세베데의 아들 야고보와 알패오의 아들 야고보가 있었고, 사도행전에는 예수님의 육신의 동생 야고보가 예루살렘 교회의 지도자로서 예루살렘 공의회의 의장 역할을 한 것이 나온다(사도행전 15). 일반적으로 야고보서는 주님의 형제인 야고보가 쓴 것으로 본다. 야고보서는 신약의 잠언이라고 불리기도 하며 '이신칭의' 교리를 자칫 오해하여 믿음에 합당한 삶을 외면하지 않도록 행함으로 드러나는 참 믿음에 대해 교훈하며 믿음을 실천할 것을 강조하는 명령문이 전체 구절의 50%를 이룬다.

야고보서 1장

본서의 저자 야고보는 자신을 하나님과 예수 그리스도의 종이라고만 밝히고 있고 사도라고 하지 않기에 이는 예수님의 제자 중 한 명이 아닌 예수님의 동생 야고보임을 방증한다고 볼 수 있다. 이 편지의 수신자들은 당시 수리아와 소아시아 지역에 흩어져 있던 유대인 가정교회 성도들일 것이다. 그들은 매우 열악한 환경에서 박해를 받으며 신앙생활을 하고 있었을 것이다. 이런 성도들을 향해 야고보는 믿음의 인내로 극복하고 승리하는 방법을 교훈하며 하나님의 말씀을 듣기만 하지 말고 말씀을 순종하며 실천함으로 참된 경건을 이룰 것을 명하면서 참 경건은 고아와 과부를 환란 중에 돌보고 자신을 지켜 세속에 물들지 않게 하는 것이라 가르친다. 또한 우리가 당하는 시험(유혹)은 하나님이 주시는 것이 아니라 각자의 욕심에서 나오며 그로 인해 죄를 짓고 사망에 이르게 됨을 상기시키며 하나님은 각양 좋은 은사와 온전한 선물을 우리에게 주시는 변함없는 분이심을 일깨운다.

야고보서 2장

야고보는 사람을 외모로 취하여 가난한 자를 멸시하며 부한 자를 환대하는 사람들을 질책하면서 이런 행위는 하나님의 사랑의 법에 어긋나는 것이고 이웃을 사랑하라는 하나의 율법을 어기면 모든 율법을 범한 자가 되는 것은 모든 율법은 변함없는 하나님의 법이기 때문임을 논증한다. 하나님의 긍휼을 받은 자들은 가난한 자들에게 긍휼과 자비를 베푸는 것이 마땅함을 지적하며 또한 믿음이 행함의 열매로 나타나지 않으면 그 믿음은 죽은 믿음임을 아브라함과 라합이 믿음으로 행했던 일들을 예로 들어 강변한다.

야고보서 3장

선생이 되려는 자들에게 말을 조심할 것과 참된 지혜를 얻을 것을 교훈한다. 혀는 신체 가운데 가장 작은 부분이지만 제어하기가 어렵고 온 몸을 더럽히고 죄악에 빠뜨릴 수 있으며 동일한 입술로 축복과 저주를 빌 수 있는 모순을 상기시키면서 성도들은 혀를 잘 다스려 거룩하고 덕을 세우는 말만 할 것을 명하며 또한 세상적인 지혜를 버리고 위로부터 오는 지혜를 받아 성결, 화평, 관용, 양순, 긍휼, 선함이 가득한 의의 열매를 맺을 것을 강권한다.

야고보서 4장

육체의 정욕으로 인해 분쟁이 일어나고 기도의 응답을 받지 못하고 세상과 벗이 되며 하나님과 원수가 되기 때문에 정욕을 버리고 하나님의 뜻을 좇아 스스로 겸손히 행하며 마귀를 대적하고 회개하고 마음과 행동을 깨끗하게 하는 자들이 되어 하나님이 주시는 은혜를 받을 것을 권면한다. 이어서 야고보는 다른 형제를 비판하거나 판단하지 말 것을 경고하며 하나님의 주권을 인정하지 않고 스스로 성공을 위해 계획하는 교만하고 허탄한 자랑을 버리고 모든 것을 계획할 때 '하나님의 뜻' 즉 하나님의 주권을 인정할 것과 진리를 깨달은 자들일수록 그 진리를 따라 행해야 함을 교훈한다.

야고보서 5장

그릇된 재물관을 가지고 불의하게 치부하는 부자들의 악행을 비판하고 성도들에게 고난 중에도 인내하고 재림의 소망을 가질 것을 욥의 인내와 그 결과를 예로 들며 강권한다. 야고보는 성도들을 자기의 형제들로 부르며 그들에게 언어 생활에서 하나님의 이름을 망령되이 일컫는 헛된 맹세를 금지시키고 고난 중에 있는·자들은 기도하고 즐거워하는 자들은 찬송하며 병든 자들은 장로들을 청하여 기도를 받으라 명한다. 하나님을 의지하는 믿음의 기도는 역사하는 힘이 커서 때로는 큰 기적을 일으키기도 함을 엘리야의 예를 들어 예증한다. 야고보는 마지막으로 진리를 떠난 자들을 돌이키게 하는 사명이 성도들에게 있음을 상기시킨다.

베드로전서 서신서 | 공동 서신

베드로전서는 예수님의 수제자였던 베드로가 소아시아의 다섯 지방의 교회에 있는 성도들에게 쓴 편지이다. 기독교 전승에 따르면 베드로는 네로 황제의 기독교 박해 때에 로마에서 십자가에 거꾸로 달려 순교했다고 전해진다. 사도행전에는 베드로가 로마를 방문한 기록이 나오지 않고 바울의 1차 로마 투옥까지만 기록되었는데 아마도 베드로는 그 후에 로마로 갔고 바울의 순교 전 후 약 AD 64-65년경에 이 편지를 써 바울과 함께 했던 실라 편에 전달했다고 여겨진다. 베드로는 이 편지를 '바벨론'에서 쓰고 있고 실루아노(실라)와 마가가 함께 있다고 했는데 베드로는 실제로 바벨론 땅에 있었던 것이 아니라 로마를 '바벨론'이라고 표현했다고 학자들은 본다. 요한계시록에서도 로마를 바벨론이라 하고 있다. 로마뿐 아니라 로마 제국의 모든 곳에서 기독교의 박해가 심한 상황에서 아시아에 있는 여러 교회들을 위로하고 격려하기 위해 이 편지를 썼을 것이다.

베드로전서 1장

베드로는 본도, 갈라디아, 갑바도기아, 아시아와 비두니아에 흩어진 천국이 본향인, 따라서 이 땅에서는 나그네로 살아가는 성도들에게 편지를 하면서 성도들의 구원을 이루는 삼위일체 하나님을 언급하고 있다. 성도들은 하나님 아버지가 택하시고 성령께서 거룩하게 하셔서 순종하며 예수 그리스도의 피 뿌림을 얻은 자들이다. 베드로는 긍휼이 많으신 하나님이 예수 그리스도를 부활하도록 역사하셨기에 이를 믿는 성도들에게 산 소망이 있으며 하늘 기업을 선물로 받는 자들이므로 믿음으로 모든 고난을 극복함으로 예수 그리스도가 다시 오실 때에 칭찬과 영광과 존귀를 얻을 것이라 선포한다. 믿음과 소망 중에 거하는 성도들은 개인적인 정욕을 좇지 말고 거룩한 삶을 살며 피차 뜨겁게 사랑하는 마음을 가질 것을 권면한다.

베드로전서 2장

성도들의 특권과 의무에 대해 언급한다. 성도들이 악독과 기만과 외식과 시기 비방을 버리고 순전한 하나님의 말씀을 사모함으로 구원에 이르도록 자라기를 권면하며 택하신 족속이요 왕 같은 제사장으로서 하나님의 영광을 위하여 살아야 함을 강조한다. 육체의 정욕을 제어하며 이방인들 중에 선한 행실로 본을 보임으로 하나님께 영광을 돌리며 주 안에서 세상 제도와 권세에 순종할 것을 교훈한다. 사환들은 주인에게 순종하고 부당하게 고난을 받을 때에는 예수 그리스도의 고난의 자취를 바라보며 인내해야 함은 친히 나무에 달려 우리 죄를 담당하신 그리스도께서 우리를 죄에 대하여 죽고 의에 대하여 살게 하려 하셨기 때문이라 논증한다.

베드로전서 3장

그리스도인의 생활 원리에 대해 교훈한다. 먼저 아내는 남편에게 순종하며 외모보다는 마음을 다듬을 것과 남편은 아내가 더 연약한 그릇임을 알고 소중하게 여길 것을 권면한다. 성도들 상호간에는 마음을 같이 하여 서로 형제를 사랑하고 불쌍히 여기고 겸손하며 악을 악으로 갚지 말고 오히려 복을 빌어 주라고 가르친다. 의를 위해 고난 받는 것을 두려워하지 말며 "마음에 그리스도를 주로 삼아 거룩하게 하고 너희 속에 있는 소망에 관한 이유를 묻는 자에게는 대답할 것을 항상 준비하되 온유와 두려움으로 하라."고 교훈하며 성도가 선을 행하다가 고난을 받으면 복이 있는 자이며 그렇게 고난 받는 것이 하나님의 뜻임을 강조한다. 예수님의 죽음과 부활 승천을 언급하고 하나님 우편에 계시는 그리스도에게 천사들과 권세와 능력이 그에게 복종하게 되었음을 상기시키며 살아 계신 주님을 향한 선한 양심을 가지라고 권면한다.

베드로전서 4장

고난 속에서 살아가는 그리스도인들이 어떻게 살아야 할 것인가를 교훈한다. 그리스도께서 고난을 받으신 목적은 우리로 다시는 사람의 정욕을 좇지 않고 하나님의 뜻에 따라 이생의 남은 삶을 살게 하려는 것이라 하면서 더 이상 이방인들처럼 음란, 정욕, 술취함, 방탕, 향락과 우상 숭배를 하지 말고 종말이 가까웠음을 알고 깨어 기도하며 서로 사랑하고 받은 은사대로 봉사하는 거룩한 삶을 살라고 권면한다. 또한 성도를 연단하려고 오는 불 시험을 그리스도의 고난에 참여하는 것으로 즐거워하라고 가르친다. 고난은 그리스도인들로 하여금 더욱 그리스도를 닮아 가게 한다. 세상의 범죄 때문에 받는 고난은 안되지만 그리스도인이기에 받는 고난은 부끄러운 것이 아니라 하나님께 영광을 돌리는 것임을 일깨우며 고난 받는 자들은 선을 행하는 가운데 자신의 영혼을 미쁘신 창조주께 의탁하라고 권면한다.

베드로전서 5장

베드로의 마지막 권면과 끝 인사가 기록된다. 베드로는 '함께 장로 된 자'로서 교회의 장로들에게 권면한다. 하나님의 양 무리를 칠 때 억지로 하지 말고 하나님의 뜻을 따라 자원함으로 하며 더러운 이익을 위해 하지 말며 양 무리의 본이 되라고 가르친다. 교회의 성도들은 하나님께서 교회 지도자들에게 양육을 위임한 하나님의 양 무리이다. 젊은이들은 교회의 영적 지도자들에게 순종하며 겸손하고 모든 염려를 주께 맡기며 근신하고 깨어 마귀를 대적할 것을 강권한다. 그리스도 예수 안에서 우리를 부르사 자기의 영원한 영광에 들어가게 하신 하나님이 성도들을 온전하고 견고하게 지키실 것임을 상기시키며 마지막 인사와 축도로 마치는데 바울의 동역자였던 실루아노(실라)가 베드로와 함께 있는 것으로 미루어 보아 이 편지는 바울의 순교 이후에 기록된 것이라 볼 수 있다. 마가도 '바벨론'에 베드로와 함께 있었는데 여기서 바벨론은 로마를 칭하는 것으로 본다. 바울이 2차 전도여행을 가려 할 때 마가 때문에 바나바와 다투고 바울이 마가 대신 선택한 사람이 실라였는데 결국은 바울, 실라, 베드로, 마가 모두 하나님의 뜻 안에서 동일한 복음을 위한 동역자가 되었음을 생각하게 한다.

베드로후서 서신서 | 공동 서신

베드로후서는 베드로가 "보배로운 믿음을 우리와 함께 받은 자들"에게 보낸 편지인데 본 서신 3장에서 베드로는 이것이 그들에게 보내는 두 번째 편지임을 밝히고 있는 것으로 미루어 보아 이 서신도 베드로 전서와 마찬가지로 소아시아 지방의 다섯 교회들에게 보낸 것으로 보인다. 본 서신에서 베드로는 자신의 죽음이 임박했음을 거론하기에 베드로후서는 베드로가 로마에서 순교 당하기 바로 전인 AD 66-67년경에 기록했을 것으로 생각된다. 성도들의 신앙적 성장을 위한 조언과 마지막 때에 나타날 거짓 교사들에 대해 경고하며 그리스도의 재림을 기다리며 준비하라고 권면한다.

베드로후서 1장

베드로는 자신을 그리스도의 종이며 사도라고 소개하며 그와 동일하게 보배로운 믿음을 받은 자들에게 편지한다. 사도인 베드로나 성도들이나 동일한 예수 그리스도의 의를 힘입는 믿음을 받은 자인데 이 믿음은 스스로 깨달아 아는 지식이 아니라 하나님께서 값없이 주시는 것이고 그 믿음을 받아 하나님과 예수님을 아는 자들은 은혜와 평강을 누릴 수 있다. 이런 복음을 소유한 자들은 믿음에 덕을, 덕에 지식을, 지식에 절제를, 절제에 인내를, 인내에 경건을, 경건에 형제 우애를, 형제 우애에 사랑을 힘써 더함으로 하나님의 성품에 참예하는 자가 되어야함을 교훈한다. 베드로는 또한 자신이 친히 목격한 변화산 사건과 성령의 감동으로 기록된 성경의 예언들로 확증되는 복음의 확실성을 증거한다.

베드로후서 2장

이단과 거짓 교사들에 대해 경고한다. 거짓 선지자들은 주를 부인하고 사람들을 부도덕한 생활로 미혹하게 하며 자기들의 탐심을 위해 다른 사람들을 기만할 것이지만 그들은 반드시 파멸될 것이라 단언한다. 이런 자들의 종말에 대해 타락한 천사들과 노아 때의 홍수 심판, 소돔과 고모라에 내린 불 심판을 언급하며 이들에게 내릴 하나님의 심판의 확실성을 설파한다. 거짓 교사들은 음란하여 더러운 정욕을 따르며 하나님의 영광을 훼방하며 비난하며 어느 시대에나 복음이 전파되는 곳에는 사탄이 이단을 심어 복음을 왜곡시키며 믿음이 연약한 자들을 미혹하지만 이런 자들에게는 반드시 하나님의 심판이 있을 것이다.

베드로후서 3장

베드로는 본 서신을 쓴 이유는 선지자들의 예언과 예수 그리스도의 가르침을 일깨워 줌으로 말세에 거짓 교사들의 미혹으로부터 지키기 위함이라 언급하며 주의 재림이 지연됨으로 인해 재림 자체를 부인하는 불경건한 자들에 대해 경고하며 주의 재림의 지연은 모두가 멸망하지 않고 다 회개하기를 바라는 하나님의 자비로우신 인내임을 일깨운다. 주님의 재림은 갑자기 임할 것이므로 거룩한 행실과 경건함으로 주의 날을 간절히 사모하며 새 하늘과 새 땅을 바라보아야 함을 교훈한다. 바울도 이 같은 내용을 그의 여러 서신서에 이미 기록하였음을 언급하며 바울 사도의 서신서들의 성경적 권위를 인정하면서 성도들이 그리스도의 은혜와 그를 아는 자식 안에서 자라가야 할 것을 강권하며 편지를 마친다.

요한일서 서신서 | 공동 서신

요한일서는 저자를 밝히고 있지 않지만 사상이나 문체가 요한복음과 매우 유사하기에 속사도 시대부터 요한복음의 저자인 세베데의 아들인 사도 요한이 요한일, 이, 삼서의 저자라고 인정해 왔다. 저자는 물론 수신자도 누구인지 언급하지 않았지만 아마도 소아시아의 여러 교회들에게 회람 형식으로 읽었을 것이다. 발신인과 수신인의 언급이 없고 서두와 마지막에 어떤 인사도 없는 점이 다른 서신서들과는 다르다. 요한복음이 기록된 AD 90년 전후에 에베소에서 기록된 것으로 생각되며 당시 교회들에 침투하던 영지주의 영향으로 예수님의 인성을 부인하는 이단 사상을 경계하며 태초부터 말씀과 빛으로 계셨던 예수 그리스도를 통해 중생한 성도들의 삶에 대해 교훈하는데, 빛, 진리, 믿음, 사랑, 영생 등의 단어를 반복하여 강조하며 마지막 때에 미혹의 영을 분별할 것과 중생한 자로서 죄를 짓지 말고 형제의 사랑을 실천할 것을 교훈한다.

요한일서 1장

저자는 영원한 생명이요 말씀이신 그리스도의 복음을 증거하는데 구약성경을 인용하지 않고 저자가 직접 듣고 보고 만진 바 된 사도들의 직접적인 체험적 신앙을 근거로 증거하면서 이를 전하는 이유는 성도들이 하나님 아버지와 그리스도와 함께 교제할 수 있게 하기 위함이라 밝힌다. 빛이 되신 하나님과 사귐이 있는 자들은 빛 가운데 행해야 하며 죄를 자백하면 하나님은 우리 죄를 사하시고 모든 불의에서 깨끗하게 하실 것이라 선언한다.

요한일서 2장

하나님을 아는 자들은 그의 계명에 순종해야 함을 강조하면서 그리스도께서 우리를 위한 화목제물이 되었기에 우리는 그가 주신 새 계명을 지킬 때 하나님의 사랑이 우리 안에 온전하게 됨을 일깨운다. 성도들이 빛 안에 사는 증거는 형제를 사랑하는 것임을 지적하며 자녀들, 아비들, 청년들 세 부류로 구별하여 권면하는데 이는 연령에 따른 구분이라기보다 성화의 정도에 따른 구별이라 생각된다. 자녀들은 중생한 지 얼마되지 않은 신앙적인 초보자들로 그들이 하나님의 자녀가 되었음을 상기시키고, 아비들은 믿음의 연륜이 있는 자들로 하나님을 알고 그와 교제의 깊이를 더해가는 사람들이며, 청년들은 믿음이 강하여 주를 위해 일하며 하나님의 말씀으로 악한 자를 이긴 자들이다. 이들에게 세상에 속한 것들을 사랑하지 말라고 권면하며 세상에 속한 것들은 육신의 정욕과 안목의 정욕과 이생의 자랑으로 잠시 있다가 지나가는 것이므로 영원히 있는 하나님의 뜻을 행할 것을 교훈한다. 복음을 변질시키고 미혹하게 하는 적그리스도에 대해 경고하며 적그리스도는 처음에는 교회 안에 있었으나 하나님께 속한 자가 아니었고 성부와 성자를 부인하는 자이니 이에 미혹되지 말고 가르침을 받은 대로 생명을 주시는 성부와 성자 안에 거하라고 강권한다.

요한일서 3장

요한은 하나님께서 성도들을 자녀로 삼아 주신 사랑이 어떤 것인지, 성도로서 누리는 특권이 무엇인지 교훈한다. 하나님의 자녀와 마귀의 자녀를 비교하면서 하나님의 자녀들은 죄 가운데 살면서 계속 죄를 짓지 아니하나 마귀의 자녀들은 의를 행하지 않고 형제를 사랑하지 않기에 하나님께 속하지 않은 자들로 명확하게 구별됨을 선언한다. 형제를 미워해서 죽인 가인을 따르지 말고 우리를 위해 목숨을 버리신 그리스도의 본을 받을 것을 명하면서 사랑은 말로만

하는 것이 아니라 진실되게 행동으로 실천하는 것임을 강조한다. 그리스도께서 주신 새 계명인 서로 사랑하라는 계명을 지킬 때 우리가 주 안에, 주가 우리 안에 거하는 것임을 설파한다.

요한일서 4장

하나님의 영과 적그리스도의 영을 분별하라고 교훈한다. 당시의 영지주의 이단은 그리스도의 인성을 부인하는 자들이었는데 사도 요한은 예수 그리스도가 육체로 오신 것을 시인하는 영은 하나님의 영이고 이를 부인하는 영은 적그리스도의 영이며 사도들이 전한 하나님에 대한 말씀을 듣는지 안 듣는지에 따라 진리의 영과 미혹의 영을 구별할 수 있다고 가르친다. 사랑은 하나님께 속한 것이니 사랑하는 자마다 하나님으로부터 나서 하나님을 알고 하나님은 사랑이시기에 사랑 안에 거하는 자는 하나님 안에 거하고 하나님도 그 안에 거하신다고 말하면서 우리가 서로 사랑할 수 있는 것은 하나님이 먼저 우리를 사랑하셨기 때문이며 눈에 보이는 형제를 사랑하지 못하는 자는 눈에 보이지 않는 하나님을 사랑할 수 없기에 하나님을 사랑하는 자는 또한 그 형제를 사랑할 것을 명한다.

요한일서 5장

예수께서 그리스도이심을 믿는 자는 하나님께로서 난 자(중생한 자)이며 하나님을 사랑하는 자들은 그의 아들이신 그리스도를 사랑한다고 요한 사도는 증거한다. 하나님을 사랑하고 그의 계명을 지킴으로 우리가 하나님의 자녀인 성도들을 사랑하는 것을 알 수 있다고 믿음과 사랑의 불가분의 관계를 논증하며 하나님의 계명에 순종함으로 세상에서 믿음으로 승리하게 됨을 일깨운다. 물과 피로 임하신 예수님의 인성을 다시 한번 강조하며 성령께서 우리에게 예수를 그리스도라고 밝히 증언한다 하는데 이는 예수님께서 요한복음 15장 26절에서 이미 약속하신 바 있다. "내가 아버지께로부터 너희에게 보낼 보혜사 곧 아버지께로부터 나오시는 진리의 성령이 오실 때에 그가 나를 증언하실 것이요." 요한이 이 편지를 쓰는 이유는 하나님의 아들의 이름을 믿는 성도들에게 영생이 있음을 알게 하려는 것이라 밝히며 아들이 있는 자에게는 영생이 있고 아들이 없는 자에게는 영생이 없다고 하면서 영생을 얻는 유일한 길은 오직 예수 그리스도임을 확고히 한다. 그러므로 성도들은 그리스도의 이름으로 담대하게 하나님께 기도할 때 기도의 응답을 확신할 수 있고 실족한 형제들을 위해 기도해야 하며 사망에 이르는 죄도 있지만 하나님께서 중생한 자들을 보호하시기에 그런 죄들로부터 지키신다고 교훈하며 끝으로 우상 숭배를 경고하며 서신을 맺는다.

요한이서 서신서 | 공동 서신

요한이서는 전통적으로 사도 요한의 편지로 인정되어 왔다. 그러나 저자는 자신을 '장로'라고만 밝히며 택함을 받은 한 여성과 그의 자녀들에게 편지한다. 편지의 내용과 상황이 요한일서와 매우 비슷하기에 이 서신도 요한이 요한일서를 기록한 비슷한 때에 작성한 것으로 본다. 택함을 받은 여인과 자녀들을 개인이 아닌 교회에 속한 성도들로 보는 시각도 있다. 사도 요한은 수신자들은 요한과 진리를 아는 모든 자들 즉 모든 성도들이 사랑하는 사람들인데 이는 그들이 진리인 예수 그리스도를 믿기 때문이라 한다. 진리를 따르는 그들을 칭찬하고 계명을 따라 서로 사랑할 것을 권면하며 예수 그리스도의 인성을 부인하는 적그리스도를 삼갈 것을 교훈한다. 요한은 그들을 곧 대면하여 말하기를 원하는 마음을 전하며 요한과 함께 있는 성도 네 자매의 문안 인사를 전하며 편지를 맺는다.

요한삼서 서신서 | 공동 서신

요한삼서는 요한이서와 마찬가지로 '장로'가 그가 사랑하는 가이오라는 개인에게 보낸 편지이다. 전통적으로 이 편지는 요한의 세 번째 편지로 불리며 사도 요한이 기록한 것으로 받아들인다. 저자는 수신자에게 "사랑하는 자여 네 영혼이 잘 됨 같이 네가 범사에 잘되고 강건하기를 내가 간구하노라."라는 축복으로 시작하는데 이 구절은 성도들 간에 서로 축복할 때 많이 인용된다. 가이오 한 개인에게 보내는 편지이므로 내용도 매우 개인적이다. 가이오가 진리 안에서 행하는 것을 칭찬하고 나그네 된 자들(순회 전도자들)에 대한 섬김을 칭찬하며 이 같은 자들을 영접하는 것이 마땅하다고 말하면서 두 인물을 대조하여 언급하고 있다. 디오드레베는 악한 말로 요한과 동역자를 비방하였으므로 그 악한 것을 본받지 말 것을 권고하며 데메드리오는 그와 반대로 진리 안에서 성도들과 또한 요한과 동역자들에게 증거를 받은 사람이라고 밝힌다. 요한이서와 마찬가지로 속히 가이오를 대면하기를 원한다는 마음을 전하고 평강을 구하는 문안으로 마친다.

유다서 서신서 | 공동 서신

공동서신의 맨 마지막 서신인 유다서는 그리스도의 종이요 야고보의 형제인 유다가 쓴 편지인데 베드로 후서의 내용과 비슷한 점으로 보아 이 편지의 수신자도 역시 소아시아 지방의 교회들일 것으로 생각된다. 예수님과 육신적으로는 형제였지만 자신을 그리스도의 종이라 부르며 야고보서의 저자인 야고보의 동생임을 밝힌다. 교회 안에 침투한 거짓교사들(아마도 악한 물질과 선한 영혼의 이원론에 입각한 영지주의)에 대해 경고하고 믿음의 도를 위하여 싸울 것을 권하기 위해 편지를 쓴다고 말하며 이들은 경건하지 않으며 하나님의 은혜를 방탕한 것으로 바꾸고 예수 그리스도를 부인하는 자들임을 일깨운다. 광야의 이스라엘 백성과 타락한 천사들과 소돔과 고모라, 가인과 발람 등을 예로 들면서 이런 이단들에게 임할 하나님의 징벌의 확실함을 증거한다. 사랑하는 성도들에게 예수 그리스도의 사도들이 전한 복음을 기억하고 거룩한 믿음을 지키며 성령으로 기도하고 하나님의 사랑 안에서 영생에 이르도록 예수 그리스도의 긍휼을 기다리라고 권면하고 있다. 우리의 구원의 시작도 진행도 완성도 하나님의 은혜와 그리스도의 긍휼 안에서만 이루어지기에 의심하는 자나 죄 가운데 있는 자들을 긍휼히 여기고 그들이 구원받게 되기를 기도해야 한다고 가르친다. 예수 그리스도로 말미암아 홀로 하나이신 하나님께 모든 영광과 위엄과 권력과 권세가 영원토록 있기를 축원하며 마친다.

요한계시록 계시록

성경 66권의 맨 마지막 책인 요한계시록은 사도 요한이 기록하였다. 요한이 저술한 성경 중에 유일하게 저자의 이름을 밝히고 있는데 복음 때문에 밧모 섬에 유배되어 있다고 밝히고 있기에 로마의 도미티안 황제가 기독교를 박해하던 AD 95-96년경에 기록되었다고 보는 것이 일반적인 견해로 성경 66권 중에 가장 나중에 기록되었다. 요한은 서두에 이 기록이 예수 그리스도의 계시라고 밝히고 있으며 소아시아의 일곱 교회에게 보내는 편지 형식을 띈다. 요한계시록은 신약의 마지막 책일 뿐 아니라 신구약의 예언의 성취와 계시의 열쇠를 담은 신구약 전체의 클라이맥스에 해당한다. 요한계시록의 주제는 종말 예언으로 장차 이루어질 그리스도의 재림을 강조하며 그 재림 전에 있을 환란 시대에 대해 예언하며 교회들에게 환란에 대비해 믿음에 굳게 서서 인내하도록 권면한다. 요한계시록 6장부터 19장까지 나오는 여러 예언들에 대한 해석은 크게 네 가지 견해가 있는데 모든 일들이 로마 제국 시대에 이루어진 것으로 보는 과거적 견해와, 사도 시대로부터 세상 종말까지의 교회 역사 전체에 관한 것으로 이해하는 교회사적 견해, 악의 세력과 참 교회 사이의 영적 투쟁의 원리로 이해하는 견해, 그리고 예수 그리스도의 재림 직전에 일어날 사건들에 관한 종말론적 견해인데, 어느 한 견해에 치중하는 것이 아니라 종말론적 해석을 중시하면서 영적 해석과 교회사적 해석도 참고하여 이해하는 것이 일반적인 것 같다. 또한 많은 상징적 숫자와 표현들이 나오는데 이들을 문자적으로만 이해할 수는 없다. 그러나 전체적으로 주 예수 그리스도의 재림과 재림 전에 있을 대환난과 마지막 심판을 대비하고 믿음과 인내로 천국을 소망하라는 교훈은 분명하다.

요한계시록 1장

요한계시록의 서론으로 이 책은 예수 그리스도의 계시로 앞으로 반드시, 속히 일어날 일에 대해 천사를 통해 요한에게 알려 주신 말씀이며 이를 읽고 듣고 지키는 자들에게 복이 있을 것임을 선언한다. 이 말씀을 아시아에 있는 일곱 교회에 전하면서 이 말씀을 주신 그리스도에 대해 알파와 오메가이고 이제도 있고 전에도 있었고 장차 올 전능하신 자라고 부르며 요한이 본 그리스도의 영광스럽고 압도적인 모습을 세세토록 살아 있어 사망과 음부의 열쇠를 가졌고 오른손에 일곱 교회를 상징하는 일곱 촛대와 일곱 교회들의 사자들을 상징하는 일곱 별을 들으셨다고 묘사한다.

요한계시록 2장

일곱 교회 중 네 교회에 전하는 그리스도의 계시의 말씀으로, 에베소 교회의 행위와 수고와 인내와 니골라 당을 미워하는 것을 칭찬하나 첫사랑을 버린 것을 책망하며 회개하고 처음 행위를 회복할 것을 명하며 낙원에 있는 생명나무 열매를 약속한다. 서모나 교회에 대해서는 궁핍과 환란을 겪는 그들을 격려하며 장차 고난과 시험이 있겠지만 죽음을 각오하고 충성하면 생명의 면류관을 받고 둘째 사망의 해를 받지 않으리라 약속한다. 버가모 교회에 대해서는 사탄의 핍박에도 그리스도의 이름을 굳게 잡고 믿음을 저버리지 않았음을 칭찬하지만 그들 중에 발람과 니골라 당의 교훈을 지키는 자들이 있음을 책망한다. 니골라 당은 영혼과 육체를 분리해 영적으로 구원받은 사람은 육체로 범죄해도 구원을 잃지 않는다고 주장하며 음행이나 우상 숭배의 죄를 용납하던 이단이었다. 이런 죄 가운데 있는 자들에게 회개를 명하며 이기는 자들에게 감추어진 만나와 새 이름이 기록된 흰 돌을 약속한다. 이는 아마도 천국백성으로 누릴 복된 신분과 영광을 나타낸다고 본다. 두아디라 교회에는 그들의 사업과 사랑과 믿음과 섬김과 인내가 처음보다 더 많은 것을 칭찬하나 이세벨의 행음과 우상을 용납하고 회개할 기회를 주었음에도 회개하지 않는 완악함을 책망하며 회개하고 끝까지 그리스도의 일을 지키는 자들에게 만국을 다스리는 권세와 새벽 별을 약속한다.

요한계시록 3장

나머지 세 교회에 전하는 계시의 말씀이 이어진다. 사데 교회에 대해서는 살았다 하지만 죽은 자이며 행위의 온전한 것을 찾지 못했음을 책망하며 깨어나 남은 것을 굳게 잡고 회개할 것을 명하며 그들 중에 남아 있는 몇명의 깨끗한 자들과 같이 이기는 자들은 흰 옷을 입고 그들의 이름이 생명책에서 지워지지 않으리라 약속한다. 빌라델비아 교회에 대해서는 작은 능력을 가졌음에도 그리스도의 말을 지키고 그를 배반하지 않았음과 인내를 칭찬하며 가진 것을 굳게 잡으라고 권면하며 이기는 자에게는 하나님 성전의 기둥이 되게 하고 하나님과 새 예루살렘과 그리스도의 새 이름을 그들에게 기록할 것을 약속한다. 라오디게아 교회에 대해서는 그들의 미지근한 신앙생활과 자신들의 가련하고 눈이 멀고 벌거벗은 모습을 모르고 부요한 줄로 착각하는 것을 책망하며 회개하고 그리스도로 말미암는 흰 옷을 입고 영적인 눈을 밝힐 것을 명하며 그리스도를 마음으로 영접하면 그와 교제하며 주님의 보좌에 함께 할 것을 약속한다. 요한계시록 2-3장에 언급된 일곱 교회는 당시에 실재했던 교회들이지만 이후로 지금까지 모든 시대의 교회들을 대표하는 것으로 볼 수 있고 일곱 교회에게 말씀하시는 그리스도를 다양하게 묘사하고 있음을 본다. 매 교회에 주시는 축복의 말씀은 이기는 사람들에게 주어지는 것으로 주님의 재림 때까지 믿음을 지키고 인내하는 자들에게 주어지는 약속들이다.

요한계시록 4장

요한계시록 4장부터 하나님이 요한에게 보이신 환상과 예언적 광경이 기록된다. 4장에서는 그가 본 하나님의 보좌와 그를 둘러싼 이십사 장로들과 네 생물을 언급한다. 하나님에 대해서 요한은 그 모양이 벽옥과 홍보석 같고 무지개가 둘러 있다고 상징적으로 표현한다. 보좌를 둘러선 흰 옷 입고 금 면류관을 쓴 이십사 장로들은 구약 교회의 열두 지파와 신약 교회의 열두 사도를 가리키는 것으로 본다. 보좌 앞에 하나님의 일곱 영인 일곱 등불이 있고 앞 뒤에 눈이 가득하고 각각 여섯 날개가 달린 네 생물이 쉬지 않고 "거룩하다 거룩하다 거룩하다 주 하나님 곧 전능하신 이여 전에도 계셨고 이제도 계시고 장차 오실 이시라." 하며 하나님을 찬양하고 이에 이십사 장로들이 그들의 면류관을 벗어 보좌 앞에 던지며 하나님께 영광을 돌린다. 하나님 보좌 앞에 있는 네 생물은 에스겔 선지자가 언급한 그룹 천사들이다.

요한계시록 5장

요한은 보좌에 앉으신 하나님이 오른 손에 일곱 인으로 봉한 두루마리 책을 들고 있는 것을 보았는데 그 인봉을 뗄 수 있는 자는 오직 유다 지파의 사자이자 다윗의 뿌리인 예수 그리스도뿐임을 장로 한 사람이 일러준다. 죽임당하신 어린 양 예수께서 하나님으로부터 그 책을 받으니 네 생물과 이십사 장로들이 새 노래로 찬양하고 수많은 천사들과 온 우주만물이 어린 양에게 찬송과 존귀와 영광과 권능을 세세토록 돌리며 경배한다.

요한계시록 6장

어린 양이 일곱 봉인 중 여섯 봉인을 순차적으로 떼실 때 일어나는 현상들이 기록된다. 첫째 인을 여니 승리의 흰말을 탄 자가 나타나고, 둘째 인을 떼니 죽이는 큰 칼을 찬 자가 탄 붉은 말이 나오고, 셋째 인을 여니 기근을 상징하는 검은 말을 탄 사람이 나타나고, 넷째 인을 떼니 땅 사분의 일을 죽이는 권세를 받은 죽음의 창백한 말을 탄 자가 나오며, 다섯째 인을 떼니 순교자들의 영혼이 하나님께 공의의 심판을 탄원하며 하나님은 그들에게 흰 두루마기를 입히시며 다른 순교자들의 수가 차기까지 잠시 기다리라 하신다. 여섯째 인을 떼니 큰 지진이 일어나며 해가 검어지고 별이 떨어지는 등 어린 양의 큰 진노의 날에 임할 천지의 변동을 보여준다.

요한계시록 7장

여섯째 인을 뗀 후 일곱째 인을 떼기 전에 요한이 본 것들에 대한 기록이다. 하나님의 천사가 하나님의 종들의 이마에 인을 치는데 이스라엘 열두 지파마다 각각 만 이천 명씩 총 십사만 사천 명이다. 유다 지파가 제일 먼저 언급되고 단지파는 제외되었다. 십사만 사천 명은 구원받은 모든 성도들을 상징하는 완전 충만한 수로 이해하며 여기서 하나님의 이스라엘은 구원받은 유대인들과 이방인들을 다 포함하는 것으로 생각된다. 그러나 십사만 사천 명을 구원받은 유대인들로 한정하며 뒤이어 9절에 언급하는 각 나라와 족속과 백성과 방언의 큰 무리가 구원받은 이방인들이라고 주장하기도 한다. 이들은 큰 환난에서 나오는 자들로 어린 양의 피로 씻은 흰 옷을 입고 "구원하심이 보좌에 앉으신 우리 하나님과 어린 양에게 있음"을 찬양한다. 그들은 하나님을 섬기며 하나님은 그들 위에 장막을 치시고 보좌에 계신 어린 양이 그들의 목자가 되사 생명수 샘으로 인도하시고 하나님께서 그들의 눈에서 모든 눈물을 씻어 주실 것이라고 한 장로가 요한에게 일러준다.

요한계시록 8장

 일곱째 인을 뗄 때 일어난 일이 기록된다. 요한계시록의 주요 구조는 일곱 인, 일곱 나팔, 일곱 대접의 재앙인데 일곱째 인이 일곱 나팔로 이어지고 일곱째 나팔이 일곱 대접으로 이어진다. 일곱째 인을 떼자 잠시 하늘이 고요하더니 일곱 나팔을 든 일곱 천사가 등장하고 모든 성도들의 기도를 담은 금 향로가 나온다. 이어서 첫째부터 넷째 나팔이 불어질 때마다 하나님이 성도들이 고통 속에 울부짖는 기도에 대한 응답으로 불의한 세상에 대한 진노를 나타내신다. 첫째 나팔 소리에 피 섞인 우박과 불이 땅에 떨어지며 땅과 수목의 삼분의 일이 타버린다. 둘째 천사가 나팔을 부니 바다의 삼분의 일이 피가 되고 바다의 생명체들의 삼분의 일이 죽고 배들의 삼분의 일이 깨진다. 세 번째 천사가 나팔을 부니 햇불 같은 큰 별이 하늘에서 떨어져 강들의 삼분의 일이 떨어지고 물이 쓰게 되어 많은 사람들이 죽는다. 넷째 천사가 나팔을 부니 해와 달과 별의 삼분의 일이 어두워진다. 그리고 공중을 나는 독수리가 땅에 화가 있음을 선포하며 이어질 더 큰 재앙을 경고한다.

요한계시록 9장

 다섯째 나팔 소리에 무저갱의 열쇠를 받은 별 하나가 땅에 떨어진다. 이로 인해 무저갱에서 황충이 땅 위로 나와 이마에 인침이 없는 사람들을 다섯 달 동안 괴롭게 하는데 그들은 죽기를 구하여도 죽지 못한다. 황충들은 단순한 메뚜기가 아니라 사자와 말과 전갈의 특징을 가진 환난 날을 위해 예비된 생물들로 사람을 해하는 권세가 있었고 그들의 임금은 아바돈이라 불리는 사탄이다. 여섯째 천사가 나팔을 불 때 유브라데에 결박한 네 천사를 놓아주라는 음성을 듣는데 이들은 사람들의 삼분의 일을 죽이기로 예비한 자들이었다. 2억(2만 만)명의 마병들이 사자 머리 같은 말들의 입에서 나오는 불과 연기와 유황으로 사람들의 삼분의 일을 죽인다. 그러나 이 재앙에서 살아남은 사람들이 회개하는 것이 아니라 오히려 귀신과 우상들에게 절하며 하나님과 사람들에 대한 계명을 어기고 있음은 이들에 내릴 재앙이 아직 남아 있음을 의미한다.

요한계시록 10장

마지막 남은 일곱째 나팔을 불기 전에 요한이 본 상황을 기록한다. 힘이 세며 머리 위에 무지개가 있고 얼굴이 해 같고 발은 불기둥 같은 천사가 하늘에서 내려온다. 그는 손에 작은 책을 들었고 큰 소리로 외치는데 요한이 일곱 우레 속에 들리는 음성을 기록하려 하지만 하늘에서 그것을 기록하지 말라는 소리를 듣는다. 이 천사(혹자들은 예수 그리스도라고도 하는)가 하나님을 가리켜 맹세하기를 "일곱째 천사가 나팔을 부는 날 그의 종 선지자들에게 전하신 복음과 같이 하나님의 그 비밀이 이루어지리라." 선포한다. 이어 하늘의 음성이 요한에게 작은 책을 받아먹어 버리라 하는데 이것이 입에는 꿀같이 달지만 배에서는 쓰게 되리라 하며 많은 백성과 방언과 임금에게 다시 예언해야 하리라 선포한다. 에스겔 선지자가 경험했던 것(에스겔 3장)과 유사하며 하나님의 말씀을 받는 것은 기쁜 일이지만 받은 말씀을 그대로 예언하려면 고통이 따를 것임을 뜻한다고 이해할 수 있다.

요한계시록 11장

10장에 이어 일곱째 나팔이 울리기 전에 요한이 본 환상을 기록한다. 하나님은 요한에게 성전과 제단과 그 안에서 경배하는 자들을 측량하라 명하시고 이방인들이 거룩한 성을 마흔두 달 동안 짓밟으리라 하신다. 하나님의 두 증인이 1,260일 동안 예언할 것인데 삼 년 반, 마흔두 달, 1,260일은 모두 같은 기간으로 이에 대한 여러 해석이 있지만 너무 길지 않은 환난의 기간을 뜻하는 것으로 볼 수 있는데 같은 기간이 이후에도 여러 번 언급된다. 이 기간이 끝날 때에 무저갱으로부터 한 짐승(적그리스도)이 올라와 두 증인을 죽이고 그 시체들은 사흘 반 동안 길에 방치하게 하여 세상에 속한 악한 자들이 이를 기뻐하고 즐거워하게 된다. 그러나 삼일 반 뒤에 두 증인은 부활하여 승천하고 땅에는 큰 지진이 일어나 성의 10분의 1이 무너지고 7,000명이 죽는 화가 있을 것이다. 일곱째 천사가 나팔을 불자 하늘에서 그리스도가 세세토록 왕 노릇하리라는 음성이 들리고 이십사 장로들은 그 소리에 화답하여 경배와 감사 찬송을 올려드린다. 이에 하늘에 있는 하나님의 성전이 열리고 그 안에 있는 언약궤가 보이며 번개와 지진과 우박이 임하는데 이는 곧 임할 하나님의 심판을 상징한다.

요한계시록 12장

해산을 앞두고 있는 태양을 입은 한 여인과 큰 붉은 용(사탄)이 등장한다. 사탄은 여인이 낳는 아이를 삼키고자 하나 여인은 장차 철장(iron scepter)으로 만국을 다스릴 아들을 낳고 광야로 피신하여 1,260일 동안 그를 양육하고 아이는 하나님의 보좌 앞으로 올려진다. 하늘에서 천사장 미가엘과 그의 사자들이 사탄과 그의 사자들과 싸워 이기고 사탄은 땅으로 내어 쫓기고 하늘에서는 승리의 노래가 울려 퍼진다. 땅으로 내려온 사탄은 아들을 낳은 여자를 핍박하지만 하나님은 그 여자에게 큰 독수리 날개를 주어 삼년 반(한때 두때 반때) 동안 광야에서 보호받게 하시고 사탄은 여자의 남은 자손인 하나님의 계명을 지키며 예수의 증거를 가진 자들(이 땅의 성도들)과 대적하여 싸우려고 한다.

요한계시록 13장

사악한 짐승 둘에 대한 환상이 기록된다. 바다에서 올라오는 한 짐승은 머리가 일곱 개이고 뿔이 열 개가 있는데 그 뿔들에 열 개의 면류관이 있었다. 이 짐승은 용의 권세를 받고 부활과 비슷한 이적을 행하며 마흔두 달 동안 많은 사람을 미혹하고 하나님의 백성을 핍박한다. 이 짐승은 적그리스도를 상징하는데 죽임당한 어린 양의 생명책에 기록되지 않은 자들은 다 이 짐승에게 경배한다. 요한은 또 한 짐승이 땅에서 올라오는 것을 보는데 이 짐승은 새끼 양 같으나 두 뿔이 있고 용처럼 말하며 이적을 행함으로 사람들을 미혹하며 첫 짐승의 우상을 만들고 그 우상에게 경배하지 않는 자들을 죽인다. 이 두 번째 짐승은 거짓 선지자와 배교한 교회를 상징한다고 본다. 또한 모든 사람들에게 오른손이나 이마에 표를 받게 하고 표가 없는 자들은 매매를 하지 못하게 하는데 이 표는 짐승의 이름이나 그 이름의 수인데 그 수는 666이다. 숫자 666에 대해서는 교회 역사를 통해 다양한 해석이 있어 왔으나 한 가지 분명한 것은 장차 있을 적그리스도와 그 시대의 특징을 표현하는 숫자라는 것이다.

요한계시록 14장

요한은 어린 양과 십사만 사천 명이 함께 시온산에 서 있는 것을 본다. 이들은 이마에 어린 양과 하나님의 이름이 있는 자들로 7장에 언급된 이마에 하나님의 인침을 받은 성도들인데 이들이 네 생물과 이십사 장로들 앞에서 새 노래로 하나님을 찬양한다. 요한은 이들을 구속함을 받은 첫 열매라고 하는데 첫 열매라고 하는 것으로 보아 십사만 사천 명이 최종적으로 구원받을 사람의 총 수효는 아닌 것을 알 수 있다. 이어서 요한은 세 천사가 선포하는 내용을 듣는다. 첫째 천사는 영원한 복음을 믿을 것을, 둘째 천사는 세상의 큰 성 바벨론의 멸망을, 셋째 천사는 고난 가운데도 인내하며 신앙을 지킬 것을 선포한다. 또 요한은 구름 위에 앉은 인자 같은 이가 곡식을 추수하고 다른 천사가 포도송이들을 하나님의 진노의 포도주 틀에 던지는 것을 보는데 이는 마지막 날에 성도들은 천국에 들어가고 악인들은 진노의 심판을 받을 것을 나타낸다.

요한계시록 15장

승리한 성도들이 천국의 유리 바다에 서서 하나님을 찬양하며 경배하는 모습이 나오며 이어서 요한은 하늘의 증거 장막의 성전이 열리며 일곱 천사가 일곱 재앙이 담긴 일곱 금 대접을 받는 장면을 본다. 성전에는 여호와의 영광과 능력의 연기가 가득하여 일곱 재앙이 다 끝나기 전에는 누구도 성전에 들어갈 수 없다. 이는 하나님의 진노의 심판을 누구도 막을 수 없음을 보여주는 것 같다.

요한계시록 16장

일곱 대접의 재앙이 기록된다. 첫째 대접을 쏟으니 짐승의 표를 받은 자들과 우상을 경배하는 자들에게 독한 종기가 나고, 둘째 대접을 쏟을 때 바다가 피가 되고 바다 속의 생물이 죽고, 셋째 대접을 강과 물의 근원에 쏟을 때 물이 피가 되고 천사가 이르기를 성도들과 선지자들의 피를 흘린 자들에게 피를 마시게 하는 것이 합당함을 선포하고, 넷째 대접을 해에 쏟으니 해가 불로 사람들을 태우는데 이들은 죽으면서도 회개하지 않고 하나님을 비방한다. 다섯째 대접을 짐승의 왕좌에 쏟는데 그 나라가 어두워지며 사람들이 종기 때문에 아파하지만 역시 이들도 하나님을 비방하며 회개하지 않는다. 여섯째 대접은 유브라데강에 쏟는데 강물이 말라 동방으로부터 오는 왕들의 길이 예비된다. 개구리 같은 더러운 세 영이 나와 세상 임금들과 사람들을 아마겟돈에 모으고 최후의 전쟁을 준비한다. 일곱째 대접은 공중에 쏟는데 번개와 음성과 우렛소리와 큰 지진이 일어나 큰 성 바벨론이 사라지고 그에게 맹렬한 하나님의 진노가 임한다. 성전 보좌로부터 큰 음성이 나서 "다 이루었다." 하는데 이는 예수님이 십자가에서 하신 말씀이 연상된다.

요한계시록 17장

큰 음녀로 표현된 바벨론의 멸망이 요한에게 계시된다. 음녀가 자주 빛과 붉은 빛의 옷을 입고 온갖 보석으로 치장하고 붉은 짐승을 타고 나타나는데 이 여자는 땅의 음녀들과 가증한 것들의 어미이며 성도들의 피와 예수의 증인의 피에 취했다 한다. 역사적으로 이 음녀를 로마 제국으로 또는 로마의 천주교회로 이해했는데 참 성도들을 박해하는 세상의 악한 세력이나 장차 나타날 배교한 교회로 볼 수 있다. 짐승의 일곱 머리는 일곱 왕으로 다섯은 과거에 망한 왕이며 하나는 현존하는 왕, 그리고 다른 하나는 미래에 있을 왕이며 또한 그 짐승 자체는 여덟째 왕이 될 것이라 천사가 일러준다. 아직 나라를 얻지 못한 열명의 왕들과 짐승이 연합하여 어린 양과 싸우나 어린 양이 그들을 이기고 성도들도 어린 양과 함께 승리를 얻게 될 것이고 열 뿔과 짐승이 음녀를 미워하여 그를 망하게 할 것이다. 하나님은 악한 세력들 서로의 배신과 반역으로 악한 세력을 심판하시기도 한다.

요한계시록 18장

하늘의 다른 천사가 바벨론의 멸망을 예고한다. 또한 하늘의 음성이 하나님의 백성들에게 바벨론의 죄에 참여하지 말고 떠나라는 경고를 한다. 배교의 시대에 하나님의 백성은 배교의 죄와 영적 육적 음행으로부터 자신들을 거룩하게 지켜야 한다. 이어서 요한은 바벨론의 멸망의 모습을 자세히 묘사한다. 바벨론의 멸망을 보며 땅에 속하여 음행하고 사치하던 자들은 애곡하고 또한 바벨론의 향락과 사치로 치부하던 상인들과 해운업자들도 울며 애통해 한다. 그러나 하늘의 성도들과 사도들과 선지자들은 하나님이 그들을 위해 심판하셨으므로 이를 즐거워하라고 선포한다.

요한계시록 19장

백마를 타고 심판자로 오시는 그리스도의 재림이 묘사된다. 하늘에 있는 천사들과 성도들이 하나님의 영광과 능력을 찬송하며 이십사 장로들과 네 생물이 보좌에 앉으신 하나님을 경배하고 어린 양의 혼인 잔치가 선포된다. 신부는 빛나고 깨끗한 세마포를 입었는데 이 세마포는 성도들의 옳은 행실이다. 이 어린 양의 혼인 잔치에 청함을 입은 자들은 복이 있다고 천사가 선포한다. 이 선포에 요한이 천사의 발 앞에 엎드려 경배하자 천사는 오직 하나님께 경배하라 한다. 이때 하늘이 열리고 요한은 그리스도가 백마를 타고 오셔서 공의로 심판하며 싸우시는 것을 본다. 하늘의 군대들이 흰옷을 입고 백마를 타고 그를 따르고 만왕의 왕이며 만주의 주가 되시는 그리스도는 입에서 나오는 하나님의 말씀의 검으로 만국을 치시고 철장으로 다스리시며 전능하신 하나님의 맹렬한 진노의 포도주 틀을 밟으며 짐승의 군대를 멸망시키신다. 이는 요한계시록 16장에 언급된 최후의 전쟁, 즉 아마겟돈 전쟁이다.

요한계시록 20장

천년 왕국과 마지막 심판에 대한 예언이다. 천사가 무저갱의 열쇠와 큰 쇠사슬을 가지고 하늘에서 내려와 사탄을 결박하여 무저갱에 1,000년 동안 감금하나 이후에는 반드시 잠깐 놓일 것이다. 우상에게 경배하지 않고 이마와 손에 그 표를 받지 않은 사람들이 첫째 부활에 참여하고 그리스도와 더불어 왕 노릇하게 될 것인데 이 부활에 참여하는 자들은 복이 있고 거룩하다고 선포된다. 천년이 찬 후에 사탄이 그 옥에서 나와 사방 백성을 미혹하고 싸우려 하나 하늘에서 불이 내려 이들을 소멸하고 사탄은 유황 못에 던져지고 짐승과 거짓 선지자도 세세토록 괴로움을 받게 되며 하나님이 흰 보좌에 앉아서 죽은 자들을 그 행위가 기록된 책에 따라 심판하시며 사망과 음부와 누구든지 생명책에 기록되지 못한 자는 두 번째 사망인 불못에 던져진다. 요한계시록 20장의 내용을 문자적으로 해석하고 요한계시록 19장의 사건(그리스도의 재림)과 20장에 기록된 일들이 순서적으로 일어날 것이라 보면 그리스도가 재림하셔서 천 년을 다스리시고 잠시 사탄이 다시 등장한 후 최후의 심판이 있다는 전천년설(premillennialism)이 제일 타당하다고 생각될 수 있다. 그러나 성경의 다른 부분에서 언급된 종말에 대한 말씀들을 함께 살펴볼 때 천년 왕국에 대한 다른 두 가지 해석이 존재하는데 천년 왕국을 신약시대의 교회로 보는 무천년설(amillennialism)과 천년 왕국을 교회시대 후기의 복음의 황금기로 보는 후천년설(postmillennialism)이 있다. 이 세 가지 견해가 모두 개혁신학자들 사이에 가능한 해석으로 받아들여진다. 천년 왕국에 대한 언급은 성경에서 요한계시록 20장에만 나온다.

요한계시록 21장

요한이 본 새 하늘과 새 땅의 환상이다. 태초에 하나님이 창조하신 하늘과 땅이 없어지고 베드로후서 3장 13절에서 약속한 새 하늘과 새 땅을 본다. 그리고 거룩한 성 새 예루살렘이 신부가 남편을 위해 단장한 것 같은 모습으로 하늘에서 내려온다. 하늘 보좌에서 음성이 있기를 하나님이 그의 백성들의 눈물을 씻어 주시기에 사망과 애통과 애곡과 아픈 것이 없을 것이며 알파와 오메가 되시는 분이 생명수 샘물을 값없이 주시니 이기는 자는 이를 상속받아 하나님의 아들이 될 것을 선포한다. 그러나 믿지 않고 악을 행하며 살인하는 자, 행음자, 술객, 우상 숭배자와 거짓말하는 자들에게는 불과 유황 못에 던져지는 둘째 사망이 임할 것이다. 요한은 크고 높은 산에 올라가서 거룩한 성 새 예루살렘의 영광스러운 모습을 보고 온갖 보석들로 꾸며져 있다고 묘사하는데 이는 세상의 언어로는 그 아름다움을 표현할 길이 없어 모든 보석을 총동원하는 것 같다. 요한은 성전, 해와 달, 성문, 밤, 각종 죄들이 새 예루살렘에는 없다고 한다. 그리스도가 계시기에 더 이상 성전이 필요 없고, 빛 되신 하나님 때문에 해와 달과 밤이 없고, 악한 자들은 결코 들어오지 못하고 오직 어린 양의 생명책에 기록된 자들만 들어오기에 성문이 필요 없다.

요한계시록 22장

전반부에는 새 예루살렘 성의 복된 삶이 묘사된다. 어린 양의 보좌로부터 생명수의 강이 흐르고 강의 좌우에는 생명나무가 매달마다 열두 가지 열매를 맺고 그 잎사귀는 만국의 치료를 위해 있는데 이 환상은 에스겔서 47장의 환상과 유사하다. 다시는 저주의 밤이 없고 주 하나님이 비취고 하나님과 어린 양을 섬기는 자들이 세세토록 다스릴 것이다. 이어서 주님은 자신의 재림이 속히 이루어질 것을 약속하시며 이 예언의 말씀을 지키는 자들에게 복을 선포한다. 요한은 이 말에 다시 천사 발 앞에 엎드리나 천사는 다시 하나님만 경배하라고 하며 요한이 받은 예언의 말씀은 곧 이루어질 것이므로 봉인하지 말라 한다. "보라, 내가 속히 오리니 내가 줄 상이 내게 있어 각 사람에게 그가 행한 대로 갚아주리라 나는 알파와 오메가요 처음과 나중이요 시작과 마침이라."라는 그리스도의 말씀이 선포된다. 요한은 자기가 기록한 이 예언의 말씀에 누구든지 더하거나 빼면 천국에 들어가는 복을 잃어버릴 것을 경고하는데 이 경고는 요한계시록뿐 아니라 성경 66권 모두에 적용될 것이다. "내가 진실로 속히 오리라."는 주 예수 그리스도의 말씀에 요한은 "아멘 주 예수여 오시옵소서, 마라나타"로 응답하며 마친다.

처음 도전하는 누구나 성경통독의 바다에서 항해의 길을 잃지 않도록

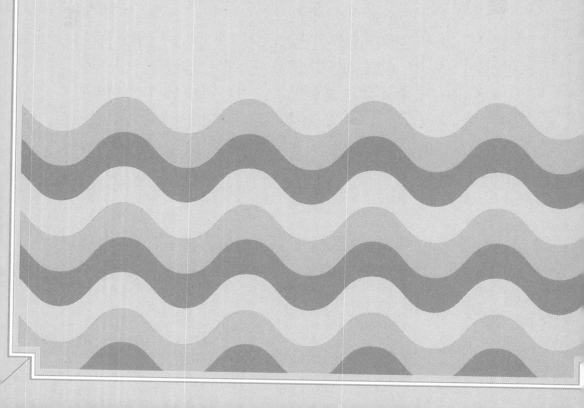

이 책은 성경의 큰 그림을 쉽고 빠르게 이해하는 데 실재적인 도움을 줍니다.

성경통독 길라잡이

일년
일독을 위한
성경
요약과 묵상

모든 성경은 하나님의 감동으로 된 것으로
교훈과 책망과 바르게 함과 의로 교육하기에 유익하니
이는 하나님의 사람으로 온전하게 하며
모든 선한 일을 행할 능력을 갖추게 하려 함이라
디모데후서 3:16, 17